文化忧思录

李振纲 著

河北大学出版社

图书在版编目（C I P）数据

文化忧思录 / 李振纲著. -- 保定 : 河北大学出版社, 2015.9

ISBN 978-7-5666-0965-6

Ⅰ. ①文… Ⅱ. ①李… Ⅲ. ①中国文化—研究 Ⅳ. ①K203

中国版本图书馆CIP数据核字(2015)第193767号

WENHUA YOUSILU

责任编辑：王殊宁

装帧设计：赵　谦

责任印制：靳云飞

出版：河北大学出版社（保定市五四东路180号）

经销：全国新华书店

印制：保定市北方胶印有限公司

开本：1 / 16（710mm × 1000mm）

字数：300千字

印张：21.25

版次：2015年9月第1版

印次：2015年9月第1次印刷

书号：ISBN 978-7-5666-0965-6

定价：52.00元

再版前言

拙作初次印刷出版于 1994 年。作为青年时期的著作，原是为哲学系本科生讲授“传统文化与现代化”课程的讲义，后改编成书，写得比较活泛。伴随中国改革开放之初的“文化反思热”，出版后曾引起一定的反响。2000 年重印至今又匆匆过去 15 年，读者和学生说仍有参考价值，于是决定再版。

20 多年过去，弹指一挥间，当年带着书稿拜访张岱年先生的情景，历历在目。岱老多年执教于北京大学哲学系，是驰誉中外的著名学者，他的《中国哲学大纲》是我上大学时反复研读的名著之一，也由此滋生后来研究中国哲学和传统文化的兴趣。20 世纪 80 年代，岱老提出的“文化综合创新论”在学术界颇有影响，本人深受引领。我冒昧提出让先生赐序，出于奖掖后学，岱老惠赐大序，且讲了些学界有趣的往事，此情终生难忘！时过境迁，岱老已仙逝多年，转眼自己也届耳顺之年，始觉人生苦短，倍当珍惜！

本次再版，除文字讹误、注释格式由责编王殊宁君及其他同事作了校正修订外，内容一仍其旧。本书内容、观点不免肤浅，甚至偏颇，欢迎读者指正。

李振纲

2015 年 6 月 29 日

序

中国文化与西方文化，自上古时代以至中古，各在自己的轨道上发展，而各具特色。自 16 世纪以来，西方社会突破了封建等级制的束缚，率先进入近代文明时代，而中国仍在原来的轨道上踏步。到 19 世纪，西方列强东侵，在资本主义列强的侵凌之下，中国沦为半殖民地。中国人民展开了反侵略反凌辱的英勇斗争。经过一百多年的艰苦奋斗，到 1949 年新中国成立，“中国人民站起来了！”开辟了中国历史的新纪元。20 世纪初期，中国的进步人士曾经发起“新文化运动”。自 20 世纪初期的新文化运动到今天，可以说是中国文化发展演变的新阶段。

中国的上古及中古时代的文明的发展，可以说都是自发的发展。在中古时代，从印度传来了佛教，曾经引起儒道和道释的辩论，后来逐渐趋于融合。明代后期，西学传入，中国一部分学者接受了西方古代的科学知识。同时中国哲学也传入西方，在西方也发生了一定的影响。鸦片战争以后，西学再次东渐，情况与以前大不相同了。西方近代的精密科学与开放性的哲学思想确实是中国过去所未有，于是引起了中国知识分子的震惊。新文化运动兴起，主张破旧立新，一部分人士提倡全盘西化，完全鄙弃自己原来所有。与此同时，一部分对传统文化理解较深的人士则力陈东方文化的优越性。事实上，这两者都表现了一定程度的盲目性，既未能真正理解中国文化，也未能认真研究西方思潮，更不能理解文化发展的客观规律。但是，关于文化问题的辩论，使文化的发展逐渐由自发而转入自觉。

文化的发展应是对于真、善、美的不断追求。真是由无知、浅知而进入真知、深知。善是人们的物质生活与精神生活的提高。美是在生活各方面锦上添花。

传统文化已达到的真、善、美，不但不应排弃，而且应加以弘扬。对于西方文化的真、善、美的成就应该努力学习、认真吸取、主动“拿来”。对于今后文化发展的道路应有自觉的设计。一方面，对于中国传统文化的得失应进行深切的反思；一方面，对于近代西方文化的利弊也应有明确的认识。

真理是没有国界的。善与美则既有普遍性，又具有民族性。不同的民族各有其独特的民族精神。对于别的民族的民族精神，可以借鉴，可以参照，但不可能效颦。应该努力理解、弘扬自己的民族精神。

新中国文化的自觉设计的内容如何？我认为文化的自觉设计的基本内容应是综合创新，即综合中西文化的积极贡献并在综合的基础上更努力创新，建设中国的新文化。

李振纲同志对于文化问题有深入的研究，近著《文化忧思录》，详细论述了中国文化现代化的历史过程，探寻了中国文化由辉煌到失落的原因，认为中国文化更新发展的必由之路是以民族主体性为根本，以社会主义精神文明为方向的中西文化综合创新之路，这与我所谓“文化综合创新”的观点是一致的。李振纲同志以书稿的详细内容见示，希望我写一篇序言，于是略述关于文化的自觉设计的观点，聊供读者参考。是为序。

一九九四年九月

张岱年序于北京大学

目　录

再版前言 …………………………………………………………………………………（1）
序………………………………………………………………………………… 张岱年（1）
导　言 ……………………………………………………………………………………（1）

第一篇　一个古老文明的辉煌与失落 ……………………………………………………（13）
第一章　我们拥有历史的辉煌 …………………………………………………………（15）
一　悠久的史学传统 ………………………………………………………………………（16）
二　瑰丽的文学艺术 ………………………………………………………………………（21）
三　精深的哲学智慧 ………………………………………………………………………（30）
四　宏富的科学技术 ………………………………………………………………………（38）
第二章　我们曾经走向世界 ……………………………………………………………（45）
一　中国文化在亚洲各地的传播及影响…………………………………………………（45）
二　中国文化在欧洲的传播及影响………………………………………………………（52）
三　中国文化在俄国的传播及影响………………………………………………………（60）
第三章　沉重的三百年
——16—19 世纪中国文化的危机与失落 ………………………………………………（64）
一　东方与西方：在同一条历史起跑线上…………………………………………………（64）
二　明清海禁与西方文化输入的阻抑 ……………………………………………………（70）
三　明清之际封建文化自我批判的中断……………………………………………………（76）
四　近代中国文化结构与文化观念的嬗变
——被迫的现代化 ………………………………………………………………………（83）

第二篇 重新估定一切价值
——现代意识的觉醒 …………………………………………………… (91)
第四章 新旧之间绝不可调和两存
——新文化运动的启明星陈独秀 ………………………………… (93)
一 激进的爱国者 反传统的急先锋 ………………………………… (94)
二 尊孔与反孔：抓住反封建文化的大题目 ………………………… (101)
三 从文化改造到社会改造：走向马克思主义 ……………………… (111)
第五章 胡适与现代中国的文化启蒙 ………………………………… (118)
一 胡适的文学改良与白话文运动 …………………………………… (119)
二 胡适的自由主义个人理论 ………………………………………… (126)
三 文化：中国与世界
——胡适开放的文化视野 ………………………………………… (133)
四 胡适与中国人思维方式的变革 …………………………………… (144)
第六章 历史的清道夫——鲁迅 ……………………………………… (152)
一 鲁迅对新文化运动的巨大贡献 …………………………………… (153)
二 文化与社会：中国改革者的悲吟 ………………………………… (159)
三 "国民性"：华夏剖析与人学革命 ……………………………… (165)
四 对儒教、道教及国粹主义的批判 ………………………………… (176)

第三篇 过渡时代的文化困境
——现代中国文化矛盾论析 ……………………………………… (187)
第七章 历史转型期知识分子文化意识中的矛盾 …………………… (189)
一 一个带有普遍性的文化"怪圈"：从反叛到复归 ……………… (189)
二 不情愿的文化挑夫：反传统与传统 ……………………………… (197)
三 在文化时空矛盾交叉点上的现代新儒家 ………………………… (203)
四 传统与现代的沟通 ………………………………………………… (210)
第八章 传统意识与现代生活的矛盾 ………………………………… (216)
一 过渡时代社会结构与文化结构的"二重化" …………………… (217)
二 小农意识与商品经济的冲突 ……………………………………… (221)

三　封建意识与民主政治的冲突 …………………………………… (227)
四　封闭意识与开放社会的冲突 …………………………………… (233)
五　道德人本主义与人的全面发展的冲突 ………………………… (239)
第九章　现代中国人的人格与价值矛盾 …………………………… (246)
一　二重人格：矛盾的现代中国人 ………………………………… (247)
二　文化错位与心态失衡 …………………………………………… (252)
三　意义的失落：现代中国人的精神迷惘 ………………………… (258)
四　现代中国人的道德困境 ………………………………………… (264)

第四篇　马克思主义与中国文化复兴之路 ………………………… (271)
第十章　马克思主义与中国文化现代化 …………………………… (273)
一　马克思主义与社会主义道路的认同 …………………………… (273)
二　马克思主义与现代思想史上的文化研究 ……………………… (279)
三　毛泽东中西文化观及其历史发展 ……………………………… (287)
四　马克思东方社会理论与中国现代化 …………………………… (294)
第十一章　弘扬优秀传统　包容世界文明
——建构中国特色的社会主义新文化 ………………………… (302)
一　社会主义初级阶段的文化结构整合 …………………………… (303)
二　克服历史虚无主义　振兴民族主体精神 ……………………… (308)
三　挺起民族的脊梁：启蒙者的传统不可丢 ……………………… (314)
四　让世界文化走进中国　让中国文化走向世界 ………………… (322)

后　记 ……………………………………………………………………… (330)

导　　言

（一）

一个民族的振兴，一个国家的现代化建设，离不开民族主体意识的昭苏和民族文化的改进。而民族主体意识的昭苏和民族文化的改进，又离不开每一个人的文化意识与文化心理的更新。因此，从理论上揭示中国文化现代化的历史必然性和探索民族主体精神的更新之路，就成为文化研究中刻不容缓的任务。

关于中国文化现代化的问题，国内外学术界、文化界从20世纪初便开始着手研究。这些研究对中国传统文化与现代化、中国文化与世界文化的关系，对中国文化产生的自然环境、社会历史条件及中国文化的民族特质等进行了有益的探索，取得了令人瞩目的成就。然而，这些研究存在着一个缺陷：或者满足于纯理论的推演，或者停留在对中国文化现代化历程作现象性描述，而缺乏对中国文化现实矛盾的深入探索和研究。本书力求沿着前人的研究足迹，对这一关键问题有所突破。

本书的研究大体包括四个层面：其一，通过历史的回顾，探寻中国文化、中国精神由兴而衰、由辉煌而失落的历史原因，找出影响中国文化发展进步的历史惰性的梗阻；其二，通过对五四文化启蒙运动的研究并科学把握这一启蒙运动的意义，从而为中国文化现代化指明合乎历史逻辑的方向；其三，透视中国现存的社会文化矛盾和现代中国人个体心灵的矛盾，为中国文化的自我更新，为具有中国民族特色的社会主义新文化建设找到充足的根据；其四，依据上述历史还原和现实的矛盾分析，指出中国文化复兴和中国民族主体精神发展的必由之路，即以中国民族主体性为根本，以社会主义精神文明为主导方向的中西文化综合创新之路。

循此思路，本书在逻辑阐述上的主要特点是：

第一，坚持马克思主义历史与逻辑相统一的方法，揭示中国文化由辉煌到失落，由失落到觉醒，由传统到现代化的历史与逻辑的必然性；运用马克思主义文化学的基本立场、观点和方法去指导解决现代中国文化的各种矛盾。

第二，坚持宏观概括与微观分析相结合。通过宏观俯视，使人们透过本书以见中国文化现代化历史逻辑之“全豹”；同时对其中要害问题、矛盾的主要之点又要进行多方位、深层次的透影，使人得到具体入微的认识，洞察全豹之“一斑”。

第三，运用比较文化学的方法，阐释中西文化及其发展的共同性与差异性，为中西文化的理解沟通，综合创新奠定学理基础。

第四，在写作时和行文中，坚持理智分析与激情投入相结合，以冷静的理智分析保证本书的学术性；以激情投入来增强本书的激励性。

（二）

中华民族是世界上最古老最伟大的民族之一。考古学证明，早在 250 万年以前，中华民族的远古先民就在中华大地上劳动、生息、繁衍。有文字可考的历史也有五千年之久。

茫茫浩宇，悠悠宙流。勤劳智慧的中国人在历史的长河中创造了源远流长、博大精深的古代文明，在很长的一段时间中，它一直站在世界文化的前列。对人类文明的发展做出了伟大的贡献。在世界古老的文化中，巴比伦文化，古埃及文化，印度文化，古希腊、罗马文化等，都曾经璀璨一时，然而随着时间的流逝，有的早已灭绝，有的被后起文明摧残肢解，有的因种种原因出现大断层而失去光泽，唯有中国文明，虽几经跌宕，却以极顽强的生命力和无与伦比的延续性，几千年间绵延不断，成为人类文化史上的奇观。

悠久方能充实。中国文化生命的悠久，带来了它自身内容的繁富和辐射的辽远。约略言之，那悠久的史学传统，瑰丽的文学艺术，精深的哲学智慧，宏富的科学技术，最能代表中国文化的繁富、充实，最能体现炎黄子孙的创造灵性。秉笔直书的史家高风和鉴戒垂训的史学风范，培养了中华民族深沉的历史意识和强烈的历史责任感；内容繁富、形式多样的文学艺术，涵养了中国人温柔敦厚的情感世界和高古雅远的艺术心灵。天人合一、刚柔并济的哲学睿智，弥合了自然与人道、理想与现实的矛盾，铸造了中国人知天、事天、乐天、同天的精神境界。这种境界使中国人养成一种在瞬间中体验永恒，在有限中感知无限，乐观进取、成己成物、不离现境、当下圆满的生活艺术。自然科学、工艺技术，在中国古代素称发达，天文、历法、农学、医药、算术以及数不胜数的创造发明，不仅在中国人生产和生活中发挥了利用厚生的奇效，而且对世界文化的发展产生过巨大影响。

充实自然广延。在很长一段时间内，中国文化在世界上一直居于领先的地位。中国文化曾经以它的高位优势，辐射亚洲，远播世界。从很早的时候起，中国文化就在朝鲜、日本、越南、柬埔寨、泰国、马来西亚等亚洲地区和国家传播流布，给这些国家和地区的文治教化和科技工艺的开化发展以深远的影响，成为亚洲文化圈的核心。继之，中国文化又经过阿拉伯商人远播欧洲地中海沿岸的国家和地区，对欧洲文明的发展同样起过重大的催化作用。对于中国四大发明在西方世界发生的影响，不少西方历史学家如威尔森斯、德克·卜德等都予以承认，而马克思对此析之最精。他曾经指出：火药、罗盘、印刷术——这是预兆资产阶级社会到来的三项伟大发明。火药把骑士阶层炸得粉碎，罗盘打开了世界市场并建立了殖民地，而印刷术却变成了新教的工具，并且一般地说变成了科学复兴的手段，变成创造精神发展的必要前提和最强大的推动力。在欧洲的启蒙时代，那些被西方传教士带回欧洲的儒家思想和中国古典文学资料，成为伏尔泰、狄德罗等启蒙战士反对教会蒙昧主义和封建专制主义的思想佐料。总之，中国文化曾经走向世界，对西方文化的发展做出了巨大贡献，“从公元前 200 年到公元后 1800 年这两千年间，中国给予西方的东西超过了她从西方所得到的东西。”①

然而，历史的辉煌和曾在世界获得的荣耀，并不能掩盖中国文化的近代耻辱。从 16 世纪到 19 世纪，在这沉重的三百年间，中国文化被世界近代化浪潮无情地甩到了后头。反观这沉重而不幸的三百年，我们必须承认，造成中国文化由辉煌而失落的历史命运的原因，依旧是这个文化自身的因素：当西方人走出中世纪的寒夜，开始以“浮士德”精神竞奔天下的时候，此时正值中国的晚明。当时随着商品经济的发展，中国江南地区，特别是东南沿海已出现资本主义生产关系的微弱萌芽。表现在思想意识领域，便是反映中小地主、商人和早期市民阶层反封建要求的“异端”思潮的兴起：从泰州学派所发起的“圣人”大还俗运动（“满街都是圣人”），到东林党人开创的“一堂师友吟风热血洗荡乾坤”自由讲学清议的风气；从“异端之尤”李贽和“妖人”何心隐对封建道统的反叛与抗争，到明末清初顾（炎武）、黄（宗羲）、王（夫之）、方（以智）、傅（山）诸公

① 德克·卜德：《中国物品西传考》，载《中国文化研究集刊》第 2 集。

对上至君权政治下至正统理学的批判、清算，与当时以批判和暴露黑暗现实为基调的文学思潮相呼应，开始了封建文化内部的自我批判。这种自我批判既是传统文化的断裂，又是中国文化自身由传统向近代化的合乎规律的转换。假如中国文化沿着这一方向发展，中国文化便有可能绕过近代的历史险滩，与西方世界在近代起跑线上展开富有生气的竞走……

然而，历史并没有这样选择。明末清初大规模的农民战争和民族战争导致的人口急剧下降、城市破坏和对商品经济的摧折，抽去了中国社会、文化向近代转化的釜底薪；明代的锁国政策、特务政治、文化专制至清代不仅没有得到好转，反而愈演愈烈。从康熙至乾隆，专制日酷，文网益密，科举利诱于前，文狱严逼于后，扼杀了诱发中国社会文化向近代转化的启蒙魂。总之，明清两代的锁国政策和文化专制使得中国商品经济未能健全发育，使中国早期启蒙文化未能充分发展。这才是酿成中华民族近代耻辱的内在原因。

被动和落后必然挨打。当西方近代文化在欧洲站稳了脚跟，把资本主义的魔爪伸向亚洲的时候，中国人在血与火中蓦然醒来，惊回首，发现自己落后了一个时代。中国近代的先进分子要急起直追，但世界历史的格局和清朝的腐败，注定使他们只能一次次做出被动而悲怆的回应。

（三）

1915 年 9 月，新文化运动的晨钟响了。

继 19 世纪洋务运动的破产、戊戌变法的夭折和 20 世纪初辛亥革命的流产之后，新一代的爱国志士带着崭新的世界观念和历史文化意识再次登上启蒙救亡的前台。其代表人物是集结在《新青年》周围的那批激烈的反传统主义批判家，如中国共产党的早期创始人陈独秀、李大钊，被誉为“新文化运动旗手”的鲁迅和白话文运动领袖胡适。他们是活跃在新思潮风口浪尖上最有才华的热忱的弄潮儿，反封建启蒙的急先锋。《新青年》上那些富有批判性的热血文章，像疾风闪电，伴随着从大洋彼岸吹来的欧风美雨，把中国近代以来的文化启蒙推向了峰巅。在它面前，几千年农业文明和封建宗法伦理造就的文化板结层终于破裂，封建文化的冰川在渐渐消融。科学和民主这两个在大洋彼岸曾造就了一个崭新时代的“幽灵”，此时敲响了中国历史文化的时钟。它的出现，不管在中国社会各方面激起了多么复杂的震荡——痛苦的、欣喜的；剧烈的、温和的；悲壮的、平淡的，然而无论如何称得上一次历史的进步和中华民族的觉醒。

一切古老的关系受到了亵渎，一切素被崇奉的观念受到了理性的批判。原来两千年一贯制的封建秩序、封建统治并非什么“道之大原”；三纲五常、忠孝节烈的传统规范也不是什么“天经地义”；孔子这个被历代封建统治者不断神话了的“至圣先师”身上的道袍被撕得粉碎，变成了赤裸裸遭受乱箭齐射的箭垛。发表在《新青年》七卷一号上的《新青年宣言》明确指出，新文化运动的方向是打破一切“天经地义”、“万古如斯”的成见，决计一面抛弃此等观念，一面综合前代贤哲、当代贤哲和我们自己所想的，创造政治上、道德上、经济上的新观念，树立新时代的精神，即“诚实的、进步的、积极的、自由的、平等的、创造的、美的、善的、和平的、相爱互助的、劳动愉快的、全社会幸福的”精神。在这一精神的指导下，《新青年》同人“以科学与人权并重”，批判旧文学、旧道德、旧人学，掀起了一场中国文化史上前所未有的文学革命、道德革命、人学革命三位一体的狂飙突进的文化启蒙运动，从而把近代以来的文化反省与思想启蒙引入了一个更深的层面，即从传统文化的道德价值体系及其造成的畸形国民人格心理结构中探索近代中国悲剧命运的根由，这同时是中国人新文化素质和理想人格重构的起点。

在20世纪初中国这场最伟大的思想启蒙运动中，陈独秀是当之无愧的组织者和领导者。他不愧为现代思想史上一颗最早划破长夜、闪耀光亮的启蒙新星。在他的身后迎来了新思潮的弥天朝霞，直到马克思主义的壮丽日出。他在《新青年》上以“科学与人权并重”的呼唤和六项新人生理想的提倡，他以“新旧之间绝不可调和两存”的坚定性对孔门伦理的批判，他那为拥护德赛二先生与一切黑暗保守势力短兵相接“就是断头流血，都不推辞”的决心和毅力，使他成为新文化运动的真正的中坚柱石和思想先锋。尼采说：“上帝死了!”把西方文艺复兴、启蒙运动以来的反传统主义推向了极端。他不仅否定了中世纪的基督教传统，而且向近代理性主义传统提出了挑战，开西方现代主义之先河。陈独秀振臂狂呼：孔子及儒家伦理已成千年陈迹，把中国有史以来的思想革命，推向了高峰。陈独秀与尼采的反传统主义具有完全不同的历史背景和思想意义，二人不可简单类比，但一则向西方传统的最高权威提出了挑战，一则向中国传统文化的最高权威提出了挑战，在思想史上引起的震动及其反传统的彻底性是相同的。

胡适作为知识渊博而思想敏锐的学者，在反封建启蒙的新文化运动中也做出了不可忽略的贡献。他的贡献是多方面的，但与陈独秀、鲁迅相比，其贡献最卓著者当在文学改良方面。他率先倡导用活文字取代死文字，用白话取代文言的“八不主义”，为白话文运动树立了一代范式。对此，学术界一直评价不够，多认为这是“文学形式”的改良，在文化启蒙上算不得重要。却不知形式与内容相辅相成，“形式上的束缚使精神不能自由发展，使良好的内容不能充分表现。若想有一种新内容，新精神，不能不打破那些束缚精神的枷锁、镣铐。”① 其实胡适提倡“文学工具的变迁”，其目的正在文化启蒙。正如他在《整理国故与打鬼》一文中所说：“用精密的方法，考出古文化的真相；用明白晓畅的文字报告出来，叫有眼的都可以看见，有脑筋的都可以明白。这是化黑暗为光明，化神奇为臭腐，化玄妙为平常，化神圣为凡庸：这才是‘重新估定一切价值’。”用历史的眼光来看，胡适倡导白话文运动，其意义不仅在于文学形式上，更在于白话的推行，促进了思想界、文化界的觉醒，扩大了五四新思潮的社会影响。白话取代文言，在一定程度上也刺激着人们情感与思维方式的变化。至于他以实用主义为基础的政治改良主义，则表现了那一代自由主义知识分子自身的软弱性及其历史局限性。

比起陈独秀、胡适以及其他五四时期的风云人物来，鲁迅是完全不同的人物。和陈独秀一样，鲁迅参加过辛亥革命，和胡适一样，鲁迅也搞过专门的学术研究，但他仍然不同于他们。在中国现代思想启蒙史上，只有他才是真正深刻的。

胡适是温文尔雅的学者。他宁静、清晰、平和，然而软弱，虽偶涉政治，然其兴趣在学术，认为考证一个古字和发现一颗新星具有同等价值。他陶醉在个人成功所带来的小康舒适的人生境地中。陈独秀是意志刚烈的启蒙宣传家和革命家。他勇敢、坚定、顽强、激烈，但不免浮浅。“衣带渐宽终不悔，为伊消得人憔悴。”他虽偶涉学术，但其志向在政治。反满、反袁、反北洋军阀、反国民党，最后反到了自己手创的党，陷入孤独颓唐中。陈独秀一生处在革命与抗争的人生境界中。与胡、陈的人生境界迥然不同，“鲁迅是深沉锐敏的文学家和思想家。他的思想充满了爱憎强烈的情感色彩和活生生的现实气息，他的情感充满了思想的力量和哲理的深意。他的作品比起陈胡来，显然具有远为强大长久的生命力。”② 鲁迅的一生，在孤独、悲凉的境界中追求着时代的超越、文化的超越和自我的超越。在他的小说、杂文和大量杂感中，无论是对阿Q式畸形人格心态的解剖，还是对民族脊梁的讴歌，处处可以听到一个20世纪最坚定的文化改革者的悲吟，感到一个中国现代最伟大的民族魂的忧思。这一切使鲁迅不仅成为一代文学巨臂、思想战士，而且成为一位旷代文化伟人，成为挺立在中国现代光明与黑暗的急剧更替期，支撑在新旧文化的激烈冲突期，扎根在创造与起飞的紧张预备期的“一棵独立支持的大

① 胡适：《文学改良刍议》《胡适文存》第1集，亚东图书馆1922年。

② 李泽厚：《中国现代思想史论》第124页，安徽文艺出版社1994年。

树”。“鲁迅的方向，就是中华民族新文化的方向。”①

(四)

善言古者必有验于今。缅怀历史是为了更深刻、更真切地理解现实。从某种意义上说，一个民族的文化，是一个民族历史和现实的投影。不了解我们民族的昨天，就无法知道我们的今天，不了解我们民族的今天，就无法把握我们的明天。因此，对近代以来中国文化现实矛盾的省察与忧思，就成为今日文化研究的关键所在。

早在五四时期，李大钊就有感于现实生活中新旧文化矛盾的冲突及其给中国人造成的困境。他写道：“中国人今日的生活全是矛盾的生活，中国今日的现象，全是矛盾的现象。举国的人都在矛盾现象中讨生活，当然觉得不安，当然觉得不快，既是觉得不安不快，当然要打破此矛盾生活的阶级，另创造一种新生活，以寄顿吾人的身心，慰安吾人的灵性。矛盾的生活，就是新旧不调和的生活，就是一个新的，一个旧的，其间相去不知几万里的东西，偏偏凑在一处，分立对抗的生活。这种生活，最是苦痛，最无趣味，最易起冲突。这一段国民的历史，最是可怖。”② 时过境迁，我们并未完全走出进退失据，东张西望，四顾茫然的文化孤岛：一面因袭着传统，一面向往着未来；一面萌动了世界意识，一面依托着民族情感。多样性的文化同时撕扯着我们的心灵，而无论哪一种文化似乎又都不足以给我们安身立命的价值依托和终极意义的文化支撑。

近代以来中国人面临的文化矛盾主要表现在三个方面：

第一，近代历史转型期中国知识分子文化选择上情感与理智的矛盾。鸦片战争后，国门洞开，西方文化籍近代工业和军事力量恣肆中国，致使部分务实的中国人开始正视一个发达的域外文化的存在，为应时势之亟变，先进的中国知识分子明智地走上“向西方寻求真理”的道路。从魏源到孙中山，其间几代仁人志士在近代文化启蒙运动中做出了不可磨灭的贡献。然而，在对待中西文化的态度上，这几代人内心深处几乎都纠缠着一个无法解脱的矛盾。他们敏感地意识到，西方列强既是先进文化的传播者，又是野蛮的掠夺者；既是老师，又是强盗。这种复杂的文化背景，造成了近代历史转型期知识分子极其深刻的矛盾心态：理智上学习西方，情感上留恋传统。理智上拜西人为师又夹杂

① 毛泽东：《新民主主义论》《毛泽东选集》第2卷，人民出版社1968年。

② 李大钊：《新的！旧的！》《李大钊文集》(上)，人民出版社1984年。

着感情上的厌恶；情感上眷恋着传统又伴随着理智上的失望。西方文化可用而不可爱，中国文化可爱而不可用。文化心态中的矛盾造成了近代以来中国人文化选择上的前后矛盾，从激烈抨击传统开始而以“复归”于传统文化告终，成为近代几代先进的中国人的共同命运。即使是第一个最明智地向中国人系统介绍西学，主张“中国今日之政，非西洋莫与师”的严复，也未能摆脱这一命运。早年“宁负发狂之名”不遗余力抨击“旧学”的他，晚年竟得出这样的结论：“中国目前危难，全由人心之非，而异日一线命根，仍是数千年来先王教化之泽。”陷入了尊孔的狂热。康有为、梁启超、章太炎、周作人等都未能走出由反叛到复归的“文化怪圈”。

第二，过渡阶段传统文化与现代生活的矛盾。从鸦片战争至今天，这一个半世纪，是中国旧文化不断解体，新文化不断建立的文化过渡时代。在这一时期，中国文化经过辛亥革命、五四运动、北伐战争及新民主主义革命和社会主义革命浪潮的冲击和洗礼，从内容到形式，从结构到功能发生了重大变化。中国文化的旧质要素，其整体结构已经解体，但并未消失或被新质要素消解吸收；另一方面，中国文化的新质要素已经产生并正在发展，然而又尚未完成从器物制度到文化心理的完整的结构整合。新质要素与旧质要素的并存，形成多层面的矛盾冲突，如小农意识与商品经济的冲突，等级观念与民主政治的冲突，封闭意识与开放社会的冲突，道德人本主义与人的全面发展的冲突。这些矛盾冲突，一方面表现为传统文化观念对现代化变迁的抗拒，另一方面表现为现代化进程对传统文化观念的克服和冲击。新质与旧质的矛盾和斗争，成为过渡时代文化发展的内在动力。

第三，现代中国人的人格与价值矛盾。现代中国人双脚踏在传统文化与现代文化、民族文化与世界文化的十字路口，不同时代特质和民族特质的文化矛盾、对抗和冲突，内化为我们个体人格和价值体系的矛盾冲突。在我们的文化心灵中，交织着文化错位、心态失衡的情绪焦虑，感知着价值分裂、认同丧失的道德困境，承受着无可回避的理想冲突与意义失落的精神迷惘。在现代化进程中，我们一方面保留着一些传统的人格品质和行为特征，另一方面又增加了一些现代人格内涵。由于人们同时兼有新旧两种性格特点，所以在日常行为中常陷入自相矛盾的尴尬境地。这样，从传统文化的立场来看，我们已背离了传统文化对我们的角色期望；从现代化的观点来看，我们的心理素质和行为方式上还有不少传统的特点。我们生活在过渡时期的文化边界上，成为一种具有“两栖性”文化性格的“边际人”：在行为方式上缺乏固定的模式，根据自己的需要时而借传统价值为自己辩解，时而又以现代价值为自己的行为寻求文化支援。现代中国人的人格矛盾，主要表现为显性人格与隐性人格的矛盾、理想人格与现实人格的矛盾、个体人格与社会人格的矛盾。走出矛盾的二重人格，建构现代性新人格，是中国文化现代化的关键一环。

从结构功能的角度看文化，它不仅是一种创造活动，而且是一种意义结构。借助这种意义结构，文化为人提供了“意义”的解释框架，并为人们建立起一个理想的世界图景，作为人们寻求意义的基础和相互理解、沟通、交流、评价的纽带。因此，文化是意义之网，人生活在任何一种文化体系中，都受到这个意义之网的规范，并从这个意义之网上获得生命活动的文化支援，体会到一种超验的“终极关怀”。过渡时代文化危机的实质是意义网络的解构。要重新建立起与现代政治经济条件相适应的意义网络，就必须具体解决上述各种文化矛盾。

（五）

一次世界大战后，欧洲文化中心论遭到了破产。此时中国文化界对西方文明的看法也发生了变化。五四运动前后，杜亚泉、梁启超、梁漱溟等为代表的东方文化派应运而生。他们对近代中国人所热烈追求的西方文化提出的共同疑问是：难道文明的发展就是为了互相残杀？就是为了用人类创造的文明来毁灭人类自身？在思想界率先宣扬“东方文化救世论”的是曾经热心宣传西学、鼓吹“新民说”的学界名流梁启超。他在1920年出版的《欧游心影录》中生动地描写了西方的社会危机和文化危机。但他并不了解西方文化危机的真正根源，浮浅地把它归结为科学技术的发展，是“唯物的机械的人生观”造成的人间悲剧。

当东方文化派大喊西方文化破产的时候，李大钊、陈独秀等激进的民主主义者对欧美式的资本主义文明也发生了怀疑。然而，他们没有像新传统主义者那样，寄希望于“东方文明”或“儒学复兴”，而把眼光投向了刚刚发生历史性巨变的俄罗斯文明。“走俄国人的路”成了他们的自觉选择。中国马克思主义先驱者们一方面把唯物史观引入文化研究，使20世纪的文化论争走上了科学研究的道路；另一方面，他们把反封建文化启蒙运动与工农运动相结合，使新文化运动朝着社会主义的方向健康发展。马克思主义在中国的传播发展，为中国文化现代化指明了航向，为中国文化与民族精神的重建，提供了科学的世界观和方法论。

时至今日，我们面临的历史任务是如何批判继承古代文化，融通中西文化，建构社会主义新文化。为完成这一历史任务，我们仍然要坚持以马克思主义的世界观、方法论为指导，去研究解决中国文化的现实矛盾，探索中国文化由传统向现代化历史转换的具体道路和中外文化理解、沟通的具体途径。对于中国文化综合创造、走向现代化的前景，我们的基本看法是：

第一，20世纪80年代以来关于“传统文化与现代化”、“中国文化与世界”的大讨论，与日趋演化的经济体制、政治体制、文化体制的改革交织在一起，共同构成了中国当代改革的大潮。在这个大潮中，改革开放的历史进程，既有对中国传统文化的挑战、冲击与考验，又有对自己民族文化传统的认同、扬弃与继承，还有对世界各民族文化的选择、吸收和包容。因此，打破传统并不是中国文化现代化的终极目的，现代化的终极目的是建构具有中国民族特色的社会主义新文化。“全盘西化”已为几十年中国人民的文化实践所否定，而“儒学三期发展”也未必可以担负起中国文化现代化的重任。我们需要的文化重建，既不是“全盘西化”，也不是儒学复兴，而是在马克思主义指导下，弘扬民族精神与包容世界文明相统一的文化的综合与创新。

第二，中国文化现代化综合创新的标准只能是有利于改革开放，有利于生产力的发展，有利于人的思想解放，有利于个人与社会的协调发展。符合这个标准的，不管它是西方文化还是中国传统文化，都应加以弘扬和继承；反之则必须加以批判与否定。根据这个标准建构起来的新文化，只能是科学的、民主的、开放的、坚持民族主体性与社会主义价值理想的现代化精神文明。

第三，中国启蒙者的传统不可丢。中国社会和文化走出中世纪的思想启蒙，包括明清之际的反理学思想启蒙、近代民主主义思想启蒙和五四运动后的马克思主义思想启蒙。三个时期的思想启蒙者前承后续，紧扣时代脉搏，在从封建社会晚期到近现代的文化嬗变时期，一面对古代文化进行着扬弃，一面对世界文化尝试着回应。在他们的身后留下了一条闪耀着时代性、民族性光彩的启蒙传统，即自觉追逐时代进步的理性主义传统、科学与民主传统、“天下兴亡，匹夫有责”的爱国主义传统。中国启蒙者的传统，才是中国文化与世界文化、传统文化与现代化的真正的接合点。我们继承中国文化的优秀传统，首先应是这一活生生的传统。

第四，让世界文化流进中国，让中国文化走向世界，积极开展文化交流，是中国文化走向现代化的必由之路。今日世界，任何一个民族都必须将自己的文化纳入世界文明的发展轨道，任何力量也阻挡不住世界范围内文化交流的大势。之所以如此，就在于文化交流与社会进步之间存在着内在的必然联系。一方面，文化交流是随着社会进步而发展起来的，另一方面文化交流又反过来促进社会进步，成为社会发展的动力之一。中国文化要走向世界，首先必须让世界文化流进中国。

（六）

学不可以已。学问的长进与人格的磨炼是一个过程的两个方面，信如岱老所言，“文化设计是真、善、美的统一”。其实做学问也是如此：学问长进是求真，人格磨炼是至善，两者的有机统一便是达美。写作此书的过程，既是一种学术的探求，又是一颗现代文化心灵的自我观照。《忧思录》作为一面反省历史、透析现实、放眼未来的镜子，它再现中国文化由辉煌到失落的历史过程，揭示现代中国人文化心灵的分裂与矛盾，展示中国人文传统沟通与重建的未来前景。读者将在书中省悟中国人文的伟大与崇高、矛盾与平庸、雄迈与困境，发现包括自己在内的现代人文化心灵的独白与袒露。

我愿与朋友们一起在学问苦海与人生炼狱中寻找真、善、美的乐地。

第一篇　一个古老文明的辉煌与失落

中国是一个历史悠久、人口众多、版图辽阔的大国。早在公元前二千一百五十年，中国人就开始了天文学的研究，对日食现象进行了观测，是世界上最早就有文字的民族，尤其值得敬佩的是，中国古书中没有任何奇迹和预言之类的内容。……我们绝不应该站在欧洲人的立场上，来对这个民族的历史加以评头论足，因为我们还处在野蛮时代时，这个民族就已经具有高度的文明了。

——伏尔泰

第一章　我们拥有历史的辉煌

中国不仅是世界上最大的国家之一，也是世界上历史最为悠久、文明开化最早的国家。“在中华民族的开化史上，有素称发达的农业和手工业，有许多伟大的思想家、科学家、发明家、政治家、军事家、文学家和艺术家，有丰富的文化典籍。”① 举世公认，在人类文化发展史上，中华文明曾彪炳寰宇，震烁古今，对世界文明的发展产生过巨大影响，直到16—17世纪，中国文化依旧走在世界前列，成为世界文化史上的一个高峰。

文化是民族的，同时也是世界的和人类的。千古一系、独自创发、曲折演进、四边扩散的中国文化在世界文化史上占据着重要地位。

考古和文化人类学的研究证明，在上古时代，人类文明是在不同地区独立地产生出来的。这种文明，可称为最初的文明或第一代文明。随着时间的推移，在第一代文明的基础上，通过各民族间的继承、交流、借鉴，形成大小不同的文化圈和层层叠压的“文明世代”。据英国考古学家丹尼尔的研究，属于第一代“独立起源的文明”的，全世界共有九个，分别是埃及、两河流域、中国、印度、爱琴—米诺斯、南俄、美洲的奥尔梅克、玛雅、查文。这九种古老文明在历史时空沧桑之变中的历史命运是很不相同的。古埃及的文化早已为后起文明所吞没，美洲的奥尔梅克、玛雅、查文没有能经受住欧洲殖民主义浪潮的冲击，已经濒于灭绝。两河流域、爱琴—米诺斯、印度文明经过多次的外族入侵，深深压埋在后起文明世代的底层，基本上成了考古学研究的对象。唯有古老的中国文化得到了最为连贯的继承和发展，至今生命犹存。中国文化的悠久性和顽强的生命力本身就说明它具有存在的合理性与发展的必然性。

中国文化的发展并不限于中国本土，它还扩散到亚洲各国，如日本、朝鲜、越南、

---

① 《毛泽东选集》第2卷，第585页，人民出版社1968年。

印尼等国家和地区，形成地域辽阔的中国文化圈或东亚文化圈。公元 4 世纪到 19 世纪中叶，中国一直是这一文化圈的中心。它与西方基督教文化圈、东正教文化圈、伊斯兰教文化圈、印度文化圈并称“世界五大文化圈”。①

世界文化发展的历史表明，各民族的文化和各文化圈的文化的发展是不平衡的，它们对于世界文明贡献的大小也是不相等的。在这个意义上，存在着西方学者所说的“文明中心”和文明中心的转移。大体言之，在世界文化史上，文明中心已经历了三次大的转移：在奴隶制时代，文明发展水平最高，对世界文明贡献最大的应是古希腊、罗马文化；在封建制时代，文明发展水平最高，对世界文明贡献最大的是中国文化；随着资本主义时代的到来，文明发展水平最高最快，对世界文化贡献最大的属于西方基督教文化圈的西欧和美国。因此，中国古典文化是世界文化发展史上的一个高峰。

我们说中国古典文化是人类封建时代文化中发展水平最高且贡献最大的文化，绝非是基于民族主义情感上的武断，而是基于如下事实：勤劳智慧的中华民族拥有悠久的史学传统、瑰丽的文学艺术、精深的哲学智慧和宏富的科学技术。

一、悠久的史学传统

一个民族辉煌的文化与该民族悠久的历史是息息相关的，因为文化是历史的积淀，历史是文化存在和发展的根基。中国文化中悠久的史学传统和深沉的历史意识恰是它历劫不绝的顽强的生命之源。我们相信，一个民族如果泥古不化，沉重的历史感会成为发展前进的包袱；我们更坚信，民族文化的复兴离不开对历史文化的批判继承，现代文明的大厦不可能在历史空场上建立起来。

我们不可能也决不应该割断历史！

翻开中国文化史的画卷，会发现古代文化遗产中历史文献占据着重要地位，它在古代文献“四部”中占据其一。其实，早在上古的原始先民朦胧的文化意识中，已经显露了悲怆的历史感。这从中国远古的创世神话中可以看出。《三五历记》这样记录着盘古开天辟地那动人的故事：相传世界在很古很古的时候，天地不分，一片混沌，就像一个巨大的鸡蛋，盘古——人们想象的英雄——在这个大蛋里慢慢成长。大约过了一万八千年，大蛋裂开了，蛋里清轻的阳气渐渐上升，变成了天；重浊的阴气渐渐下降变成了地。最

① 参见张岱年、程宜山：《中国文化与文化论争》第 232 页，中国人民大学出版社 1990 年。

初，天地间距离很近，为了不让天地合拢，盘古不得不头顶青天，脚踩大地，竭力支撑。又过了一万八千年，盘古在天地间已长到了九万里高，完成了开天辟地的任务，他筋疲力尽而死。又过了一万八千年，盘古的整个躯体化成了日月星辰、山川河流和草木雨露，他死前呼出的气息和遗留的声音也变成了风云雷电……

古代神话传说中流动的时间意识，与大自然造化天地山川的实际的自然时间相比，几个“一万八千年”算不得什么，可是与同样古老的《圣经》中关于“上帝”在七天里轻而易举地创造世界的“创世纪”的传说相比，它已足够悠久厚重了。

随着奴隶制文明时代的到来，原始先民朴素的历史意识积淀成“究天人之际，通古今之变”的源远流长的史学传统。

殷周奴隶制时代，经济和文化有了一定的发展，有了文字（甲骨文、金石文）和历法。有了文字就可以记事，有了历法便可以记时，于是便有了文字记载的历史。当时王朝设立史官，他们是专门掌握文化，进行宗教、政治活动的重要成员。在史官队伍扩大和分工过程中，有一部分史官专事记言记事的活动，又把记言记事的甲骨、竹简用皮条编集成册，便成了最早用文字写成的“史”。《尚书》就是传世最早的政史文献。殷周的史料上，已具备了写史的时间、地点、人物、事件四个要素。当时的文字记载中，还透出一些片断的历史观点，从最初的崇拜神意到后来的怀疑天道、重视人事，反映出奴隶主统治阶级的兴衰变化。西周还出现了“殷鉴”思想，这说明历史往事已被观念化为指导社会行为的历史观念。史学诞生了。

自殷周时期的史学产生，到清代的乾嘉史学，经历了长期发展过程。而司马迁的《史记》成为先秦史学与两汉至明清史学的分界点。先秦指秦统一中国以前的历史时期。这是中国社会从奴隶制向封建制过渡的时期。自殷周史学产生之后，到了晚周或春秋时代，记事与编册，不仅发生于王室，而且发生于诸侯之国。不仅汇集政治文献，而且记述当时朝聘、会盟、征伐、筑城和王侯贵族争权夺利的编年史也开始出现。《春秋》便是中国最早的编年史。据《孟子·离娄下》记载：“晋之《乘》，楚之《梼杌》，鲁之《春秋》，一也”。据此推来，晋国的《乘》，楚国的《梼杌》都是与《春秋》一样的编年史。编年史的出现，是历史学走向系统化的标志。随着“礼崩乐坏”，由学在官府而下于庶人。于是私人修史开始出现，《国语》、《左传》、《战国策》等史书应运而生。这些史书中鉴戒垂训和历史兴衰的意识更加突出，倾向于变法的思想较之以前更为多见。

两汉至明清，大体相当于中国封建社会的历史时期。这个时期，史学日趋发达，历经的时间又长，封建史学日臻完善。两汉的史学，主要以《史记》与《汉书》的纪传体为标志，开二十四史纪传体之先河。纪传体，是本纪、列传、书志、表、论等多种形式之综合，构成相辅相成的史学体系，而以大量的人物传记为中心内容。它的优点是，因以人物传记为中心，可以反映出各类人物的历史活动，同时因记事范围较为广泛，便于通观一个时期的历史发展形势；其不足是，难以清晰地表现历史发展的时间顺序和历史人物、历史事件之间的相互关系。

汉唐之际的史学，无论是内容还是形式都比两汉史学有所发展，但主要的特点是步《汉书》之后尘，形成记述封建君臣之风，把纪传断代史尊为史范“正统”。同时，有的学者开始探讨史学的理论与方法，刘知己的《史通》是这一时期史学理论杰出的代表作。中唐至明中叶的史学，在古代史学中承先启后，继续发展，一方面记载封建王朝兴亡和封建君臣荣辱的“正史”还在延续，另一方面，为了“通变”和“借鉴”而编撰的各种史书得到发展。前代王朝的兴衰和治道的得失，在史家杜佑撰写的《通典》、司马光主编的《资治通鉴》中得到了认真的总结。

明末至乾嘉的史学，显出封建史学已经衰老。此时黄宗羲、顾炎武、王夫之等有识之士提倡“经世致用”，撰写当朝历史，以发挥其反对君主专制的思想。遗憾的是，这种史学革新的苗头转瞬间就被清朝统治者所扼杀，皇家严厉控制撰修当朝史的大权，大力宣扬封建专制主义，迫使学者钻入故纸堆中，博古而不通今，于是考据史学大盛一时。从 19 世纪中叶直到五四前夜的近代史学，呈现出新旧杂陈的格局。一方面，旧的封建史学还在延续，编纂历史的思想、内容和形式还依循着传统“正史”轨辙；另一方面，地主阶级中一部分先进学者和历史学家，如魏源、龚自珍等，资产阶级学者和历史学家如章太炎、梁启超等，不再走乾嘉考据之学的老路，而以传统今文经学的变易思想或西方的进化观点为武器，讲究“通史致用”，研究当朝史和世界史，兴起了救亡图强的爱国主义史学高潮，批判“君史”、提倡“民史”，以新的章节体和进化观点编纂史书，甚至出现了“史学革命”的口号。

1919 年五四运动中，马克思主义传入中国。继李大钊等传播唯物史观之后，郭沫若、范文澜、吕振羽等一大批史学家运用唯物史观研究历史，取得了巨大成就，使中国史学走上了真正科学的道路。

中国文化中的史学传统不仅源远流长，而且留下了繁富的历史文献。所谓历史文献，包括史书、历史档案及其他方面的资料。中国史书，自周秦以来，历代都有撰著，连绵不绝，数量之多，学者素有“汗牛充栋”之叹。尽管由于历来天灾人祸，损失惨重，特别是在唐朝以前没有印刷术的情况下，史书很难留传，然而由于人们珍视保存，流传下来的还是不少。据清代学者章宗源《隋书经籍志考证》所考，中国 7 世纪初，总计存亡的史部书籍有 1500 部左右。自唐代以来，由于经济文化的发展，加之印刷术的发明使用，更产生了大量史书。到了清代乾隆年间纂修《四库全书》时，《四库全书总目·史部》著录和存目的史书已达到了 2132 部，38239 卷。这个数字在世界文化史上是罕有其匹的。

繁富的史书，记载了中国数千年来的历史与文化。从纵的方面来说，自夏商周三代以来的历史都有连续不断的记载；从横的方面说，历代都有政治、经济、文化、思想、艺术、宗教、天文、地理等的记述。中国古代史籍所载历史内容是相当丰富的，为后人研究中华民族的历史文化传统、总结历史经验和教训，存储了极为丰富和宝贵的信息资料。这也正是中华民族上下五千年文化和民族意识历经劫难而不中断的原因之一。

中国史书不仅内容丰富，而且体裁形式多种多样。最初有记事、记言两种体裁。相传有左史记言，右史记事的说法。从传世的古代文献来看，殷周时代的甲骨文和金文基本上是记事的，《尚书》和《国语》基本上是记言的。随着史学的发展，记事与记言相结合的史书渐渐多了起来，出现了编年体、纪传体、纪事本末体等形式的史书体裁。除此三种主要体裁外，还有典制体、学案体、图、表、评论等重要体裁。

贯穿于上述各种体裁的史书中的一个共同特点是对历史文学的讲究。古代学者大都相信孔子“言之无文，行而不远”的古训，不仅写有琳琅满目的文学佳作，而且写有不少生动传神的史学上乘。有些大史学家，如司马迁、班固、欧阳修、司马光等，本身也都是文学家。有些历史名著，如《左传》、《史记》、《汉书》、《资治通鉴》也称得上是文学杰作。这里所说的历史文学，不是指以历史题材为内容写成的文学作品，而是指如实记录历史的文笔。历史文学的成就主要表现在对人物、对战争场景的描述刻画上。司马迁的《史记》以写人物最为见长。在他的笔下，项羽与刘邦、萧何与韩信、李广与卫青、汲黯与公孙弘等，都各有各的特点，各有各的个性。并以活生生的人物活动为主线，将历史的重大问题再现出来。司马光的《资治通鉴》则以写战争最为出色。在他的笔下，战场中的将谋、战略、战术及其成败得失都写得有声有色，如写赤壁之战、淝水之战、李愬平蔡州之役，都是脍炙人口的名篇。

如何把史文写得出色，史学理论家曾作过探讨，主要是就思想与艺术形式发表意见。刘知几在《史通》中说，叙事之体当做到“简要”、“用晦”、尚质戒饰三点。顾炎武在《日知录》中论及《史记》行文特点时说，《史记》之长，长于“于序事中寓论断”。章学诚在《文史通义》中，既提出了“文生于质”的基本观点，又提出了“清真”的基本原则，说良史之文，应清而不染，言之有物，将深邃的思想内容与完美的语言艺术形式结合起来。同时章学诚还反对“意为出入”、“无实而文”、“临文慕古”、“时文结习”等不良文风，强调“临文生敬”、“论古必恕”的文德，要求史学家端正史学思想，深入了解历史，如实反映历史的真实。近代史学比较注意理论与史事考据，而对历史文学似有忽视。

中国文化中的史学传统，概括起来，主要包括这样几个方面的特点：

其一，重视修史的传统。我们的祖先很早就重视修史工作。《左传》云：《春秋》之义，“微而显，婉而辨。上之人能使昭明，善人劝焉，淫人惧焉，是以君子贵之。”《孟子》说：“孔子成《春秋》，而乱臣贼子惧。”此说对后世史家影响甚大。后人修史，往往以《春秋》笔法自命，发挥其褒贬予夺的作用。唐朝有个宰相叫韦安石，看了史官朱敬则写的史稿，叹道：史官的权力比宰相还重，“宰相但能制生人，史官兼制生死，古之圣君贤臣所以畏惧者也”。[①] 正因为“史”具有鞭策当世、警醒后人的作用，历来有不少大人物或大学士都力倡修史，甚至有人宁愿抛弃高官厚禄而终身从事修史事业。司马迁忍宫刑之辱而发愤著史，刘知几厌烦史馆中的官场习气而私著《史通》，司马光与王安石政见不合，轻辞枢密副使，而始终抓住编修《资治通鉴》之权不放。乾嘉时期的王鸣盛、钱大昕、赵翼直到晚清的章学诚终其身对仕进不感兴趣，而在史学纂修和史学理论上做出了杰出贡献。中国史学发达，与这一传统是分不开的。

其二，秉笔直书的精神。中国历来对修史要求很高，提倡秉笔直书，反对“曲笔”阿世。《左传》上记载着这样一段著名的故事：齐庄公被大臣崔杼杀害，太史照实写了一笔：“崔杼弑其君。”重权在身的崔杼看后非常愤怒，杀掉了太史。太史的弟弟仍然这样写，又被杀掉。太史的二弟又这样写，仍然被杀掉。太史的第三个弟弟还是照写不惧，使得崔杼终于作罢。这个故事说明了中国古代史家秉笔直书的职业道德，也说明修史是件严肃的大事，为了留取信史，就要不畏权贵不怕杀头。这种“直笔”精神，对后世史家影响很大。司马迁为李陵父子写不平，虽遭奇辱而不改其志；唐代史官吴兢不顾宰相张说的再三求请，而直笔记下了他的一件不雅之事。这种范例历史上不乏其例。刘知几在《史通》中，在总结史学经验的同时，高度赞扬了“直书其事，不掩其瑕”的信史精神，无情唾弃了“舞词弄札，饰非文过”的“曲笔”丑态。尽管古代史学由于受历史的局限，不可能完全科学地再现历史，但它提倡直笔实录、追求信史的传统，还是值得肯

---

① 《新唐书·朱敬则传》。

定的，在中国文化发展史上产生过积极的影响。

其三，注重鉴戒垂训的传统。鉴戒垂训，总结历史，是中外史学的共同特点，但在中国史学传统中尤为突出。早在《诗经》中便有“殷鉴不远，在夏后之世”的诗句。随着史学的发展，以史为鉴成了一个重要的修史原则。唐朝初年设馆修史，唐太宗与魏征就在官修《隋书》中贯彻了以史为鉴的宗旨。宋代司马光主编的那部史书，初名《通志》。神宗皇帝觉得此书所载历代君臣事迹和治国之道十分详备，又“断之以邪正，要之以治忽”，[①] 大有鉴戒价值，乃赐其书名曰《资治通鉴》。此后以“鉴”为名的史书接踵出现，如《通鉴纲目》、《纲鉴易知录》、《通鉴辑览》等。又由于历史的鉴戒垂训的作用，历代的官学与私学都把史书作为一项重要的教学内容。长期以来，历史教育在加强中国文化的文治教化中发挥了重要作用。

其四，强调史家德才的传统。中国史学界历来讲究史家的德才修养。认为才德兼备是写好历史著作的必备条件。刘知几云：“史才须有三长。……三长，谓才也，学也，识也。”[②] 这里所谓“才”，是指修史的才能，即历史编纂和历史文学方面的才华与技术，要求记事准确、叙事行文简洁流畅。所谓“学”，是指占有史料和掌握历史知识。要有搜集、鉴别和运用史料的能力，拥有丰富的知识，通晓群言，深思明辨。所谓“识”，是指历史见识与理论素养，对历史事件与历史人物能够做出合理的评价，洞识各种历史现象的联系。章学诚进而认为，只讲才、学、识还不够，还应讲求“史德”。他指出：“德者何？谓著书者之心术也。……盖欲为良史者，当慎辨于天人之际，尽其天而不益以人也。尽其天而不益以人，虽未能至，苟允知之，亦足以称著书者之心术矣。”[③] 所谓“史德”即史家不先入为主、尊重客观、实事求是的思想品质。

总之，独具特色的史学传统，无论对中国文化的存续发展，还是对中华民族历史意识、政治意识和道德人格境界的培养，均发挥了积极的作用。当然，这并不否认封建史学中“君权”至上、夷夏之防、扼杀“异端”等消极因素的存在。

二　瑰丽的文学艺术

中国的古典文学和艺术，深深植根于传统文化的丰沃土壤中，像其他文化部类一样，

---

① 宋神宗：《资治通鉴序》。

② 《旧唐书·刘子玄传》。

③ 《文史通义·史德》。

有自己悠久的历史、丰富的内容、独特的风格和鲜明的个性。它与整个文化系统有着息息相通的多层次的联系。一个民族的文学艺术，往往是这个民族整体文化形象之具体的表现，是社会现实生活的具体反映（哲学是抽象的反映，宗教是歪曲的反映）。因此，通过各种文学形式的形象思维所描写的个体行为、个体精神、心理、情感和各种艺术形式所塑造的艺术形象，能够更直接捕捉这个民族文化所反映的社会群体的心理意识及其共性。从这个意义上说，文学艺术不仅是文化的重要部类和基本要素，而且是文化的一面镜子。

当代著名学者张岱年教授在论及中国传统文学艺术的评价问题时指出："中国传统的文学艺术，是中国传统文化中一个很重要且得到了高度发展的部分。但要对它所取得的成就，对世界文明所作出的贡献及对于今天的价值做出中肯的评论，却是一件颇为困难的事情。这是因为文学艺术有一些与其文化很不相同的特点，这些特点决定了对它的评价需要有一些与评价其他文化不相同的方法。"① 据此，他根据文学艺术发展的特殊规律提出了评价文学艺术在文化史上历史地位及其对世界文明贡献大小的三条标准：第一，一个民族的文学艺术是否丰富多彩，是否富于变化，是衡量其成就大小的首要标准；第二，纯艺术文化与具有复功用的各种实用艺术的分化程度及已经分化出来的纯艺术文化在整个文化中的比重；第三，一个民族、一个时代的文学艺术能否以其特异性为世界文艺百花园增色添彩。这里的三条标准为我们合理评价中国古典文学艺术的历史地位及其对人类文明的贡献指明了科学的方法论原则。

文学艺术活动，是从人类认识和改造世界的活动中分化出来的一种相对独立的活动，一种以身心娱乐为目的的创造活动。人类的身心娱乐是多种多样的，而且这种需要也是不断更新的。为了满足多样性的且不断发展的身心享乐的需求，文学艺术就必须丰富多彩和不断推陈出新。这不仅是文学艺术发展的一般规律，也是中国文学艺术的一大特点。

"等闲识得东风面，万紫千红总是春。"走进中国古典文学艺术的百花园，你首先会为中国传统文学艺术那民族风格的多样性而叫绝，这是其他任何国家无法匹比的奇观。中国自古就是一个多民族聚居的文化统一体。据语言学家研究，中国境内的语言有六、七十种之多，分属汉藏、阿尔泰、南亚、印欧、马来·波利尼西亚五大语系。各民族的语言、习俗、神话、文化心理不同，其文学艺术也不相同。随着民族生活和文化的融合，逐步形成以中原汉族文化为主调的千姿百态的艺术文化。由于各地方言、民俗之不同，

① 张岱年、程宜山：《中国文化与文化论争》第 250 页，中国人民大学出版社 1990 年。

给文学艺术带来了浓郁的地方特色。以戏剧为例，大大小小的戏曲剧种多至数十或数百种。

中国文学艺术之丰富多彩，更表现在其创作方法和流派风格的多样性上。中国有神奇瑰丽的上古神话，并从中孕育出浪漫主义的传统，这种传统早在战国时代的《楚辞》中便得到充分的流露。中国又有素称发达的史官文化和人文传统，并从中孕育出了现实主义文学传统，这种传统早在先秦《诗经》中已经奠基。春秋战国以降，儒家、道家及佛教的思想对这两大传统产生巨大影响，使得浪漫主义和现实主义两大传统如车之两轮、鸟之双翼，共同推动着中国传统文学艺术的发展。在文学方面，既有像《左传》、《史记》这样传神肖物、文辞优美的历史散文，又有像《庄子》这样汪洋恣肆、仪态万方，富于浪漫主义色彩的哲理散文；既有豪迈奔放、歌风咏月的"诗仙"李白，又有深沉凝重、忧国忧民的"诗圣"杜甫；既有《西游记》这样神奇瑰丽的神话小说，又有《三国演义》这样构思宏伟的历史小说，还有像《儒林外史》、《红楼梦》这样极摹人情世态之歧的世情小说。浪漫主义和现实主义，在传统文学的各个领域——诗歌、散文、小说中，都是并肩而行、交相辉映的。类似的情况，也出现在中国古典艺术的各种形式中，如书法中有篆、隶、楷、行、草五种形态不同、笔墨章法各异的书体。绘画中则有工笔与写意的不同。在被誉为世界第八奇迹的秦始皇陵兵马俑上，我们看到了东方雕塑写实主义的先例，而汉代霍去病墓前的石雕，则极富浪漫主义的色彩。由于创作方法的不同，中国传统文学艺术的题材、风格、审美情趣、思想倾向也呈现出多姿多彩的情况。

中国传统文学艺术不仅丰富多彩，而且富于变化。以文学而论，从先秦的《诗经》、《楚辞》及诸子散文，到汉代的赋与乐府；从六朝骈文到唐诗宋词；从元曲到明清小说，几千年间一种又一种的文学样式接踵而起，迭见高峰，真可谓"各领风骚数百年"。其中每一种文学形式又在源流演变中形成不同的风格流派。以词为例，有五代西蜀间脂粉浓腻、语言绮靡的"花间派"和以南唐词家李璟、李煜为代表的"风格清丽、情调感伤"的南唐派；宋代有秦观、李清照为代表的婉约派（语言精丽而清新，情思曲折而真切）和苏轼、辛弃疾为代表的豪放派（意境雄奇阔大，风格豪迈奔放），清代则有浙西派与常州派之分，前者追求语言工丽，音律和谐，后者取法风骚，强调内容充实，俊逸深沉。若从文艺批评来看，有艺术构思、艺术表现、创作方法、意境创造等各种文艺批评理论，其中包括文与气、文与理、文与质、性与情、情与理、风骨与辞采、墨法与神韵、虚与实、法度与自然等一系列范畴和概念。这些文艺理论与多样性的文学体裁和艺术形式相结合，表现了丰富的文学内容，塑造了鲜明的艺术典型。

中国传统文学艺术在中国传统文化大系统中占有重要地位，纯文学艺术很早就从各种实用艺术中分化了出来，并占有相当大的比重。这是中国文学艺术发达的第二明证。西汉后期的刘向、刘歆父子整理皇家图书，将所有书籍分为七类，称作《七略》，其中一类即诗赋，西晋荀勖在刘向《七略》分类法的基础上，创立四部分类法，其中丁部包括诗赋、图赞和汲冢书；这种四部分类法，后来以“经、史、子、集”的名称沿用至清代。其中集部即文学艺术类。文艺作品能够在古文献四大部中占居其一，其重要性可以想见。中国传统文学艺术在传统文化中之重要地位，又可从它在传统教育中之地位上看出来。从孔子开始，中国传统教育就把“诗教”与“乐教”作为重要科目，诗为文学之首领，乐为艺术之总称，由此形成通过文学艺术教育以“成孝敬，厚人伦，美教化，移风俗”的儒教美育传统。在这种教育制度和思想影响下，中国几千年来的士大夫都很注重文学艺术的修养，诗文、绘画、书法、音乐等方面的造诣往往成为衡量知识分子是否“斯文”的重要尺度。赖此风气，中国古典的“士”阶层成为一支近乎专职的文学艺术队伍，他们在半耕半读、贫寒而刻苦的仕进生涯中，用诗文抒发自己的志趣，借琴棋书画陶养自己的性情，遂创造出独具民族特色和东方审美个性的文学和艺术。

中国文学艺术之丰富多彩及其在中国文化总体中所占的重要地位已如上述，仅此，只说到了中国传统文学艺术之发达程度，尚不足说明中国古典文学艺术对世界艺术文化的独特贡献。为此，需要进一步申说中国古典文学艺术审美传统的民族特色和鲜明个性。限于篇幅，下面将中西文学艺术中的诗歌、小说、绘画加以简要的比较。

在中外文学中，发达最早、最繁盛的莫如诗歌。总的来说，“中国诗歌精巧，从不冗长，从来没有极大的伟力，但于创作完美的感伤的瑰宝、勾勒神妙的情景却十分适合。它的节奏美使它充满活力，它的神韵使它通篇生辉”①。中国诗歌文字简短而长于抒情，西方诗歌篇幅冗长而适于叙事。对此，闻一多曾指出：中国、印度、以色列、希腊四个国度里同时迸出歌声，但那歌的性质并非一致。印度、希腊是在歌中讲着故事，他们的歌是比较近于小说、戏剧的，而且篇幅都很长，而中国、以色列则都唱着以人生与宗教为主题的抒情诗。中国和其余那三个民族一样，在她开宗第一声歌里，便预告了她以后数千年文学发展的路线。从此以后的两千年间，诗——抒情诗，始终是我国文学的正统类型，甚至于除散文外，它是唯一的类型。② 其实，抒情与叙事作为中西诗歌的特点只

① 林语堂：《中国人》第 213 页，浙江人民出版社 1988 年。

② 转引自张岱年、程宜山：《中国文化与文化论争》第 258 页，中国人民大学出版社 1990 年。

具有相对的意义，中国诗的抒情离不开借景，西方诗的叙事中亦有抒情，而其所抒之情愫常寓于事中。

仅就抒情这一点来看，中西诗的抒情方式及其表现的情趣又有明显的民族性差异。对此，朱光潜先生在其《中西诗在情趣上的比较》这篇有名的比较诗学论文中析之最精。他指出：中西诗人对“人伦”均有情趣，“西方关于人伦的诗大半以爱情为中心，中国诗言爱情虽然很多，但是没有让爱情把其他人伦抹煞”。朋友的交情和君臣的恩谊在西方诗中不甚重要，而在中国诗中几与爱情同其位置。中西咏叹自然的诗，也像爱情诗一样，一个以委婉、微妙简隽胜，一个以直率、深刻铺陈胜。西方诗人所爱好的自然是大海，是狂风暴雨，是峭崖荒谷，是日景；中国诗人所爱好的自然是明溪疏柳，是微风细雨，是湖光山色，是月景。中国诗的情感基调是偏重于现实生活的道德人本主义和现实主义，即使是深受道家思想影响的屈原、阮籍、郭璞、李白、苏轼，他们表面想望超世，而骨子里却仍带有浓厚的游世色彩，他们都无法丢开中国民族所特重的“人道”。而西方诗则以宏深的哲学、宗教意识为其根干。没有柏拉图和斯宾诺莎，就没有歌德、华兹华斯、雪莱所表现的理想主义和泛神论；没有宗教就没有希腊的悲剧史诗，没有但丁的《神曲》、弥尔顿的《失乐园》和歌德的《浮士德》。总之，西方诗情直率、狂热、奔放、潇洒、宏深；中国诗情更多些委婉、含蓄、典雅、空灵和精巧。① 中西诗歌情趣上的差异，正表现了中西人文传统的差异。

以深刻哲理和超越的宗教意识为根干的西方艺术文化，从希腊悲剧和英雄史诗开始，往往通过英雄的死亡、正义的毁灭表现人的自由意志对命运的抗争，千百年来积淀为西方人文艺术传统中在死亡与毁灭中突显崇高的悲剧心灵。而以“温柔敦厚”、“哀而不伤”的儒家诗教为范式的中国诗歌，教会了中国人一种生活观念，通过诗卷深切地渗入社会，给予他们一种悲天悯人的意识，使他们对大自然寄予无限的深情，并用一种艺术的眼光来看待人生。“诗歌通过对大自然的感情，医治了人们心灵的创痛；诗歌通过享受简朴生活的教育，为中国文明保持了圣洁的理想。它时而诉诸于浪漫主义，使人们超然于这个辛勤劳作和单调无聊的世界之上，获得一种感情的升华；时而又诉诸于人们悲伤、屈从、克制等感情，通过悲愁的艺术反照来净化人们的心灵。”② 从这个意义上说，诗歌近似于中国人的宗教。

---

① 朱光潜：《中西诗在情趣上的比较》，收入中国文化书院“中外比较文化教学丛书”的《比较美学》中。

② 林语堂：《中国人》第 212 页，浙江人民出版社 1988 年。

小说，在很长一段历史时期内被排斥在正统文学之外，像戏曲一样被视为不堪入大雅之堂的“区区小技”。小说就这样潜滋暗长着，它像路边的野花，只能对孤独的路人投以一瞥，以期取悦，并以极其顽强的生命在荒石绝隙中自生自长。然而正是这种“民间性”使小说和曲艺一样倍受世俗的喜爱，因而在乡曲市井间获得长足发展。正如林语堂所说：“中国人全都在暗地里阅读小说和剧本。一位官员在他的文章中可以大谈其仁义道德，然而在私下的谈话中，你可以发现他对《金瓶梅》和《品花宝鉴》中男女主人公了如指掌。”① 小说惹人喜闻乐见，是因为人们久受道德教条压抑的情感，在这里更易得到自由宣泄。

中国小说，历经六朝的志怪体、唐传奇、宋元话本的源流演变，至明清两代达到了文学史上的高峰。明代，文言小说处于低潮，而白话小说却独辟新径。短篇白话小说成就卓著的是“三言”、“二拍”五个集子，即冯梦龙编辑整理的《喻世明言》、《警世通言》、《醒世恒言》，凌濛初编写的《初刻拍案惊奇》、《二刻拍案惊奇》。这些集子尽管有不少宣扬封建礼教的篇章，但有不少优秀之作却刻画了新人的形象，反映了人们价值观、审美观和道德观上的变化。明代长篇小说也盛极一时，《三国演义》、《水浒传》、《西游记》、《金瓶梅》代表了明代长篇小说的最高成就。尤其是《金瓶梅》，尽管它过于艳情淫秽，然而却以细腻的笔触深刻揭示了乡曲、市井、官场间各种人物灵魂中的曲折隐微，通过对西门庆发迹、灭亡及其家庭生活和社会联系的刻画，暴露了当时社会的黑暗世情。

清代小说，《聊斋志异》、《儒林外史》、《红楼梦》代表了中国古典小说艺术的最高峰，无论其思想性还是其艺术性都在明代小说上更进了一步。《聊斋》为蒲松龄的“孤愤之书”，全书几乎篇篇描写鬼狐。在这部情节奇幻、富于变化的“鬼狐史”中，往往是鬼狐善良可爱，而人间官府士绅却行若鬼魅，活画出一个人鬼颠倒的世界。吴敬梓的《儒林外史》是中国一流的长篇讽刺小说。它用漫画式的笔法描写了封建末世文人的种种丑态，愤慨而沉痛地鞭辟了科举制和封建礼教对人的毒害与扭曲。《红楼梦》称得上世界文学宝库中罕见的名著。它以男女主角宝黛之间爱情悲剧为主线，写贾府的兴衰浮沉，笔触遍及了后期封建社会的各个角落。发生在“大观园”的这场家庭悲剧，像一面镜子，映照着封建制度、封建礼教“如大厦之将倾”的时代悲剧。至于《红楼梦》精美的语言、严谨的结构及刻画人物形象的技巧等艺术形式上的创造，就更是美不胜言了。

如果将明清小说与西方文艺复兴时期的启蒙小说，如薄伽丘的《十日谈》、拉伯雷的

---

① 林语堂：《中国人》第 187 页，浙江人民出版社 1988 年。

《巨人传》、塞万提斯的《唐·吉诃德》等加以比较，不难发现，它们的背景、功能、表现手法等有不少共性，如他们都以思想方面的大动荡和新观念的产生为背景；均以强大的叙事传统为文学渊源；均采取比较自由的语言媒体以突破少数人对文化的垄断；均有对现实社会矛盾的揭露批判等。① 然而，从比较小说美学的角度仔细观察，两者又存在着差异：在叙述故事时，中国小说虽有丝丝入扣的心理描写，但终不如西欧小说的心理刻画细致；在人物性格刻画上，中国小说以白描见长，西欧小说以环境衬托超胜；在情节铺展上，中国小说从从容容，慢讲细说，西欧小说紧锣密鼓，迭起波澜；在艺术风格上，中国小说如同中国戏剧一样，虽是悲剧也常以"大团圆"收场，西方小说如同它的诗歌，悲剧性浓于喜剧性。这一点是中西小说美学价值上的最突出的差异。

中国小说、戏剧的喜剧性，五四以来曾遭到胡适、鲁迅等人的严厉批判，胡适认为，"这种'团圆迷信'乃是中国思想薄弱的铁证"。② 甚至把中国团圆主义的文学说成是"说谎的文学"。鲁迅先生尖锐地指出，中国悲剧不敢写实的团圆主义乃是国民性弱点的一种表现，是掩盖缺陷和粉饰现实的病态心理，表现在艺术上就是掩盖矛盾的"浅薄病"。③ 这种批评发生在五四时代，其实用功利性是显然的，而其学术圆满性是不够的。其实，喜剧性文学最大的特点是幽默。人生离不开庄重与幽默，艺术就少不了悲剧与喜剧。悲剧文学使我们从平凡安逸的生活形式中重新识察到生活内部的深沉冲突，在虚空毁灭中寻求人生的意义，"在悲剧中，我们发现了超越生命的价值底真实性"。而喜剧文学则是"以广博的智慧照瞩宇宙间的复杂关系，以深挚的同情了解人生内部的矛盾冲突。在伟大处发现它的狭小，在渺小里却也看到它的深厚，在圆满里发现它的缺憾，但在缺憾里也找出它的意义"。因此，悲剧与喜剧都给人生价值以估定，"一个是肯定超越平凡人生的价值，一个是在平凡人生里肯定深一层的价值，两者都是给人生以'深度'的"④。

书法与绘画，在中国古典艺术的众多门类中占有十分重要的地位，中西艺术审美的民族性差异，在这里表现得最为鲜明。严格地讲，书法是中国独有的流线造型艺术，在西方无法找到可资比较的对象。而恰是这一点，使中国书法在世界艺术天地中居于一峰

---

① 参见乐黛云：《比较文学》第 121—123 页，中国文化书院"中外比较文化教学丛书"本。

② 《文学进化观念和戏剧改良》《胡适文存》第 1 集，亚东图书馆 1922 年。

③ 《中国小说的历史变迁》《鲁迅全集》第 9 卷，第 316 页。

④ 宗白华：《艺境》第 75 页，76 页，北京大学出版社 1987 年。

独秀的地位。毛笔使用起来比西方的管笔更为精妙，更为灵活，更为敏感。由于毛笔的使用，书法获得了与绘画同等的艺术价值，千百年来，人们对之投以满腔热忱和无限的尊崇。“中国的书法本是一种类似音乐或舞蹈的节奏艺术，却又不完全抽象如西洋字母而保有暗示实物和生命的姿式。中国音乐衰落，而书法却代替了它成为一种表达最高意境与情操的民族艺术。”① 三代以来，每一个朝代都有它的“书体”——那线条匀称、飘逸流畅的秦篆汉隶，那豪放奇伟、雄浑方劲的魏碑晋帖，那气度恢宏、收放自如的隋唐行、草，那自由写意、抒发个性的宋代书法，无不表现着那个时代的生命情调和文化精神。

在研习和欣赏书法艺术那抽象而流动的线条的伟力和构造之美时，中国人获得了一种完全的自由，感受到一种绘画的空间感型和音乐、舞蹈的节奏与韵律。于是通过书法，中国人训练了自己对各种美质的欣赏力，如线条的刚劲、流畅、迅捷、优雅、雄壮、粗犷、洒脱；形式上的和谐、匀称、对比、平衡、紧密，有时甚至是懒散古拙、参差不齐的美。

对西方来说，令其惊叹不已的是，书法不仅为中国艺术提供了美学鉴赏的基础，而且代表了一种万物有灵的原则。中国书家往往在千年古藤的枝丫、斑豹的跳跃、白鹳的舞姿、双蛇角斗的刚柔之势上获得艺术灵感，并在书体中表现出这蕴含于万物生命内部的最深的动。因此，中国的书法美在“动”而不在“静”，美在“骨”而不在“肉”，美在“拙”而不在“巧”。试想危崖上一支盛开寒蕊的梅，具有多么不经意的美丽和充满艺术感的不规则的变化！彻底领悟这天姿寒香的美，就等于领悟了中国书法乃至一切艺术的神韵。这是西方艺术史上不曾有过的奇迹。

中国绘画乃是中国文化之花。它以其与西方绘画迥然不同的、独特的气韵与基调著称于世，这种不同有如中国诗歌与西方诗歌的差别。对于中西绘画艺术审美的个性差异，宗白华先生在他的《艺境》一书中作过十分精辟的比较。他指出，由于受各自的文化艺术传统的影响，中西绘画艺术所表现的“境界层”根本不同，“一为写实的，一为虚灵的；一为物我对立的，一为物我浑融的。中国画以书法为骨干，以诗境为灵魂，诗、书、画同属于一境层。西画以建筑空间为间架，以雕塑人体为对象，建筑、雕刻、油画同属于一境层。中国画运用笔勾的线纹及墨色的浓淡直接表达生命情调，透入物象的核心，其精神简淡幽微，‘洗尽尘滓，独存孤迥’。……然而形似逼真与色彩浓丽，却正是西洋

① 宗白华：《艺境》第 103—104 页，北京大学出版社 1987 年。

油画的特色”。① 中西画的趋向不同如此。这段话对中西绘画的不同风格从三个方面加以了辨析：

第一，中西绘画赖以发展的艺术渊源与基础不同。西洋绘画的基础是希腊艺术的最高形式，即建筑与雕刻。清丽高雅、庄严朴质的雅典的庙堂圣殿的形式美，希腊雕刻那和谐、匀称、凝重、静穆的人体美，像一曲凝固了的音乐，成为西方绘画乃至一切艺术的“美”的源泉。中国绘画“以书法为骨干，以诗境为灵魂”，用抽象流动的花纹线条和浓淡相宜的水墨表现大自然生命动象的节奏和韵律（诗意）。

第二，中西绘画的空间意识不同。“中西画里一个顶触目的差别，就是画面上的空间表现。”② 西方自希腊以来的传统绘画，借助几何透视和光影透视法在画面上构成一个“三进向”的空间感型和明暗逼真的主体形象。这种空间意识为中国画家所不取，用乾隆年间大画家邹一桂的话说是“虽工亦匠”。在中国画点线交流的画面里，“立体的静的空间失去了意义，它不复是位置物体的间架。画幅中飞动的物象与‘空白’处处交融，结成全幅流动的虚灵的节奏。空白在中国画里不复是包举万象位置万物的轮廓，而是溶入万物内部，参加万象之动的虚灵的‘道’”③。一句话，西方画的空间凝固如建筑，中国画的空间流动似音乐。

第三，中西绘画所表现的审美意趣和境层不同。西方画尚形象逼真，中国画贵气韵生动。西方画家在画面上着力表现物象和人体“和谐、匀称、整齐、凝重、静穆”的形式美，通过色彩对比再现物象的真实与生动。中国画家运用笔法墨气以外取物的骨相神态，内表主体的人格心灵。不事透视、不敷色彩而神韵骨气已足，在物我一体中再现万物的“生命的律动”。

总之，在中西文学与艺术对比中，我们不难发现中西文化审美心灵的差异，西方文学艺术较耽于声色感性愉悦，较为热情、奔放，较为充满艺术家的自我；而中国文学、艺术的精神则较为高雅，较为含蓄，较为和谐于自然。我们可以借用尼采的话来说明中西艺术精神的不同：中国艺术是太阳神的艺术，而西方艺术是酒神的艺术。

---

① 宗白华：《艺境》第 113 页，北京大学出版社 1987 年。

② 宗白华：《艺境》第 102 页，北京大学出版社 1987 年。

③ 宗白华：《艺境》第 102 页，北京大学出版社 1987 年。

三 精深的哲学智慧

中国哲学是中华民族智慧的集中体现，代表了中华民族理论思维的最高水平，因此可以说它是中国文化的核心部分，它在整个中国文化系统中起着主导作用。文化是一个包含多层次、多方面的有机整体，其中处于核心层次的是价值观念和思维方式，它们与世界观一样，历来是哲学的基本内容。从这个意义上说，要了解一个民族的文化和精神，就必须了解该民族“最深心的自我”——哲学。因为哲学历来是一个民族的自我意识中最活跃、最敏感的“时代精神的精华”。

翻开源远流长的中国哲学史的历史画卷，我们立刻会发现中国哲学那波澜起伏、川流不息的律动。大体来看，中国哲学的逻辑发展经历了五个阶段：春秋战国的诸子学说，是中国哲学的源头活水。在这个“礼崩乐坏”、“道术为天下裂”的多元时代，儒、墨、道、法竞相争高，诸子百家相映成趣。孔子、孟子、墨子、老子、庄子、荀子、韩非子等一批杰出的思想家为解答当时急剧变动中的各种社会问题，救治社会的弊病，对天道、人道、理想、现实中的矛盾展开了空前深刻的追问、思考与批判，遂掀起中国哲学史上第一次高峰。孔孟的人本主义，墨家的功利主义，老庄的自然主义和韩非的法治主义为尔后中国哲学的发展奠定了基础。

由秦入汉，伴随着中国社会政治结构的由乱入治，由多元到统一，哲学思想也开始由先秦以政治论和人生观为主旋律的社会哲学转向宇宙论的宏观探求。董仲舒的“天人合一”论，综合杂糅了儒、法思想和先秦的阴阳五行学说，为汉代一统政治提供了以宇宙论为基础的官方意识；《易传》中阳刚进取的辩证的宇宙观取代了老子的无为学说和庄子的相对主义，奠定了中国辩证智慧的基石。东汉王充的“元气自然”论虽缺乏理性思辨，却在无神论和唯物主义发展进程中，起着承上启下的作用。

魏晋时期，门阀士族竞奔天下，温柔敦厚的儒家伦理被撕得粉碎。此时富于才情又无力左右政局的魏晋名士开始转向对远离现实的纯哲学问题的玄思，以儒道互补的见解展开对有无、动静、名教与自然、语言与意象等问题冥思玄辩，成为这一时期哲学的时代特色。与此同时，佛学东渐，经魏晋至隋唐，分宗立派，愈演愈烈。华严宗的法界缘起论，天台宗的三谛圆融说，唯识宗的境识依转的名相分析，禅宗不立文字的妙悟机锋，向儒学的实用理性和世俗观念提出了挑战。佛学与诗歌，成为盛唐文化的两大景观。

宋明时期，中国封建社会开始了由盛而衰的“滑坡”。这一时期，为弥合后期封建社会的社会矛盾与文化危机，儒、释、道三教合流，道学顺势而生成为中国哲学的主流与正统。“道学”又叫“性理之学”，由宋初周（敦颐）、邵（雍）、张（载）开其源，由程（颢、颐）、朱（熹）、陆（九渊）、王（守仁）演其流。它的内部虽有程朱“理学”与陆王“心学”的门户之争，但是在以“内圣外王”为宗旨，以“省察克治”为功夫以及“存天理，灭人欲”等基本立场上是一致的。冯友兰先生认为，宋明道学最能表现中国文化的特点，他一生服膺程朱理学，因为宋明道学讨论的都是“关于‘人’的问题，例如，人在宇宙间的地位与任务，人和自然的关系，人与人之间的关系，人性和人的幸福，它的目的是要在人生的各种对立面中得到统一”①。在这种统一中人将超越肉身之快乐而获得一种精神的“至乐”。

随着明代中叶商品经济的发展和资本主义生产关系的萌芽，儒学内部开始了反省与批判。这场批判是由16世纪一代狂儒泰州学派所开创的“圣人大还俗”运动（“满街都是圣人”）开始的。稍后的顾（炎武）、黄（宗羲）、王（夫之）、方（以智）、傅（山）、颜（元）是这场早期启蒙运动的杰出代表。在他们的思想中，“一切固定的古老的关系以及与之相适应的素被尊崇的观念和见解都被消除了……一切神圣的东西都被亵渎了。”②封建文化的冰川开始消融。及至晚清，列强环伺，国难迭兴。西方文化籍近代工业和军事恣肆中国，致使一向对域外文化很少强烈关怀的中国人开始正视一个发达的域外文化的存在。学习西方，重估传统，改进社会，再造文明，成为近现代史上魏源、严复、孙中山、陈独秀、胡适直到毛泽东几代哲人基本的文化立场和运思方向。至此，中国哲学开始越出“经学时代”的藩篱，走向新的探索。

中国哲学的源流演变，千百年来孕育了中华民族精神的生命内核，积淀为中国文化和中国人打通天人、和谐人际、统摄古今以维持历史文化生命长久的智慧。“由此我们可知，欲了解中国文化，必须透过其哲学核心去了解，而真了解中国哲学，又还须由此哲学之文化意义去了解。”③

要了解中国哲学的精深智慧，就必须首先通过中西哲学的对比，以见其运智发慧的重心所在。关于中国哲学的特色或中国哲人对待哲学（古人称作“义理之学”或“通几”之学）的基本态度，自比较哲学兴起以来的几十年间，学界有几多发明阐释，而张岱年

① 冯友兰：《中国文化特质》，中国传统文化讲习班上的演讲，1985年3月。

② 《共产党宣言》《马克思恩格斯选集》第1卷，第254页，人民出版社1973年。

③ 牟宗三等：《为中国文化敬告世界人士宣言》，载（香港）《民主评论》（港）1958年1月。

先生析之最为简明精湛，在今天学界几成定论。张先生指出：中国哲学，在根本态度上很不同于西洋哲学或印度哲学，必须了解中国哲学之特色，然后方不至于以西洋哲学或印度哲学的观点来误会中国哲学。他将中国哲学之特点析为六端：即“合知行”（人生理想与人生实践的知行合一，哲学即是哲人的理想，又是其人格）。“一天人”（中国哲人的最高理境是打通天人之界，以天道之必然立人道之当然），“同真善”（西洋哲学爱智，以求真为目的；中国哲学崇德，从不离开善而求真，真理即为至善）、“重人生而不重知论”（西洋哲人注重研究自然客体，中国哲人注重探究人生实相。西洋哲人以区分我与非我为“我之自觉”，故其知识论发达；中国哲人则以融合我与非我为“我之自觉”，故其人生哲理发达）、“重了悟而不重论证”（西洋哲学是一套知识学理，故重逻辑演证和体系建构；中国哲学是一种宇宙人生的觉解和知行合一的功夫，故其轻逻辑而重直觉）、“既非依附科学亦不依附宗教”（西洋中世哲学是宗教的奴婢，近世哲学以“科学之科学”自居。中国哲学不事宗教而有勖勉人生之功，不取法科学亦不反对科学）①。从上述中国哲学的特点可以看出，中国哲学智慧和重心在人生哲理的探究，而西洋哲学智慧的重心在揭示宇宙万象的本质及原因。

以辩证法为基础的追求和谐统一的人生智慧，是中国哲学大智的首要表现。

在中国哲学史上，朴素辩证法思想是源远流长的。早在中国最古老的文献之一《周易》中就通过卦象神秘的符号表示出对宇宙人生中乾坤、阴阳、动静、君子与小人、泰与否、损与益等复杂矛盾的认识，并提出“无平不陂，无往不复”的矛盾转化的思想萌芽。西周末年的史伯提出了处理问题的两种不同的原则，即“同”与“和”，“同”是指不包含矛盾对立的抽象的同一性；“和”则是矛盾的对立统一。他主张在矛盾的对立中求得同一，而反对“以同裨同”的抽象的同一。《左传·昭公二十年》记载：齐国大夫晏婴很早就发现了肯定（可）与否定（否）的辩证关系，认为“君所谓可，而有否焉；臣献其否，以成其可；君所谓否，而有可焉，臣献其可，以去其否”。他在阐述可否相济的辩证观点时，同时指出了清浊、大小、短长、疾徐、哀乐、刚柔、迟速等矛盾双方的相反相济。老子是中国春秋时代的辩证法大师，他对宇宙人生复杂矛盾关系的认识更加清晰，他不仅从大量的矛盾转化关系中概括出“反者道之动”这样一个矛盾转化的一般法则，而且指出“有无相生，难易相成，长短相形，高下相倾，音声相和，前后相随”②，揭示

---

① 参阅《张岱年文集》（二）第5—8页，清华大学出版社1990年。

② 《老子》第二章。

了宇宙人生中矛盾对立与依存关系的永恒性。孙武的军事辩证法，要求从正反两方面全面地考察问题，指出“兵无常势，水无常形”，正奇之变，不可胜穷。他要求从主客、众寡、强弱、攻守、进退、虚实、劳逸诸矛盾的相辅相成中认识战争的发展形势，具体灵活地运用战术。这种矛盾转化的辩证法，在《易传》中得到了尽情发挥。“一阴一阳之谓道”，在阴阳互补中求得和谐与发展，成为中国人穷神知化、应变、适变的最高智慧。张载、王夫之对《易传》的辩证法做了进一步的发展。

然而，不可否认，中国古代辩证法虽然十分丰富和成熟，但它终究是处理人生的实用理性的辩证法，而不是精确的概念推演的辩证法；是肯定和谐的辩证法，而不是斗争否定的辩证法。这一特点在张载的辩证思想中得到了充分的表现。在论及矛盾的最终结局时他说：“有象斯有对，对必反其为；有反斯有仇，仇必和而解。”① 正如李泽厚所说的那样：由于强调社会的稳定，人际的和谐，它们又是互补的辩证法，而不是否定的辩证法。“它的重点是揭示对立双方的补充、渗透和运动推移以取得事物的动态平衡和相对稳定，而不在强调概念或事物的斗争成毁或不可相容。”② 这里道出了中国哲学以和谐统一为根本宗旨的辩证智慧的千古之秘。

以“和谐”为最高理境的辩证智慧与强调矛盾、斗争、对抗的西方辩证法形成了鲜明对照。西方辩证法的奠基人赫拉克利特虽赞美统一和谐，但他认为和谐是由斗争中产生出来的，因为“正义就是斗争，一切都是通过斗争和必然性而产生的”。③ 在古希腊的智者眼里，辩证法乃是一种论辩术，它通过揭露对方思想命题中的矛盾，使有局限性的主张自己取消自己，自己驳倒自己。过分强调矛盾对立的思维方式，到17—18世纪机械唯物论那里发展为在绝对不相容的对立中思维的形而上学思维方式。这种传统，直到黑格尔才得到好转。在黑格尔看来，辩证法乃在于“从对立面的统一中把握对立面，或者说，在否定的东西中把握肯定的东西”④。但是即使在黑格尔那里，西方辩证法重视斗争和否定的性格表现得依旧十分鲜明，因为在他的逻辑理念中，抽象的自我同一还不是生命力，肯定的东西由于在自身中就具有否定性，所以它可以超出自身，并引起自己的更化。⑤ 这与中国“和而不同”的智慧大相径庭。

---

① 张载：《正蒙·太和篇》。

② 李泽厚：《中国古代思想史论》第304页，人民出版社1985年。

③ 北京大学哲学系编：《欧洲哲学史资料简编》第7页，人民出版社1981年。

④ 黑格尔：《逻辑学》上卷，第39页，商务印书馆1961年。

⑤ 列宁：《哲学笔记》第146—147页，人民出版社1956年。

中西辩证思维方式上的差异，千百年来给中西文化的发展及中西主体心灵的塑造以重大影响。斗争、否定、对抗的思维方式使西方文化在动荡冲突中大起大落，纵横驰骋，川流不息，而动荡冲突的文化使西方人的个体心灵在“罪感”中追求着超越，在孤独中支撑着抗争，在悲剧中燃烧着生命。在矛盾中追求和谐统一的思维方式，使中国文化虽缺少西方文化那种激流勇进的动势，然而，这种“圆而神”的智慧却使它打通天人，泯合物我，内慧早发，获得高度的圆满性和恒久的生命。以和谐统一为最高理境的中国文化使中国人的个体心灵在“乐感”中获得出世与入世的平衡，在整体中涵养着个体人格的完善充实。《中庸》云：“中也者，天下之大本也；和也者，天下之达道也。致中和，天地位焉，万物育焉。”此种精神之契会与颖悟，足以使人产生一种万物同源一体之深厚的同情感，中华民族的凝聚力和中华文化历难不衰的生命力盖源于此。

以天人合一为极境的“乐感”人生艺术，是中国哲学睿智的又一表现。

西方文化尚智尚斗的哲学意识，表现在人与自然的关系上，强调对自然的研究和征服。这种思想渊源可以在古老的《圣经》中找到它的原始意象。《圣经》认为，上帝创造了自然万物，并按自己的形象创造了人。人与自然本来相处得很好，由于人类的始祖亚当和夏娃偷吃了“禁果”（智慧果）犯下原罪，上帝让蛇与人世世为仇，让土地长出荆棘杂草，使人终年劳苦，才能获得温饱。在这里，隐含着一系列对人与自然关系的观念：其一，人是站在自然之外的，有统治自然的权力；其二，人与自然界是敌对的；其三，人要征服和战胜自然，才能求得自己的生存。这些思想对西方文化影响长久，并在西方近代哲学中获得长足发展，从培根“知识就是力量”动人口号的提出，到笛卡尔对“清楚明白”知识的探求，再到18世纪法国唯物主义，无不围绕这样一个哲学主题：研究自然，探求自然规律，使人成为自然的主人和占有者。西方哲学，特别是近代哲学给科学发展以重大影响，大大提高了人们认识自然、征服自然的能力。但是，毋庸讳言，征服自然的哲学意识给西方人造成一个顽固的成见：他们片面夸大科技的作用和人类征服自然的一面，忽略了征服自然可能引起来自自然的报复①。这种一味向外追逐的态度抛荒了人类精神的家园。科学终无法解决人生的全部问题，要圆满地美化人生，还需要另一种哲学的智慧。

天人之辨，即关于天与人、天道与人道、自然与人为的关系问题是中国哲学的首要问题。中国古代思想家的观点大体可分为三个类型，一是以老庄为代表的服从自然说，

① 参见恩格斯：《自然辩证法》第158—159页，人民出版社1971年。

一是以荀子为代表的征服自然说，一是从《孟子》到《易传》的天人协调说。而以人为轴心的天人合一、天人协调说代表着中国哲学天人观的主流，这种打通天人的通观玄鉴是中国哲学形上学的基本特色，也是中国人生哲学讲求的人格理想的最高境界。这种古老的智慧自上古以迄近世，先后承续，脉络绵延，始终一贯。孟子讲“上下与天地同流”，《易传·文言》云“与天地合其德”，《中庸》讲“赞天地之化育”，董仲舒讲天人相类相感，宋明诸儒讲“民胞物与”（张载）、理一分殊、性理合一（程朱）、“宇宙便是吾心”（陆九渊）、“良知”无不通贯（王阳明），直到近世谭嗣同的《仁学》、熊十力的《新唯识论》，各家立言，无不以究天人之际、泯物我之界，求天人合一谐调为宇宙人生的真际，无不包含着知天、事天、乐天、同天的博大与精深。

中国天人合一的智慧，决不像个别人所说是取消了人格主体性。恰恰相反，它以人为轴心，其中蕴含着极为合理的人学思想。

其一，自然界是人类的生命之源，人是自然界的一部分，而且是最能体现宇宙生生之流的最美的花朵，人类理应与自然和谐相处。诚然，人与自然界分离，是一次带有根本性的理性的觉醒，但是，人类又永远无法割断与自然界的联系，它不仅是人类生存的天然乐园，而且是人类情感、艺术灵感以及文化创造力的最醇美的源泉。在人类生存空间日趋狭小，环境、能源等问题日趋严重，人们生活日益工艺化、机械化的今天，天人合一的智慧更有它独到的价值。

其二，人是自然界的产物，故自然界具有的普遍规律，人也应该服从。人性即天道，天理之必然即人生之当然。“立天之道，曰阴与阳；立地之道，曰柔与刚；立人之道，曰仁与义。”① 人道应该像天道一样生生不息、至诚无伪、和谐发展。从自然原则引申出道德原则的人学观，在理论上是难以成立的，在实践上也有把封建道德永恒化、绝对化之嫌。但是，这种建立在自然比德方法论之上的人学原理，较之西方中世纪的“天启”、“神启”人学和近代机械的人本主义具有更多的现实性和合理性。

其三，在天人合一处升华人的境界，扩展人的责任感和使命感。中国哲学讲天人谐调，除老庄的自然主义外，并不否认人的责任。宋代哲学家张载讲得清楚：“天能为性，人谋为能。大人尽性，不以天能为能，而以人谋为能。故曰天地设位，圣人成能。”② 是说人不仅应该尽天性，还须要尽人谋，充分发挥出天道的潜能。不过这里的“人谋”含

① 《周易·说卦传》。

② 张载：《正蒙·诚明》。

有的深义更在于，它不是一人之身家性命之谋，而是立足于人我一体、天人合一的崇高理境，对家事、国事、天下事的事事关心，即为天地立心，为生民立命，为往圣继绝学，为万世开太平。

最后，也是最为重要的一点，天人合一是一种不事宗教而自我超越的乐感人生艺术。按照天人合一的哲学见解，个人肉身是有限的自我，这种“小体”乃是烦恼、忧伤、仇恨、凡庸、失落、孤独等悲感的根源，人一旦能进入万物一体的同天之境，此时“呈现于吾人之前者，遂为浩瀚无涯，大化流行的全幅生命景象，人亦得以参与此永恒无限、生生不已之创化历程，并在此‘动而健’之宇宙创化历程中取得中枢地位”①。此时，小我化作大我，有限化为永恒，肉身的烦恼化作精神的崇高、壮美与至乐。所以孟子说：“反身而诚乐莫大焉。”这种乐感人生艺术，千百年来，构成中华民族刻苦耐劳、厚德载物、豁达乐天，自强不息精神的哲学基础。

通过上述分析，我们阐释了中西哲学智慧的主要差异，从中不难看出中国哲学智慧的重心所在及其对民族精神的影响。不过，中国哲学智慧还有一点比较突出，这就是儒家哲学十分重视的人格修养论。这种修养理论在儒家四本经典即《论语》、《孟子》、《中庸》、《大学》（“四书”）中得到最完备的提示。这里摘精取要，略述其旨。

《论语》是孔子的言行记录集。在这部对中国文化影响最广最深的书中，提出了很丰富的人生哲理和道德格言。其中一以贯之的核心概念是“仁”。其本质内容即“爱人”——对人道的至情。何为爱人？孔子解释为“己所不欲，勿施于人”② 和“己欲立而立人，己欲达而达人”。③ 一个仁者，要善于推己及人，像对待自己那样对待别人（“忠恕”之道）。“仁”作为一种人格理想，要通过具体的道德规范体现出来。这些规范是恭、宽、信、敏、惠、智、勇、孝、悌等。如何才能成为一个仁人呢？孔子在《论语》中提出的为仁之方是：一曰“为仁由己”的道德自律；二曰推己及人的藉矩之道；三曰以孝悌为本，把自己对父母兄弟的亲情加以推广；四曰“克己复礼”，克制自己，在视、听、言、动上符合社会规范（礼）的要求；五曰为“仁”的理想而献身，“志士仁人，无求生以害仁，有杀身以成仁”④。《论语》中的“仁”学思想，经唐宋明清诸儒家大师的

① 方东美：《中国形上学中之宇宙与个人》，收入《文化危机与展望》，中国青年出版社 1989 年。

② 《论语·颜渊》。

③ 《论语·雍也》。

④ 《论语·卫灵公》。

发展，成为鼓舞人们为正义事业而献身的精神动源。直到晚清谭嗣同的《仁学》绝唱中，仍然可以看到生生之仁的爱力的搏动。

如果说《论语》中提出了“仁”的人格理想，那么说《孟子》一书则进一步将其发展为一套内圣外王之道。一方面，它将孔子的“仁”的理想从人格层面外化为正经界、省刑罚、薄税敛、兴教化、制民之产、与民谐乐的“仁政”构想（外王之道），另一方面它将孔子仁学中“为仁由己”的思想进一步发挥为一套养气正志的内圣功夫。“气”是孟子思想中的核心范畴，这种气不是物质性的存在，而是一种至大至刚、充塞天地之间、打通天人之界的道德主体精神。它流布于天地万物之中，谓之“诚”，它存在于人的身心之内，谓之“性”。这种精神性体孟子叫它作“浩然之气”。“其为气也，至大至刚，以直养而无害，则塞于天地之间。其为气也，配义与道，无是馁也。是集义所生者，非义袭而取之也。”① 就学问主旨而言，可以把孟子的人格修养论简约归结为“养气”论。孟子的养气（即精神涵养）之方大体有这样几个方面：一曰“持其志，无暴其气”，有坚定的信念和目标；二曰“配义与道”，遵循社会的正义原则和道德规范；三曰“直养而无害”，心勿忘，勿助长；四曰“养心莫善于寡欲”。这样积习既久，就会形成顶天立地的浩然正气。有了这种气，就有了生命的充实，就有了独立的人格，就有了富贵不淫、贫贱不移、威武不屈的人生伟力。

《中庸》、《大学》本是《礼记》中的两篇文字，由于其中的道德心性学说十分突出，至宋代，理学家把它们单列出来，与《论语》、《孟子》并称为“四书”。《中庸》从以“诚”为本的道德形上学出发，发挥孔子“用中”的思想，把“中庸”提升为道德修养和处理日常事务的基本原则和方法论。《中庸》云：“喜怒哀乐之未发，谓之中，发而皆中节谓之和。中也者，天下之大本也；和也者，天下之达道也。”朱熹解释说：“喜怒哀乐，情。其未发，则性也。无所偏倚，故谓之中。发皆中节，情之正也。无所乖戾，故谓之和”。② 由行为的不偏不倚，达到人际的和谐，这是儒家道德修养的根本目的。一旦人们通过博学、审问、慎思、明辨、笃行的修养功夫达到了从容中道，那么他便和乐得像春风，磊落得像丽日，洒脱明净得像光风霁月，静则寂然不动，动则感而遂通。这种“一团和气”的人生景观，正是宋儒所说的“圣人气象”。

《大学》之所以为宋儒所推重，视为“初学入德之门”，是因为它提出了人生修养的

---

① 《孟子·公孙丑上》。

② 朱熹：《四书章句集注·中庸章句》。

“三纲领”和“八条目”。所谓“三纲领”即“大学之道，在明明德，在亲民，在止于至善”。所谓“八条目”即格物、致知、诚意、正心、修身、齐家、治国、平天下八个修养节目。顺此八个阶梯，由表及里，由小至大，由内圣而外王，超度人生于明德、亲民的“至善”之境，是人生价值的最高实现。这是《大学》为古典中国人精心设计的人生曲线。

总之，开发仁爱精神，铸造浩然正气，涵养中和感情，止于至善之境，是中国哲学人生价值观的精髓。

四 宏富的科学技术

中国有科学吗？对于绝大多数中国人来说，这是一个无须回答的问题。但是，在很长一段时间内，它一直是西方人存疑的问题。这对“欧洲文化中心论”占统治地位近二百年之久的西方学术界来说，是毫不奇怪的。在那些很少懂得中国文字的西方科学家看来，中国乃至整个东方，只有发达的哲学、伦理、宗教、艺术，至于科学技术方面的发明，则是微不足道的，即使有一些，也是从西方传来的。中国自古是一个道德的国度、文学的国度。只是到了20世纪40年代，一位英国的伟大学者、中国人民的好朋友李约瑟博士在中国古代科技中发现了“令人眼花缭乱的绝对的金矿”时，这种神话才被打破。

李约瑟博士和他的忠实合作者鲁桂珍女士等几十年如一日开展对于中国科技史研究，成绩斐然，取得举世瞩目的成就。这种研究以铁的事实向“欧洲中心论”提出了挑战，同时向全世界展示了中国古代科学技术发明创造在人类文明史上的巨大贡献。正如他在七卷本巨著《中国科学技术史》第一卷序言中所说：“在古代和中古代，中国人民对于科学、科学思想和技术的发展，究竟做出了什么贡献？广义地说，中国的科学为什么持续存留在经验阶段，并且只有原始型的或中古型的理论？如果事实确实是这样，那么在科学技术发明的许多重要方面，中国人又怎样成功地走在那些创造出著名‘希腊奇迹’的传奇式人物的前面，和拥有古代西方世界全部文化财富的阿拉伯人并驾齐驱，并在3到13世纪之间保持一个西方所望尘莫及的科学知识水平？中国在理论和几何学方法体系方面所存在的弱点，为什么并没有妨碍各种科学发现和技术发明的涌现？欧洲16世纪以后诞生了近代科学，而中国文明却未能在亚洲产生与此相似的近代科学，其阻碍因素是什么？另一方面又是什么因素使得科学在中国早期社会中比在希腊或欧洲中古社会中更容易得到应用?"[1] 这里点出了至关重要的两个问题：一、中国古代科学技术曾在近千年中遥遥领先于世界；二、为什么中国古代科学技术迟迟未能完成向近代科学的转型，换句话说"为什么现代科学，伽利略时代'这个新的实验的哲学'，与早期的皇家学会，只发生于欧洲文明而不产生于中国与印度?"[2]

关于第二个问题，我们将在后面章节中加以适当论述，这里先通过李约瑟博士这位中国古代科技宝山中天才的淘金者那富有成果的研究，用他所证实的一个个在西方学术、文化界震惊四座的具体结论——数以百计的世界第一，来说明中国古代科学技术中所蕴含的中国人的天才与智慧。

李约瑟的 SCC（剑桥版《中国科学技术史》，以下只用该书的英文缩写字母）第 1 卷似中国文化史百科全书，是全书的总论，第 2 卷专门论述中国古代哲学对科学技术发现的影响。我们这里从第 3 卷破题。1959 年，李约瑟的 SCC 第 3 卷"数学、天文学、地学"专卷出版，他将该书献给了两位中国友人——竺可桢、李四光。在这一卷中，他首先步入了中国古老"纵横算经"的智慧迷宫里。经过艰辛的探索，向世界宣布：数学是近代科学的骨干，中国古代数学同其他古代科学一样，可谓源远流长，成就辉煌。早在春秋战国时代，中国已产生了完备的十进位制记数法和包括分数在内的四则运算，而这在世界上是最早的；不迟于公元 1 世纪的《九章算术》，记载的正负数概念和联立一次方程组解法，也是世界上最早的记录；祖冲之所求出的保留到六位小数的精确的圆周率值记录，早于西方的同精度 π 值 1200 年左右；13—14 世纪宋元时期的高次方程数值解法、一次同乘式理论及高次差的招差法等，都早于西方同类成果 500 年以上……纵览中国古代数学发展史，人们不难看出，中国古代学者，对于数学这门众科学之母的学问已达到很高的程度。除算术外，几何、代数、三角以至微积分，中国古代科学家也都达到了相当高的造诣。种种意外发现，使李约瑟惊叹不已。事实有力地驳斥了 19 世纪西方科技史家塞迪约（Sédillot）希腊数学一源论的谬见。

走出纵横算经的迷宫，中国"天玄地黄"的天文地学理论又引起李约瑟这位中国科技文化殉道者的上下求索。古老的农业中国，对日月递昭、四时交替的自然节律有着天然的亲和力。这种需要使得中国古代天文学倍受官方的重视，这是古代天文学早熟的重

---

① 王国忠：《李约瑟与中国》第 206 页，上海科学普及出版社 1992 年。

② 李约瑟：《〈中国科学技术史〉的规划与现状》，收入张孟闻编《李约瑟博士及其〈中国科学技术史〉》，华东师范大学出版社 1989 年。

要原因。那历时久远、代有革新、日趋精确的历法，表明了中国人很早便对日月运行的“常道”有了精确的认识；天象观测活动及对客星、彗星、流星、陨石、太阳黑子的长期观察与记录，为近世天文学研究提供了极其珍贵的资料；盖天说、浑天说、渲夜说三大宇宙结构假说及对宇宙起源、演化的精辟论述，那测影的圭表、测时的漏壶和演示天象的浑仪、简仪及水运仪象台等天文仪器，这一切无不使李约瑟入迷般地赞叹。他写道：“除巴比伦的天象记事以外……中国人在阿拉伯人以前，是全世界最坚毅、最精确的天文观测者。并在很长一段时间（约自公元前 5 世纪至公元 10 世纪），几乎只有中国的记事可供利用。”①

李约瑟在总结中国天文学贡献时强调了这样几点：

1. 中国人完成了一种有天极的赤道坐标系，它虽然和希腊的一样合乎逻辑，但却显然不同；

2. 中国人提出了一种早期的无限宇宙概念，认为恒星是浮在空虚无物的空间中的实体；

3. 中国人发展了数值化天文学和星表，比其他任何具有可与媲美的著作的古代文明早 2 个世纪；

4. 中国人把赤道坐标（本质上是近代赤道坐标）用于星表，并坚持使用两千年之久。

5. 中国人制造的天文仪器一件比一件复杂，以 13 世纪发明的一种赤道装置（类似“改造的”黄赤道转换仪或“拆开的”浑仪）为最高峰；

6. 中国人发明了望远镜的前身——带窥管的转仪钟，和一系列巧妙的天文仪器辅助机件；

7. 中国人连续正确地记录了交食、新星、彗星、太阳黑子等天文现象，持续时间较任何其他文明古国都来得早。②

西方人常把占星术看作中国人野蛮的一大象征，然而这又是何等可怕的野蛮人啊！

中国人的地质学与天文学一样古老而神奇。中国古代文献中关于人文地理、域外地理、区域地理、水文地质的记录均证明了这一点。中国制图学与西方制图学一样完整精确。在地震理论方面，中国虽未占领先的地位，但地震学鼻祖则是出在中国。

---

① 转自王国忠：《李约瑟与中国》第 258 页，上海科学普及出版社 1992 年。

② 参见李约瑟：《中国科学技术史》第 4 卷，天文学第 2 分册，科学出版社 1975 年。

中国古代物理交响曲及其他与之有关的巧夺神工的机械、制造方面的实用技术，同样是令人惊叹的。早在夏商周时代，人们已懂得利用畜力、风力、水力等自然力，发明了早期车、船用的帆。至春秋战国时期，古代物理学最早的分支之一——古代力学的知识也开始萌芽。在此期间，《考工记》、《墨经》等著作中已记载了不少实用性的和带有初步理论性质的物理学成就，其中关于声学知识和磁现象的发现和应用，在世界文明史上实属罕见。东汉张衡发明的浑天仪，在机械制造上代表了当时世界的最高水平。长城、都江堰、运河、赵州桥，其工程之大，造构之巧，其工程力学原理运用之合理，至今使中外专家叹为观止。至于宋明时代的指南针、印刷术、火药等方面的重大成就，对世界文明史贡献之大，就更是前所未有了。这一切都在李约瑟 SCC 的第 4 卷中得到充分的反映。该卷分为三册，第 1 分册叙述声学、光学、磁学方面的发明；第 2 分册叙述中国传统机械制造方面的成就；第 3 分册叙述土木、水利、建筑等工程学方面的成就。此卷在 20 世纪 60 年代出版，在西方学术界再次引起震动。这里不须一一列举，只是下列几事就足以说明中国人在物理学方面的聪明才智：

1. 正如中国古代哲学的“有机”论胜过“机械”论一样，中国古代物理学中缺乏对“质点”的研究，其物理思想更接近于“波”。

2. 16 世纪末的明王子朱载堉在《律学新说》和《律吕精义》中提出的十二平均律声学理论，代表着中国 2000 年来声学研究的最高成就，第一个使平均律数学公式化的荣誉确实应当归之中国。

3. 中国 11 世纪的科学家沈括在《梦溪笔谈》中关于磁偏角和指南性的记录，比欧洲有关发现早一个世纪。

4. 1088 年，北宋科学家苏颂设计并制造了水利驱动的计时机械——水运仪象台，并在《新仪象法要》（1094 年）一书中精心记述了这一机械的构造与原理，这种自动装置至少领先于欧洲的立轴横杆式擒纵机制 200 年。①

众所周知，中医学是中国文化的瑰宝，道教炼丹术和火器制造，都是中国古代科技的重要内容。这些研究成果主要反映在 SCC 的第 5 卷、第 6 卷中，被科技史界誉为“李约瑟三部曲”。在中国众科学里，只有中医学形成了博大精深的医学理论体系，它包括病理学、诊断学、药物学和针灸四方面的内容。千百年来，这门古老的科学在中国人却病、保健、养生等方面发挥了无法估量的作用，同时积累了极为丰富的经验。对于中国传统

① 参见王国忠：《李约瑟与中国》第 272—278 页，上海科学普及出版社 1992 年。

医学中天才的发现与创造，李约瑟博士和他的同伴们进行过认真的研究，这从一直在李约瑟指导下写作的罗伯特·坦普尔的《中国的一百个世界第一》可以看出。在这本完全让事实说话的书中，涉及中医学史上重大发明的就有疾病分类学、营养缺乏症、免疫术、甲状腺激素、内分泌、糖尿病、人体生物钟、血液循环等，这些发现，有的比西方医学早近百年，有的早数百年。对中国传统医学独特的科学价值，李约瑟主要概括了这样几个方面：

第一，必须以认真的科学的态度对待中国的传统医学。中国医学是一种伟大文化的产物，在其古老的形式中，具有极其丰富的内容，正如在其他学科领域中一样，在这里我们也发现中国人在许多方面领先。而且，中国是在古代文明中对疾病看法上第一个从巫术宗教观念中解放出来的民族，因而从一开始就是100％的科学。①

第二，中国药物学是一个伟大的宝库，几千年来为人类防病、治病做出过巨大的贡献，至今仍为人们所重视；中国药物的奇妙之处在于它有去病之功效，而较少西药那无法避免的副作用。

第三，针灸是中国传统医学中行之有效的治疗体系。古老的针灸术不但能治病，而且还实践了人体昼夜节律的思想，这与20世纪60年代一位非常大胆的科学家提出的人体内有“生物钟”的设想非常吻合。在西方曾流行一种观点，认为针灸只有暗示的心理治疗效果。对此，李约瑟批驳说，很难相信一种流行了大约二千年，为数亿人民所接受的治疗方法会不具有生理学和病理学基础，而仅仅具有心理学价值。②

第四，对于中国传统医学中“决生死，处百病”的经络学说，李约瑟极为关心，他预言经络学的故乡，一定会走在世界经络研究的前头。1990年，中国科学院生物物理研究所以祝总骧教授为首的经络课题组经过18年的艰辛探索，终于找到了十二正经的准确位置，从而无可辩驳地证实：早在两千年前，中华民族的先哲们所发现的经络系统是真实的、科学的。这项早于四大发明千余年的针灸经络，堪称“中国第一大发明”。③ 李约瑟的预言有幸言中了。

在中国古代科技的百花园中，农学、园艺也素称发达。早在战国初期，已出现了专

---

① 《李约瑟论中国医学》，收入胡菊人著《李约瑟与中国科学》，（台北）时报文化出版事业有限公司1979年。

② 李约瑟：《世界科学的演进——欧洲与中国的作用》，潘吉星主编《李约瑟文集》，辽宁科学技术出版社1986年。

③ 参见张抗抗：《千古之谜的“破译”者》《北方文学》1990年第9期。

门研究农事的“农家”学派，公元前3世纪的《吕氏春秋》中的“上农”、“任地”、“辨土”、“审时”等农学论文，标志着农业技术和理论已发展到相当高的水平。据不完全统计，两千年间，我国传统农书包括现存和散佚的共有500余种。大体分为两类：一类是专业性农书，有专门谈天时、耕作的如《师旷杂占》、《种莳直说》；有各种专谱如《竹谱》、《茶经》、《橘录》，蚕桑专书如《蚕桑经》，相畜兽医书如《相马经》、《元亨疗马集》。另一类是以大田生产为主，包括农业通论、作物栽培、园艺、畜牧、蚕桑、农具、农产品加工等基本内容的综合性农书，如东汉崔寔按农家月令和季节变化编写的《四民月令》，北魏贾思勰系统记述农、林、牧、副、渔各项知识的《齐民要术》和唐代韩鄂将农业技术按时令分门别类研究的《四时纂要》等。

这些农书是我国古代农业生产实践经验的结晶，它内容丰富，切于实用，在世界古代农学史上罕有其匹。

从科学形态上说，不管中国还是其他国家，化学都是较晚形成的一门科学，但这并不意味着在近代化学形成之前没有经过一个漫长的发展经历。在古代世界中，中国与其他文明古国一样，已积累了丰富的化学知识。这些化学知识大致来源于两个方面：一是直接来源于生产。例如人们在陶瓷、冶金、酿酒、制醋、制革、制盐、制糖的过程中，逐渐认识了各种原料的配制和冶铸，各种金属和合金性能、用途，逐渐达到对冶炼温度的掌握、对氧化、还原条件的控制等。二是来源于炼丹术。炼丹术可以说是中国古代化学的摇篮，其中蕴含了不少辉煌的化学成就。例如丹砂（红色硫化汞）和胡粉（白色碱性碳酸铅）就是最早通过化学方法制造出来的产品；火药更是文明史上的伟大发明，水法炼铜则开创了水法冶金的先河；在唐代配制出来的硫酸、硝酸，是化学史上的重大成就，这一切均与丹鼎之术有着不可分割的联系。尽管炼丹术中存在着许多荒诞不经的东西，但它却对中国科技乃至世界科技做出过不朽的贡献。

上述事实无可辩驳地证实了一个真理：自古以来，中国人有足够的智慧创造一流的科学、技术和文化。尽管由于种种原因，中国古代科技未能循其自身的逻辑完成向实证科学和近代技术的转型，然而直到16世纪它一直在世界居于领先的地位，并以其高位势向世界各地传播，对人类文明和世界历史的发展产生了重大影响。

璀璨繁富的古代科技的发展，首先是基于社会生产的需要，是广大劳动人民生产和生活经验的总结，同时也是古代科学家勤劳、智慧的结晶。从以扁鹊、张衡、贾思勰到祖冲之、郭守敬、李时珍为代表的历代科学家，为了科学事业，他们淡泊名利、含辛茹苦、勇于探索、甘于奉献，用自己的聪明、才智、心血和毅力换来了古代科技的繁荣。

在缅怀古代科技工作者献身精神的时候，人们决不会忘记世界“第一个企图乘火箭飞行的人”——明代的万虎。公元1500年前后，他根据自己的设想，进行了一次意义重大的试验：他手持巨型风筝，坐在一个捆有47支特大“起花”（一种火箭）的架子上，一声巨响和浓烟过后，万虎和他的飞行器被炸得粉碎。世界第一次宇航试验，就这样悲壮地失败了，然而他却比俄国科学家“火箭之父”——奥尔科夫——早300多年发现了现代宇航原理。

科学的道路上荆棘丛生，名利场中的人与它无缘。

第二章　我们曾经走向世界

中国文化同世界其他民族的文化一样，都具有流动性，这是任何文化自身都具有的功能特性，从这个意义上说，文化是属于人类的共同财富，是由众多的文明民族世代积累与不断交换的结晶。

一个民族的文化所以能够向外传播和流动，其辐射力一般取决于两个基本条件：其一是向外流动的文化要素，自身具有较高的品位，其低劣的部分往往停滞在本土而不能流动；其二，接受外来文化的民族或地区，其自身文化需要更新发展，它出自切身利益的需要，对外来文化做出有选择性的受容。有受容才能流动，有选择才可吸收，有流动和吸收才能发展。人类文化交流史的一般规律是：时代愈进步，文化流动的速度愈快，受容者对外来文化的选择愈精良。强迫别人接受自己的文化或不加选择地盲目吸收外来文化，都会给文化发展带来不良后果。世界历史上的殖民地文化即是鲜明的例证。

中国作为古代四大文明古国之一，它那灿烂的文化在很早的时候，便和邻邦有了友好的往来，并且由近及远，辐射向很远的地区。据古文献记载，早在秦汉以前，我们就和朝鲜、越南、中亚细亚等地进行过商品交换和文化交流。秦汉以后又与西亚、欧洲等地发生经济和文化联系。这些交往，使中国文化在亚洲、欧洲得以传播，并对之发生了不同程度的影响。下面分而述之。

一　中国文化在亚洲各地的传播及影响

朝鲜是中国的近邻，接受中国文化也最早。

“朝鲜”一词最早见于《管子·揆度篇》。它提到“朝鲜之文皮”。这里的“文皮”是指带花纹的虎、豹之皮，是古代朝鲜的名贵特产。可知早在管子的时代，中国人就对朝鲜有所了解了。而据《战国策》、《山海经》、《史记》等书的记载，中朝之间的物质、文化交流的时间可能要更早些。秦汉以来，中国的文物制度、学术思想开始传入朝鲜。

在公元1—7世纪中国的秦汉至隋唐时期，朝鲜半岛上并存着高句丽、百济和新罗三个较大的王国。唐高宗永隆元年（公元680年），新罗打败了高句丽和百济，第一次完成了朝鲜半岛的统一。在此之际，新罗派了许多留学生和政府官员来到中国留学和考察，他们回国后，依照中国的政治制度，实行了全面社会改革。因此，新罗的文物制度深受中国文治教化的影响。儒家重要典籍如《周易》、《尚书》、《论语》、《春秋》、《孝经》及《毛诗》、《左传》等在新罗广为流传，甚至被定为“国学”。

中国文化在朝鲜影响最大的是儒学和佛教。如新罗除了定儒家典籍为“国学”外，在治学和修身方法上也深受中国训诂和诗礼教化的影响，在学问上注重考究经史，思想上亦多循儒家忠孝观念，以“德”治国修身。后经曾在南朝留学、后来成为新罗宰相的金庾信等人的大力倡导，逐渐把忠孝信义的思想发展为具有朝鲜民族特色的所谓“新罗精神”。

到朝鲜中世的“高丽”王朝时期，其文物制度几乎全部参照中国。高丽忠宣王时，留学生白颐正在元治朱子学，回国后把朱子之学带回朝鲜，开始了宋明理学在朝鲜的传播。此后，又有儒学的信奉者郑道传倡言排佛，遂使朝鲜的儒士转向性理之学方面探求，由是奠定了李朝的思想基础。

李朝时代是朝鲜近世历史中文化昌明的时期，其宗儒之风尤盛。此期程朱理学得到了普遍的尊敬，出现了许多著述丰富的硕学名儒。如金宗直、金宏弼、赵光祖、金安国、李颜迪、李滉、李珥、徐敬德、金长生等人。其中的李滉，更是群贤之秀。他为李朝中宗时弘文馆典翰，博学多识，尤喜朱子之书，曾上书监司沈通源，转请朝廷赐颁“绍修书院”的匾额，开创朝鲜书院教育之始。他著述丰富，且多为儒学，如《经书订疑》、《启蒙传疑》、《理学通录》、《朱子节要》、《自省录》、《退溪集》等，多是对程朱理学的阐述，对理学在朝鲜的传播做了大量工作，在思想上对朱子学亦多所承继，故有李朝“儒宗”之誉。

佛教何时传入朝鲜，年代不详。据传在新罗纳祇王时代即有沙门佛僧由高句丽至新罗传播佛法，可知高句丽与百济先于新罗而信仰佛教。佛教在朝鲜的际遇与在中国一样，也经受了一个受容与排拒的反复过程。高丽太祖王建尤好佛法，曾一度定佛教为国教，但对佛学义理很少研究，仅翻刻《大藏经》一部。高句丽王朝灭亡后，李朝太祖亦好佛法，佛教一时称盛。因寺院林立，耗靡财力，太宗时即加排斥。后历经几代皇室的崇信与排斥，佛教衰而复兴，兴而又衰。

总之，在中国文化的影响下，朝鲜半岛的古代文明多呈中国文化的色彩。无论文物制度、学术思想，还是器用文化、文字风俗，均受中国文化的强烈影响，包括朝鲜的古代历史，有许多材料要到中国古文献中去查找。直到李朝开国以后，才逐渐培植起朝鲜的民族观念和建立自己独立的文字。当然，文化传播向来是双向互补的。中国也从朝鲜学到不少东西。如朝鲜歌舞，早在南北朝时即传入中国。

中国文化在一衣带水的东邻日本也早有传播，而且影响卓著。

中国史书中提及日本，当以《汉书·地理志》为最早。其中记载“夫东浪海中有倭人，分为百余国，以岁时来献见”云。此后，中国历史对“倭人”记载可谓“史不绝书”。但在日本本土，关于中日交往的史料却极为缺乏，直到江户时代，日本史学家才注意从中国史书中关于倭人的记载寻找“史”的根据。这说明，中国与日本的关系有着悠久的历史。一般说来，从东汉到南北朝，中日已有直接邦交联系。到隋唐，大量日本留学生和遣唐使西来，再加上僧侣、商人、外交官以及留日的华侨子弟，都成为中国文化东传的直接媒介。因此，自隋唐至清末，也就是从日本古奈良时代到德川幕府末期，凡是中国主要的政治学术思想，其中包括文字、历史、文学、艺术、宗教、哲学、工艺、美术等，都或迟或速地传到了日本。

首先是文字与历史：汉字何时传入日本，今已无从确考。但日本文字受中国文字的影响，却无可怀疑。在目前流行的日本文字中，除保留了大量汉字外，其片假名与平假名的形状亦脱胎于汉字。日本现存最早的史书是《古事纪》和《日本书纪》，其成书年代正值中国唐睿宗时代。《日本书纪》与以后的《续日本纪》、《日本后纪》、《续日本后纪》、《三代实录》、《文德实录》合称日本六国史，都是用汉字成书的。这不仅说明日本文字受中国文字的影响，而且达到了一种通用的程度。从《说文解字》的 9300 余字到《康熙字典》47000 余字，大都通行于日本。直到明治维新以后，日文才逐渐从直接用汉字过渡到以汉字作音标，同时夹杂着日本自创文字。20 世纪以来，为了强化民族意识，日本文字才逐步扬弃汉字，趋向单一化过程。

日本的修史事业，到江户时代而大盛。长达 397 卷的日本最大史书《大日本史》，可说是日本史学的代表作。它历经二百余年，完成于明治三十九年（公元 1906 年），作为日本最大的史书，在体制上却是完全模仿中国的正史。日本学者加藤繁说：“纪传、志表、编年、纪事本末等正史体制，既成立于中国，江户时代史家不过承袭之而已。”①《大日本史》不仅作史的体例依照中国的正史，其纪事的方法，修史的精神，也都仿效中国。如史鉴上的正统观念，君臣名分观念及尊王抑霸等思想，都深受《春秋》以来儒家戒鉴垂训的史学传统的影响。当然，日本史籍也有许多异于中国的地方，那正是日本史学独特之处。

佛教本源于印度，魏晋南北朝至隋唐大畅于中土，唐宋以后一直到近代，佛教的重心逐渐由中国移入日本。

日本佛教固然有日本文化的民族特点，但其传入则全仰赖中国，而且是中国化的佛教。这就是说，佛教是作为中国文化的一部分而传入日本的，中国佛教传入日本的具体时间，按照一般说法当在南朝梁武帝普通三年（公元 522 年），南梁人司马达到日本，在大和高市板结庐奉佛开始。但中国佛教在日本广泛传播，还是在隋唐时期。从隋唐至宋元明三朝，日本和尚来华留学与中国名僧去日本传法，往返络绎不绝。中国佛教的各宗派及其典论，在隋唐以后的五六百年间，几乎都传入日本。在入唐的日本名僧里，有从玄奘学法相宗的道昭；从善无畏学三论宗的道慈；从义真学密教的圆行；学天台宗的最澄、圆仁；学真言宗的日本名僧空海、道邃；学临济宗的荣西及曹洞宗的道元等人。

从中国去日本的名僧，如唐玄宗时修密教的道明、道荣；修华严宗的道璿；修律宗的鉴真；宋代名僧有修禅宗的道隆、祖元以及清代的隐元法师等。其中道荣、道明在日本有较大的影响，成为日本大和长谷寺开基者，是日本宗教史上的重要人物。至于鉴真法师，更为日人熟知，他对中国文化在日本的传播，远远超出了佛教领域，备受日本人民和广大佛众的尊敬。鉴真大师于唐玄宗天宝十二年（公元 753 年）东渡，至公元 763 年在日本去世，前后十几年，皆以传道、受戒、讲学为事，对中国文化，特别是佛学、文学、医学、工艺及文物制度在日本的传播做出了巨大的贡献。

中国历史发展到宋代，由于北方少数民族入侵，广大中原地区陷入战争旋涡，随着宋室的南渡与衰危，宋僧大批东渡日本，由此把当时盛行的禅宗带到了日本。当时正值幕府时期，凡幕府执政都笃信禅法，造成日本受容禅宗文化的客观条件。据日本历史记载，名僧道隆曾受日本幕府执政北条时赖之盛请，于南宋理宗淳祐六年（公元 1246 年）由浙入日，为幕府开辟了宋式禅院建长寺及圆觉寺，至今仍为日本有名的佛教圣地。禅

① 加藤繁：《中国史学对日本史学的影响》，转引自李中华《中国文化概论》第 155—156 页，中国文化书院“中外比较文化教学丛书”本。

学对日本人的文化心理有着深刻的影响。

儒学传入日本较佛教略早。相传在西晋太康时代，王仁经由朝鲜人的介绍，向日本皇室进献《论语》，并教授皇太子。这一传说出自日本国史，而非中国人的看法，故此说虽有保守的可能，但却足以为证。因此，从西晋太康时期至陈、隋之际，是儒学传入日本的第一阶段。据现有中日两方面的史料看，中国文化传入日本，有两个高峰期。第一个高峰在唐代，第二个高峰期在宋明时代，因此，儒学与中国文化的其他门类一样，其大量传入日本并产生较大影响的时期，也正是在唐、宋、明三朝。

隋末至中唐约百年期间，日本直接输入中国文明，在制度文物上模仿中国，这一时期是日本文化移植中国文化的黄金时代。唐代教育制度及其内容传入日本，儒家经典如《周易》、《尚书》、《左传》、《礼记》、《周礼》、《仪礼》、《孝经》等亦成为士大夫的必读书。当时日本名儒吉备真备，曾两次游唐，历经十七年之久。回国后，倡兴孔子祭典，授《礼记》、《汉书》等于东宫，成为日本一代儒宗。此外，如管原氏自清公、是善至道真，三世皆治经史，有儒学世家之称。其中的道真在日本几乎与孔子齐名，死后仍受民祀。这些深受中国儒学思想陶冶的硕学大儒，在思想上也都倡导儒家的忠孝仁爱、信义和平及纲常名教等观念。

宋代以后前往中国留学的日本学者更加繁多。他们在中国或专治朱子学，或兼研儒释，并在回国后介绍其学方面卓有成效。宋明后，程朱理学在日本传播最广，而对日本人文化心理和民族精神影响最深的是阳明心学。以阳明学名世的日本学者中江滕树（1608—1648 年），他是近江高岛人，中年时得到王守仁弟子王畿的《龙溪语录》和王守仁的《阳明语录》，于是舍朱子学而归宗王学，成为日本阳明学的祖师。王学在日本的传播收到了与中国迥然不同的效果。它与佛教禅宗及日本固有的神道思想相结合，塑造了具有近代意义的日本民族精神，其中受王学影响最深的，莫过于日本以“武士道”精神为根基，并带有黩武主义特色的所谓“大和魂”思想。它可以和西方“骑士精神”、古代朝鲜的“新罗精神”相比照，远远离开了中国文化温良恭俭、中庸和平的精神。① 深受中国文化影响的日本文化，所以表现出与中国文化不同的特殊性格，就在于它善于丢掉成见，不囿于传统积习，而专为模仿、选择、吸收一切有利于本民族发展的文化营养。

总之，中国文化曾泽及日本，隋唐文化的传入使日本出现了“大化革新”；宋明理学，尤其是阳明心学的传入，间接造成明治维新、尊王倒幕的机运；而近代遍求新知于

---

① 参见魏常海《日本文化概论》中“日本阳明学派”一节，中国文化书院“中外比较文化教学丛书”本。

世界，全力学习欧美，促使日本一举成为经济、军事强国。

或许由于气候差异和地理条件所造成的限制，中国文化在东南亚的传播及影响不及朝鲜、日本。另外，东南亚地区的越南、柬埔寨、泰国、马来西亚等国由于受到印度、伊斯兰教及近代欧美文化的影响，这些国家的文化表现为多种文化的结合。但是，由于这些国家中华侨众多，所以在它们“综合”性文化中，至今仍然保留着相当浓重的中国文化成分。

中越之间多奇山峻岭，对于古人交通不便，但由于两国领土毗连，因此在很古的时期便发生了文化交往。①“越南”，在中国古文献中称“越裳氏”或“越裳国”，以后又称“交趾”或“交州”。《韩诗外传》载，周成王时，越裳来聘，“重泽而至”。在周代便有了文字记载的交往，自秦代，秦始皇经略南越，汉代在越裳置郡，中国文化开始大规模传入越南。就是近代越南成为法国殖民地，也未中断中国文化对它的影响。

中国文化对越南的影响是多方面的。从物质生活到精神文明，从文字、思想到风俗民情，无不带有中国文治教化的印痕。征诸民俗，越南同中国一样，也过阴历年，放爆竹，贴春联，张灯结彩过“年”。由于文字相同（20 世纪初才改用拉丁化的“国语”）古代越南一切典章制度几乎完全依照中国。中国文化对越南古代文化影响最大的也是儒家文化。他们在教育上，同样开科取士，以“四书”“五经”为主要教材；在社会政治方面，古代越南的历代君臣，都倡导儒家的德治和仁政思想。直到世祖嘉隆十四年（清嘉庆二十年）越王阮世祖在抚恤各府县的诏令中还重申“以不忍人之心，行不忍人之政”，并以此敦化浇薄之风俗；在社会伦理方面，越南深受儒家纲常名教的影响，强调礼、义、忠、信、孝、悌等道德条目对社会风教的作用。②

中国文化在柬埔寨、泰国也早有传播。柬埔寨在中国古代文献中称“真腊”或“扶南”。三国时东吴孙权曾派朱应、康泰出使扶南。他们为了探询通往大秦（古代罗马）的商路，在扶南留居多年，并写有《扶南异物志》等，记录了古代柬埔寨的风土民情、社会生活。当时扶南主要是受印度文化的影响，自与中国交通后，始接受中国丝绸、瓷器等物质文化。据《通志》卷一九八《扶南国传》记载，中国丝绸、布等早在三国时即传

① 近几十年来，考古学家在越南北部所发现的新石器时代的遗物，与中国西南地区新石器时代的遗物形制非常相似，说明两国间文化交往，由来已久。参见齐思和：《上古时期中国与世界各国的文化交流》，载《中国史探究》，中华书局 1981 年。

② 参见李中华《中国文化概论》第 160 页，中国文化书院“中外比较文化教学丛书”本。

入柬埔寨，并且由于这些物质文化的输入改变了当地人裸体的习惯，起到了移风易俗的作用。唐、宋、明三朝，中国与柬埔寨文化交流日频，儒教精神开始在那里发生影响。

泰国古称“暹罗”。在《宋史》、《明史》中均有详细记载。尤其是明朝，两国文化往来很多。据《明史·外国传》载：洪武五年（公元 1372 年），暹罗入贡，明廷赐“大统历及彩布”。以后双方频频通好，每次有大量礼品相互惠赠。在泰国至今有“三宝庙”，据说是笃信佛教的泰国人把佛家“三宝”与三保太监下西洋的“三保”联在一起，在这个庙宇中，让传播中国文化的使者——郑和与佛祖共享奉祀。由此可见中泰文化交流之一斑。

位于马来半岛的马来西亚是中国较早与之海上交通的国家。它之所以重要，是因为在马来半岛与苏门答腊之间有一条狭长的马六甲海峡，这是通往印度洋及西方的海上捷径，也是古代来往于中印两大佛教国海上交通的枢纽与佛教南传的中心。因此，它成为古代传播物质文化和精神文化的交通要道。从明成祖永乐二年（公元 1404 年）到明宣宗宣德八年（公元 1433 年），郑和率船队曾先后五次到达马六甲，是我国航海到东南亚的基地和航行至南亚、西亚、东非的中转站；也是中国丝绸、瓷器、布帛等物质文化传布的集散地。据《明史》卷 325《满剌加》载，永乐九年（公元 1411 年），郑和第三次下西洋时，在马六甲邀请当地国王、王妃、友好使团的人员等 540 余人；回赠各种丝绸礼品达 1300 余匹。

此外，缅甸、菲律宾、印尼、文莱、斯里兰卡、新加坡等东南亚国家，在历史上都比较早地与中国建立了友好往来关系。中国文化也都不同程度地传播到这些地区和国家。物质文化传播往往成为精神文化传播的先导。中国商人带去的瓷器、铜器、丝织品、乐器和印刷品，无疑给东南亚地区生产工艺、生活方式和文化礼俗等以莫大刺激和影响。如马来西亚的桑蚕养殖、菲律宾的饮食文化、文莱人的服饰艺术都深受中国文化的影响。新加坡是一个独立很晚的国家，当今现代化程度已很高，但其国民的生活习惯、生活方式几乎与中国完全一致。儒家伦理教育至今作为他们国民教育的一个重要组成部分，发挥着积极的作用。

总之，中国文化在东南亚的传播，是与中国古代航海事业的发展分不开的。从魏晋以降，中国的航海事业日趋发展，自唐宋至明朝，达到高峰。郑和七次下西洋①，以东南亚地区为中轴，先后近三十年之久，历经三十多个国家，最远到达非洲东海岸、红海

① 今加里曼丹至非洲之间的海域，中国古人称为“西洋”。

和伊斯兰圣地麦加。这不仅打开了中国对外开放的门户，扩大了我国与各国的友好往来和经济文化交流，而且由于海路大通，促使中国东南沿海华人向海外流动，这正是东南亚地区华人最多的原因之一。这些寄身异域的炎黄子孙，不仅对于东南亚地区的经济开发做出了重要贡献，而且他们作为中国文化的细胞和生命载体，在中国文化向这一地区的传播中，发挥了同样重要的作用。

二 中国文化在欧洲的传播及影响

美国著名汉学家德克·卜德在其《中国物品西传考》一文中曾说："中国对西方世界做出了很多贡献，这些贡献极大地影响了西方文明的发展。从公元前 200 年到公元后 1800 年这两千年间，中国给予西方的东西超过了她从西方所得到的东西。"① 中国文化西传的结果，甚至"完全改变了我们的生活方式，成了我们整个现代文明的基础"。用历史的眼光看，卜德所言并非夸大之词，我们也无意假西人之口来美饰中国文化的高明。但史实终究是史实！文化本来是人类的共同财富，中国古代文明的辉煌，并不妨碍我们正视近代历史的落后。当西方文化在近代崛起之时，我们倒要以西方人的受容精神，学习西方文化中的有益的成果，来丰富和发展我们的物质和精神文化。迎头赶上，再造历史的辉煌。回顾历史，我们决不应躺在历史的怀抱中洋洋自得，相反，缅怀古人的创造，更加重了我辈之责任。

从结构主义的理论来看，任何文化系统都可分为显形文化和隐形文化两个部分。显形文化大体是指器用物质文化和组织制度文化，隐形文化则指隐含在文学、艺术、道德、宗教及其他学术思想之中的以价值体系为核心的文化心理。文化传播的一般规律是显形文化先于隐形文化。

早在汉代以前，中国的器用物质文化便以商品的形式，由中亚、西亚传入欧洲。而中国与西方交通的正式打开，则是在张骞出使西域以后。《史记·大宛列传》："在大月氏西可数千里……北有奄蔡、黎轩。"黎轩即"历山"，是亚历山大城的简译，泛指罗马人的所在。以后中国文献中又称罗马为"大秦"。此时，罗马帝国继承了希腊的地位，一度发展到中亚，罗马史学家曾记录公元前 27 年，"丝国"曾遣使朝贺奥古斯都承继帝位。东汉和帝永元九年（公元 97 年）任西域都护的班超亦曾遣甘英出使大秦，虽因波斯（今

① 《中国物品西传考》载《中国文化研究集刊》第 2 辑，复旦大学出版社 1985 年。

伊朗）人阻挠而未能直接与罗马人见面，但中国与罗马的贸易一直没有中断。魏晋南北朝时期，中国出现门阀割据的混乱局面；而此时欧洲，从公元 3 世纪末，罗马奴隶制亦趋危机，终于导致罗马帝国的崩溃。这几百年间中西交往较少。至隋唐，中国再度统一，由于经济的繁荣和国力的强大，不但陆路交通得到恢复，海上交通也得到发展，中国与欧洲的贸易和文化交往再形频繁。

中国向欧洲输出的主要商品是丝绸。实际上，在中国与欧洲贸易之前，丝绸已通过中亚、西亚的商人传入欧洲。横贯中亚，接通中西的丝绸之路即因输送了大量丝绸而得名。丝绸在当时欧洲是一种高级奢侈品。只有贵族才买得起，据说恺撒穿着绸袍看戏被目为过分豪华。当时罗马的丝价几乎与黄金等值。但这一时期欧洲人尚不知道育蚕缫丝的秘密，希腊、罗马的诗人、博物学家对丝的产生曾有过可笑的记录。公元 522 年，东罗马皇帝派人到中国学习养蚕术，丝绸的生产技术才传到欧洲。

中国的烧瓷技术成熟于魏晋时期（公元 3 世纪）。瓷器作为商品大量输出则是在明代。直到 16 世纪，在意大利的佛罗伦萨城始有人伪造中国瓷器，未获成功。18 世纪初，一位德国的工匠用了九年时间，才成功地仿造出欧洲人的第一件坚硬的瓷器。

造纸术更是中国人古老的发明。早在西汉末年，已有了用丝絮黏纸的方法，汉和帝时，蔡伦采用丝网造纸法，使造纸术更前进了一步。蔡伦正式上疏造纸是在汉和帝元兴元年（公元 105 年）。这种造纸术，约在唐朝中期传入中亚和西亚的伊斯兰教国家，再由那里传到欧洲。欧洲第一次造纸记录是在公元 1150 年。首先从西班牙传入法国，然后渐次传到整个欧洲，从而结束了欧洲落后的羊皮纸的历史。纸的发明与传播对人类文明的进程产生了巨大影响，它虽然不像瓦特的蒸汽机曾引起工业革命，但它对人类文明的贡献却也是无法估计的。特别在欧洲，纸的出现与大量应用，不仅增强了文化信息储存能力，而且加速了它的传递过程，从而缩短了欧洲文化近代化的时间。正是从这个意义上，欧洲一些历史学家认为“没有从中国传入的纸，也就不会有文艺复兴”。①

印刷术的发明，也是中国对人类文明的巨大贡献。早在公元 8 世纪，中国的雕版印刷已普遍流行。现存中国最早的雕版印刷品是在敦煌发现的《金刚经》，它是唐懿宗咸通九年（公元 868 年）由王蚧刻制的，现藏在伦敦不列颠博物院。雕版印刷二百余年后，毕昇于宋仁宗庆历年间（公元 1041—1048 年）又发明了活字印刷术，这是一次人类印刷

① 威尔森斯：《历史大纲》第 34 章，转引自李中华《中国文化概论》第 166 页，中国文化书院“中外比较文化教学丛书”本。

史上的空前的革命。从此，中国的印刷事业得到了突飞猛进的发展，据有人估计，到19世纪末，中国印的书超过了世界其他地区印书的总和①。雕版印刷与活字印刷术几乎同时传入欧洲。公元1454年，德国人谷登堡初次以活版印成《圣经》。对于欧洲来说，印刷术的传入与纸的传入具有同等重要的意义，它在文化上无疑加速了欧洲近代化的进程，使之成为促进欧洲文艺复兴的两把利剑。

中国火药的发明与道教的炼丹术有密切联系。据道教典籍记载，在魏晋时期，中国人对硫黄、火硝、雄黄这三种矿物就有所认识，并且成为炼丹必备之物。利用这些矿物制造火药当在唐代中期，用于军事则在唐末。唐哀帝时，郑璠攻打豫章，曾“发机火烧龙沙门”。但中国制造火药多用在节日或庆典的爆竹、烟火上，很少用于军事和生产，因而后来未能得以长足发展。火药大约在13世纪末或14世纪初由阿拉伯人传入欧洲。火药传入欧洲，很快便被应用于军事。火药的使用加快了推翻中世纪封建贵族的革命进程。正如恩格斯所说：“火器一开始就是城市和以城市为依靠的新兴君主政体反对封建贵族的武器，以前一直攻不破的贵族城堡的石墙抵不住市民的大炮；市民的枪弹射穿了骑士的盔甲，贵族的统治跟身披铠甲的贵族骑兵同归于尽了。”② 19世纪初，随着欧洲工业和科技的发展，火枪、火炮得到普遍应用。它与西方殖民主义相结合，于1840年打回了老家，而老家的人们却仍在用大刀长矛来抵抗，这实在值得深思。

早在战国时期，中国人已经发现了磁石吸铁和指示南北的现象，制成了最初的指南针——司南。直接用于指导航海则在宋代。大约在1180年左右，这项古老的发明经阿拉伯人传到欧洲。指南针的发明，是世界航海史上划时代的大事件。15、16世纪时，葡萄牙人达·伽马环绕非洲到达印度的航行，哥伦布发现美洲新大陆的航行，麦哲伦的全球航行，没有指南针是难以想象的。新航路的开辟，殖民地的建立，导致了世界市场的出现，刺激欧洲率先走上产业革命和资本主义的道路。

四大发明的文化价值为世界所公认。对中国四大发明的社会历史意义，马克思论之最精。他曾指出：火药、罗盘、印刷术——这是预兆资产阶级社会到来的三项伟大发明。火药把骑士阶层炸得粉碎，罗盘打开了世界市场并建立了殖民地，而印刷术却变成了新教的工具，并且一般地说变成科学复兴的手段，变成创造精神发展的必要前提的最强大的推动力。正是在这个意义上，我们说中国古代科技起了开启西方近代文明先河的伟大

① 德克·卜德：《中国物品西传考》载《中国文化研究集刊》第2辑，复旦大学出版社1985年。

② 《反杜林论》《马克思恩格斯选集》第3卷，第207页，人民出版社1973年。

革命性作用。

上面所举的仅仅是一些具有代表性的中国发明，在西传的物质文化中，还有药品、矿物、真漆、茶叶、食品以及各种奇花异木等，这些物质文化要素都在西方文化发展中起了积极作用。

在物质文化逐步传入欧洲的同时，中国的美术、绘画、建筑、园林以及诗歌、文学等艺术文化也传入欧洲。

中国的美术、绘画首先是通过带有各种图案的丝绸、锦绣、陶瓷、漆器等日用品、工艺品而传入欧洲的。因此，在很长的一段时间内，丝绸、瓷器对当时欧洲人来说，不仅是实用物，而且是有观赏价值的艺术品。在 16 世纪，意大利的佛罗伦萨城已有人仿造中国瓷器；而达·芬奇费五年时间所做的“蒙娜丽莎”这幅名画，显然是受了中国绘画的影响，其背景正是采用了中国画所擅长的自然山水作点缀。这种影响至 17—18 世纪的“罗柯柯运动”而日趋明显。文艺复兴以前的一切绘画，一是缺乏景物，一是缺乏线条，再一点就是缺少奇幻飘逸的神韵。他们强调画法上的客观规则，如远近透视法、明暗法、对比法等，甚至主张画法上的“艺用解剖学”，画家要同几何学者一样精确地测量角度；同解剖学家一样实际地研究骨骼筋肉，同摄影师或物理学家一样观察光线。因此，西洋画似“真”，中国画如“梦”。① 罗柯柯运动正是针对上述欧洲画法的“机械性”，而开始注重装饰点缀之美，常用奇幻飘逸的曲线作辅饰，同时亦出现以画山水为主的风景画家。如法国的瓦托（Wattlon 1684—1721）是受中国画法影响最大的欧洲画家，他的作品，山色淡雅，风景与云融为一体，颇具中国画意境雅远的风韵。当时就有人评论说，凡是对中国宋代的风景画研究有素者，一见瓦托此作必讶其风景之象似。②

中国艺术文化对欧洲影响最大的要数中国园林艺术。18 世纪初，在欧洲曾掀起园林中国化的热潮。这股中国化热潮多来自传教士的影响。18 世纪中，在北京的欧洲传教士，以圆明园的描写，寄回欧洲，引起欧洲人的极大兴趣。1757 年，曾两度遨游中国的英国园艺家张伯斯在伦敦刊行《中国屋宇画图》，并发表《论东方园艺》的专著，大力提倡中国园林艺术。中国园林是中国艺术文化的瑰宝，它之所以引起欧洲人的浓厚兴趣和强烈的好奇心，就在于中国园林艺术体现了中国文化的精神，它寓自然美于人力创造之中，既有变幻多姿的个体结构，又有和谐完美的整体布局，曲径幽深，回廊婉转，湖光

---

① 参见宗白华：《中西画法的渊源与基础》，收入《艺境》，北京大学出版社 1987 年。

② 参见李中华：《中国文化概论》“中国艺术文化的西传及影响”一节。

塔影，虚实相涵。每一个园林都堪称一幅优美、含蓄的立体图画。在传教士和园艺家们的鼓吹下，中国园林艺术像丝绸和瓷器一样，在欧洲传播开来，对欧洲人的建筑艺术和生活情调发生了重大影响。欧洲人不但仿造中国园林，而且做了理论上的研究。除了张伯斯的《论东方园艺》外，还有德国人恩则的《中国园林论》。他盛称中国园林艺术的高超为世界的模范等。17—18世纪，荷兰、瑞士、意大利、西班牙等国相继出现了中国式园林。

文学方面，由于欧洲人多半出自好奇心，因而对中国文学及诗歌的成就没有太深的了解。但这一时期已有相当多的欧洲文学家对中国文学发生兴趣。如英国的高史密斯、法国的伏尔泰、德国的歌德以及英国诗人蒲伯等。伏尔泰是法国启蒙运动的权威学者和作家，他对中国文学艺术乃至物质文化赞叹不已，在他的大量著作中，引用过相当多的中国材料。1755年，他根据中国剧本《赵氏孤儿》，改写成法文剧本并在当时法国舞台上上演，借以宣扬中国的道德精神。他认为中国戏剧含有劝善戒恶的价值，完全可与希腊的戏剧史诗相比美。在德国，著名的文学家歌德也曾读了不少经过翻译的中国小说、诗歌、游记和戏曲。据说他也改编过《赵氏孤儿》，或者他的剧本《爱尔皮诺》就受过《赵氏孤儿》的影响。歌德晚年对中国文学发生了浓厚的兴趣。在他的日记和信札中，记载着他晚年所读过的中国文学作品，如元代戏曲《老生儿》，小说《好逑传》、《玉娇梨》、《花笺记》以及诗歌《百美新咏》等。

文化作为物质文明和精神文明的总和，包涵着十分宽泛的内容，从衣、食、住、行、生产技术、政治制度，乃至宗教信仰、生活方式、学术思想、伦理道德、文化心理等莫不属于文化的范畴。其中包括哲学、伦理、政治在内的学术思想往往是一个民族或国家的文化的集中表现，在文化系统中起主导作用。因此，文化的传播以及一个国家的文化对其他国家发生影响，常常是物质文化在先而精神文化在后。思想的传播或接受比物质器用与美术工艺的流传和吸收要曲折得多，困难得多。物质器用与美术工艺品都不难由商人、外交人员来传播，而思想、学术的传播却非这些人所能为，它必须经过较长时间的了解并通过语言的转换，而了解和语言转换则需要具有较高文化水准的学者和知识分子来完成。

中国学术思想的西传，首先是靠传教士的努力。初期来华传教的天主教传教士如利玛窦、白晋、孙璋、艾如略等，为了达到在中国传教的目的，都注意研究中国的古代经籍。这种研究风气推动了译书工作，从16世纪末到18世纪初的一百多年间，中国的学术著作，尤其是儒家的重要典籍基本上都有译本，并传入了欧洲。儒家的重要经典多以拉丁文和法文翻译成各种版本流传欧洲。与此同时，在欧洲出现了对儒家经典的疏解和各种研究性的学术著作。据统计，17、18 世纪在中国研究中国文化典籍的欧洲学者、传教士中，在中国侨居达 20 年以上的有 6 人，有的甚至达 40 年之久。他们对中国学术思想在欧洲传播做出了贡献。

然而，与来华传教的耶稣会士的目的及愿望相反，儒家经典不但没有成为帮助他们把基督教灌输到中国文化灵魂深处的工具，反而成了欧洲哲学家向教会宣战的武器。18 世纪是欧洲启蒙运动兴起的时代，它在思想上最突出的特点是主张“理性”，尊重“自由”，由此而形成反对封建宗教神学的浪潮。而中国文化，特别是儒家思想中又恰恰具有丰富的道德理性和浓厚的人文主义精神，因此非常符合启蒙思想家们反对宗教神学的意向。从哲学上说，宋明理学所强调的“太极”、“理”等观念对一些欧洲启蒙思想家来说，简直是纯粹的“唯物论”、“无神论”、“自然神论”乃至“革命的哲学”等，他们轻而易举地从传教士手中得到经过翻译的中国哲学作品，作为向教会斗争的武器。

18 世纪欧洲重要的思想家，几乎没有一个不曾对于中国文化和中国哲学有过接触关系。其中受中国文化影响最大的是法国和德国。在法国，著名的思想家如伏尔泰、卢梭、孟德斯鸠、狄德罗、霍尔巴赫（德国人，但一生寄居法国巴黎）、爱尔维修、魁奈等都不同程度地受到中国学术思想的影响。而其中以伏尔泰所受影响为最大。

伏尔泰（1694—1778），是法国启蒙运动的领袖和权威人物，他无条件地赞美中国文化，尤其崇拜孔子。因为在他看来，孔子的道德观与古罗马斯多葛派哲学家爱比克泰德的道德一样，严肃、纯正、祥和，充满了人道主义精神。他以中国儒家的道德理性做根据，来攻击宗教的非理性的狂热，他在自己的政治历史著作《风俗论》中说：“欧洲的王室和商人，衹知在东方寻求财富；但哲学家却在那里发现了一个新的道德的与物质的世界。”中国人大多不谈奇迹，不尚玄虚，值得骄傲的是他们相信唯物主义并未放弃道德理想。他说：“在中国确实有很多读书人是相信唯物论的，但他们的道德观却没有违背儒教。他们认为道德对人们来说是必不可少的，而就其本身来讲，也是很可爱的。因为按照道德规范行事，并非一定要信仰什么宗教不可。”① 尽管伏尔泰对中国文化的看法有许多模糊之处，尤其常以启蒙运动者的眼光改铸中国哲学，但他对中国文化的理性化与泛道德化的特点，看得还是比较准确的。这也正是他喜欢中国文化的原因所在。因此，他向欧洲社会呼吁，我们绝不应该站在欧洲人的立场上，来对这个民族的历史加以评头论

① 《伏尔泰论中国宗教》载《中国哲学》第 11 辑。

足，因为我们还处于野蛮时代时，这个民族就已经具有高度的文明了。[①] 欧洲人对于中国文化，应该赞美，应该惭愧，尤其应该效仿。

以狄德罗、霍尔巴赫为代表的百科全书派，在哲学启蒙上比伏尔泰更为激进，他们把中国哲学几乎完全当作无神论和唯物论来看待，并借赞美孔子的纯粹的伦理道德哲学，来反对上帝和宗教。霍尔巴赫认为，中国是政治与道德合一的典范，欧洲政府要摆脱宗教控制，非学中国不可。博学多识的狄德罗，被恩格斯称作为真理和正义的热诚而献出了整个生命的人。他在为《科学、艺术、工艺百科全书》撰写的有关“中国哲学”的词条中，批评过中国人语言的不够完善和安于消极的“东方精神”给中国的近代社会发展带来的阻抑，但他决不因此而否认中国文化历史上的辉煌成就。他指出，举世公认，中国人历史悠久，智力发达，艺术上卓越有成就，而且讲道理，善政治，酷爱哲学，因而他们比亚洲的其他民族都优秀。依某些著作家的看法，他们甚至可以同欧洲那些最文明的国家争辉。

再一个受中国文化思想影响较深的人物是法国重农学派的经济学家魁奈（1694—1774）。他一生热爱中国文化，认为世界上只有中国是按照自然律为基础而达到高度道德理性化的国家。由于他特别推崇孔子，而且以孔子事业的继承者自居，故有“欧洲孔子”之称。魁奈与狄德罗等从中国思想中吸取无神论、唯物论和道德观不同，他是从政治经济学的角度取法中国的。重农学派以“自然律”、“自然秩序”为其学说的基础，在他们看来，中国文化中的“天理”、“天命”、“天道”及道家的自然主义主张，恰恰是他们提倡的自然律。而在中国源远流长的重农主义经济思想，也与他们的主张相吻合。同时，由于传教士、旅行家们所介绍的中国康熙年间的安定局面，与当时动荡的欧洲形成了鲜明对照。他们认为这完全是由于推行重农主义的结果，于是不遗余力地倡导“中国化”运动，把中国作为他们理想中的文化标本。魁奈的经济学说以及亚当·斯密的《原富》一书，都引用过很多中国材料。1767 年魁奈在《中国的专制》一文，盛称中国政治是“合法的专制政治”，因中国文化制度，一切以自然律为依据，就连皇帝也要受天理支配，遵守自然律大法。

中国哲学，特别是宋明理学对于法国百科全书派来说，是作为无神论思想被理解接受的。而对德国的影响却与法国有所不同。恩格斯说过，德国是世界上最爱好哲学的国家，从一般市民到高级知识分子都喜欢读哲学，这就使得中国文化在德国的传播和影响

---

① 参见伏尔泰：《风俗论》第 2 章，商务印书馆 1993 年。

以及他们对中国文化的理解、接受具有一定的理论深度。

18世纪初的德国哲学，是莱布尼兹“单子论”的时代，当时德国人往往用“单子”论理解中国哲学。也正是出于这种理解，莱布尼兹对孔子和儒家哲学表示了特别的关注。按照欧洲人的看法，莱氏研究孔子始于1676年，据他自己说，在1687年已读过《孔子传》，并发现中国所讲的“理”、“太极”等范畴，实际上就是基督教所讲的“神”，它们的不同之处只是“启示”与“自然”的区别，正与他自己所主张的“理神论”或“自然神论”相一致。后来他所发表的《单子论》，无疑是受了他所理解的中国“自然神论”的影响。面对着当时的欧洲文明中心论，他起而为儒家和理学辩护。1697年他匿名发表了一部《新中国》，在该书的绪论里认为中国在实践哲学方面比欧洲发达，并主张沟通中西文化。他挖苦傲慢的德国理论界，我们这些后来者，刚刚脱离野蛮状态就想谴责一种古老的学说，理由只是由于这种学说与我们普遍接受的经院哲学的概念不相符合，这真是“狂妄之极”！他确信，如果欧洲人对中国文化能够有足够的了解，加上发达的逻辑、评论、近代数学以及比中国更为准确的表达方式，会使他们在古老的中国记载中发现比中国注释家知道的更多的东西。

1703年4月，莱布尼兹从耶稣会士白晋处得到邵康节（雍）的六十四卦方位图，及六十四卦卦序图，发现早在三千余年前中国发明的阴阳二爻的排列组合与他在1678年所发明的“二进位”制完全相合，他十分惊叹中国的智慧。现在德国汉诺威图书馆还保存着他与白晋讨论《易经》的几封信和木版六十四卦图，并附有他亲自加上的号数及说明。

莱布尼兹对中国哲学的偏好及他对宋代理学的诠释立场，对德国哲学界影响很大。其中以沃尔弗为代表足可证明这一事实。沃尔弗是莱布尼兹的学生，他曾受莱氏推荐担任哈雷大学教授，并作为德国启蒙运动的代言人而闻名当世。由于受老师的影响，他也大力提倡中国思想，并将以孔子为代表的儒家哲学用德语介绍给大学和知识界。他曾以《中国的实践哲学》为题，在哈雷大学的课堂上讲演，极为赞美儒家，对神学屡有微词，因此受到神学者的反对，普鲁士国王腓特烈一世解除了他在哈雷大学的教职。沃尔弗所提倡的理性论哲学无疑受到了儒家实践理性主义的影响，成为德国古典哲学观念论的理论来源之一。

此后，无论康德的道德实践哲学，还是费尔巴哈以人本主义为根柢的“爱”的宗教，无不与中国儒家的道德人本主义学说在逻辑上相吻合。不过，中国哲学对欧洲的影响，在黑格尔那里遭到严厉的拒绝。尽管黑格尔读过《通鉴纲目》、《论语》、《老子》、《玉娇梨》等译本，并收集过不少中国文献的各种译本，但他对中国哲学却报以极度的轻蔑，甚至主张中国根本没有真正的哲学。在米希勒编辑的《黑格尔全集》里，三大卷《哲学史讲演录》长达1700余页，但论及中国哲学的只有6页。其中只提到孔子、《易经》和道家。而且在编排上根本不把东方哲学列入正文，只是附在导言之后，这表明黑格尔根本不把中国哲学放在他所谓的哲学范畴之内。不可否认，黑格尔近乎粗野地草率否定中国文化和哲学的价值，与他骨子里的“日耳曼精神至上”和他那逻辑先在性的唯心主义元哲学理论是分不开的，但更因为欧洲经过启蒙运动的洗礼，在精神上完全踏上了近代的历程，中国古代文化及其哲学在做出了自己的贡献后，便被西方人渐渐遗忘并从此受到更严峻的挑战。

三　中国文化在俄国的传播及影响

中俄两国的交往始于何时，中国古文献语焉不详，似乎晚于在西欧的传播。但地下文物和考古发掘证明，中俄两国的交往关系也有相当悠久的历史。

1940—1941年，在克拉斯诺亚尔斯克地区的叶尼塞河中游，考古工作者发现了具有汉代建筑风格的中国庭院遗址；后来又在里海的西北沿海地区、高加索和撒马尔罕等地发现了我国汉代的弓箭和铜镜。这说明，早在汉代，中俄之间已有了相当的文化交往。

16世纪，俄国人就开始寻找通往中国的路径。17世纪时，俄国的第一批使者N. 佩特林、N. 彼尔菲里耶夫、H. 斯帖法里等人来到北京。回国后，他们写报告介绍了中国的见闻和印象。彼得大帝也致力与中国建立稳固的联系。18世纪初，他发动组织了第一个使团于1711年来到北京。使团的多数成员都学习了汉、满、藏、蒙四种语言，把中国的书籍译成俄语，回国后担任这四种语言的教师。把用汉、满两种文字写成的中国书籍大量译成俄语的是N. 罗索欣和A. 列昂捷夫。A. 列昂捷夫的译本在18世纪下半叶的俄国社会广为流传。他翻译了儒家“四书”中的《大学》和《中庸》以及《易经》的一部分。他还向俄国读者介绍了中国的茶叶和丝绸制作方法，并把中国的象棋介绍到俄国。

随着俄国东正教使团来华的还有医生。1715年，彼得大帝应清政府的要求派来了一名彼得堡医院的英国籍的外科医生托马斯·哈文，并给康熙皇帝检查了身体。后于1717年回国。1719年，又有一名英籍医生约翰·贝尔随使团来到北京。由于这些医生的缘故，中国医学传入俄国。1758年，《享乐短文与译述》杂志9月号刊登了题为《论中国人种痘》一文。介绍了免疫学在中国的发展及应用。实际上，这一免疫学技术，早在11世纪时中国就开始应用了，直到18世纪末才传到欧洲。此外，俄国人还对中国的中医史、中医学理论、中医诊断、中药学、外科麻醉技术等方面进行了研究和介绍。他们认为，在中医中，可以看到一些重大原理的惊人的融合，后来欧洲一些引以为自豪的发现，几个世纪前在中国已为人所知。非常重要的是，尽管在理论上和欧洲医学不同，但可以大胆地说，中国医生能够做到的，欧洲医生并不能做到，如果不总是这样的话，但常常是这样。

中国的庭院建筑和园林艺术也同样传入了俄国。18 世纪中期在彼得堡附近建立了专供贵族享用的中国式宫殿；稍迟，又在沙皇村修建了具有中国建筑风格的剧院、凉亭、阁楼和园林小景。

对传播中国文化做出重要贡献的是俄国杰出汉学家、俄国汉学研究的奠基人 H. 毕丘林（1786—1853）。他曾于 1807 年率领俄国东正教使团来到中国，1822 年回俄。他在中国生活了近 15 年，在华期间，他全面研究了中国文化，把中国大量的文化、历史、地理和哲学等方面的著作译成了俄文。他写过多种研究中国文化的专著，如《社会状态和道德状态中的中国》、《对中华帝国的统计描述》、《汉语语言学》等，至今仍有重要价值。他撰写的《汉语语法》（1835 年出版）是俄国第一部详尽研究中国语言的学术著作，对俄国人学习汉语起了重大作用。毕丘林向俄国人介绍中国历史、地理、哲学、文化的同时，以充足的论据批驳了风行欧洲的所谓中国文明来源于古埃及和古巴比伦的理论，以及所谓中国人“野蛮”、“无知”，不如基督教民族的种族主义偏见和欧洲文化中心论。他的这些活动在当时俄国文化界产生了一定影响。

H. 毕丘林为中国文化在俄国的传播做出了巨大贡献，但也有缺乏事实分析和把中国文化过分理想化的倾向。B. 别林斯基看到了这一点，并对此做出了批评。然而，别林斯基在对 Φ. 洛林茨《通史入门》一书所写的评论中批评了作者把中国和印度排除于世界历史之外的企图，强调了中国和印度在社会和文化发展上所做出的巨大贡献。他指出，中国和印度是历史程度最高的国家，中国是一个伟大的现象。

另一位俄国近代民主主义思想家 H. 车尔尼雪夫斯基对中国文化也做了高度评价。他认为中国是一个具有伟大思想家，并做出了伟大的技术发现的民族。他批驳了殖民主义者对中国所持的种族主义偏见，不同意所谓“中国的生活方式和中国的观念是停滞不前的”看法。认为这种看法只反映了中国的不真实的特点。而真实的情况是中国历史有着同任何一个民族在这种环境下的历史所具有的相同的特征。

托尔斯泰对中国人和中国的历史文化更充满了同情与热爱。直到晚年，他仍然努力通过本国和西欧的文献去了解中国，对中国古典文献的翻译也感兴趣。他承认，中国哲学家孔子和孟子给了他爱护人道的真情实感。而“影响最大的”是老子。他对译成俄、英、法、德四种语言的中国古典哲学著作进行过深入细致的研究，并写过一些关于中国古代思想家的专题论文。他热爱中国人在儒教陶冶下形成的中庸适度、勤劳俭朴、热爱和平的美德及从容乐天的生活艺术，并据此批评欧洲文化和欧洲人的弱点。托尔斯泰对中国文学、特别是民间创作很感兴趣，在他的作品中引用中国思想家的话及改造吸收中国文学素材是显而易见的。晚年，他不断向俄国读者介绍中国古典诗词和民间文学。

在介绍中国文化方面做出巨大贡献的人中还有以瓦西里耶夫和卡法罗夫为代表的俄国 19 世纪汉学家们。瓦西里耶夫在研究中国历史和文化的同时，还编写了汉语与中国文学教科书。他在《中国的发现》一书中指出，可以肯定地说，中国已具备一切条件来达到智力、工业以及政治进步的最高点。更为可贵的是，瓦西里耶夫没有停留在简单地赞美中国文化的水平上，他还在研究中发现，中国文化中有许多保守的、教条的、泥古的成分，尤其是儒家思想具有盲从古代圣贤的传统，这种崇古思想包含着不少守旧意识。他毫不客气地指出，当研究的对象成为崇拜和盲从的对象时，最优秀的东西也会变成有害的东西。这的确不失为一种有益而深刻的针砭。

另一位汉学家卡法罗夫就中国的历史、地理、文化方面也写过不少论著。尤其是在他去世后，由波波夫整理并于 1888 年出版的两卷本《汉俄词典》，为他带来了世界性声誉。这本大型词典对俄、苏几代汉学家提供了重要帮助。这部具有百科全书性质的词典，对研究中国文化也具有重要的资料价值和学术价值。

在简略地勾勒出中国文化在俄国传播影响的轮廓以后，有一个值得注意的问题需要点出：中俄两国是毗邻国家，近两个世纪以来，沙皇俄国与西方殖民主义者对中国领土怀有贪婪的企图和野心，由于这种特殊的国际政治矛盾关系，使得俄国及西方对中国的研究，包括对中国文化的研究，带有浓厚的政治色彩和军事战略目的。由此遂造成中俄文化关系史上的许多阴影。这一阴影限制了俄国人对中国文化的全面吸收。

从中国文化在世界的传播可以看出，中国文化曾经领先于世界，以它的高位势向周边民族和国家辐射，或者引起其他民族的好奇和主动接受。不过 15—16 世纪以后，中国文化从总体上开始走下坡路，而此时西方世界的文化正孕育着一场历史性的飞跃。从这个时期起，中国文化能够向世界继续传播，主要取决于受容国的态度。中国没有向世界各地派出自己的“传教士”，他的文化总是在自己的国家里雍容稳定地发展与承传。中国的智慧早在欧洲的希腊时代以前就已发展出一套整体和谐的“生态”的宇宙观，它把自然与人类，宗教与国家，道德与政治，个体与社会以及过去、现在、将来的一切东西统摄起来，无论是经济、政治、伦理、文化，都是一个自给自足、安于本位的有机系统（超稳定结构）。而西方文化，特别是16世纪以后的近代文化，是“游荡式”的，它具有“浮士德的心灵”，永不满足地追求着无限的时空和天下的东西，因此，“在他的疆界之内一直不安于位，惶惶然向四面八方派出侦探，看看能猎取什么回来”（李约瑟语）。这种文化心理，决定了西方人对外来文化的新奇感，他们对中国文化的吸收即是这种态度的表现。雍容稳定的中国文化，如果说在以农业经济为基础，世界各地经济、政治、文化相对隔碍的古代社会它还足以自存和呈现出自己诱人的光彩，那么，到了近代西方文化狂飙骤起的时代，它的危机与失落便成为理有必至、势所必然了。

总之，在人类文化交流史上，中国文化曾对人类做出过巨大的贡献。然而随着时间的推移，随着晚期封建社会统治阶级文化专制主义和闭关锁国政策的强化，这种巨大贡献便自然而然地为巨大的危机所取代。

第三章　沉重的三百年

——16—19世纪中国文化的危机与失落

16世纪是世界文化史的轴心时代，以此为界线，世界文化格局开始发生根本性转折。

16世纪以前的中国文化，远远走在西方的前面，但是人类文明的发展一开始就以其差异性、矛盾性展示其戏剧性风采。历史与文化的进步总是包含着各种矛盾的辩证发展过程：先进的未必一切都先进，落后的未必永远在落后；辉煌中包含着落后的原因，落后中孕育着崛起的希望。中西方就这样开始了从遥远的古代走向近代的竞走。

从16世纪中叶到19世纪40年代，在这极富历史感的沉重的三百年中，东方与西方，中国和欧美在同一条起跑线上展开的激烈竞走，由于种种助力和阻力的不同，西方后来居上，中国由盛而衰，西方在资本主义道路上迅速崛起，中国在封建文化的泥沼中盘旋不进——崛起与衰落成为这一时期中国文明与西方文明相互交映的极为醒目的格局。

历史在这里沉思：作为人类文明摇篮之一的龙的中国，一个拥有遥远过去并创造过历史辉煌的文明古国，从这时起衰败了，落伍了，挨打了，又从斑斑血痕中站起来，坚定地向前走去。我们激动，我们感慨，我们思考——这是为什么？

一　东方与西方：在同一条历史起跑线上

在古老年代的道路上，人类文明出现了——在黄河流域，在地中海沿岸，在南亚次大陆。但是随着历史的更替，有的夭折了，有的枯萎了，只有中国文明以它极顽强的生命持续不断地走向了中世纪。正如上面章节所述，中国是中世纪世界上文化最发达的国家，它那悠久的史学传统，瑰丽的文学艺术，精深的哲学智慧，宏富的科学技术，向全世界展示了中华民族征服自然、整合社会的能力和智慧。直到 15 世纪初，人类文明的天平在东西两端近千年中仍无法平衡。然而历史的发展是辩证的，当 16 世纪来临之际，当古老的中国向着中世纪作最后冲刺的时候，西方却迎头赶上，悄悄地来到我们身旁，同我们站在了同一条起跑线上。

从总体上看，16 世纪初叶，中国和西方一样，开始了由旧制度向新制度、由古代文化向近代文化的某些转变。从经济发展趋势来看，西方由农本而重商，中国的农业经济也有了某些商品经济的倾向；西方商品经济对农本经济有所突破，中国自然经济也受到商品经济的冲击；西方资本主义生产方式产生，中国资本主义生产关系萌芽。这种大体均衡的经济发展趋势，是与当时中西方大体相同的生产力状况（农业生产技术、手工业、人口因素、人均劳动生产率等）相适应的。

以 15、16 世纪中西冶金技术为例，可以看出当时中西科技生产力的相对均衡性。我国曾是世界上矿冶技术发展最早的国家之一，春秋末期已能炼出生铁，先于欧洲 1700 多年，直到明代我国矿冶技术仍居于世界领先地位，但此时与西方相比，已没有明显的优势。首先从主要冶金设备来看，我国早在汉代已有了适合不同用途的炼铁炉和椭圆形高炉，发明了水力鼓风机。到了明代，炼铁炉得到较大的改进，遵化铁炉深 1 丈 2 尺，可容矿石 2000 多斤，每天可炼 6 次，每次出铁 200 斤。佛山的炼铁炉更为先进，每天可炼 20 余次，每次出铁 300 斤。西欧人到 12 世纪才从阿拉伯人那里学到炼金术，到 14 世纪才开始建造 2—3 米高的炼铁炉，并开始用水轮鼓风机，但到了 15、16 世纪，西欧炼铁炉的数量和产量已大大增加。其次，在冶炼工艺技术方面，明代发明了生熟铁连续生产法，生铁出炉后，凭经验撒入适量的“潮泥灰”搅拌而成硬度随意的熟铁，炼铁燃料已大部分用煤，达到煤炭居 7/10、木炭居 3/10 的程度。西欧这时的冶炼工艺也达到了一定的水平，不仅能提炼出矿石含铁量 40％以上，而且熔炼出来的不再是半液体的生铁块，而是完全熔化了的铁水，再加热而炼出熟铁和钢。但总的说来，欧洲直到 18 世纪才主要用煤作冶炼的燃料。

再从 15、16 世纪的机械制造业来看，中西方各有自己的优势。造船技术中国先进于欧洲。当时广东、福建、江南的造船厂拥有世界头等技术，所造的大型海船不仅供国内使用，而且出口世界。郑和七次下西洋，每次都有“巨舶百艘”，最大的宝船长 48 丈，宽 8 丈；船队的舵手、工匠、水手、办事、翻译、兵士等共计 27000 多人。此后 60 年，当哥伦布驰往美洲的时候，他所带领的是载着 88 个人的 3 只小船，最大的“圣玛利号”才 5 丈长，1.8 丈宽。这两次航海史上著名的远航，再次说明直到 15 世纪末叶，欧洲造船技术仍落后于中国。但是这一时期，西方金属加工机械制造业则比明朝兴旺，出现了许多专门化的制造部门。简单的机床、钻床、磨床、拔丝机、起重机、甚至一至两吨重的重力锤相继在欧洲一些国家出现。① 他们已能制造出精良的武器，佛罗伦萨已出现了铁铸的火炮。

此外，15、16世纪中西方的经济、技术在其他方面也是大体平衡的，比如在农业技术、粮食的亩产量、人口增长速度上相差不大。这里不再一一细述。

上述事实尽管不够全面，但它足以表明，15、16世纪的中国与欧洲，其经济、技术的发展大体达到了同样的水平。它们面临着同样的选择：走出中世纪，走向近代化。然而，这只是问题的一个方面，甚至可以说是问题的表象方面。上述物化形态上的静态比较，最多只能说明这个时期中西社会生产力在“量”上的同一性；问题还有另一个方面，即通过对这一时期中西方社会生产力（经济、技术）发展的特点与趋势做出动态分析，才能揭示出问题的本质，即中西文化在尔后不久出现巨大落差的历史必然性。

首先，明代以至整个中国古代的生产技术的发展具有鲜明的独创性。中国自古是一个富于创造性的国家。明代以至整个中国古代社会生产、科学技术几乎都是中国人自己独立创造出来的，正是这种独创精神的长期发展和历史继承，才形成了中国古代社会的生产和科学技术体系。明朝以前，在世界古代社会生产和科学技术各个领域中，属于中国首创的项目，数量之多，水平之高，是当时世界上任何一个国家或民族所无力企及的。据1975年出版的《自然科学大事年表》记载：明朝以前，世界上的重要科学成就和创造发明约计300项，其中属于中国的约175项，占总数57%以上。世界各国仅占42%多。②这是中华民族对人类文明的巨大贡献。如果说这种鲜明的独创性在自给自足的自然经济时代，是中国古代文化的优势，那么说到了世界经济走上开放性商品经济的时代，这种优势便不再是优势，甚至转为吸收外来文化的障碍。

与中国相比，虽然欧洲国家在古代历史上也有不少独创性成就，但它更富于吸收性。吸收外来文化的先进因子，特别是吸收外来的科学技术，成为欧洲社会经济和科技进步的重要原因。如早在古希腊时代，几何学、天文学中就吸收了不少埃及和地中海沿岸文明古国的东西；进入中世纪后，特别是15、16世纪前几个世纪中，它们又不断地吸收中国、印度等国家的科学技术，如10世纪意大利人从阿拉伯人那里学到了中国的养蚕和丝

① 参见毛磊等：《中西500年比较》第6—8页，中国工人出版社1989年。

② 参见毛磊等：《中西500年比较》第9页，中国工人出版社1989年。

织技术；12世纪又从中国学到冶炼技术；北宋年间我国发明的指南针于12世纪经阿拉伯商人传入欧洲，尔后活字印刷、造纸方法和火药制造等重大发明也先后被欧洲人吸收，并对欧洲社会历史进程和文明发展发生了重大影响。西方文化的兼容性和对外开放性，使西方文化特别是科学技术在几个世纪中日益缩小了与中国的距离，并注定了尔后迅猛发展的历史命运。

其次，我国古代科学技术起步较早，但到宋明期间发展速度出现明显减慢的趋势。宋明之际，我国的社会生产和科技的发展与同期欧洲相比，虽然其发展水平仍然比欧洲要高得多，但发展速度已不如西欧迅猛便捷。因为在公元9世纪，我国经济、政治、文化正值盛唐空前繁荣的时期，此时欧洲还徘徊在中世纪一片黑暗的漫漫长夜。但是从10世纪末即我国北宋王朝建立开始，西欧社会生产和经济进入了奇迹般的恢复时期，并以空前迅猛的加速度追赶着中国。从宋初到明末500年间中国粮食产量增长1.5倍；技术更新也呈同样态势，从宋朝多锭纺机的发明使用到明代，500多年间几乎在技术上没有大的改进，而西欧国家14世纪才出现手摇纺车，比我国晚出1600年，但到16世纪便出现了多锭纺车和自动纺车，在短短200年间便赶上了中国；宋元期间，中国铁产量约达125 000吨，年增长率为2.7%，到明代中国铁产量没明显增长，而同期欧洲铁产量迅速提高，以英国为例，在16世纪100年内，铁矿石开采量大约增加了2倍，铅、铜、锡开采量约增加5—7倍，采煤量增加13倍。技术发展速度的快慢，是中西社会经济发展出现落差的至关重要的因素。

最后，中西科技发展速度的不同，又决定了15、16世纪中西社会经济结构中商品经济发育程度的不同。小农业与家庭手工业的牢固结合，是我国整个封建社会生产发展的基本特征，到了明代，虽然我国商品经济有了一定的发展，特别是在东南沿海地区和内陆矿业发达的地区，商品经济中甚至出现了微弱的资本主义生产关系萌芽。但是由于受适于农耕的自然条件的影响和家族本位的社会结构以及发达的官僚政治的制约，使小农业与家庭手工业的牢固结合仍然占据优势，这种状况使明代手工业不能突破家庭的束缚，不能从农业中分离出来，这就大大限制了手工业生产方式的独立发展，而没有手工业的充分发展，商品经济就不能摆脱自然经济的脐带而获得良好发育。商品经济的发育不良又会直接延缓封建生产关系的解体和资本主义生产关系的形成。

与中国的情况不同，发生在西欧领主制经济关系（领主土地使用是农奴集体劳动的大型经营）中的农业与手工业的结合，并不完全是在农奴家庭内部，而是以庄园为整体，这就使西欧的手工业容易从家庭关系和农业部门中独立出来，成为一个独立的生产部门。

结果竟是这样，手工业生产的分工越来越细，生产工艺日益专门化，社会生产率不断提高。社会分工的扩大和社会产品的增加，这两大因素相互作用，刺激了市场的形成和商品经济的完善发育。到15、16世纪，一些具有近代化城市雏形的手工业生产和交换中心在西欧逐渐形成，这里人口日益增多，纺织、酿酒、食品、日用品以及农具制造等作坊日益从农业部门分离出来，成为独立的手工业生产部门。生产的专业化，商品交换的日益频繁，使西欧自然经济日趋解体，封建制度因之发生动摇。这是西方社会走出中世纪迈进近代门槛中至为关键的一步。

综上可知，15、16世纪，尽管我国社会生产和技术与西欧相比在量上和达到的程度上基本上是在同一水平线上，但是在发展速度和趋势上，西方的优势在潜滋暗长。从这个时候起，深深地埋下了中国与西方在此后近3个世纪中不同历史命运的深刻的历史契机。一方迟钝，一方迅展；一方沿着治乱循环的路步履维艰，一方在走向近代化的道路上长足前进；西方资本主义渐渐长成了参天大树，中国资本主义仍在封建自然经济的夹缝中处于萌芽状态；西方工业革命的浪潮像飓风狂潮一样席卷了欧美，中国仍停留在传统手工业基础上，在家庭作坊中吟唱着悠远的牧歌；西方资本主义制度如雨后春笋在欧美大陆脱颖而出，中国仍在封建道路上改朝换代……从16世纪到19世纪中叶的近300年中，黄色的农业文明由辉煌而失落，蓝色的工业浪潮迅猛崛起。当西方浪潮在欧美大陆先后冲垮了封建城堡以浮士德精神竞奔天下的时候，中国便被远远地甩到了后头。

寻根究底是哲学无法扼制的激情。中国文化近代化迟滞是一种文化综合症。在从经济事实上叙述了15、16世纪开始的中西之间富有戏剧性的历史性转折之后，问题依旧没有得到圆满解决。我们面对着历史发问：为什么社会经济在中国极早发达而后来却未能获得长足发展？中国经济发展的迟缓、科技更新的缓慢、商品经济发育不良，这一切经济事实无法用经济的原因去加以说明。当我们把比较和研究的视线由经济基础转向上层建筑的时候，我们便不难发现，自秦朝开始建立，至明清两代更加完备和庞大的以皇权为核心的官僚政治体制及其所推行的各种经济、政治、文化政策，给中国社会和文化发展以重大影响，它是阻碍中国社会发展，造成中国社会经济、文化发展缓慢的真正梗阻。

对官僚政治对中国社会长期停滞和盘旋不进的影响，杰出的理论家王亚南先生早在20世纪40年代便进行过专门的研究，他在《中国官僚政治研究》一书中，运用马克思主义的社会结构理论，从分析中国社会经济形态入手，结合秦汉至民国的历史追寻了中国官僚政治产生、形成过程，深刻揭示了官僚政治与我国封建社会长期停滞的关联。王亚南指出：作为一种社会体制的官僚政治，“是由封建制到资本制的历史过渡阶段的必然产物”，[①] 这种政治体制在各国政治制度史上都程度不同地存在过，而中国古代社会的官僚政治是其最完备、最成熟的形态。中国古典官僚政治形态的成熟性表现在三个方面：1. 延续性：中国官僚政治时间悠久，它自秦汉至明清，几乎同中国传统文化史相始终；2. 包容性：中国官僚政治所包摄范围极广，即官僚政治的活动，同中国各种文化现象如伦理、宗教、法律、财产、国民心理等方面都发生了极密切而协调的关系；3. 贯彻性：中国官僚政治的支配作用有深入的影响，中国人的思想活动乃至他们的整个人生观，都拘囚锢蔽在官僚政治所设定的樊笼中。[②] 因此庞大而成熟的官僚政治，像一个疏而不失的天罗地网，对中国社会、中国文化乃至中国人生活的方方面面发生着重大影响。

中国官僚政治在中国封建社会的上升时期，曾产生过积极的作用。它以郡县制取代了分封制，加强了中央政府的权力，这有助于社会的统一稳定和经济的平衡发展；它以选举制、科举制取代了官禄世袭制，有利于提高各级行政系统的工作效能；它以全面的监察、考课制度加强了对各级政府官员的监督，有利于克服世卿世禄制度下的腐败。但是，到了封建社会后期，官僚政治自身的矛盾便日益突出，其消极作用也日益表现出来。

首先，中国的官僚阶层是一个靠劳心而“食禄”的特殊利益集团。他们既不像封建制时代的侯王贵族，有自己独立的封地领土，也不像后起的资产阶级有自己经营管理的工矿企业，而是高居于社会经济生活之上的纯粹的“食禄”者。他们随时可能被调离、被贬官，一旦此时，他们便束手无策。这种体制使各级衙署的官员们养成一种自我保护的本能，媚上欺下保住自己的乌纱；互相倾轧，保住自己的食禄。前者造成官民对立，后者引起同僚相争。他们对社会经济、科技、文化的关心远远不及对自己仕途浮沉的关切。这种政治体制在政治清明、最高统治者“圣明”的时候，吏制可以严明有序，一旦到了王朝末世，各级官僚便会率先腐烂。

其次，地主、官僚、商人的合一，是中国官僚政治的又一消极作用。王亚南先生指出：“中国专制的官僚的政治形态是把地主经济作为它的物质基础。”[③] 地主经济原是相对领主经济而言的，它的内容大体包括：一、土地为社会财富的最重要的生产手段；二、在相当范围内的私人土地所有权的确认；三、在相当范围内的土地自由买卖；四、集约

① 王亚南：《中国官僚政治研究》第 26 页，中国社会科学出版社 1981 年。

② 王亚南：《中国官僚政治研究》第 38—39 页，中国社会科学出版社 1981 年。

③ 王亚南：《中国官僚政治研究》第 142 页，中国社会科学出版社 1981 年。

的小农经营；五、土地剩余生产物的地租化与赋税化。以地主经济为物质基础的官僚政治，为维持自身的稳定，其基本国策必然是重农抑商。这种重农政策在封建社会前期并无大的消极作用，但到了后期封建社会，当农业剩余劳动日益增多、地租需要转化为商品的时候，重农主义就成了社会经济发展的严重桎梏。更有甚者，抑商造成了商人对官僚的依附和官商合一。官商合一并不意味着商人地位的提高，相反，它从两个方面不利于商品经济的发展：一方面，商人一旦有了入仕的可能，他便不再想从事被世人鄙视的“末业”，商业资本就会转化为购置地产的基金，这无疑会减消商业资本的积聚；另一方面，官人一旦与商人联姻，那些赢利多的商业便会出现官商垄断，从而阻抑了商品交换中的自由竞争。

再次，已如上述，建立在地主经济基础上的中国官僚政治，有着无比的包容性与贯彻性，它不但动员了中国传统的儒术、伦理、宗法习惯等来加强其统治，并且还极力把未来必然成为它的对立物的商工市民力量消解同化在它的统治中。结果竟是这样，作为瓦解自然经济和官僚政治的天敌——市民阶层——很难在中国地主经济与官僚政治场面下产生出来。新兴市民阶层的难产，又会引起具有新质要素的社会改革和思想启蒙运动的薄弱。这是中国封建历史上有无数次改朝换代而无新质社会产生的重要原因。

最后，中国官僚队伍之庞大，是世界各国罕有其比的。为维持官僚集团的特殊利益，又需要强大的国家机器。这需要政府有雄厚的财政收入（赋、税）作支撑。而赋、税、地租的直接承担者只能是中小商人和中小地主及农民。当赋税过重和土地兼并到下层社会无法生存的时候，官民矛盾就会引发农民起义和农民战争，而每一次农民起义和农民战争都要使社会经济付出巨大的代价。

总之，后期中国社会商品经济发育不良和官僚政治的影响，造成了中国社会的盘旋不进。而明清两代官僚政治的进一步强化，特别是此期推行的锁国政策和日益强化的文化专制主义，进一步拉大了中西之间的距离。

二　明清海禁与西方文化输入的阻抑

人类发展到16世纪前后，无论是富饶的亚洲，还是渴望东方物产的欧洲，随着生产技术和社会的迅速发展，在国际交往和对外贸易方面，航海贸易都被提到了重要地位。由自然环境和历史传统所形成的各个地区与国家经济及生产力的不断提高，需要开辟更加广大的国外市场。同时，这一时期航海技术的发展也为海上贸易大规模地发展提供了现实的可能性。

这是中西两大世界共同面临的历史机遇。谁抓住了这次机遇，那么谁就将成为未来世界的霸主。中国皇室与西方刚刚兴起的封建王室做出了完全不同的反应与选择。

众所周知，15 世纪西欧主要国家，随着商品经济的发展和资本主义萌芽的产生，相继建立了专制中央集权制度。为了维护和巩固这统一的王权，王室政府越来越需要工商业的支持。工商业税收成为王室主要的财政来源。同时，新生市民阶级要求统一国内市场，正好成为王室同地方封建割据势力斗争所依靠的社会力量。由于这种经济和政治的需要，西欧各国王权便积极鼓励商人发展海外贸易，拓展海外市场，并且采取了如下措施：一、实行限制输入和奖励输出的保护关税政策；二、鼓励造船工业的发展，以增加本国船只数量；三、颁布排他性的航海条例，或禁止外国船只装运货物进出本国及其殖民地港口，或对进出本国港口的外国船只课以重税；四、发展渔业，以扩大航海人员的来源；五、招聘外国科技人员，以研究和提高本国的航海技术。由于提倡拓海政策和鼓励海外贸易，使西欧各国在以后近一个世纪中的航海贸易得到了巨大的发展。以英国为例，由于都铎王朝（1485—1603）对拓海贸易提倡得最为坚决，实行得也最为彻底，①使英国取得航海贸易的优势，与葡萄牙、西班牙、荷兰展开海上霸权的激烈争夺，一举成为世界首屈一指的商业强国和最大的殖民帝国。

与西欧各国相反，16 世纪前后，明王朝不仅没有像西方国家那样拓海、支持海外贸易活动，而且对私人海外贸易采取各种办法加以控制和摧残。明朝建立之初，朱元璋为了防止倭寇与沿海边民交通，曾多次下令禁海。洪武四年规定“濒海边民不得私出海”，② 洪武七年明政府又下令“罢泉州、明州、广州三市舶司”。③ 洪武二十七年又严令“敢有私下诸番互市者，必置之重法。凡番香番货，皆不许贩鬻”。④ 明永乐、宣德年间，海禁略有松动，但情况并未根本好转，到嘉靖年间（1522—1566），即在英国都铎王朝正极力推进拓海战略的时候，中国海禁达到了登峰造极的地步。明世宗下令：“一切违禁大船，尽数毁之”，“沿海军民，如与贼市，其邻舍不举者连坐。”⑤ 为了达到禁海靖边的目的，明政府对龙溪、嵩屿等地“素以通番为生”的海商，施以严刑峻法，各省地方政府

① 参见《中西 500 年比较》第 34—35 页，中国工人出版社 1989 年。

② 《洪武实录》卷二十。

③ 《国榷》卷五。

④ 《洪武实录》卷二三一。

⑤ 《嘉靖实录》卷三十八。

也对违禁出海的海商实行了严打，下令“私造双桅大船下海者，务必要一切捕获治之”，甚至“查海船但双桅者，即捕之，所载即非番物，俱发戍边卫”①。

明王朝所推行的这种与西欧各国拓海政策完全相反的禁海政策，严重地束缚了中国人民向海外发展的活力和进取精神，极大地缩小了中国航海贸易的发展规模。中西海贸政策主要有下列几方面的不同：第一，西方封建专制王权积极鼓励造船业和航运业的发展，对造大型海船者予以奖励；而中国封建专制皇权不仅限制造船业的发展，而且对两桅以上的大船甚至不惜代价地“毁之”。第二，西方各国王室鼓励本国对外贸易，并通过制订法律、缔结条约为本国商贸创造有利环境；而中国专制皇权不仅不保护本国商民的利益，而且极力限制中国人的海上贸易往来。第三，西欧各国王室，积极帮助本国商民在海外组成各种贸易公司，并为此提供一切方便；而中国专制皇室唯恐中国商人在海外居留太久，更害怕中国海商形成集团，力图分而治之。

中西方截然不同的航海贸易政策，还集中表现在16世纪前后双方对“海盗”的不同态度上。海盗与海商本不是一个概念，但是，在资本原始积累的时期，海盗与海商又确实有着不可分割的联系。正如马克思所说，商业资本的积累到处都代表着一种掠夺制度，它在古代和新时代的商业民族中的发展，是和暴力掠夺、海盗行径、绑架奴隶、征服殖民地直接结合在一起的。15、16世纪，无论西方还是中国，都有不计其数的亦商亦盗的海上行者。西班牙的远征队、商船队，是十足的商人兼海盗的队伍，荷兰、英国、法国的海盗，纵横于各大洋间，贩卖黑奴、抢掠殖民地港口，兼作生意。这些海盗行径在西欧资本主义原始积累中起了重大作用。而此时中国东南沿海也有类似海盗横行海陆间。在西方，各国王室为了争夺海上霸权，增加国库收入，往往公开支持本国海盗对其他国家的掠夺。例如葡萄牙亨利亲王便毕生以从事和组织海外掠夺为能事；而由荷兰政府授予特权的麦哲伦海峡公司，便公开以海盗掠夺为主要目的。为了争夺海上霸权，英国伊丽莎白政府曾以投资、出租船只、外交掩护、提升和册封海盗头目等方式，支持和纵容英国海盗的对外抢劫活动。

在西欧被视为国家“英雄”的海盗，在中国则被当作十恶不赦的“乱贼”。西欧王室为了经济利益不惜与海盗勾结，中国官僚政府为了稳定自己的统治对海盗严加诛剿。英国都铎王朝以高官厚禄奖掖海盗头领，中国政府则以高价悬赏消灭海盗头目，标示“有

---

① 《嘉靖实录》卷三十八。

能擒斩王直来献者，封以伯爵，赏银一万两”。① 其实晚明中国东南沿海的“海盗”，最初都是安分守己的海商，由于受明代海禁政策的逼迫，铤而走险，转为巨盗。假如明王朝能有合理的海贸政策，变诛剿为安抚，不仅东南沿海可以免遭海盗劫掠，而且可以大大发展中国对外贸易实力。

发展航海贸易，建立一支强大的海军力量，是绝对必要的。有了强大的海军，本国的海上贸易才可能免遭侵掠。为了战胜海上竞争者，取得海上贸易的霸主地位，16 世纪以后，欧洲推行重商主义的各国，无不努力建立一支尽可能强大的海军。欧洲强大的近代化海军正滥觞于此。大约同时，中国也有一支颇为壮观的海军力量，但这支海军在性质与作用上完全不同于西方各国的海军，它并不是保证本国航海贸易发展、拓展海外市场的“强力手段”，而是贯彻明朝官僚政府海禁政策的工具。它从来没有、也决不会利用海商、海盗势力来壮大自己；相反，它对海盗势力采取坚决消灭的政策。

此际，正是世界历史大转折的时期。西方私人航海贸易势力在本国政权的强有力的支持下纷纷走向大海，走向大洋，走向全世界。新航路的开通，新大陆的发现，这一切都使东西方、使全世界逐渐联成一体。16 世纪中叶以后，葡萄牙、西班牙、荷兰等早期殖民势力相继进入印度洋、太平洋水域，并在周围的国家和地区相继建立了殖民制度。这样，中国私人航海贸易就不仅受到本国的摧残，而且面临着西方殖民者的打击。所以曾经盛极一时的中国航海贸易便迅速地走向衰落。正是由于中国航海贸易得不到充分发展，也就不能通过海上贸易完成商业资本的原始积累，这是中国 16 世纪后逐步与世界拉大距离的重要原因。

值得注意的是，16 世纪到 17 世纪初叶，中国航海贸易落后于西方还仅仅是开始，并没有达到无可挽回的地步。因为当时中国的农业生产仍然比较先进，可供输出的产品很多，拥有较好的发展海外贸易的物质基础。而且自从 15 世纪末，葡萄牙人发现了绕过非洲经好望角通向亚洲的新航路后，欧洲的商人、传教士大量东来。西方文化的东渐，为中外文化交流开创了新纪元。如果统治者能审时度势、改弦更张，推行拓海政策，利用政权的力量鼓励私人对外贸易，中国仍然可以再度走向辉煌。不幸的是，取代明王朝的清王朝进一步强化了锁国主义和海禁政策，这就使中国再次失去了发展的机遇。

清代继承了明代的海禁政策，对关禁、海禁更加严格。《大清会典》中有详尽记载。如清政府规定：近边各国，不得越境渔探，私辟田庐，隐匿捕逃。内地人民不得私渡沿

---

① 《嘉靖实录》三十四年八月乙亥条。

边关塞，交通外境及以海上贸易渔探为名，贩卖违禁货物。贡使及夷商等不得收买兵器史书统志地理图，及烟硝牛角绸缎锦绢丝巾等物，不得携带内地人口，潜运造船大木钉铁油麻米谷出境。伴随人员，亦不得将例禁之物，私相贸易。各国贡使入境，水陆俱遵定制不得越行别道。等等。如果说，明末西方传教士的活动尚且自由，到清圣祖康熙年间，这一中外文化交流的窗口也被堵死。

利玛窦是明季沟通中西文化的第一人。他出生于意大利，后加入耶稣会，于万历九年（公元 1581 年）赴澳门，研究华语，十年间粗通了中国文化。1601 年到北京建立天主教堂，数年间，信徒数百人。明末大臣如徐光启、李之藻等人深受其影响。由于利氏学识渊博，又善于适应中国士大夫的文化心理，将西方教俗与中国人的礼俗相结合，将传教活动与传授西方自然科学知识相结合，这一切使他在传教事业上获得巨大成功。为了以新颖的学术知识吸引中国人，利玛窦在传教中用相当多的时间讲授西方的天文、算学、地理及艺文知识。他还翻译或编译了大量介绍西学的著作，如欧几里德的《几何原本》《同天算指通篇》《西国纪法》《万国舆图》《浑盖图说》《乾坤体义》《交友论》《天主实义》等。

在利玛窦的影响下，明清之际来华的传教士，多习西方自然科学知识，在传教之余，翻译、撰写了大量有关西学的书籍，对西方文化在中国的传播做出了巨大贡献。据有关史书记载，此时由西方教士翻译和撰写的西学著作，除了上述利玛窦的十几种外，尚有孟至德（葡萄牙人）的《长历补注解惑》《浑天仪说》；庞迪我的《四大洲地图四幅》；熊三拔（意大利人）的《泰西水利法》《表度说》《简本仪说》；龙华民著有《地震解》《急救事宜》；穆民阁著有《天步真源》《天学会通》《人命比例》《四源新表比例数表》；艾儒略著有《职方外证》《几何要法》《坤舆图说》；罗雅各著有《测量全义》《比例规解》《五纬表》；傅讯际（葡萄牙人）与李之藻合译的亚里士多德的《名理探》。汤若望集耶稣会士传入的西方数学之大成，译有天文、数学、地理等多种著作。

总之，此时输入的西学，除宗教外，多属自然科学知识。由于受宗教影响，在许多方面虽然没有把欧洲最新的自然科学成果介绍进来，有些介绍又明显带有错误，如天文学中托勒密的地心说与哥白尼体系的混淆不清等，但其中大部分知识仍属于西方近代科学的产物。这些著作的传入，大大开阔了中国人的视野，不仅启发了中国学术开始慢慢走向近代历程，而且也促进了中国器用技术的发展。

首先是军事器械制造。火药自中土传入欧洲，特别是火器制造也起源于中国。但欧洲人得其术虽远在中国之后，但其改进发达则速于中国。明末，葡萄牙人开始在澳门建置铸炮厂，帮助明廷按西法制造火器军械。清康熙年间，传教士编撰《神武图说》一书，介绍炮铳制造方法及使用说明。西方火器之威力已远非中国传统军械所能比。可惜中国重道轻器的传统，使中国接受西方技术时，只求受用一时，而不重改良创新，结果到后来仍是落后。

其次是历法改良。中国古代历法可推之上古，但几千年间未有大的改进。元朝时，西域"回回历"传入中国，其法较中国古历法为密。明太祖时修"大统历"，即多参用回回历。及明末（1611年），因钦天监据回回历推算日蚀有误，明廷下诏，命李之藻参与历事改革。李遂荐引一批在华传教士进入钦天监。自此以后，钦天监修历成为耶稣会士在华活动的一项重要内容。这种活动不仅促进了中西历法结合，而且推动了西方自然科学，如数学、几何、物理及测量、仪器制造等科学技术在中国的传播和应用。

再次是地图测绘。中国地理学发源甚早，历代皆有图志。但几千年间改进不著，而且在历史长河中或者失传，或者失真。对世界地理的认识更是模糊不清。直到万历年间（1601年）利玛窦到北京献万国舆图，中国人始了解五大洲及世界各国的准确地理位置。康熙四十七年（1708年）下诏命测绘全国地图。于是由耶稣会士白晋、雷孝思、杜美德等前后30余人分别测绘华北、东北、东南、西南各省地图，历时十余年。最后由白晋汇总成全图，即康熙大帝命名的《皇舆全览图》。这是中国第一副用西洋三角纲法绘制的全国地图。它成为此后中国各种地图的母本。

最后是西医西药的传入。明清之际，随着各种自然科学知识的输入，生物学、心理学及医药、解剖学知识亦从西方传入中国。邓玉函著《人身概说》，即西洋解剖学传入中国之始；熊三拔著《药露说》，介绍了西洋制药的各种方法。此外如西方从中国学得的免疫法、种痘法等，经过欧洲人的改进，也于明清之际传入中国。再如麻醉剂、灭菌药，爱克思光透视、外科手术等均传入中国。西医西药的传入，遂使中国传统医学得到比较，并不断吸收西医优点，走上新的发展道路。

除上述器用技术外，西方的建筑、绘画、音乐及西洋乐器等艺术文化亦于此时传入中国。

假如中国明清政府能抓住上述中西文化交流的历史机遇，并以此为契机开展全方位的积极主动的对外贸易和文化引进，那么中国将以崭新的面貌走向世界，走向近代化。然而事实并没有这样"假如"。相反，即使有限的文化输入，亦引起了早已习惯于华夷之辨的传统守旧力量的戒虑与排拒。他们视西洋器物为"暗伤王化"的雕虫小技，于是反对之声四起。在清初的《圣朝破邪集》中便收集了当时大量的反对西学的言论。其中有一位道貌岸然的名士李士粲，率先对利玛窦传授的西学知识提出指责说："外夷小技，窃淆正言，欲举吾儒性命之权，倒首而听其转向，斯不亦妖孽活乱之极，而圣天子斧钺之所加乎？"① 对于西方教士绘制的世界地图，则更引起国人不满。因为在图中的中国既非最大，又非居于天下中央，完全违背中国人的世界观念，故众口辟之为"妄诞"。明清之际，哥白尼日心说亦传入中国，但阮元认为日心说是"上下易位，动静倒置"的悠谬之论，因之，李之藻、徐光启等人相信西方天文学自然是"离经叛道"，不可为训。这说明保守分子对西方近代科学毫无认识。在守旧势力反对西化的思想基础上，加之利玛窦死后，西方教会内部对在华传教方针和如何对待中国礼俗问题上发生的思想分歧，即"礼仪之争"，遂引起罗马教廷与清政府的矛盾。公元 1720 年，清圣祖康熙下旨严令禁止教会活动。由康熙晚年禁教，发展为雍正以后的全面锁国，中经雍、乾、嘉、道一百多年时间，西学早期输入完全终止。

纵观中国对西方文化早期输入的反应，可以看出，中国文化对外来文化并非一概排斥。只有当外来文化对中国传统文化表现出"非礼"或挑战姿态时，本能排拒便成为主流。也就是说，当外来文化触及中国礼仪道德时，中国第一反应就是保持传统，至于科学、器用技术则宁可放弃。由明代禁海到清朝禁教锁国，在中国历史发展的关键时刻，使中西文化日趋加大的位差终于成为无法挽回的颓势和宿命。

三　明清之际封建文化自我批判的中断

1840 年以前的中国，小农经济与家庭手工业相结合的自然经济占据着统治地位，在这种土壤上耸立着东方专制主义的官僚政治体制。由这种官僚政治所决定并反转过来为其服务的封建文化，笼罩着全社会，桎梏着各个阶层人们的头脑。然而，中国漫长的封建社会自 16 世纪的晚明便步入晚境，至明清之际更到了行将就木之期。发生在这一时期的"异端"思潮，即封建文化母体内的自我批判，标志着传统封建文化的断裂和近代新学的萌生。

明清之际，通常是指明代万历至清朝康熙年间这百余年的历史。这是一个"天崩地解"的动荡时代。17 世纪前后，中国绵延两千年之久的封建社会制度显露出一系列颓败的征象，而资本主义生产关系的萌芽在这个衰老社会母体内初露端倪，自秦汉即已确立

① 李士粲：《辟邪说》《圣朝破邪集》卷五。

和定型化了的专制集权主义官僚政治，达到登峰造极程度，其黑暗和弊端更是暴露无遗。[①] 朝廷与广大农民、工商业者和相当一部分士大夫已尖锐对立，“外论所是，内阁必以为非；外论所非，内阁必以为是”，[②] 呈现出一种被统治阶级不能照旧生活下去，统治阶级也不能照旧统治下去的危机之局。明末农民战争和明清间的民族战争以席卷全国之势迅猛发展。这种武器的批判在封建政治、文化的残垒上打开道道缺口。上述种种，标志着中国封建社会已到了这样一种境地：这个制度虽未即刻全面崩溃，该制度内部的自我批判不仅具备了可能性和必要性，而且已成为历史的必然性。天崩地裂的时代，造就出一批思想敏感、颇具批判头脑的哲人、诗人和文学家。他们是晚明志士李贽、公安派诗人和清初的顾炎武、黄宗羲、王夫之、方以智、唐甄、傅山等极富民族主义情感和经世致用精神的社会批判家。

如果要在欧洲文化史上选择一个段落同中国明清之际的文化思潮作类比，无论从产生的背景还是从所包含的内容而言，都与欧洲封建社会存在的最后几个世纪（14—17 世纪）即文艺复兴时期的人文主义思潮较为相当。

中国和欧洲的封建社会，存在着明显差异。贵族庄园制经济、骑士封建制度是中世纪欧洲的主要特征。地主小农制经济、高度强化的封建官僚政治，则是中国封建制度的基本格局。然而无论是中世纪欧洲还是秦汉以降的中国，经济关系与阶级关系的本质是近似的——自给自足的自然经济占主体地位，封建主占有土地和不完全占有生产者。奠基于此的封建意识形态，在东方与西方也存在着共通之处。

欧洲中世纪黑暗时期，充满了宗教迷狂。正如恩格斯所说：“中世纪只知道一种意识形态，即宗教和神学。”科学和哲学成为宗教神学的婢女，文学成为“圣者”的言行录，史学沦为寺院的编年史。连数学也被加以神学的解释（“1”代表上帝，“3”代表“三位一体”），《圣经》被奉为社会生活和精神文化的最高准则。谁敢越雷池一步，便会被投入牢狱甚至惨遭火刑。中国没有像欧洲那样出现席卷全社会的宗教迷狂，但自西汉以来，儒学定于一尊；宋明以后，程朱理学更挟朝廷之力风靡天下。明清两代的八股取士制度明确规定，命题取自四书五经，答案须依循朱注，连文章的段落格式字数多少都有严格限制。凡有乖于圣学经义“离经叛道”者，便被斥为“异端”。宋明理学作为一种世俗哲学，当然不同于宗教神学，但也有其相通的一面：宣扬禁欲主义、蒙昧主义是它们的共

---

① 参见丁易《明代特务政治》一书，群众出版社 1983 年。

② 黄宗羲：《明儒学案》卷五十八，《东林学案》。

同特征。当西方 14—17 世纪在地中海沿岸掀起反宗教神学的人文主义巨澜的时候，中国明清之际的思想界也荡起了反对宋明理学的异端思想的微波。如果我们将东西两大早期启蒙思潮加以比较，不难发现在不同民族特色的理论形式中蕴含着大体相同的历史主题。

首先，西方文艺复兴的主旨是人文主义，其以“人”为核心的理论锋芒直指神学蒙昧主义和禁欲主义。而中国明清之际诸大师则树起理性主义的旗帜，清算董仲舒以来日益被强化了的君权神圣的蒙昧主义和宋明理学大肆宣扬的禁欲主义。他们提出“饮食男女，人之大共也”,[①]“私欲之中，天理所寓”[②] 等思想命题。文艺复兴时期的巨匠们在自己的作品中曾辛辣地嘲讽僧侣、贵族的虚伪、傲慢与无知，向教会的“精神独裁”提出挑战。而中国明代末叶也出现了抗拒封建独断论的异端思想。被正统派斥为“异端之尤”的李贽，直接对封建时代的精神偶像——孔子表示了“大不敬”，提出了“不以孔子之是非为是非”的离经叛道之论。泰州学派的何心隐则置封建纲常于不顾，“独置身于师友圣贤之间”[③]；17 世纪初中国思想界的一支“异军”——傅山一反儒学独尊的正统观念，将周秦诸子与孔子等量齐观，并且提出：“天下者非一人之天下，天下之天下也。”[④] 黄宗羲更认为“天子之所是，未必是；天子之所非，未必非”[⑤]，痛诋专制君主为“天下之大害”。《潜书》的作者唐甄甚至詈骂道：“杀人者众手，天子实为大手。”[⑥] 这些立论极大胆的思想，对圣人和天子的怀疑和抗议，标志着传统价值观出现了难以弥合的裂痕。

其次，与文艺复兴时代出现的薄伽丘《十日谈》和拉伯雷《巨人传》一类反映市民情趣、极富世态人情的作品相类似，明代中后期文坛上的通俗文学和世情小说也开始兴盛起来，它们一扫内容空浮、徒具华丽形式的“台阁体”和“文必秦汉，诗必盛唐”的文学复古主义，展示出一片辛辣活泼的生机。李贽的“童心说”和公安三袁的“独抒灵性说”是这一文学倾向的理论表现，而长篇小说《金瓶梅》、短篇小说集《三言》、《二拍》以及汤显祖的“临川四梦”等戏剧，则是这一时期文学的代表作。这些作品以无所顾忌的笔墨，记录了封建制度及其统治阶级的罪恶和道德沉沦，将“风俗颓败，赃官污

---

① 王夫之：《诗广传》卷二。
② 王夫之：《四书训义》卷二十六。
③ 李贽：《焚书·何心隐论》。
④ 傅山：《霜红龛集·谈〈老子〉道常无名解》。
⑤ 黄宗羲：《明夷待访录·学校》。
⑥ 唐甄：《潜书·室语》。

吏遍满天下”① 的情状暴露无遗。或以生动的故事，栩栩如生的人物形象，反映了市民的意愿、渴求和价值观念；或以悲剧形式，直接抨击了封建礼教的不合理性，呼吁男女平等、婚恋自由，表现了“真情”与“天理”的对立。这种文学思潮与当时反理学的哲学思潮相互交映，形成明清之际早期启蒙文化的鲜明的人文景观。

再次，欧洲文艺复兴的使命之一是摆脱宗教教义的束缚，冲破中世纪哲学的烦琐与空疏，把人们的视线由虚渺的“天界”拉向真实的“人间”，由“神性”转向“人性”。实实在在的自然界和社会现象，特别是人本身，开始成为研究和描写的对象。从这个意义上说，由“虚”向“实”是欧洲文艺复兴出现的一种新的文化动向。无独有偶，在中国的明清之际，也兴起了清算明代学术的空疏，高扬“经世致用”旗帜的“实学”。这是明清之际早期启蒙文化在学术领域里最引人注目的表现。中国后期封建文化意识形态的主体是理学。宋元时程朱理学占据上风，其主导地位直到明代中叶，明正德（1506—1522）之际，阳明心学取代了程朱之学的主导地位。阳明心学主张心外无物、心外无理、心外无学、心外无行，这种无限夸大主观心力的学说的兴起，在久被程朱理学教条压抑束缚之后，恰如在人们干涸的心田注入一股涓涓清流，其振奋人心不言而喻。但是，心学兴起，仅仅意味着行将灭亡的封建意识形态的回光返照。明末弥漫于学术界的“束书不观、游谈无根”的学风，正标志着王学衰落。王门后学，只会空谈心性，而于经世致用之术一窍不通，遂使顾炎武有“亡天下”之叹。明朝灭亡后，一批士子痛定思痛，纷纷起来总结亡国教训，同声谴责八股之害和晚明空疏的学风。

其实，在晚明之季，理学也好，心学也罢，都已不能代表当时的时代精神。黄宗羲有见于此。他说：“夫一儒也，裂而为文苑，为儒林，为理学，为心学，岂非析之欲其极精乎？奈之何今之言心学者，则无事乎读书穷理；言理学者，其所读之书，不过经生之章句，其所从之理，不过字义之从违。……天崩地解，落然无与吾事，犹且说同道异，自附于所谓道学者，岂非逃之者之愈巧乎？”② 朱舜水则沉痛指出，明亡于清，“亦中国士大夫之自取之也”。其祸根之一，便是“明朝以制义举士……父之训子，师之教弟，猎采词华，埋头呫哔，其名亦曰文章，其功亦穷年皓首，惟以剽窃为工，掇取青紫为志，谁复知读书之义哉”！③ 顾炎武对明代中后期的空疏学风作了更为深沉的总结：“以明心

---

① 《金瓶梅》第 34 回。

② 《南雷文定》卷一。

③ 《中原阳九述略·致虏之由》《朱舜水集》上册。

见性之空言，代修己治人之实学，股肱惰而万事荒，爪牙亡而四国乱，神州荡复，宗社丘墟。”① 在总结亡明学术空疏误国的同时，一种矫晚明学术之弊的实学应运而生。明清之际的进步学者开始把研究领域扩大到自然和社会的众多方面，诸如天文、地理、九径、诸史、河漕、兵工、山岳、风俗、吏治、财赋、典礼、制度、文物，莫不精究。这在顾炎武的《日知录》、黄宗羲《明夷待访录》以及唐甄、朱舜水的著作中得到了集中体现。学术由虚而至实，是人们思想解放的结果，同时又是人们进一步从封建文化牢笼中解放出来的重要原因。

又次，文艺复兴后期出现的培根、伽利略等科学巨人，开始运用近代数学方法和实验方法于科学研究之中，从而同以思辨性与模糊性为特征的古代和中世纪学术有了根本区别。中国明清之际涌现出的一个实学支脉——“西学派”，如徐光启、李之藻、王徵等人，他们虽然还不能像培根那样锻造出“新工具”，但他们继承中国古典科学传统，并积极吸收耶稣会士带来的欧洲自然科学成就，在思维方式近代化的道路上跨出了最初的一步。例如徐光启颇为重视“象数之学”，把它比拟为刺绣者的“金针”，掌握了它就可以“明理辨义”、由“数”达“理”，步入科学之堂奥，“渐次推广，更有百千有用之学出焉”。② 徐光启洞察到，万事万物中都存在着量的特性和关系，因而他不仅在自然科学领域中使用数学方法，而且把这种数学语言运用到社会科学之中，从而在《农政全书·田制》中通过对人口调查提出了“生人之率，大抵三十年而加一倍”的人口增殖概念，这是世界上较早提出的人口增殖概率论。此外，徐光启、方以智等人还十分重视实验方法，徐光启坚持以经验事实作为科学理论的唯一有效验证，他在天文观测和农学实验方面做出了巨大努力。方以智则更进一步从理论的高度肯定了“质测”（实证科学）与“通几”（哲学）相辅相成的关系，提出了“质测即藏通几”的著名思想。他在《物理小识·自序》中指出：盈天地间皆物，而物中莫不有运动变化的原因（“几”），这就使“以费知隐”即通过质测现象而认识本质（通几）成为可能。“寂感之蕴，深究其所自来，是曰通几。物有其故，实考究之，……类其性情，徵其好恶，推其常变，是曰质测；质测即藏通几者也”。哲学与实证科学各有其职任，而两者又是相通的。据此，他批评了“竟扫质测而冒举通几”即离开实证科学而笼统思辨的哲学，其毛病是抽象玄妙的空想；同时批评当时东渐的西学“详于质测而拙于言通几”，由于缺乏理论思维而流于片面浮浅。而流

① 《日知录》卷七，“夫子言性与天道”条。

② 《几何原本杂议》《徐光启集》卷二。

于世俗化的儒学“守宰理而已”，既不精于质测，又不精于通几之学。方以智提出的质测与通几相结合的思想，深受哲学大师王夫之的赞扬。他指出“质测之学，诚思学皆致之实功”①，王夫之本人在辩证气化论哲学原理时，便在方法论上常将“格物”与“致知”、经验质测与抽象思辨结合起来。实证思维方法，在顾炎武的学术研究中也有所体现，他的音韵学研究，以“本证”与“旁证”相参验，系统地运用了归纳方法。

综上可知，在16、17世纪，当欧洲文化阔步迈出中世纪的时候，中国文化也发生了引人注目的变异。当然，此间中国文化向近代过渡的趋势远不及欧洲鲜明，社会上占统治地位的思想依然是宋明理学，封建文化内部的自我批判不过是在潜滋暗长。李贽、唐甄将他们的著作命名为《焚书》、《藏书》、《潜书》，黄宗羲将他最重要的著作命名为《明夷待访录》，都生动地表现了他们的思想在当时是深受压抑的。明清之际的早期启蒙思潮未能像西欧文艺复兴运动那样发生震撼整个欧洲社会的重大影响，这是与当时中国经济领域中刚刚萌芽的资本主义生产关系的稀疏、脆弱相应的。

各民族和各国社会发展的大趋向虽然是同一的，但由于各种内外条件的限制，其前进的具体路径却呈现出千姿百态的多样性。

欧洲一些国家历经资本主义萌芽阶段，伴随着地理大发现、殖民主义扩张、世界市场的建立，先后完成了资本的原始积累，于17、18世纪，一批欧洲国家相继完成产业革命和资产阶级革命，进入了资本主义社会。与此同时，资产阶级文化越过文艺复兴的春天，迎来了18世纪启蒙时代的辉煌的夏日。而此时沉寂的亚洲大陆东端的中国，由于“耕织并重”的自然经济难以突破，与之伴生的封建专制制度和封建意识形态仍顽固地阻挠着社会的进步，再次发生在明清交替之时的农民起义和满汉民族战争的兵火之灾，把江南比较发达的商品经济摧残殆尽，“扬州十日”“嘉定三屠”之类灭绝人寰的战祸，使江南一系列初步走向繁荣的商业城镇洗劫一空，这一切造成了明清之际资本主义生产关系萌芽的严重摧折。因此，同欧洲资本主义迅速成长的情形大相径庭，中国16、17、18世纪，资本主义生产方式经过了“萌芽——夭折——再度萌芽”的曲折道路，整个社会仍然停滞在封建制度的框架之内。

与上述社会发展总趋向相吻合的是，这两个多世纪间，中国文化的演进也徘徊不前，明清之际颇有声色的封建文化母体内的深刻的自我批判，在日益强化的专制政治和文化专制主义高压下，在18、19世纪初叶，尽管回荡着零星的回音，但从总体上趋于寂灭。

① 王夫之：《搔首问》。

这一阶段虽也有过戴震、颜元对理学的批判、抗争，也出现过《红楼梦》这样从形式到内容都打破了传统文学价值观的文学巨著，但总的来看，在文字狱威压下，这近百年间的思想文化界是寂然沉默的。“避席畏闻文字狱，著书皆为稻粱谋”，19 世纪世运潜移之际的敏感士子龚自珍的这句诗，鲜明地概括了这一时期思想文化界的基本情况。

清兵入主中原后，新执政的满人贵族集团很快意识到，要征服具有悠久文化传统和深沉民族意识的中原民族——汉人，单靠强悍的金戈铁马是不行的，还必须加以文化的控制。而文化控制的核心任务是通过怀柔与高压两手，逐步泯灭汉族知识分子的反抗意识和民族意识。于是在前清顺、康、雍、乾年间，清朝统治者大力提倡尊孔和恢复程朱理学的正统地位，把知识阶层重新纳入传统儒学的轨辙之内。在“修齐于下而治平于上”的理学笼罩下，大批知识分子再度恢复了昔日的平静，父子相续地重复着发蒙、八股、科举、仕进、退隐的传统人生曲线。从《康熙字典》的撰修，到《四库全书》的编纂，把曾经怀有“异志”的士子文人们的聪明才智紧紧牢笼在故纸堆中。

对知识界的控制，千百年来封建统治者的经验是，怀柔必伴之以虐杀。因为在科举仕进的独木桥上的成功者总是少数，而落泊士子又常常成为“离经叛道”的害群马。文字狱应运而生。文字狱在中国秦朝便已发明，而在最后一个封建王朝——清朝，达到了登峰造极的地步。清朝文字狱始于康熙初年，经雍正至乾隆朝达到高潮。在前后百年间，发生过数十百起文字冤案，仅被以各种方式处死的就达数百人，因受牵连而被处以各种刑罚的更不计其数。① 这里略举数例，以见其酷恶惨毒。

清朝第一大文字狱案是康熙二年（1663 年）的“明史案”。浙江归安县富豪庄廷钺得到晚明大学士朱国桢一部有关明史的稿本。庄为之出资刻版印刷。此书中有一些站在明朝遗民立场上的观点，因遭贪官吴之荣的诬告而成天下奇案。庄廷钺已死，仍被清政府暴尸天下，而庄氏家族中年满 15 岁的男孩全部被杀，妻女发配沈阳。受吴之荣诬告的朱佑明和他五个儿子也全被处死。参加上述明史稿本补订、刻版和其他有关事项的茅元铭、吴炎、潘柽章等 14 人都被凌迟处死。对查办此案不严的地方官员谭希闵、李焕、王兆祯等处以绞刑。为该稿写序的原礼部侍郎李令晰被判死刑，他的四个儿子也成这次文狱的牺牲品。在这次书案中，丧生者竟达 70 余人，而先后被关进监牢或发配他地者 200 余人。“明史案”作为清朝文字狱的一个开端，影响极坏，虽然在 17 世纪末叶二三十年间再没有发生大的文字狱，这次书案却为清朝统治者从政治上迫害知识分留下贻害深重

① 参见《清朝文字狱案》一书。

的政策传统。

康熙五十年（1711年）又发生了一起给知识分子极大压力的《南山集》案。翰林院编修戴名世是一个民族主义者，他对当时官方主持编写的前朝《明史》之史实乖谬颇感不满，希望写一部符合史实的《明史》，他的观点形成文字，被学生辑为《南山集》而出版。该事实在告发后，再铸千古奇案。戴名世被凌迟处死，书中所涉及的方孝标被剖棺毁尸。他们二人的兄弟、伯叔、子孙凡年满18岁的，全部杀头。此案中无端株连300余人。

雍正时期，统治集团内党争纷纭，文字狱变成无事生非、捕风捉影、打击异己的手段。雍正四年（1726年）查嗣庭担任江西省考官，他出了一道“维民所止”的考题。此题目本出自《诗经》。但有人借题发挥，向皇上打小报告，认为“维”、“止”二字恰是“雍正”二字的去掉上头，暗示要杀皇上的头。雍正大怒，下令捕查。为了罗织罪名，又查抄嗣庭的日记书札。终于定下“大逆不道”之罪，但此时查嗣庭已病死，只好砍头戳尸，他的儿子全部被杀，哥哥侄儿流放他乡。

乾隆朝，封建文化专制主义发展到登峰造极的地步，此时文狱大兴，冤案四起。仅乾隆三十年到四十八年先后就发生文字狱近50起。这一时期，许多文字狱均是由冤家告发或捏造罪名而引起的。尽管没有发生株连百人以上的巨案，但文狱频繁，而且打击方向向下层布衣寒士发展。很多普通士人，文字稍不留心，便会受到挑剔和告发。当然也有些无行文人因拍马屁不留神而得咎被杀的。

总而言之，文字狱和文化专制主义对中国思想界的打击，对中华民族智慧的损耗和桎梏是极为严重的。在接踵而来的文字狱的威压之下，明清之际兴起的封建文化母体内的自我批判，像一闪而过的流星，在封建末世的漫漫寒夜中留下一片光亮后，转瞬即逝。至此，王夫之等辈所怀抱的“六经责我开生面”的激情和热望，未能融化封建文化的冰川。

万马齐喑究可哀！当西方近代文化的烈焰烧遍了欧洲、继而燃向亚洲大陆的时候，沉睡了百年的中国，终于从梦中醒来……

四　近代中国文化结构与文化观念的嬗变

——被迫的现代化

16世纪以来的中西历史，似两条奔腾的河流，沿着各自的河道，以不同的速度奔流着。两百年过去了，当19世纪到来的时候，展示在我们面前的是这样一幅画卷：西方资本主义制度进一步确立，中国清朝专制统治急剧衰落；西方工业革命全面展开，中国手工业生产步履维艰；西方科学技术普遍繁荣，中国科学技术日趋萎缩。

1848 年，马克思和恩格斯这两位人类历史上最伟大的思想家在描述资本主义西方经济面貌时这样写道："自然力的征服，机器的采用，化学在工业和农业中的应用，轮船的行驶，铁路的通行，电报的使用，整个整个大陆的开垦，河川的通航，仿佛用法术从地下呼唤出来的大量人口，——过去哪一个世纪能够料想到有这样的生产力潜伏在社会劳动里呢?""资产阶级在它不到一百年的阶级统治中所创造的生产力，比过去一切世代创造的全部生产力还要多，还要大。"① 一百年的创造超过了过去一切世代，这是人类文明史上未曾有过的奇迹。18、19 世纪崛起于欧美的这场工业革命的浪潮，是人类生产力发展史上的一次巨大飞跃。相比之下，清朝嘉道年间的社会经济完全是另一番景象：官僚政治的腐朽，衰危破败的经济和生产力发展的停滞，科技文化的衰落，土地兼并引起的日益严重的经济危机，与西方形成鲜明的对照。中国几乎落后了一个时代。

落后必然要挨打。

1839 年 6 月 3 日，这是中国人永远无法忘记的日子。在广州虎门海滩上，黑色的鸦片化作滚滚烟浪向天空升腾，蓝色的海浪在悲愤地吟唱。钦差大臣林则徐领导的这次虎门销烟的壮举，震惊了中国和世界。1840 年 2 月，英国政府以保护鸦片贸易为由，派遣"东方远征军"进攻中国。灾难而悲壮的近代史从这里揭开了序幕。

鸦片战争是东方古老刀矛与西方近代炮舰的拼杀，是落后的农业帝国与新兴的工业王国的较量，是东西历史长河交汇掀起的惊涛骇浪。这场搏击把纷纭复杂的问题呈现在人们面前：中国禁止毒品输入，却遭痛打；西方贩卖烟毒，终为法律所容；中国正义的反抗却遭到失败，英国强盗式的袭击却一举胜利，中国社会按自身矛盾运动的固有轨辙运转却遭到历史的扼制，西方社会按固有轨迹的运动却获得成功。总之，这场战争及其结局是那样不可思议而又理所当然，是那样偶然而又不可抗拒。野蛮与文明在这里交叉，贸易与掠夺在这里混杂，正义与邪恶在这里碰撞。

有一位著名的外国汉学家在一部著名的中国历史书中指出：中国近代史，"从根本上说，是一场最广义的文化冲突"，"是扩张的，进行国际贸易和战争的西方同坚持农业经济和官僚政治的中国文明之间的文化对抗"②。把中国近代史说成是两种文化的冲突史，

① 《马克思恩格斯选集》第 1 卷，第 256 页，人民出版社 1973 年。

② 《剑桥中国晚清史》上卷，第 251 页、252 页，中国社会科学出版社 1985 年。

并不是完全科学的见解，而文化归约主义也不足以冲淡近代中国上空的硝烟和中华大地上的血雨腥风。然而，从“一场最广义的文化冲突”的角度来阐明自己的近代历史，则有助于使我们克服作为被侵略、被损害、被凌辱的中国人的民族主义情绪，更加客观冷静地揭示出近代中国被迫走向现代化的深层历史和文化的内蕴：在中西文化矛盾冲突中的文化结构和文化观念的层层嬗变。

其实，早在20世纪20年代初，当近代中国被迫走向现代化这场雄壮的历史悲剧告一段落、刚刚落下帷幕之际，著名学者梁启超便站出来，从文化上进行了总结。他在《五十年中国进化概论》（1924年）里指出：“近五十年来，中国人渐渐知道自己的不足了。这点子觉悟，一面算是学问进步的原因，一面也算是学问进步的结果。第一期，先从器物上感觉不足。……于是福建船政学堂、上海制造局等等渐次设立起来。……第二期，是从制度上感觉不足。……所以拿‘变法维新’做一面大旗，在社会上开始运动。第三期，便是从文化根本上感觉不足。第二期所经的时间，比较的很长——从甲午战役起到民国六、七年间止。……革命成功将近十年，所希望的件件都落空，渐渐有点废然思返，觉得社会文化是整套的，要拿旧心理运用新制度，决计不可能，渐渐要求全人格的觉醒。”梁启超在这里清晰地概括了近代中国文化结构变革的三步曲，即由器用西化、制度西化到全盘西化的曲折历程。回顾这一历史进步，有助于我们深刻认识中国文化现代化的曲折性和历史必然性。

鸦片战争爆发后一年，近代中国第一位呼唤社会和文化改革的思想先驱抱恨归天，他是龚自珍（1792—1841）。龚自珍生活的年代，正是中国社会由“治世”、“衰世”而入“乱世”的世运潜移的半个世纪。他有感于世人“尽奄然而无生气”，“天下无巨细一束之于不可破之例”，而渴望“变通”、“更法”；预言如不变更，“乱亦竟不远矣”。与其增来者而劲改革，孰若自改革。为打破封建文化专制造成的“万马齐喑”僵滞之局，他倡言“尊任”，要大家以天下为己任；重言“尊史”，观天下之变而后知法无不改；寓言“三捕”，斩尽人间妖魅鬼蜮；甚至危言“尊隐”，说一旦山中之民有大音声起，天地将为之钟鼓，神人将为之波涛。① 囿于时代的局限，龚自珍未能提出真正能使封建衰世起死回生的良策，但在他那充满批判精神的忧患意识里，预示了历史大动荡、文化大变革的时代的到来。

魏源（1784—1856）和龚自珍并以今文名世，曾共同相信为政之本在“平人心之积

---

① 参见《龚自珍全集》《明良论》《乙丙之际著议》等篇。

患”。不同的是，魏源得享天年，亲眼目睹了鸦片战争的败局。垂危的现实使他在不着边际且遭“媚虏”之讥的《圣武记》告成的同时，另写下一部堪称洋务运动思想纲领的《海国图志》。这部著作使他由经世致用的今文大师转变为富国强兵的洋务派先驱，从而成为一位“具有时代界碑特点的文化巨匠”①。在《海国图志》中，魏源最早提出了“师夷之长技以制夷”，学习西方“船坚炮利”之术以自强的固国方策。尽管魏源声言“所论皆兵机也，非兵本也；有形之兵也，非无形之兵也”，② 但恰恰正是这个有形非本的师夷制夷之术，是当时历史所能接受并有可能实现的近期目标，它暗合了文化结构变革由表及里，由外层结构启动内层结构的一般规律。正因为这样，魏源的主张对尔后洋务派发生了重大影响，为他们所发展、所实行。

当然，从薛福成、冯桂芬到左宗棠、曾国藩、李鸿章等洋务派官僚赞成仿效学习西方先进科技主观上并非是为了推进中国文化的现代化，而是迫于压力，“礼失而求诸野”的权变之计，用西方长技“卫吾尧舜禹汤文武周孔之道，俾西人不敢蔑中华”。③ 因为他们相信，东方尚道，西方尚艺。中华立国自有其本根所在，这个本根即千古不变的纲常名教，它是使“中国文物制度，迥异外洋獉狉之俗，所以郅治保邦、固丕基于勿坏者”④。欲使中国转危为安，转弱为强，首要的功夫还在于固本。洋务派在保留中国文化之本（纲常名教）不变的前提下学习西方先进科技工艺的文化主张，在张之洞的《劝学篇》中得到了最完善的理论表述，即“中学为体，西学为用”。张之洞认为，“中学为内学，西学为外学；中学治身心，西学应世事”。“内篇务本，以正人心；外篇务通，以开风气”。⑤ 这里貌似不偏不倚，体用兼资，其实，在整个洋务派那里，学习西学之“权”远远不如保持中学之“经”更为重要，因为“圣人之所以为圣人，中国之所以为中国，实在于此”⑥。

洋务派的上述文化观念在实践上表现为 19 世纪 60—90 年代的洋务运动，旧称“同光新政”。这场运动的实质是清政府洋务大臣为维护封建统治所进行的与外国资本有密切关联的发展近代工业的社会改革。咸丰十年（1860 年）第二次鸦片战争结束后，曾国

---

① 冯天瑜：《中国文化史断想》第 199 页，华中理工大学出版社 1989 年。

② 魏源：《海国图志叙》。

③ 薛福成：《筹洋刍议・变法》。

④ 李鸿章：《置办外国铁厂机器摺》。

⑤ 张之洞：《劝学篇》。

⑥ 张之洞：《劝学篇》。

藩、李鸿章、左宗棠等在恭亲王奕䜣的统领下，开始筹办洋务。1861 年成立总理各国事务衙门作为管理洋务运动的中央机关。次年从京城到地方成立同文馆、广方言馆等，培养外语人才。他们本着“自强以练兵为要，练兵以制器为先”的指导思想，在沿海城市扩充和发展近代工业特别是军事工业。先后建立了江南制造局、金陵机器局、福建船政局、天津机器局等，并派遣留学生出国学习西方近代科技。为维持军工的支出和军费开支，从 70 年代起洋务运动开始以“官督商办”的形式向民用工商业发展。上海轮船招商局、基隆煤矿、开滦矿务局、天津电报局、唐山胥各庄铁路、上海机器织布局、兰州机器织呢局等企业相继成立。光绪十一年（1885 年）洋务派又成立了海军衙门，开始购买军舰，成立近代海军。后起的洋务派官僚张之洞又在湖北开办汉阳铁厂、枪械厂、纺织局等。

洋务运动由于自身局限性，即对国际资本的依赖性和企业管理体制上的封建垄断性，使它不可能真正达到“自强求富”的目的。但是，这次有限的工业化浪潮对中国社会经济结构和文化结构的冲击还是不可否认的。它加速了自然经济向商品经济的转化，触动近代中国文化结构的表层即器用技术的现代化变革。更应指出的是，30 多年的工业化运动，为近代中国培养了第一批拥有先进技术的产业队伍，它成为尔后推进中国现代化运动的先进社会基础。假如此时中国能有一个比较稳定的国际环境，并能在管理体制上做出因势利导的变通，那么洋务运动必将以启动中国社会现代化的巨轮的地位而载入史册。然而历史是一个顽固的老人，它并不允许我们这样假如。19 世纪中叶以后的世界经济发展态势使中国在内的一切前现代化国家陷入十分被动的地位，而此时对任何改革都十分敏感的神经脆弱的清政府显然无力像日本明治天皇那样扭转这一被动地位。

1894 年中日甲午战争，对这场在封建官僚体制下开展的自强求富运动进行了历史检验。英勇的北洋水师的惨败，宣告了历时 33 年的洋务运动的破产。大清帝国于 1895 年签订了《马关条约》，竟然败给了几乎与自己同时起步追赶世界且后来居上的东邻小邦——日本。国耻国忧，朝野震惊。于是近代中国历史进入了变法时期，从文化的角度来说，从戊戌变法到辛亥革命的政体、国体变革，意味着近代中国文化结构的中层——制度文化被迫走向现代化。

想当年，热心自强的洋务人士多认为，自古以来，华族优越于四夷，文物妙绝于邻邦。即使到了近世，人无弃材不如夷，地无遗利不如夷，君民不隔不如夷，名实必符不如夷，然而这一切均无伤国体，只要圣皇天子振刷纪纲，这一切都会“一转移间”得到治理。“然则有待于夷者，独船坚炮利一事耳!”① 然而海战之后，国人文化意识发生转变，由单一师夷长技转向对政治改良的思考。这一转变在由洋务派刚刚转向早期改良派的郑观应的文化意识中得以鲜明的体现。在《盛世危言》中他这样反省：“六十年来，万国通商，中外汲汲。然言维新，言守旧，言洋务，言海防，或是古而非今，或逐末而忘本，求其洞见本原、深明大略者，有几人哉?”② 这位亲眼见证过甲午海战失败，又曾远涉重洋，对近代西方诸国习尚、政教、风俗、国情有深切感知的有识者，在反省之后，废然知返，他告诫国人，西方治乱之源、富强之本，不尽在船坚炮利，而更在“议院上下同心”及其在此制度下产生的能使人尽其才、地尽其利、物畅其流的现代教育、农业、商务等管理体制。洋务运动之不足就在于见末而不知本，“中国遗其体而求其用，无论竭蹶步趋常而不相及，就令铁舰成行，铁路四达，果足恃乎!”③

如果说洋务派的改革主张，其失在于“遗其体而求其用”，将文化的体与用打为两截的话，而戊戌至辛亥的改革家则从即体即用，体用一源的高度来思考社会改革的重心所在。尽管“洞见本原”并非易事，承认国体、政体上的弊端，比起承认船坚炮利之类的凭感官便能判断的物质器用的“不如夷”来，要困难得多；更何况它还直接触及许多观察者的既得利益。但是到戊戌变法前后，要求从“体”上变革中国文化的结构，改革不合理的政治体制乃至整个社会管理体制，已成为维新之士的共识。康有为指出：“今天下之言变者，曰铁路，曰矿务，曰学堂，曰商务，非不然也。然若是者，变事而已，非变法也。变一事者，微特偏端不举，即使能举，亦于救国之大体无成，非皇上发愤自强之意也。”④（1986年）梁启超说得更干脆：“前此之言变者，非真能变也，即吾向者所谓补苴罅漏，弥缝蚁穴；漂摇一至，同归死亡，而于去陈用新、改弦更张之道，未始有合也。”⑤ 在康梁看来，“变事”不是“变法”，前者是补苴罅漏，后者是改弦更张，即在国体、政体之大法上来一场更革否定。

1898年，戊戌变法在以康梁为核心的维新志士所呼唤的“变法”声浪中自上而下地展开，但是这场政治改良运动由于缺乏深固的社会基础而仅存103天便悲壮地失败了，可谓其兴也勃，其亡也忽。这一历史悲剧说明，制度文化的变革，是文化结构中最敏感

① 冯桂芬：《校邠庐抗议·制洋器议》。

② 郑观应：《盛世危言·自序》。

③ 郑观应：《盛世危言·自序》。

④ 康有为：《敬谢天恩并统筹全局摺》。

⑤ 梁启超：《论变法不知本原之害》。

的部分，因为制度变革的实质是对社会现成秩序的否定，它必然要触犯一部分统治者的既得利益。没有足够的经济基础、社会动员及其良好的机遇，它往往归于失败。戊戌变法失败了，但制度文化的变革，作为近代中国文化结构嬗变的一个必然环节，则无从绕开。所以在从 1901 年到 1911 年这 20 世纪的最初十年间，制度文化的变革并未停止进行，从教育制度、军事制度、行政制度、财政制度到立宪政体的准备，清廷在保证君权至上的前提下做了尽可能的改良。有些方面虽然是为了装装改革的门面，而在某些方面（如教育改革）还是取得了相当成效的。

1911 年，基于清廷政治改革的缓慢及对革命党人迫害所引起的反满情绪的高涨，爆发了辛亥革命。辛亥革命的伟大，不仅在于它推翻了中国历史上最后一个封建王朝，结束了帝制，而且在于它在近代史上颁布了第一部资产阶级国家宪法——《临时约法》，它使得以后一切复辟帝制的尝试，都只能成为昙花一现的丑剧。中国政治由此进入了共和时代。至此，近代中国文化结构实现了制度层面的变革。

然而，不可否认，辛亥革命是在反封建文化启蒙极不彻底和资产阶级并未十分成熟的社会历史条件下发生的。因此革命的成功与其说是资产阶级民主主义对封建专制主义的胜利，不如说是汉族及其他少数民族的民族主义对清朝贵族的胜利。民国初年国家政治生活迟迟未能真正走上民主化、法制化轨辙，本身就说明了辛亥革命反封建的不彻底性。民国初年两次帝制复辟及武人恣肆、政客跳梁的政象，提醒国人，把向更深层次寻求文化现代化的任务，提上了议事日程。

新文化运动应运而生。戊戌维新和辛亥革命时期，成为文化论争焦点的是中国政治制度问题，那时虽有人偶然论及国民人格和文化心理对文化现代化的影响，但总体来说，当时的进步人们总以为，中国社会的一切弊端，根源于封建专制制度。而此时，人们对中国文化现代化的认识，进入一个更深的层次：政治的根本在文化。数千年封建文化传统熏陶积淀而成的消极的国民人格、保守的文化心理、顽固的道德意识乃是专制制度死而不僵的灵魂。这种认识，新文化运动的旗手陈独秀称为“吾人最后之觉悟”。当这场文化运动刚拉开帷幕的时候，他写道：“欧洲输入之文化，与吾华固有之文化，其根本性质极端相反。”“自西洋文明输入吾国，最初促吾人之觉悟者为学术，相形见绌，举国所知矣；其次为政治，年来政象所证明，已有不克守缺抱残之势。继今以往，国人所怀疑莫决者，当为伦理问题。此而不能觉悟，则前之所谓觉悟者，非彻底之觉悟，盖犹在惝恍迷离之境。吾敢断言曰：伦理的觉悟，为吾人最后觉悟之最后觉悟。”①

基于上述觉悟，《新青年》的同人在自己的旗帜上写下一串醒目的大字：“重新估定一切价值!”至此，近代中国文化结构中最顽固、最核心的部分——传统价值体系开始接受新思潮的挑战、批判和洗礼。

综上可知，中西文化的正面接触，至少是从 17 世纪开始的。尔后各自都经历了若干变化，彼此间拉开了距离，待 19 世纪重逢疆场时，衰老的中国在充满锐气的近代西方面前未能像日本那样做出积极的主动的整体性反应，它的反应是消极被动的。应当指出，近代中国文化结构由表层（器用技术）到中层（政治制度）再到深层（价值体系）的层层嬗变，即使在今天看来也是合乎章法的，合乎两种文化接触时的一般规律的。但是，消极被动性使文化结构的变革无法在各层面之间实现合理的衔接。相反，前一层面的变革都未能为下一层面的变革打下较为牢固的基础，后一层面的变革都是在前一层面破产后匆匆出台的。这是近代中国追赶世界的现代化运动举步维艰的真正原因。

于是，当新文化运动崛起于神州大地的时候，人们不禁发出一种“而今迈步从头越”的感叹。

---

① 《独秀文存》第 37 页，第 41 页，安徽人民出版社 1987 年。

第二篇　重新估定一切价值
——现代意识的觉醒

可靠的民族信心，必须建筑在一个坚固的基础之上，祖宗的光荣自是祖宗之光荣，不能救我们的痛苦羞辱。何况祖宗建立的基业不全是光荣呢？我们要指出：我们的民族信心必须站在“反省”的唯一基础之上，反省就是要闭门思过，要诚心诚意的想，我们祖宗的罪孽深重，我们自己的罪孽深重，要认清了罪孽所在，然后我们可以用全副精力去消灾灭罪。

——胡　适

第四章　新旧之间绝不可调和两存

——新文化运动的启明星陈独秀

历史，犹如一幕流动的活剧。同样的题材，总是被后来的人们以不同的手法，不断地编排、导演。

鸦片战争的隆隆炮声，震醒了沉睡的中国人。伴随着船坚炮利而来的欧风美雨，不断冲击着有识之士的心灵，20 世纪的中国向何处去？带着救国救民的宏愿，凭着解民倒悬的热诚，康有为、梁启超、严复、章太炎……一个个挺身而出。然而，严酷的现实，顽固的传统，使他们在奋力拼杀一阵之后，终于心安理得地缩身于古老传统坚硬的城堡之中。

1911 年辛亥革命，为 20 世纪中国人的再度觉醒提供了机遇。它动摇了以君权为中心的古老的信仰与价值体系。以儒家为核心的中国封建时代的文化，作为昔日规范人心的权威，在理论上开始丧失其作为权威的神圣性。而恪守名教的封建遗老遗少们，总是不甘心将旧传统埋入坟墓，他们不断掀起尊孔读经、复辟旧统的逆浪，试图重圆旧梦，恢复传统的权威。1915 年 9 月 15 日，《青年杂志》创刊，敲响了 20 世纪新文化运动的晨钟，揭开了现代中国思想史的新篇章。它以非凡的勇气，以西方的进化论、人权说、以民主与科学等新观念为武器，对以儒家思想为中心的封建文化展开了全面的反省与清算。

一切素被尊崇的传统观念受到了理性的批判。原来两千年一贯制的封建秩序和统治并不是什么“道之大原”；三纲五常、忠孝节烈等传统道德规范也不是什么“天经地义”；孔子这个被历代封建统治者不断神化了的“至圣先师”身上的道袍被撕得粉碎，变成了赤裸裸遭受利箭齐射的箭垛。发表在《青年杂志》（2 卷 1 号起改名为《新青年》）上那些富有批判性的热血文章，像疾风闪电，伴随着从大洋彼岸吹来的欧风美雨，把近代以来的文化启蒙推向了高峰。在它面前，几千年农业文明和宗法伦理造就的文化板结层终于破裂，封建文化的冰川在渐渐消融。科学、民主、人权、自由这些在大洋彼岸曾造就了一个崭新时代的“幽灵”，此时开始在中国这块古老的大地上徘徊。它的出现，不管在中国社会各方面激起了多么复杂的震荡——痛苦的、欣喜的；剧烈的、温和的；悲壮的、平淡的，然而它无论如何称得上一次历史性进步和中华民族的觉醒。

从 1915 年开始的新文化运动，把近代文化反省和启蒙引入了一个更深的层面，即从传统文化深层心理结构中探寻近代以来中国社会改革的悲剧性命运和文化现代化运动步履迟缓的根由，这同时也是中国人新文化素质和理想人格重构的起点。

当缅怀这场波澜壮阔的文化启蒙运动时，首先应该从这场运动的组织者和领导者陈独秀谈起。他不愧为现代思想史上最早划破长夜，闪耀光亮的启明新星。在他的身后，出现了新思潮的弥天朝霞，直到马克思主义壮丽的日出。

一　激进的爱国者　反传统的急先锋

陈独秀（1879—1942）字仲甫，又号实庵。安徽省怀宁县人，出身于中小地主家庭。在他出世几个月后，父亲便去世了，从 6 岁至 8 岁，都是由他祖父陈章旭教他读书，读的照例是《四书》、《五经》、《左传》等。到 12 岁时，便由当秀才的大哥教他读书，除读经书外，还有《昭明文选》。那时，他不但不喜欢八股文章，而且从心底里就看不上八股文。据《实庵自传》中说：“大哥知道我不喜欢八股文章，除温习经书外，新教我读《昭明文选》。初读时，我有点头痛，后来渐渐读出味道来了，从此更加看不起八股。”①

1896 年，他 17 岁时参加院试，考题是从《孟子》中截头去尾的一句话：“鱼鳖不可胜食也材木”，这叫作“截搭题”。“我对于这样不通的题目，也就用不通的文字来对付，把‘文选’上所有鸟兽草木的难字和《康熙字典》上荒谬的古文，不管三七二十一，牛头不对马嘴，上文不接下文，填满了一皇皇大文”。② 想不到这篇七拼八凑的文章，居然深得考官青睐，把他定为第一名秀才。这件事自然引起家里的喜庆，而却使陈独秀感到惊讶，从此更加鄙薄举子业。1897 年，由于母命难违，陈由大哥陪同，到南京参加乡试，未中。而一个考生的“怪状”却使他惊醒：“考头场时，看见一位徐州的大胖子，一条大辫子盘在头顶上，全身一丝不挂，脚踏一双破鞋，手里捧着试卷，在如火的长巷

---

① 唐宝林、林茂生：《陈独秀年谱》第 7 页，上海人民出版社 1988 年。

② 唐宝林、林茂生：《陈独秀年谱》第 8 页，上海人民出版社 1988 年。

（按指考场中供人出入的通道）中走来走去，走着走着，上大下小的脑袋左右摇摆着，拖着长声念他那得意的文章，念到最得意处，用力把大腿一拍，跷起大拇指叫道：‘好！今科必中！’”① 陈独秀从这种官迷心窍的病态精神中想到：倘若这班动物似的家伙得了志，不知国家人民又要如何遭殃，而国家所谓的科举，所谓的“抡才大典”，简直是隔几年把这班猴子、狗熊搬出来开一次动物展览会而已。于是，他遂由“选学妖孽转变到康、梁派”，走上了反清的道路。

次年，他到杭州就读于新式学校“中西求是书院”，学习“西学”、“新学”，阅读了严复译述的《天演论》和维新派办的《时务报》等，开始接受西方思想文化的影响，受到变法维新和爱国思想的熏陶。

1901 年，陈独秀因参与反清活动遭通缉而流亡日本，入东京高等师范学校速成科学习政法。据陈自己回忆，这时，由于受戊戌变法失败和八国联军侵华的刺激，开始考虑国家问题。“此时我才晓得，世界上的人，原来是分做一国一国的，此疆彼界，各不相下。我们中国，也是世界万国中之一国，我也是中国之一人。一国的盛衰荣辱，全国的人都是一样消受，我一个人如何能逃得出呢。”② 民族的耻辱，国家的危亡，使陈独秀悲从中来，民族主义、爱国之情由此益烈。他正是怀着这种心情来到日本的。这年年底，陈独秀与张继、冯自由等激进派组织爱国团体“中国青年会”，思想开始由“改良”转向“革命”，由“康党”转向“乱党”。在日期间，由于参加政治活动，并参与剪掉学监姚煜的辫子一事，被遣送回国。

1904 年，陈独秀创办《安徽俗话报》，以教育国民，启迪民智为旨志。他在《开办〈安徽俗话报〉的缘故》一文中说：“我开办这报，是有两个主义……第一是要把各处的事件，说给我们安徽人听听，免得大家躲在鼓里，外边事件一件都不知道。……第二是要把各项浅近的学问，用通行的俗语演出来，好教我们安徽人无钱多读书的，看了这俗话报，也可以长点见识。”③ 在这个略带乡土味的早期启蒙报纸上，陈独秀以“三爱”为笔名，先后发表大小文章 48 篇，内容涉及广泛，如有揭露清朝与洋人勾结卖国的《醉江东——愤时俗也》、《瓜分中国》；有启发乡民智识的《中国历代的大事》、《世界大略》、《国语教育》、《说国家》、《地理略》等；还有倡导道德革新、改革风俗的《恶俗篇》（五

---

① 《实庵自传》《陈独秀文章选编》（下），第 563 页。

② 唐宝林等：《陈独秀年谱》第 17 页，上海人出版社 1988 年。

③ 唐宝林等：《陈独秀年谱》第 31 页，上海人民出版社 1988 年。

篇)、《婚姻》等。这份仅存一年半便因“触犯洋人”被当局勒令停办的通俗启蒙报纸，在当时产生了不小的影响，“一时几与当时驰名全国之杭州白话报相埒”①。这可以说是陈独秀提倡新文化，反对旧传统，提倡白话，反对文言的思想启蒙的最初尝试。

1906年夏，陈独秀再次东渡日本，入东京正则英语学校，后转入早稻田大学学习，年底归国。此后直到辛亥革命，他先后在东北、上海、安庆等地秘密从事反清活动。辛亥革命爆发后第二年，陈独秀被安徽都督柏文蔚任命为都督府秘书长和高等学堂教务长。1913年，因反袁斗争被捕，出狱后在上海著书。1914年，三赴日本，协助章士钊办《甲寅》杂志，并参加黄兴发起的“欧事研究会”。

1915年1月18日，日本政府提出了企图独霸中国的“二十一条”，袁世凯正伺机复辟帝制，为得到日本军国主义的支持，他冒天下之大不韪，接受了日本的条件。结果，“民主共和”不仅有名无实，而且连这块虚饰的招牌也将抛弃。官吏的腐败，军阀的横暴，比清政府有过之而无不及，人民生活没有丝毫改善，什么“民主”，什么“自由”，完全谈不上。“无量金钱无量血，可怜购得伪共和”！严峻的现实，使大多热血志士陷入悲观消沉。为了挽救祖国的前途和民族的命运，为了唤醒国人道德之觉悟，人格之独立，廓复辟之浊浪，固共和之国基，1915年夏，陈独秀毅然从日本回国，并于同年9月在上海创办《青年杂志》（次年改为《新青年》），反对复辟帝制和尊孔逆流，宣传西方近代科学与民主精神，由此揭开了五四新文化运动的序幕。由于超人的魄力和才华，陈独秀很快打开了局面，成为这一运动领袖群伦的思想明星。《新青年》杂志也成为新文化运动的激进分子向封建旧文化展开搏斗的阵地。陈独秀、胡适、李大钊、鲁迅、刘半农、钱玄同等同人在这个杂志上发表的指点江山、激浊扬清的文章，在思想性和战斗性上都深刻地影响了一代人，特别是昭苏了一大批知识青年的心。他们走出家庭，奔向社会，投入了反帝反封、民族民主革命的铁流。

上述围绕在《新青年》旗帜下的启蒙园地里的风流人物，与旧时代的圣哲贤才相比，因为生活在一个新世界的新潮流里，他们的思想更透辟，知识更丰富，气象更开阔，行为更豪放，心灵更崇高，文章更练达：他们深信，要进达理想的人生与理想的社会，必须有爱和憎，必须有火与剑，必须有超迈前人的精神意志。他们洞明：理想的人生是可以追求的，至少是可以用纯洁的心血培养出来的。随着时代的推进，他们虽然有的消极，有的颓唐，有的偏离了正确的轨道，也有的义无反顾地走到了人生壮美的尽头，但他们

① 房秩五：《浮渡山房诗存》《安徽革命史研究资料》第1辑，安徽人民出版社1986年。

在新文化运动发起后那最初几个壮怀激烈的岁月里，都曾留下动人的足迹。

陈独秀是其中最惹人注目的一个。五四运动以后，他接受了马克思主义，在红色共产国际的帮助下，组建了中国共产党，成为党的第一任总书记。但在第一次国内革命战争中，对形势估计不足，犯了严重错误，大革命失败后，脱党退色，铸成人生道路上的千古遗恨。一颗明星的闪亮悄然消逝在中国革命日出后那耀眼的万丈光芒里。

太阳是伟大的。然而，热爱和崇拜太阳的人们不应忘记黎明前为人间迎来第一丝晨曦的寒星。陈独秀便是中国现代思想史上的这颗启明的星。因为他是彻底地、全面地向封建文化发起进击的第一人。

1915 年 9 月 15 日，《青年杂志》创刊。陈独秀开始以它为阵地，与另一个学术色彩较浓但文化立场倾向保守的刊物《东方杂志》相对垒，揭开了新旧思潮激战的序幕。在《青年杂志》创刊号上《敬告青年》的宣言里，他开门见山地写道：

> 窃以少年老成，中国称人之语也；年长而勿衰，英美人相勖之辞也；此亦东西民族涉想不同现象趋异之一端欤？青年如初春，如朝日，如百卉之萌动，如利刃之新发于硎，人生最可宝贵之时期也。青年之于社会，犹新鲜活泼细胞之在人身。新陈代谢，陈腐朽败者无时不在天然淘汰之途，与新鲜活泼者以空间之位置及时间之生命。人身遵新陈代谢之道则健康，陈腐朽败之细胞充塞人身则人身死；陈腐朽败之分子充塞社会则社会亡。①

陈独秀本“新陈代谢”的进化论，明确指出，中国要成为一个真正的民主、自由、共和的现代社会和现代国家，就必须以“利刃断铁，快刀理麻”的精神来一场文化价值观念的革命，自觉接受现代民主主义的新思想、新道德、新文化，彻底否定封建主义的旧思想、旧道德、旧文化。思想、道德、文化的革命，实质是一场国民人格特别是青年人格的革命。在这篇文化宣言中，陈独秀以充满激情的笔调，呼吁青年人循进化之道，与旧传统、旧道德勇敢决别，脱胎换骨，成为新鲜活泼、自觉奋斗的青年。为此，他以六项人生观昭示青年，即：“自主的而非奴隶的”，“进步的而非保守的”，“进取的而非退隐的”，“世界的而非锁国的”，“实利的而非虚文的”，“科学的而非想象的”。

进化论，乃至社会达尔文主义，是近代中国直到五四时期先进知识分子反传统主义

---

① 《独秀文存》第 3 页，安徽人民出版社 1987 年。

的重要理论基础。自严复翻译《天演论》以后，进化论在中国得到了极其广泛的传播，正像鲁迅说的，“进化之语，几成常言”，“优胜劣败”、“适者生存”的思想，成为中国知识分子说明中国传统文化需要彻底改革以适应现代世界新潮流的主要论据。本来社会达尔文主义是西方列强为向外侵略扩张和推行殖民主义张目的一种反动的社会学说，然而中国知识分子基于对近代以来的日益加深的民族危亡的忧虑，把民族主义与社会达尔文主义相结合，却一厢情愿地从中导出了适“变”图“存”的结论。以这样的理论为基础的反传统主义必然蕴含着一种无法解脱的矛盾：一方面，感到将被淘汰的厄运而要奋起加速旧东西的灭亡，以建立全新的文化，然而一种文化本身之所以能存在几千年，就在于它自身具有存在的合理性与价值，全面摧毁一种古老文明又是不可能的，因而全盘否定传统的口号本身就是不现实的。这种状况最终导致了五四时代中国知识分子的那种“知其不可而为之”的悲剧意识：在环境逼迫他们无可奈何地必须做出选择时，仿佛感到，与其坐视传统文化自然淘汰，倒不如来一次彻底的自我否定，或许能置之死地而后生。这正是五四时代激进知识分子思想中爱国主义与文化虚无主义并存的真正原因。

陈独秀正是这样一个悲观中饱含着至诚，敢向死中求不死的悲剧式的英雄。他深切地感到，欧洲文化之所以日进不已，得力于达尔文的进化论：“自英之达尔文持生物进化之说，谓人类非由神造，其后递相推演，生存竞争优胜劣败之格言，昭垂于人类，人类争吁智灵，以人胜天，以学理构成原则，自造其祸福，自导其知行，神圣不易之宗风，任命由天之惰性，吐弃无遗，而欧罗巴之物力人功，于焉大进。”① 相比之下，中国文化是一种反进化的文化。基于对中国多舛之命运的深切悲哀，陈独秀对东西文明的根本差异作了这样的比较：（一）“西洋民族以战争为本位，东洋民族以安息为本位”；（二）“西洋民族以个人为本位，东洋民族以家族为本位”；（三）“西洋民族以法治为本位，以实利为本位，东洋民族以感情为本位，以虚文为本位”。② 通过这种粗略的比较，陈独秀认为，中国传统文化，与自由、平等、博爱的现代精神是完全不相融的，这种文化造就的只是一些安于现状、唯唯诺诺、依仗他人的“小人”：他们缺乏西洋人“恶侮辱，宁斗死”的民族性，因而处于今日被征服的地位；他们没有西洋人追求自由权利的个人奋斗的精神，成为社会、宗族、家庭的附属品；他们缺乏西洋人以法处世的现代精神，形成“虚文炫世”、“依赖成性”的游惰人格。因此，对这种东洋文明，除了彻底批判外，绝无

---

① 《法兰西人与近世文明》《独秀文存》第 11 页，安徽人民出版社 1987 年。

② 《东西民族根本思想之差异》《独秀文存》第 27—29 页，安徽人民出版社 1987 年。

调和之可能。他针对当时有人主张把“儒术”当作不可动摇的“国基”，把“君道臣节、名教纲常”当作固有文明而不可变的言论，指出：“若是决议革新，一切都应采用西洋的新法子，不必拿什么国粹，什么国情的鬼话来捣乱。”① 陈独秀所讲的“新法子”，“一曰人权说，一曰生物进化论，一曰社会主义”。② 而这三者实质上是作为西方近代文明特征的自由、平等、博爱。

其次，陈独秀指出：“万物之生存进化与否，悉以抵抗力之有无强弱为标准。”抵抗力愈强，说明民族和文化之进化力愈强，反之则弱。中国民族其抵抗力之弱，是其文化反进化本性的表现。陈独秀认为，世界一战场，人生一恶斗。在生存竞争中，中国人抵抗力之弱，触目惊心，愚昧无知之徒已不足论，就是那些硕德名流，“其始也未尝无推倒一时之概，澄清天下之心，然一遇艰难，辄有沮丧：上者愤世自杀；次者厌世逃禅；又其次者，嫉俗隐遁；又其次者，酒博自沉”。国人如此消极、脆弱、颓唐，何以自存于人类进化之途？在分析中国人抵抗力缺乏的原因时，陈独秀指出了三点：一曰学说之为害。老尚雌退，儒崇礼让，佛说空无。义侠伟人，称以大盗；贞正之士，谓为粗横。充塞吾民精神界者，无一强梁敢进之思。惟抵抗之力，从根断矣。二曰专制君主之流毒。全国人民，以君主之爱憎为善恶，以君主之教训为良知。生死予夺，惟一人之意是从，人格丧亡，异议杜绝。三曰统一之为害。政权统一，则天下风同，民贼独夫，益无忌惮。……智勇豪强，非自毁人格，低首下心，甘受笞挞，奉令惟谨，别无生路。③ 传统文化、专制制度、大一统的社会秩序，使中国人丧失了抵抗力。陈独秀号召国人，要成为与天争胜之民，就必须横扫此种反进化之文化、反进化之制度和反进化之社会。

陈独秀在剖析中国传统文化危害性的同时，大力宣传西方的自由、平等、独立思想。他认为，西方各民族，都极重视个人主义，重视个人独立自主之人格。一切伦理、道德、政治、法律以及国家、社会所祈求的，都是个人的自由、平等、独立与幸福。法律面前，人人平等。个人的自由权利，载诸宪法，神圣不可侵犯。这种个人主义精神，与中国以“三纲”为基础的宗法制度，判若霄壤。西方的伦理、道德、政治、法律，保障了个性的自由发展，“国家利益，社会利益，名与个人主义相冲突，实以巩固个人利益为本因

① 《今日中国之政治问题》《独秀文存》第152页，安徽人民出版社1987年。
② 《法兰西人与近世文明》《独秀文存》第10页，安徽人民出版社1987年。
③ 《抵抗力》，《独秀文存》第22页、24页、25页，安徽人民出版社1987年。

也”①。而在中国却不同，宗法制度和纲常名教，使人的个性发展受到严重压抑，这种限制束缚表现在四个方面：“一曰破坏个人独立自尊之人格；一曰窒碍个人意思之自由；一曰剥夺个人法律平等权利（如尊长卑幼同罪异罚之类）；一曰养成依赖性，戕贼个人之生产力。”② 要想使国内衰败颓唐、积弱不振的局面有所改观，就必须“以科学与人权并重”，以个人本位主义代替注重三纲的家族本位主义和君权专制主义。

五四时期的中国激进知识分子，是把传统作为一个整体来认识，来反对的。他们没有对中国传统文化中的社会规范、政治制度与这个文化中的符号、价值做一区分，而是将它们看作合一的整体。在他们看来，近代中国政治上之失败，也就是中国文化的彻底失败，而文化是一个整体，所以反传统并不能只限于某种文化现象，而根本的是要反对这整个的文化。陈独秀对于传统的批判，也是这样。他很敏锐地看到了封建文化保守主义与复辟帝制、反对共和的政治活动存在着内在联系。然而传统文化中的腐朽政治制度和社会规范，与文化的一般符号、价值并非不可分解开来加以区别对待。实际上，陈独秀所反对的，不过传统文化中那些没落的政治制度和道德规范，他却将这一切都归之于整个文化去批判。一个文化的核心是其道德价值体系，而道德伦理却并不是文化的全部。由于不能做出这样的区分，因此他在文化选择上导致了全面的反传统主义，开全盘西化的先河。

全面的反传统的思想，内中包含着一个奇巧的逻辑“悖论”：形式上的反传统，其思路依旧是最传统的，它导源于传统儒学的“心之功能说”。从孟子的良知良能说，到宋明诸儒的“心性本体”论，都把包括经济、政治、文学、艺术、个人道德乃至治国平天下的一切（大文化）归结为心性本源的发用流行。“心之功能”决定一切，道德为衡量社会文明的最高尺度。这种道德本位论已经化为中国人文化心理中的“历史的无意识”，致使五四时期最激烈的反传统主义者，包括陈独秀这样的全面的反传统的急先锋，也无法超越它的限制。陈独秀等新文化运动的倡导者们坚信，社会经济、政治的变迁，首先需要思想与道德的变迁。结果竟是这样，从激烈的反传统出发，最后导致了宣称最后觉悟之最后觉悟在于“伦理之觉悟”这个最传统的论断。反传统与传统的“悖论”说明了文化批判的复杂性。要发展，就必须反传统；而反传统的人又是传统所孕育的。这一方面说明了文化批判中“继承”的重要性，人们永远无法割断自己的传统，要超越传统，就必

① 《东西民族根本思想之差异》《独秀文存》第 28 页，安徽人民出版社 1987 年。

② 《东西民族根本思想之差异》《独秀文存》第 29 页，安徽人民出版社 1987 年。

须继承传统中那优秀的东西。另一方面，它又说明文化批判的艰巨性，文化的冲突是一种文明与另一种文明的撞击，而不是文明与野蛮的对垒；要迎接新的文明，就必然承受另一种文明失落的代价。这在情感上是痛苦的，而在逻辑上又是必然的。

五四人的文化批判是片面的，然而它片面得深刻而壮烈：他们强忍着旧文明价值失落的痛苦，坚韧地追求着新文明的诞生。包括陈独秀在内的这批现代启蒙者，他们超迈了近代人的地方，就在于他们的启蒙意识里搏动着一颗悲剧心灵，他们不再在东西文明之间左顾右盼，在历史变革中瞻前顾后，而是在矛盾的剧烈冲突中追求和谐，在文化“偏至”中实现圆满，在极至的反叛中承续着中华文化的生命。这就是五四人的悲剧性，也是陈独秀文化批判的顽强性和进步性。

二　尊孔与反孔：抓住反封建文化的大题目

儒家学说，是中国两千年来的正统学说，也是传统文化的根柢和主脉。从 1916 年 11 月起，陈独秀发表了一系列文章，把批判锋芒直指孔门儒学，紧扣 20 世纪中国反封建文化的大题目，以大手笔，做大文章，充分表现了他那彻底的不妥协的反传统精神。这是他的个性，也是他对新文化运动的最大贡献。

在中国的先秦时期，孔子本是诸子中之一子，与老、庄、墨、韩并立；儒家原是“百家”中之一家，与道、墨、名、法等称，这是本来的孔子和原始的儒家。那时候，孔子的话虽然在学生“三千七十”中很有影响，但毕竟不是天下是非的标准。在那个动荡、改组、新旧更迭的时代，思想家头脑中没有固定的模式，没有独尊的权威，“天下之人各为所欲焉以自为方”。① 正如《汉书·艺文志》所载：“诸子十家，其可观者，九家而已。皆起于王道既微，诸侯力政，时君世主，好恶殊方。是以九家之术，蜂起并作，各引一端，崇其所善，以此驰说，取合诸侯。”那时没有法定的“圣人”，自然没有法定的“圣经”，《诗》、《书》、《礼》、《乐》、《易》、《春秋》不过是经孔子删改编纂的六本书，是学生们用的教材。自汉武帝采纳了董仲舒“罢黜百家，独尊儒术”的建议以后，儒家超出各家之上而居于独尊的地位。孔子成了无冕之王，“六艺”成了神圣的经典。孔子说的话和孔子教的书成了“天地之常经，古今之通义”②。在“经学时代”（冯友兰先生有这样

---

① 《庄子·天下篇》。

② 《汉书·董仲舒传》。

的划分）孔子的话成了天下人是非的标准，大凡要做圣贤的人，都必须以孔子为绳墨，以《六经》为规矩，以自己为方圆。非孔子之言不敢言，非先王之法不敢法，即使一些很有见识的思想家，要发表自己的见解，也必须采取注经的方式。信如后世歌功碑上所言："先孔子而圣者，非孔子无以成其名，后孔子而圣者，非孔子无以成其学。"这种墨守之风，经汉唐而宋元明清，日趋严重。

然而，一个学派，一种学说，一旦形成了固定的模式和阵容，一旦被视为万古不变的绝对真理，那么这些学派、学说便失去了活力，变成了僵化保守的教条，从而变为禁锢人们思想的框框。正如近代人吴虞所说："夫儒者于吾国之圣人，既集古今之大成，绝对无诤，而不可非矣，又昧于宗教之流派性质，凡不同于我者，概目之为异端；不本于我者，概指为邪说。'熄邪说，斥异端'之谬见深中人心。岸然自封，深闭固拒，坐成锢弊，方自诩为正学，为真儒；而不惜其乖僻迂妄，误国殃民，为祸之烈，百倍于洪水猛兽也。何以言之？国内之学，既禁毁而摧折之，使不克发达；域外之学，又鄙夷轻蔑而闭塞之，使不能传布，愚民日陋劣，政府日专横，向使无儒教之束缚拘挛，则国内之学分歧发展，骎骎演进，未必无欧美炜晔灿烂之观。"① 正因为这样，直到民国时期，从封建军阀、官僚、政客到康有为、严复、辜鸿铭、林纾等人仍然大讲"中国四千余年，以伦纪立国"②，把孔门伦理视作国家的命脉和不可触动的天理，用来抵制西学的输入和社会改革。同理，要推进中国的社会改革和文化改革，就必须打破孔孟之道对中国人民从肉身到心灵的束缚，来一场伦理道德之"最后觉悟"。

新文化运动从开始之日，便以讨伐孔孟之道为职志。《青年杂志》在它的创刊号上的头篇文章《敬告青年》中宣布："等一人也，各有自主之权，绝无奴隶他人之权利，亦绝无以奴隶自处之义务。""忠孝节义，奴隶之道德也。""固有之伦理、法律、学术、礼俗，无一非封建制度之遗，持较晰种之所为，以并世之人，而思想差迟，几及千载！"这是现代中国，也是有史以来，第一次广泛、系统地批判孔子思想和儒家伦理的开端。既然要为民主与科学开路，面对民国以来封建势力继续利用孔孟之道为其专制政治服务的状况，这种批判已成势所必然。由于遭到康有为等人的激烈反对，从而使这场尊孔与反孔的思想斗争增添了论辩色彩。

1917 年 7 月，继袁世凯复辟帝制的倒行逆施失败之后，康有为等人又与张勋合作，

---

① 《吴虞文录》卷下，第 42 页。

② 林琴南：《荆生》《每周评论》第 12 号。

再次导演了复辟丑剧。同时，他不惜词费大肆鼓吹尊孔读经。他利用昔时的声望，到处演说，一再给北洋军阀政府的总统、总理、内务部、教育部发出函电，办杂志，写文章，唱的都是同一论调。他大声疾呼："孔教之精华在经，故小学读经，尤为当务之急……此后诸君，当以保存国粹，读经守教为惟一之责任。""教主者，全国人之魂"，"不拜孔子，留此膝何为"！主张"以《春秋》折狱，以三百五篇作谏书，以《易》通阴阳，以《中庸》传心，以《孝经》却贼，以《大学》治鬼，以半部《论语》治天下"，并说这是他"三周大地，游遍四洲，经三十国"的经验。他甚至主张"以孔子为大教，编入宪法，复祀孔子之拜跪明令"！① 这些话虽出自康氏之口，但却不应看作他个人孤立的主张，它代表了民国初年一大批维护封建旧秩序、旧制度的守旧分子的共同愿望。比如严复曾在一封信中写道："鄙人年将七十，暮年观道，十八九殆于南海相同。"② 两位戊戌变法时期急切向西方寻求真理的导师，曾几何时，竟然唱和起反共和、尊孔读经的刺耳老调。这绝非历史的误会，而是近代中国知识分子在追求西学时都未能打断封建文化"情结"的必然。

中国需要来一场彻底的文化启蒙，才能使知识分子走出以反传统开始而又以复归传统告终的"怪圈"。陈独秀及其同道者所致力的文化启蒙的意义正在于此。1916 年 11 月起陈独秀发表了一系列反孔的文章，如《驳康有为致总统总理书》、《宪法与孔教》、《孔子之道与现代生活》、《袁世凯复活》、《再论孔教问题》、《复辟与尊孔》、《〈新青年〉罪案之答辩书》等，还有许多书信。这些反孔檄文和书札，把新文化运动的矛头直接指向了统治中国人两千年之久的封建文化的支柱——"孔家店"。显示了这位革命者的反传统的勇气和智慧。陈独秀的反孔思想的核心观念是孔子之道不适合于现代生活。

首先，孔子之道不适合于现代生活。他指出，一种学说，一种教义之兴废，取决于它是否适于当时的社会需要。当今之世，是民主共和的时代，理应提倡与之相应的理想与道德。孔子生长于封建之时代，他所提倡的道德，是封建时代之道德；他所垂示之礼教，是封建时代之礼教；他所提倡的政治，是封建时代之政治，而"封建时代之道德、礼教、生活、政治，所心营目注，其范围不越少数君主贵族之权利与名誉，于多数国民之幸福无与焉"。③ 孔子提倡的社会道德与生活，其核心是尊卑上下，不可逆悖的"礼"，

---

① 见汤志钧编《康有为政论集》（中华书局版）第 955—958 页。

② 《严几道与熊纯如书札节录》三十九。

③ 《孔子之道与现代生活》《独秀文存》第 85 页，安徽人民出版社 1987 年。

这种维护等级的道德、礼治和政治，与现代民主共和的根本精神是背道而驰的。在论述孔子之道与现代生活的矛盾时，陈独秀十分重视经济事实。他认为，现代经济生活影响道德伦理上的个人人格独立。“故现代伦理学上之个人人格独立，与经济学上之个人财产独立，互相证明……西洋个人独立主义乃兼伦理、经济二者而言，尤以经济上个人独立主义为之根本也。”而儒家三纲、礼教，与现代社会生活根本不能相容。如三纲之说，“既失个人独立之人格，复无个人独立之财产”。① 礼教更是束缚人性自由发展的枷锁。

在陈独秀看来，任何社会都难免堕落腐败的现象，但若以孔子教义挽救世风浇漓，振作社会道德，未免南辕北辙也。陈独秀指出，当今社会中一些不道德现象出现，大多与孔子重阶级、别贵贱之三纲学说有关，因此，现代伦理的形成与巩固，很大程度上取决于人们对孔子学说的背叛。倘若真以孔子之道，来改良社会，不但是南辕北辙，而且是“扬汤止沸”，火上浇油，适得其反。

其次，孔子之道是专制政治的渊薮，与共和政体水火不容。民国建立以后，共和制虽然仅是形式上的空名，却在政治上使一切反对共和的言行处于不合法的地位，这种状况对反对孔孟之道的斗争是有利的。陈独秀在反对康有为等的尊孔读经论时，就充分利用了这个有利状况。为什么民国建立后，还会出现复辟的丑剧呢？为什么袁世凯之流会利用孔教来为复辟张目呢？原因就在于孔教与帝制本质上有不可离散之因缘，“主张尊孔，势必立君；主张立君，势必复辟”。② 立君、复辟是尊孔的实质。陈独秀认为，照孔子的伦理、政治学说，都非立君不可：“若夫别尊卑，重阶级，主张人治，反对民权之思想之学说，实为制造专制帝王之根本恶因。吾国思想家不将此根本恶因铲除净尽，则有因必有果，无数废共和复帝制之袁世凯，当然接踵应运而生，毫不足怪。”③ 怪不得袁世凯复辟帝制要做皇帝之前，要提倡尊孔；而康有为等主张“以孔子为大教，编入宪法”，其目的也是为袁世凯二世的复活准备舆论。陈独秀认为，要堵死袁世凯复活之路，就必须效法西方法治、人权、民主、自由新思想，废除维护人治、君权、专制、奴役的旧道德，这就必然要遭到借尊重国情、国粹以复辟倒退的袁世凯一世二世的反对。因此，他破胆裂喉呐喊：“吾护国军人，吾青年志士，勿苟安，勿随俗，其急以血刃铲除此方死未死余毒未尽之袁世凯一世，方生未死逆焰方张之袁世凯二世，导吾可怜之同胞出黑暗而

① 《孔子之道与现代生活》《独秀文存》第 85 页，安徽人民出版社 1987 年。

② 《复辟与尊孔》《独秀文存》第 115 页，安徽人民出版社 1987 年。

③ 《袁世凯复活》《独秀文存》第 89—90 页，安徽人民出版社 1987 年。

入光明！”[①]

再次，孔门儒学的民本思想与现代民主主义，如风马牛，相差千里。《东方杂志》主编杜亚泉曾以“伧父”的笔名发表《迷乱的现代人心》等文章，以东西文化调和论为理论基础，反对《新青年》派的反传统主义文化观，并为孔门儒家道德辩护，遂引起两杂志间的激烈交锋。杜亚泉从许多方面为传统文化辩护，其中某些论据今天看来也不无道理，但他的一些论点的确是站不住脚跟的，遂被陈独秀一一加以有力批驳。其中之一是把孔子民本主义与现代民主主义混为一谈的思想。杜亚泉认为，孔门儒学不可废，因为它所主张的民视民听，民贵君轻，都是以民主主义为基础的，与现代的国体、政体并不矛盾。陈独秀则认为，现代西方的民主主义与中国古代儒家的民本思想根本不是一回事。他指出：“夫西洋之民主主义（democracy）乃以人民为主体，林肯所谓‘由民（by people）而非为民（for people）’者，是也。所谓民视民听，民贵君轻，所谓民为邦本，皆以君主之社稷——即君主祖遗之家产——为本位。此等仁民爱民为民之民本主义，皆自根本上取消国民之人格，而与以人民为主体，由民主义之民主政治，绝非一物。……以古时之民本主义为现代之民主主义，是所谓蒙马以虎皮，换汤不换药耳。”[②] 民本主义与民主主义，是封建时代与资本主义时代两种根本不同的政治理想，具有根本不同的阶级内容与时代内容，两者相差何止千里呢？新旧之间的对立是那样明显，哪里有半点调和之余地？

又次，原始儒学与后世儒学一脉相承。面对陈独秀和《新青年》派凌厉的攻势，孔门卫道士实在别无良策，只好以守为攻。他们说，原始孔门儒学本来是很好的，只为后世李斯、刘歆、韩愈及宋代诸儒所坏，才变成重阶级、尊君权的专制政治的护符。因此，可以批后儒，而不必毁孔子。陈独秀对此加以批驳说：孔子和孔子以后的儒家，都是以孔子为中心的，孔教的根本教义——“三纲五常”，孔教的精华——“礼”，在原始孔教那里就有其毒根，决非后儒们“向壁造虚，由无而之有”。因此，不能说孔教原来是好的，只是为两汉以后儒家所败坏。他反问孔学的卫道士：“汉、唐以来诸儒，何以不依傍道、法、杨、墨，人亦不以道、法、杨、墨称之？何以独与孔子为缘而复败坏之也？”[③] 原儒（孔孟之儒）与后儒（汉唐宋明诸儒）在尊纲常、别尊卑等重大问题上一脉相承，

---

① 《袁世凯复活》《独秀文存》第 90 页，安徽人民出版社 1987 年。

② 《再质问〈东方〉杂志记者》《独秀文存》第 220 页，安徽人民出版社 1987 年。

③ 《答常乃德》《独秀文存》第 641 页，安徽人民出版社 1987 年。

"孔门文史，由汉儒传之；孔门伦理道德，由宋儒传之。此事彰著，不可谓巫。"① 为尊孔而褒前贬后，丢卒保车，只能是枉费心机。

陈独秀紧紧抓住孔门伦理与现代生活的矛盾这一封建传统文化中最薄弱的环节，对孔门伦理的批判，震动了整个思想界、舆论界。进步的社会势力为之欢呼雀跃，封建守旧势力对之极为恐惧与仇恨，于是种种恶语谣言旋踵而至。那些封建顽固派、假道学及守旧文人纷纷出来为《新青年》罗织罪名，攻击它"覆孔孟"、"铲伦常"，动摇了中国文化的根基，造成了思想混乱和道德败坏；大骂批判孔教是"非贤毁圣"，名教罪人；讲白话文是"引车卖浆之徒"的"人头兽鸣"；提倡新思想、新道德是输入"猩红热"和"梅毒"，是"望魔鬼之接引以入天堂"，且希望封建军阀的"伟丈夫"实行镇压。一些御用议员也在猪崽"国会"上提出"弹劾案"，企图胁迫北京大学蔡校长去职，将陈独秀、钱玄同辈驱出北大。与此同时，某些军阀开始训令，禁止学生看进步报刊。新文化运动的战士并没有屈服和退让，而是坚守阵地，继续战斗。五四运动前夕，新旧思潮再次展开了激战。

陈独秀再次以急先锋的角色走在前台，他继续发表文章"质问"《东方杂志》，驳斥它对旧文化、旧道德的辩词。1919 年 1 月，他在《新青年》（6 卷 1 号）上发表了《本志罪案之答辩书》，回击了整个封建势力对新文化运动的攻击和非难。陈独秀申明，对于非难本志的"罪案"，本社同人直认不讳，"但是追本溯源，本志同人本来无罪，只因为拥护那德莫克拉西（Democracy）和赛因斯（Science）两位先生，才犯了这几条滔天大罪。要拥护那德先生，便不得不反对孔教、礼法、贞节、旧伦理、旧政治；要拥护那赛先生，便不得不反对旧艺术、旧宗教；要拥护德先生又要拥护赛先生，便不得不反对国粹和旧文学"。② 他紧扣 20 世纪中国的时代脉搏和中国文化现代化的时代需要，敬告那些封建文化的卫道士，不必专门非难本志，要有气力有胆量来反对德、赛二先生，才算是好汉，才算是"根本的办法"。他面对着旧营垒的挑战，严正宣告："我们现在认定只有这两位先生，可以救治中国政治上学术上思想上一切的黑暗。若因为拥护这两位先生，一切政府的压迫，社会的攻击笑骂，就是断头流血，都不推辞。"③ 表示了与封建旧文化血战到底的决心。

---

① 《答常乃德》《独秀文存》第 641 页，安徽人民出版社 1987 年。

② 《本志罪案之答辩书》《独秀文存》第 242—243 页，安徽人民出版社 1987 年。

③ 《本志罪案之答辩书》《独秀文存》第 243 页，安徽人民出版社 1987 年。

概而言之，反孔的急先锋认为，旧有之孔教，与欧化的现代社会、现代生活实难并行不悖，“吾人倘以新输入之欧化为是，则不得不以旧有之孔教为非。倘以旧有之孔教为是，则不得不以新输入之欧化为非。新旧之间，绝无调和两存之余地”。① 在新旧文化、新旧道德的相互撞击的漩涡里，二者必居其一：“吾人倘以为中国之法，孔子之道，足以组织吾之国家，支配吾之社会，使适于今日竞争世界之生存，则不徒共和宪法为可废，凡十余年来之变法维新，流血革命，设国会，改法律（民国以前所行之大清律，无一条非孔子之道），及一切新政治，新教育，无一非多事，且无一非谬误……欲建设西洋式之新国家，组织西洋式之新社会，以求适今世之生存……对于与此新社会新国家新信仰不可相容之孔教，不可不有彻底之觉悟，勇猛之决心；否则不塞不流，不止不行！”②

其实，在中国儒学中，孔孟时代的早期儒学与汉唐之后“经学时代”的儒学之间，儒家道统与封建政统（以皇权为核心的政治结构）之间，孔孟儒学体系中内在的超越的理想层面（内圣之学）与外在的实用的功利层面（外王之道）以及儒学自身与统治者对其利用之间，有其一致性的一面，也有对立与差别的一面。因此，对儒学的批判与对整个传统文化的批判一样，是一个十分复杂的问题。要真正完成这一思想史上的艰巨任务，首先需要一种科学的学术批判态度，即将学术批判的外在功利性（政治性，革命性）与内在圆满性（非意识形态性的为学术而学术）相结合。学术，只要称得上是学术，就必须是外在实用性与内在的圆满性的统一。换言之，为了维持人类的生存、社会的进步（功利性），学术的批评必须摆脱狭隘的实用藩篱，在追求自身的合理性和圆满性中得以实现。用这种态度去看待传统儒学，才可能做出符合历史事实又符合时代精神的论断。然而五四前后特殊的时代背景与文化批判者自身承受的文化传统使他们都看重学术的实用功利性而忽略其内在圆满性。

陈独秀对儒学乃至对整个传统文化的批判就是这样。他并非对传统文化的历史价值毫无觉察。为了不让尊孔守旧者抓住把柄，陈独秀宣称：“本志抵孔，以为宗法社会之道德，不适于现代生活，未尝过此以立论也。”③ 又说：“我们反对孔教，并不是反对孔子个人，也不是说他在古代社会无价值。不过因他不能支配现代人心，适合现代潮流，还

① 《答配剑青年》（孔教）《独秀文存》第 660 页，安徽人民出版社 1987 年。

② 《宪法与孔教》《独秀文存》第 79 页，安徽人民出版社 1987 年。

③ 《答配剑青年》《独秀文存》第 660 页，安徽人民出版社 1987 年。

有一班人硬要拿他出来压迫现代人心，抵抗现代潮流，成了我们社会进化的最大障碍。”① 他似也承认，一种学说如无相当价值，当时既不会发生，且不会流传至今。至于儒学在历史上之价值何在，流传至今是否只有消极的作用，超出自己“立论”的范围之外，应怎样评价孔子的地位及儒学的价值，这些对于学术批评的圆满性来说实属必要的问题，他则没有进行深入的探究。激荡不已的现实生活，文化启蒙的外在功利性，使他不能静下心来，清醒、冷静、理智、全面地考察和理解孔子及儒学的价值。

近代，在西方文化暴风雨般的冲击下，中国面临着亡国灭种的危机。在注重学术实用性的这种传统价值取向的支配下，近代知识分子不约而同地走上了这样的道路：为救国或是引进西方的各种理论，或是竭尽全力弘扬本国传统。可是，无论对西方的理论，还是自己的传统，都缺乏一种深沉的、冷静的索隐求赜。由此，造成了这样的情况：同一种理论，既可以为现实存在作辩护，又可用来否定现实存在。同样是孔教，一些守旧的人认为它在现代生活不可或缺，而陈独秀等人则视它与现代生活如冰炭水火，绝不相容。同样是进化论，陈独秀可以用它来鼓舞国人的斗志，又可以用来宣泄自己的悲观情绪。这种矛盾现象的出现，只能再次归咎于传统文化中那急功近利、轻浮肤浅的实用价值取向。它一方面限制了学术的自由独立发展，另一方面也影响了学术所固有的社会功能的正常发挥。站在这个高度去审视陈独秀乃至整个《新青年》对以孔门儒学为核心的传统文化的反省与批判，我们必须承认，这批20世纪优秀的文化启蒙者，其反封建的彻底性，达到了空前的高度和力度；其思想的学术圆满性，则缺乏与其才智相当的深度与精度。

英哲罗素指出：“在时空上保持着某种程度的孤立，是产生伟大作品不可或缺的要素。闭目静思片刻，我们当不难发现，世界上某些东西其重要性远远超过群众的短暂垂青。事实上，我们所受的痛苦，不在于神学信仰的贬值，而在于孤寂气质的消失。”② 这种孤寂气质，对于学者来说尤其重要，要创造名世之作，要臻于学术的精纯与圆满，便不能缺少不为他物所动的热诚与超越。近半个世纪，迫于内忧外患的现实，我们很少有纯粹思想型的人物，知识分子所表现的从事运动、注目国运的热情，远胜过理性的思辨和学术的静思。这是中国近现代思想界的优点，也同时是它的不足。然而这里并不意味着要泯灭知识分子的社会正义感和历史责任感，这里只是提出一种当代学人应当追求的

① 《孔教研究》《独秀文存》第415页，安徽人民出版社1987年。

② 《罗素杂文集》第62页，商务印书馆1980年。

理想，即探求一条既对社会现实、国事民殷热切关注和积极参与，又对学术执着追求并行不悖的治学道路。

作为一个革命气质的社会宣传家和思想启蒙运动的领袖，陈独秀的文章与思想与其说是学术，不如说是政治，与其说是研究，不如说是鼓动。对此，我们不应有丝毫的苛求，因为历史注定了他的业绩在人生，在社会运动中，而不是在宁静致远的书斋里。而在这一方面，前期的陈独秀是非常卓越的。他对孔门儒教的批判，无论逻辑的一贯性，抑或立场的坚定性，都给新文化运动以巨大影响。清末著名文学革命团体“南社”的创始人柳亚子民国初年也主张倒孔，他曾致函徐梦鸥，盛赞陈独秀：“《新青年》杂志中陈独秀君巨著，宜写万本，读万遍也。”① 这种影响在不少主张思想革新的文学青年致陈独秀的信中都可表现出来。陈丹崖从美国来信说：“日者得读左右主撰《青年》，雒诵再三，至理名言，诚青年之药石，其裨益祖国前途者，岂云有量！”② 类似的话不在少数，即使不赞成全盘反孔的人，也不得不承认陈的反孔论在社会上的强烈影响。

更为重要的是，陈独秀向中国传统文化的核心孔教伦理提出挑战，为新文化运动明确了反封建思想启蒙的战略思想：中国文化的现代化，不仅需要物质文明（科技）的现代化、制度文明现代化（政体与国体），而且需要中国人道德价值、文化心理素质的现代化。“吾人生于二十世纪之世界，取二十世纪之学说思想文化，对于数千年前之孔教，施以比较的批评，以求真理之发见，学术之扩张，不可谓非当务之急。”③ 在陈独秀的反孔帅旗的指引下，鲁迅、易白少、钱玄同、吴虞等一批反孔健儿一呼百应，“打倒孔家店”，迎接“德赛”（科学与民主）二先生的霹雳之声，响彻了神州四野：

鲁迅在《狂人日记》里写道：

> 我翻开历史一查，这历史没有年代，歪歪斜斜的每页上都写着“仁义道德”四个字。我横竖睡不着，仔细看了半夜，才从字缝里看出字来，满本都写着两个字是“吃人”！

易白少在《孔子平议》中揭露了“利用孔子为傀儡”的奥秘：

---

① 转引自《陈独秀年谱》第 72 页，上海人民出版社 1988 年。

② 《独秀文存》附《陈丹崖书》。

③ 《答配剑青年》《独秀文存》第 660 页，安徽人民出版社 1987 年。

孔子尊君权漫无限制易演成独夫专制之弊。

孔子讲学不许问难易演成思想专制之弊。

孔子少绝对之主张，易为人所藉口。美其名曰中行，其实滑头主义耳。

孔子但重作官不重谋食易入民贼牢笼。

四川“只手打倒孔家店”的老英雄吴虞对孔孟之道批判尤烈。他在《儒家主张阶级制度之害》中不仅揭露了儒教维护的专制政治之酷烈刻毒，而且批判了它排斥“异端”的文化专制主义摧残学术之虐：

自孔氏诛少正卯，著“侮圣言”，“非圣无法”之厉禁；孟轲继之，辟杨墨，攻异端，自附于圣人之徒；董仲舒对策，以为诸不在六艺之科，孔氏之术者，皆绝其道，勿使并进；韩愈《原道》，“人其人，火其书，庐其居”之说昌；于是儒教专制统一，中国学术扫地！

钱玄同，新文化运动时号称“疑古玄同”，为了根绝“孔门学说，道教妖言”，他主张将古书乃至汉字一概废除。在致陈独秀书中（见《独秀文存·四答钱玄同》后附《钱玄同书》）他写道：

两千年来所谓学问，所谓道德，所谓政治，无非推衍孔二先生一家之学说。……所以两千年来用汉字写的书籍，无论哪一部，打开一看，不到半页，必有发昏做梦的话。

欲祛除三纲五伦之道德，当然以废孔学为唯一之办法。

这话今天听来尚不免感到过激，但在当时，新思潮要从那四面旧思想包围之中冲杀出来，无此偏激，不足以振聋发聩。尼采说“上帝死了！”把西方文艺复兴、启蒙运动以来的反传统主义推向了极端，他不仅反对了中世纪的基督教传统，而且向近代理性主义传统提出了挑战，开西方现代主义之先河。陈独秀振臂狂呼：孔子及儒家伦理已成千年陈迹，把中国有史以来的思想革命，推向了高峰。陈独秀所倡导的反传统主义与尼采的反传统主义具有完全不同的文化背景和历史主题，二人不可简单类比，但一则向西方传统的最高权威“上帝”提出挑战，一则向中国传统的最高权威孔子提出挑战，在文化史上引起的震动及其反传统的彻底性是相同的。

三　从文化改造到社会改造：走向马克思主义

五四新文化运动，揭开了中国文化史新的一页。对它的划时代意义，毛泽东同志曾给予高度评价：

> 在“五四”以前，中国的新文化，是旧民主主义性质的文化，属于世界资产阶级的资本主义的文化革命的一部分。在“五四”以后，中国的新文化，却是新民主主义性质的文化，属于世界无产阶级的社会主义的文化革命的一部分。
>
> ……
>
> 五四运动所进行的文化革命则是彻底地反对封建文化的运动，自有中国历史以来，还没有过这样伟大而彻底的文化革命。当时以反对旧道德提倡新道德、反对旧文学提倡新文学为文化革命的两大旗帜，立下了伟大的功劳①。

在五四运动以前，陈独秀在《新青年》上对旧文学、旧道德的批判，在思想界造成一股天塌地陷的力量：他那“科学与人权并重”的呼唤和六项人生观的提倡，文学革命“三大主义”的提出，把近代以来的资产阶级民主主义思潮推向了峰巅。这一切使他成为20世纪中国资产阶级民主主义思想启蒙的明星。1919年五四运动以后，他的世界观和人生观发生了急剧的变化，在李大钊等的影响下，他接受了马克思主义，由自由主义知识分子变成了共产主义者。与此同时，他在中国现代史上的影响也发生了变化，由一个反封建文化启蒙的明星变成为领导中国新民主主义革命的政治领袖。这种历史舞台上的角色转换对陈独秀来说意味着什么，历史已有了答案，但这种选择发生在陈独秀身上，是必然的，或命运中所注定的。他与胡适、鲁迅具有完全不同的文化气质，他富于激情，缺少胡适那温文尔雅的学究气；他交际广泛，不堪忍受鲁迅习以为常的冷峻、寂寞与孤独。他生就是一个战士或革命家，正像许多人所回忆的那样，陈独秀是一个颇有勇气，善于打开局面的活动家，他人生的兴趣在政治，他的才能在于鼓动风潮，造成运动。他的一生，从康梁党，到革命党，再到创建共产党，从办《甲寅》到主编《新青年》，再到

① 毛泽东：《新民主主义论》《毛泽东选集》第2卷，人民出版社1968年。

领导五四学潮、五卅工潮和大革命潮，总是站在时代斗争的风口浪尖上，尽管最后被急流冲击到岸边，但在国民党监狱的铁窗里，他仍然一往情深地观望着时代浪涛的方向。

陈独秀注定要成为政治弄潮儿。但他在五四运动以前，其影响主要在文化启蒙，五四运动以后，其影响则主要在政治鼓动和组织。这一历史舞台上的角色转换，从他五四前后的思想轨迹变化上依稀可辨。

自从《青年杂志》创刊号上《敬告青年》的第一声宣言起，他提倡“自主的而非奴隶的”等六项人生观，鼓动“文学革命”的三大主义，对西洋近世文明的追求，对儒教伦理的批判，与《东方杂志》的论战，其思想重心在道德革命、国民人格及文化心理的重建，他思想启蒙的主旋律是西方启蒙时代以“自由、平等、博爱”为内蕴的个性解放理论。个人主义，个人的需要，个人的幸福，个人的自由，构成他反对封建旧道德、旧文化，建立新道德、新文化的价值尺度。这种个人主义人生观在他写于 1916 年 2 月的《人生真义》中最鲜明地表述了出来。陈独秀将他觉悟的“人生真义”归纳为九个方面：

一、人生在世，个人是生灭无常的，社会是真实存在的。

二、社会的文明幸福，是个人造成的，也是个人应该享受的。

三、社会是个人集成的，除去个人，便没有社会；所以个人的意志和快乐，是应该尊重的。

四、社会是个人的总寿命，社会解散，个人死后便没有连续的记忆和知觉；所以社会的组织和秩序，是应该尊重的。

五、执行意志，满足欲望，是个人生存的根本理由，始终不变的。

六、一切宗教，法律，道德，政治，不过是维持社会不得已的方法，非个人所以乐生的原意，可以随着时势变更的。

七、人生幸福，是人生自身出力造成的，非是上帝所赐，也不是听其自然所能成就的。……

八、个人之在社会，好象细胞之在人身；生灭无常，新陈代谢，本是理所当然，丝毫不足恐怖。

九、要享幸福，莫怕痛苦。现在个人的痛苦，可以造成未来个人的幸福。……①

---

① 《人生真义》《独秀文存》第 126 页，安徽人民出版社 1987 年。

上述九项“人生真义”，除一、四条谈及社会外，其余均以“个人”为核心，个人享乐、个人幸福、个人生存成为衡量宗教、法律、道德、政治的根本标准，成为人生意义的标准，“总而言之：人生在世，究竟为的甚么？究竟应该怎样？我敢说道：个人生存的时候，当努力造成幸福，享受幸福；并且留在社会上，后来的个人也能够享受。递相接受，以至无穷”。[①] 这种乐观、平易、清晰、理性的个人主义，“是标准的十八、十九世纪的启蒙思潮。它的确集中地全面地表达了五四时期中国进步知识分子群所寻求的宇宙观、人生观、即西方资本主义上升时期的理性主义、乐观主义和怀疑精神，以生活进步和个人幸福为基础的社会改革便是所追求的目标”。[②]

三年后，陈独秀的人生观发生了明显的变化。如果说五四运动以前，个人主义和进化论构成了他的人生观的基本内核，那么，五四运动后，他接受了马克思主义的唯物史观和阶级意识，人生观开始由个人主义转向社会主义。这在写于1919年12月的《〈新青年〉宣言》中可以明晰看出。在这篇“宣言”中他不再以“个人的享乐”为人生的究竟意义，而开始向往“相爱互助的，劳动而愉快的，全社会幸福的”社会理想；他不再以满足欲望为个人生存的根本理由，而相信“人类道德的进步，应该扩张到本能（即侵略性及占有心）以上的生活”；不再片面强调个人奋斗而开始提出“民众运动社会改造”；不再专注于尊重个人的人格和权利，而开始“希望他们个人自己对于社会责任有彻底的觉悟”。[③] 人生观上的细微变化，导致了他在中国现代史的角色转换：由思想界的明星转为政治领袖。如果比较一下五四前后陈独秀《文存》中的文章，不难发现理论风格上的明显变化，此前以文化启蒙为主调，此后以政治宣传为重心。《新青年》杂志自6卷5号（1919年6月）刊出“马克思主义研究”专号后，政治色彩也开始日益浓烈。由此遂引起了胡适等自由主义者的不满，并最终导致了新文化运动的分裂。自由主义知识分子提倡“实验室”精神，主张不谈政治、专事学术研究，他们在实际上并未放弃思想启蒙的责任。而马克思主义者则提倡一种敢于走出实验室而“进监狱”的精神，[④] 大谈政治和社会改造，从而把五四文化启蒙引上了与政治相结合，与工农相结合，与社会实践相结合

---

① 《人生真义》《独秀文存》第127页，安徽人民出版社1987年。

② 李泽厚：《中国现代思想史论》第107页，东方出版社1987年。

③ 《〈新青年〉宣言》《独秀文存》第244—245页，安徽人民出版社1987年。

④ 《研究室与监狱》《独秀文存》第540页，安徽人民出版社1987年。

的社会革命之路。

自 1919 年五四运动至 1924 年第一次国内革命战争，即通常所说的建党前后，陈独秀作为这一时期的政治领袖，在《新青年》、《每周评论》上发表过一批时论文章，表明他在李大钊的影响下，其思想和政治立场完全由激进的民主主义转向了马克思主义和共产主义。这批文章是《二十世纪俄罗斯的革命》（1919，4），《谈政治》（1920，9），《关于社会主义的讨论》（1920，12），《社会主义批评》（1921，7），《马克思学说》（1922，7），在这些文章中，陈独秀已成为一个出色的马克思主义政论家。

首先，他不再像前期笼统地欢迎“德先生”（民主），而开始用鲜明的阶级意识揭露资产阶级民主政治的虚伪性和阶级实质。他指出：“民主主义是什么？乃是资本阶级在从前他拿来打倒封建制度的武器，在现在拿来欺骗世人把持政权的诡计。……资本和劳动两阶级未消灭以前，他两阶级的感情利害全然不同，从哪里去找全民意？”① “他们（指第二国际‘修正主义’——引者）天天跪在资产阶级特权专政脚下歌功颂德，一听说劳动阶级专政，马上就抬出德谟克拉西来抵制，德谟克拉西倒成了资产阶级底护身符了。我敢说：若不经过阶级战争，若不经过劳动阶级占领权力阶级地位底时代，德谟克拉西必然永远是资产阶级底专有物，也就是资产阶级永远把持政权抵制劳动阶级底利器”。②他告别了昔日破胆裂喉为之讴歌的“德谟克拉西”精神，告别了法兰西近代文明及欧美式的自由主义和民主主义，开始向往红色十月革命后的俄罗斯精神，走向了苏俄式的社会主义和劳农专政的道路即“用革命的手段建设劳动阶级（即生产阶级）的国家，创造那禁止对内外一切掠夺的政治法律，为现代社会第一需要”③。在这里，前期用资产阶级世界观反对封建旧文化的启蒙意识，让位于对资本主义政治制度的批判。

其次，他告别了西方“以个人为本位”“以实利为本位”的资本主义文化，选择了俄罗斯式的社会主义道路。陈独秀认为，十月革命，开创了资本主义走向没落，社会主义向上生长的历史时代，中国此时此刻，不能再走资本主义的老路，只有社会主义道路才能使多数人获得自由与幸福。他指出：“世界各国里面最不平、最痛苦的事，不是别的，就是少数游惰的消费的资产阶级，利用国家、政治、法律等机关，把多数极苦的生产的

---

① 《民主党与共产党》《独秀文存》第 603 页，安徽人民出版社 1987 年。

② 《谈政治》《独秀文存》第 370 页，安徽人民出版社 1987 年。

③ 《谈政治》《独秀文存》第 371 页，安徽人民出版社 1987 年。

劳动阶级压在资本势力底下，当做牛马机器还不如。”① 又说：“我个人的意见，以为资本主义虽然在欧洲、美洲、日本也能够发达教育及工业，同时却把欧美日本之社会弄成贪鄙、欺诈、刻薄、没有良心了；而且过去的大战争及将来的经济的大革命都是资本主义之产物，这是人人都知道的。幸而我们中国此时才创造教育、工业。在资本制度还未发达的时候，正好用社会主义来发展教育及工业。免得走欧美、日本底错路。”② 此时，他基本上理解了马克思主义科学社会主义的学说，认识到资本主义私人占有制和生产过剩是资本主义的“两大缺点”，在《社会主义批评》一文中，他坚信，“只有采取社会主义生产方式，资本归公”并辅之以生产的“计划调节”，才能克服资本主义经济制度的根本弱点；只有实行了按劳分配，取消了“剩余价值”的掠夺，才能救济无产阶级的贫穷与苦恼。③ 因此，社会主义要起来代替资本制度，也和当年资本制度代替封建制度一样，“按诸新陈代谢的公例，都是不可逃的命运”④。从这一科学认识出发，他与张东荪、梁启超展开了关于社会主义的思想论战，批判了张、梁所贩卖的调和论和基尔特式社会主义及资本主义“实业救国论”，全面地论述了在中国走社会主义道路的必然性与必要性，为马克思主义在中国进一步传播发展提供了理论上的支持。

再次，告别了以“自我”为中心的个人主义，转而批判以个人主义为基础的无政府主义。在《一九一六年》这篇新年献辞里，他曾热切地激励青年“自居征服地位，勿为他人之附属品”，因为“人间百行，皆以自我为中心，此而丧失，他何足言？奴隶道德者，即丧失此中心，一切操行，悉非义由己起，附属他人以为功过者也”⑤。接受马克思主义以后，他开始由尊个人转而尊阶级（无产阶级），并据此批判了区声白、黄凌霜等人在五四时期所鼓吹的无政府主义。无政府主义原本是 19 世纪中后期产生于欧洲的一股小资产阶级社会思潮。20 世纪初开始在中国传播，至五四时期成为与马克思主义、实用主义鼎足而三的颇有影响的社会思潮之一。它以极端的个人主义、自由主义为基础，以反对一切约束（强权）为宗旨，主张在推翻资本主义制度后建立一种无国家，无法律，无任何限制的绝对自由、平等、一切以“良知”为准衡的理想社会。20 世纪初，无政府主义还具有某种反封建的积极性，但到了五四时期，它却成了马克思主义在中国传播的主

① 《谈政治》《独秀文存》第 365 页，安徽人民出版社 1987 年。

② 《关于社会主义的讨论》《新青年》8 卷 1 号，1920 年 12 月 1 日。

③ 《社会主义批评》《新青年》9 卷 3 号，1921 年 7 月 1 日。

④ 《国庆纪念的价值》《独秀文存》第 373 页，安徽人民出版社 1987 年。

⑤ 《一九一六年》《独秀文存》第 34 页、35 页，安徽人民出版社 1987 年。

要障碍。对无政府主义，陈独秀给予了有力批判。他指出，无政府主义在中国十分流行，根源于中国文化中“老庄以来的虚无思想及放任主义”，西方的个人主义加上中国老庄的虚无放任，遂造成“中国式的无政府主义”。① 而虚无主义只能造成青年人的发狂、自杀或堕落，决不会把个人和社会推向前进，因而是“青年底大毒”。他指出，无政府主义的实质是一种“虚无的个人主义及自然主义”，他们要绝对的个人自由，反对一切主义，是荒谬的空谈。“试问他反对一切建立一个主义，是否也是一种主义？他主张个人物质及精神的方面完全解放以后再改造，是否也是一种主义？”如果让人听命于这种无信仰、无归宿的主义，是否也是一种限制呢？这种虚无的个人主义是“反社会”的。② 陈独秀针对无政府主义笼统地视一切国家为“强权”的观点，他指出，国家、政治、法律是改良社会的工具，工具不好，只可改造，而不可抛弃不用。国家是强权，但“强权所以可恶，是因为有人拿它来拥护强者无道者，压迫弱者与正义”。若是保护弱者与正义的强权又何以可恶呢？事实上，“资产阶级所恐怖的，不是自由社会的学说，是阶级战争的学说；资产阶级所欢迎的，不是劳动阶级要国家政权法律，是劳动阶级不要国家政权法律”③。建立无产阶级执政的国家“强权”是完全必要的，没有它就不能废除官僚政治和资本私有制。

另外，关于对政党的认识，陈独秀也有一个过程。在 1918 年《今日中国的政治问题》一文中，他仍然认为，要解决中国的政治问题，“第一当排斥武力政治”，“第二当抛弃以一党势力统一国家的思想”。④ 这时他对中国的武力政治和政党政治持悲观的态度，因为民国初年的政象表明，无论哪一党哪一派，都无力造成统一全国的中心势力，相反，武人政治、政党政治徒然增加了你争我夺的混乱。五四运动以后，随着无产阶级阶级意识的形成，陈对政党政治的看法逐步趋于乐观。他认识到：“有政治便不能无政党，政党只可以改造，要说政治可以绝对不要政党，这话此时也还没有证据。”因此，解决中国政治问题的当务之急是建立一个真正代表劳工利益的革命政党，“政党是政治的母亲，政治是政党的产儿；我们与其大声疾呼：‘改造政治’，不如大声疾呼：‘改造政党！’。”⑤ 怀着这种革命激情，他开始了缔造中国共产党这一中国现代革命史上的开天辟地的伟大创举。翻开 1919—1921 年期间陈独秀年谱的红色日历，可以发现，此间，他频繁往来于上

① 《中国式的无政府主义》《独秀文存》第 611 页，安徽人民出版社 1987 年。

② 《虚无的个人主义及任自然主义》《独秀文存》第 601—602 页，安徽人民出版社 1987 年。

③ 《谈政治》《独秀文存》第 364 页、365 页，安徽人民出版社 1987 年。

④ 《今日中国之政治问题》《独秀文存》第 150—151 页，安徽人民出版社 1987 年。

⑤ 《政治改造与政党改造》《独秀文存》第 621—622 页，安徽人民出版社 1987 年。

海、广州、北京之间，与全国各地的共产主义小组乃至远在巴黎勤工俭学、探求真理的早期马克思主义者发生着密切的书信往来，为建党做出了重大贡献。1921 年 7 月他当选为中共中央第一任总书记。接着是二七罢工、五卅运动、北伐战争。“自从有了中国共产党，中国革命的面貌就为之一新了。”（毛泽东语）至此，陈独秀短暂而剧烈的政治生涯达到了顶峰。

总之，五四运动以后，陈独秀告别了欧美自由主义民主主义，迈上艰难、漫长、曲折和痛苦的革命道路：建党，总书记，工运，北伐，大革命失败，开除党籍，托派，监狱，出狱贫病交加在无限孤独中死于四川江津……

从 1915 年创刊《青年杂志》吹响思想启蒙的号角，直到五四运动前夕，陈作为思想启蒙领袖，是非常出色的。但毋庸讳言，五四运动后他作为政治领袖，从总体上说是不成熟的。他的政治生涯，随着 1927 年大革命的失败而告终。对于陈独秀的路线错误，党史已做出了定论：他不了解中国社会的半殖民地半封建性质，不懂得中国革命的具体规律，看不到农民问题的严重性和农民革命的积极性，忽略了无产阶级（和共产党）在新民主主义革命中的领导作用，从而犯下了右倾保守和取消主义的错误。其实，陈独秀的错误同时意味着尚在幼年时期的党的不成熟性。从个人素质而言，陈独秀的失败也似乎是注定的，他生性好胜和自负的教授气，使自己远远缺乏与中国社会极其复杂的各阶级、各阶层打交道的丰富经验，也缺乏中国式政治家极其需要的灵活性、策略和领导艺术；他的名望来自于文化启蒙，而缺少政治斗争中的实力基础（军队，干部）；他的任性与固执不利于组织上的“五湖四海”团结多数……这一切限制了他的政治才能与业绩。

但是，上面的一切，都不足以否认陈是一位有热血与良知的急进民主主义者和马克思主义者，他在新文化运动中和建党时期曾做出过重大贡献。更难能可贵的是，无论在国民党的囚牢里还是获得自由后，他一直保持着对党的信念，一直固守着一位革命者的节操。任振河同志在《论陈独秀出狱后的托派问题》一文中披露了一些十分动人的事实：

> 胡适拉他去美国，他不为所动；后又劝他参加国防参议会，他又拒绝。张国焘叛党后，要陈再组织一个伪字号的共产党，他不予理睬；蒋介石派人要陈组织一个“新共党”，并答应供给十万元经费，他坚决不干，蒋又派陈当劳动部长，陈斥蒋是“异想天开”。……①

---

① 《党史研究》1985 年第 1 期。

第五章　胡适与现代中国的文化启蒙

中国现代史是以1919年五四运动为界碑的，然而，思想文化界却是在1917年甚至更早进入现代的，其标志是新道德观、人生观的呐喊和白话文运动的开展。在推进中国思想文化界提前进入现代的诸多文化精英中，胡适是颇为重要的一个。他是现代中国文化的奠基者之一，为中国现代思想以至于整个文化、学术树立了新的范式。胡适作为一位现代文化史上的著名学者，他有一颗对许多与现代自由主义精神紧密相连的价值准则十分敏锐、领悟深刻的心灵。这颗心灵里，蕴含着十分美妙动人的理想，甚至在今天，这些理想仍然被许多人所珍爱。胡适可以说是一位优秀的富有理性的人物，然而他的一生中又经历过不少令人悲哀的故事。胡适的命运，正像亚历山大·赫尔岑在一个多世纪以前所描述的“理性”的命运一样悲哀：“理性总要退却的；它总是很少得到重视的。就像北极之光，它照亮了广袤的地域，但它自己却只能存在短暂的一瞬。”①

胡适作为渊博而敏锐的学者，在现代文化学术史上占据着这样显赫的地位：他“第一个提出用白话取代文言，推动了白话运动的开展。第一个用白话写诗，出版了第一本白话诗集《尝试集》，推动了现代新诗的诞生。第一个编写中国哲学史专著，出版了第一本《中国哲学史大纲》，促进了中国哲学史科学的诞生。第一个把白话小说作为学术项目进行研究。第一个用现代观点考证《红楼梦》，开创了一代新红学。……他没有完成什么，却几乎开创了一切，这就是中国现代文化史上的胡适”。②

在论述辛亥革命后直至30年代中国人面临的重大社会政治和思想问题时，胡适总是执着地主张，现代政治理论与个人尊严、思想独立的价值准则的一致性，是民族与文化复兴必不可少的组成部分。他以充满勇气的努力，依赖着要被超越的现存制度的运行，

---

① 亚历山大·赫尔岑：《往事与思考》。

② 《北大校长与中国文化》第71页，生活·读书·新知三联出版社1988年。

力图去实现这一幻想……

面对着在现代史上举步维艰的中国，他同五四时代的许多人一样，十分强调文化启蒙的意义。

一 胡适的文学改良与白话文运动

胡适（1891—1962）名洪骍，嗣糜，字适之。祖籍安徽省徽州地区绩溪县，世代以经商为生。按照胡适“自传”上的说法，安徽绩溪，素有冒险经商的传统，由于与大城市联系较多，徽州人在文化和教育上，每能得一个时代的风气之先。商绅相半的家庭环境和在近代开化较早的徽州一带的乡土风情，给幼年胡适以深刻的影响。胡适自幼聪颖，又是他母亲唯一的亲生儿，3 岁便被送到私塾读书。他在私塾曾先后读过《诗经》、《书经》、《论语》、《易经》、《孝经》等，饱受传统文化的滋养和熏陶。也曾私下入迷地读过《水浒传》、《三国演义》以及当时比较流行的说唱评弹的曲词。这些东西都是用白话俗语写成的，对于胡适尔后提倡文学改良和白话文不无影响。

胡适 14 岁那年，到上海读书。先后在“梅溪”、“澄衷”、“中国公学”和“中国新公学”四个学校读书。在上海读书期间，他的思想虽然时常表现出青春期时青年人的不成熟性，但明显接受了梁启超、严复等人进步思想的影响。当时的上海是甲午战争失败和戊戌变法破产后国内思想界最活跃的地方，邹容的《革命军》、梁启超的《新民说》、严复译的《天演论》都曾震动过这位青年学子的心灵。他的名字“适”、“适之”，就是这时改的，盖取法“物竞天择，适者生存”之意。特别是梁启超那些“明白晓畅之中带有浓挚情感”的时论文章，给胡适影响最大，印象最深。① 比如梁氏《新民说》主张要把中国这个老大病衰的民族改造成为一个新鲜活泼的民族，此种论点，曾深深地在胡适略带稚气的心扉上打上烙印，后来他对中国文化所发的许多激烈、苛刻乃至缺乏公正的言辞，恐怕与此时的影响有关。另外，梁的《中国学术变迁之大势》使他知道，在《四书》、《五经》之外，中国还有其他学问。胡适后来认为，这是第一次用历史的眼光整理中国学术思想，和第一次给中国学术以“史”的见解。胡适尔后用全新的方法“整理国故”，其思想之根蘖正萌发于此。

1910 年，刚过 20 岁的胡适，其人生命运发生了戏剧性的又是至关重要的转折。这时

---

① 参见《四十自述》《胡适散文》第 4 集，中国广播电视出版社 1992 年。

他因失学又无正式工作，正漂泊流落在上海街头，偶然机会使他得知清政府利用美国退还的庚子赔款为经费，招收官费留美学生的消息。胡适在百无聊赖中参加了考试，且顺利地取得了留学资格。不久便漂洋过海，到了大洋彼岸的现代世界。在美国，他先学农，后改文，在康乃尔大学文学院完成所修课程后，又于1915年转入哥伦比亚大学哲学系，跟随美国实用主义哲学大师杜威攻读博士学位。留美7年，欧风美雨熏陶使胡适的世界观、人生观，文化观、社会历史观、政治观均发生了重大变化。在这些领域中自由主义、科学主义两大批判标准的确立，标志着胡适思想由东方传统向西方现代主义文化意识飞跃的完成。特别是以实验主义为基础的科学主义精神，在五四时代的反封建文化启蒙运动中曾发挥过不可磨灭的进步作用。

1917年，当新文化运动在神州大地崛起的时候，胡适这位饱学之士带着杜威的实用主义、赫胥黎的怀疑论和高扬个性的易卜生主义等现代西方资产阶级哲学和文化观念来到了中国新思潮的发源地——北京大学。在蔡元培先生主持下的这块充满新鲜气息和自由空气的文化学术领地里，很快成为这场反封建启蒙运动和文化革命中“首举义旗的急先锋”（陈独秀语）。

胡适称五四新文化运动为“中国文艺复兴运动”，这场伟大的文化启蒙运动无疑发轫于胡适首开风气的文学改革。事实上，在胡适回国之前，他的名字已为陈独秀主办的《新青年》的同人所熟知。1916年冬和1917年春，《新青年》杂志便连续刊出了胡适从自己的学生日记《藏晖室札记》中选出的大量摘录，以及他早期试写的白话诗和他翻译的莫泊桑、泰来夏甫的短篇小说等。更为重要的是，1917年初，《新青年》第2卷5号上又发表了胡适的《文学改良刍议》一文，主张用白话取代文言，解决中国文学的根本问题。继之，胡又发表了《历史的文学观念论》、《建设的文学革命论》、《文学进化观念与戏剧改良》等重要文章，提出了一系列崭新的文学观念，有力地推进了中国古典主义的传统文学和文学价值观向现代新文学及新文学观念的转变。具体说来，胡适以现代价值观为基础的文学改革思想大体包括下列几个方面：

首先，胡适在《文学改良刍议》一文中一马当先地提出从“八事”入手废除旧文学、创造新文学的文学改良主张。所谓从“八事”入手：“一曰，须言之有物；二曰，不摹仿古人；三曰，须讲求文法；四曰，不作无病之呻吟；五曰，务去滥调套语；六曰，不用典；七曰，不讲对仗；八曰，不避俗字俗语。”① 随后他又在《建设的文学革命论》中把

① 《胡适散文》第1集，第193页，中国广播电视出版社1992年。

“八事入手”改为“八不主义”，并把“八不”总结为四条原则，即一要有话说，方才说话；二要有什么话说什么话；话怎么说，就怎么说；三要说自己的话，不说别人的话；四要什么时代的人说什么时代的话。胡适的上述主张，在中国文学史上具有划时代的意义，它揭开了中国现代文学史的第一页。对此，当时和尔后不少进步思想家均给过高度评价。如《文学改良刍议》一发表，便被陈独秀誉为“今日中国文界之雷音”，称胡适是文学革命“首举义旗的急先锋”。[①] 鲁迅先生则肯定胡适文学改良在“无声中国”具有首开风气之功。他说：“要恢复这多年无声的中国是不容易的……首先来尝试这工作的是‘五四运动’前一年，胡适之先生所提倡的‘文学革命’。”[②] 另外，孙中山、廖仲恺、毛泽东也都给予过极高评价。

其次，胡适从“历史的文学进化观念”出发，倡导活的文学、人的文学、真的文学，为新文化运动的发展和现代文学观念的确立指明了正确的发展道路。胡适认为，“一时代有一时代之文学。此时代与彼时代之间，虽皆有承前启后之关系，而决不容完全抄袭；其完全抄袭者，决不成为真文学”。所以“古人已造古人之文学，今人当造今人之文学”。[③] 换言之，文学要随时代变迁。据此，胡适认为，用活的文学、人的文学、真的文学代替旧文学、死文学、假文学是理有固然，势所必至。“活”的文学就是要为白话文学正名，以白话取代文言，将其提高到中国文学正宗的地位，属于文学形式的革命。用胡适的话说是“死文言决不能产生活文学”[④]，要建立新鲜活泼的文学，就必须取消僵死呆板的文言文。“人”的文学，便是提倡人性的解放，反对一切禁锢戕害人性的封建道德观念和文学观念。新文学的内容应以人的解放为中心，呼唤人的价值，人格尊严和人的权利。胡适提倡的一切为了“人”的文学价值观，对五四时代的小说、散文、和诗歌发生了极为强烈的影响。“真”的文学即指现实主义的创作态度。胡适呼吁作家要睁开眼睛，直面人生，以“实地的观察和个人的经验”作根底，用自己的手和笔揭露现存社会的黑暗、虚伪与矛盾。基于这种写实主义，胡适猛烈地抨击了中国“说谎的文学”传统，“闭着眼睛不肯看天下的悲剧惨剧，不肯老老实实写天下的颠倒惨酷”，因而至多给人一种纸上的快乐，而不能“引人到彻底的觉悟”。[⑤] 鲁迅在揭露中国文学善于“瞒和骗”的悲剧

---

① 陈独秀：《文学革命论》，《独秀文存》，安徽人民出版社 1987 年。

② 《无声的中国》《鲁迅选集》第 2 卷，人民文学出版社 1991 年。

③ 《胡适散文》第 1 集，第 188 页，中国广播电视出版社 1992 年。

④ 《建设的文学革命论》《胡适散文》第 1 集，第 194 页，中国广播电视出版社 1992 年。

⑤ 《文学进化观念与戏剧改良》《胡适散文》第 1 集，第 220 页，中国广播电视出版社 1992 年。

缺乏症时，颇引胡适对假文学的批判为同调。

再次，提倡以白话俚语入诗，倡导诗体改革，是胡适文学改良理论的又一方面。这方面的理论集中表现在他写于1919年10月，最初发表于《星期评论》双十节纪念专号上的《谈新诗》一文中。在这篇诗学评论中，他总结了自1917年开始的文学改良运动的经验，特别是新诗创作的经验，提出三点颇有针对性的意见。第一，要使新诗获得长足的发展，首先需要的是“诗体的大解放”，即突破古典诗、词、曲、谱的种种束缚，“不拘格律，不拘平仄，不拘长短；有什么题目，做什么诗；诗该怎么做，就怎么做”。只有打破古典诗词的形式上的束缚，才能使良好的内容得到充分的表现，“有了这一层诗体的解放，所以丰富的材料，精密的观察，高深的理想，复杂的情感，方才能跑进诗里去”。第二，针对新诗坛上某些诗作语词抽象、缺乏具体鲜明的诗意诗味的不足，胡适再次强调了诗歌的语言特点，即“诗须用具体的作法，不可用抽象的说法。凡是好诗，都是具体的，越偏向具体的，越有诗意诗味。凡是好诗，都能使我们脑子里发生一种——或许多种——明显逼人的影像。这便是诗的具体性”。① 第三，新诗虽不受种种僵化形式的束缚，并非不受任何形式规范的限制。新体诗借“语气的自然节奏”和用字的自然的轻重高下形成抑扬顿挫的韵律；更为重要的是，新体诗通过现代白话的“内部组织——层次、条理、排比、章法、句法”构成自己的主体旋律与和谐的形式美。

1920年，胡适《尝试集》出版了，这是中国现代诗坛上第一部取材广泛的白话诗集。它是胡适几年来新诗创作实践的结晶，也是他献给白话文运动的一份充满深情的礼物。今天看来，这本诗集在诗艺上还不够高，在思想意境开掘上也不够深，但它作为现代新诗园地里第一簇报春的花，在现代文学史上却获得了独占一春之先的显赫地位和引人注目的魅力。

一声春雷惊笋梦！胡适的文学改革主张，在五四新文化运动中发生了强烈的影响。五四前后，声势浩大的白话文运动正是在胡适“八不主义”的旗帜下进行的，胡适的白话诗集《尝试集》和他在《新青年》等杂志上发表的白话译文小说以及随感而发、长短皆宜的时论，在当时引起了振聋发聩的作用，使多数青年心仰仪服，争相师法诵读，就连宿学巨擘梁启超也“欢喜赞叹得未曾有”。一向反对白话文的章士钊则斥责趋之若狂的青年人“以适之为上帝，绩溪为上京，遂乃一味于《胡适文存》中求文章义法，于《尝

---

① 《谈新诗》《胡适散文》第1集，第245页，中国广播电视出版社1992年。

试集》中求诗歌律令”。[①] 可见，胡适倡导的白话文学、白话文运动不仅在文学形式上，而且从思想、心理、精神上掀起了文化启蒙的狂澜。胡适不仅是白话文运动的倡导者，他本人也称得上是白话文的一代宗师。他留给我们的那些“愈嚼愈有味道”，兴来笔到、明白如洗的散文、短论、札记、诗歌、游记、书评、自述等，可谓收百代之阙文，采千载之遗韵，谢朝花于已披，启文秀于未振，观古今于须臾，抚四海于一瞬。为新文学创立了一代范式。

胡适的文学改良理论与实践，在新文化运动中的巨大影响，具体说来有下数端：

首先，胡适唱“八不主义”而响应者众，掀起了在现代文化史上影响深远的文学革命的一代狂潮。胡适的《文学改良刍议》在《新青年》上一发表，立即引起《新青年》同人的唱和响应。1917 年 2 月，陈独秀发表《文学革命论》，把文学革命与思想伦理革命联系起来，指出“盘据吾人精神界根深柢固之伦理、道德、文学、艺术诸端，莫不黑幕层张，垢污深积”，于道德革命之同时，文学革命也须继起。继胡适文学改良主张之后，提出“文学革命”的三大主义：“曰推倒雕琢的阿谀的贵族文学，建设平易的抒情的国民文学；曰推倒陈腐铺张的古典文学，建设新鲜的立诚的写实文学；曰推倒迂晦的艰涩的山林文学，建设明了的通俗的社会文学。”陈独秀认为，这些旧文学其形式则有肉无骨，有形无神，乃“装饰品而非实用品”；其内容则不外帝王权贵、神仙鬼怪及个人穷通利达，于真切的宇宙、人生、社会“举非其构思所及”。因此欲革新思想、政治，势不得不革新“精神界之文学”。他痛斥“桐城谬种”、“选学妖孽”，指出“载道之文不过钞袭孔孟以来之门面语而已”，[②] 是宣扬封建道统之工具。在写给胡适的信中，他坚决支持文学改良，主张“必不容反对者有讨论之余地”，[③] 对已死的旧文学一举而廓清之。钱玄同、刘半农则是胡、陈文学改革最激进的同盟者。钱以“疑古”为号，人称“疑古玄同”。他以主张激烈的文学改革而著称。如果说钱玄同与陈独秀有什么区别，那就是他更为激烈地把古文言、古文字斥责为文化专制和封建暴政之工具，为否定旧文化，宏扬新精神，他不仅坚决否定旧文学，八股文，甚至主张废除汉字，认为“欲使中国民族为二十世纪之文明民族，必以废孔学，灭道教为根本之解决，而废除记载孔门学说和道教妖言之汉

---

① 转引自《胡适散文》第 1 集《编者杂记》，中国广播电视出版社 1992 年。

② 引文均见《独秀文存》第 95—97 页，安徽人民出版社 1987 年。

③ 《再答胡适之》《独秀文存》安徽人民出版社 1987 年。

字，尤为根本解决之根本解决”。①表现了五四时代反传统主义的偏激情绪。刘半农在五四新文化运动退潮后与周作人一样思想渐入颓唐，但在这场运动的前期也曾是反对旧文化的主力之一。为推波助澜，鼓动新潮，推进文学革命的发展，他与钱玄同一起表演了一场新旧文化对阵的“双簧”戏。1918 年 3 月，钱化名“王敬轩”用封建文人之口气写了一篇《文学革命之反响》，从各方面对文学革命加以攻击，刘半农则写了《答王敬轩》一文，用嬉笑怒骂的犀利笔锋，把这谬论驳了个淋漓痛快。这一方愿打，一方愿挨的“双簧”戏，成为新文化运动的趣谈。

其次，胡适倡导的文学改良和白话文运动，不仅引起了现代文学观念的更新，而且引发了现代小说、散文的诞生和诗界革命。新文化运动中，新体白话小说应运而起，在这方面鲁迅做出了突出的实绩。1918 年，鲁迅投入了战斗，他先后在《新青年》等杂志上发表了一系列作品，从各方面对旧思想旧文化进行解剖和批判，使新文化运动达到了空前深度。他的小说集《呐喊》和《彷徨》是当时文学创作的重要成果，代表着五四白话小说的最高成就。这些作品如鲁迅自己所说，是为新文化运动“呐喊”和“助威”，更是为了将旧社会、旧人生、旧文化的病根暴露出来，催人留心，设法加以治疗。他说过：“我做小说，是开手于一九一八年，《新青年》上提倡文学革命的时候，这一运动，现在固然已成为文学史上的陈迹了，但在那时却无疑是一个革命的运动。我的作品在《新青年》上，步调是和大家大概一致的，所以我想，这些确可以算作那时的‘革命文学’。”②鲁迅的小说杂文成为从“文学革命”到“革命文学”过渡的典范，为二三十年代“左翼”小说的发展奠定了基础。胡适、刘半农、刘大白是最早创作新诗的人。继《尝试集》之后，崛起了“为人生而艺术”的一代诗潮。刘大白的诗作《旧梦》和刘半农的《相隔一层纸》最早表现了下层民众痛苦的哀吟；俞平伯的《冬夜》，康白情的《草儿》，郑振铎等人合刊的诗集《雪朝》所追求的“自然”、“率真”的意境则表达了五四新人对自由之神的憧憬；朱自清的抒情长诗《毁灭》则讴歌了进取不懈的人生。此外，冰心的诗集《童心》，宗白华的《流云小诗》均从特定的感知角度反映了新文化运动的自由精神。而创造社的主帅郭沫若的《女神》，代表了自由诗魂的最高成就。它那飞动呼啸的激情，雄浑豪放的风格，把五四狂飙突进时代精神的浪漫诗情推向了极境。诗人笔下那悲壮自焚的“凤凰”，宣告了无光的旧世界的终结和光明的新时代的诞生。文学改革和白话文运

---

① 钱玄同：《中国今后之文字问题》《中国现代思想史资料简编》第一卷，浙江人民出版社 1982 年。

② 鲁迅：《〈自选集〉自序》《鲁迅选集》第三卷，人民文学出版社 1991 年。

动，给二三十年代的散文艺术园地也带来了百芳争艳的春天。鲁迅的杂文深刻含蓄，富于批判的辛辣和哲理的深邃；周作人的散文小品朴素、冲淡，不求华绮，天香本然，字里行间充满作者对平凡人间的淡而深的悲悯；朱自清、冰心的散文，精心雕琢，纯美如画，但又不失自然的真实与圆润；此外，沈从文的乡土气息，徐志摩的空灵超然，林语堂的幽默闲适，郁达夫的一泻千里，他们散文艺术风格的不同，正体现了不拘格套、不拘形式的文学改革对自由创作精神的解放所焕发出的生机与活力。

最后，从历史事实来看，胡适倡导的文学改良和白话文运动，其意义又远不局限于文学形式上，更在于白话的推行，促进了思想界、文化界的觉醒，扩大了五四新思潮的社会影响。白话取代文言，在一定程度上也刺激着人们情感与思维方式的变化。对此，学术界一直评价不够，多认为这是“文学形式”上的改良，在文化启蒙上算不得重要。却不知形式与内容相辅相成，“形式上的束缚使精神不能自由发展，使良好的内容不能充分表现。若想有一种新内容，新精神不能不打破那束缚精神的枷锁，镣铐”。① 其实胡适提倡“文学工具变迁”，其目的正在于文化启蒙。正如他后来在《整理国故与打鬼》一文中所说：“用精密的方法，考出古文化的真相；用明白晓畅的文字报告出来，叫有眼的都可以看见，有脑筋的都可以明白。这是化黑暗为光明，化神奇为臭腐，化玄妙为平常，化神圣为凡庸：这才是‘重新估定一切价值’。”白话文的提倡，促进了白话文学发展，而白话文学这一通俗、明白、便于大众化的新式传播媒介的出现，对于扩大新文化思潮——科学精神、民主意识和人的解放——的社会影响，促进知识分子与广大民众在思想、情感和文化心理上的沟通，发挥了极为重要的作用。有人已经指出，尽管胡适一再为作为白话文运动的发起人对这场运动所起的作用感到骄傲，而且比起他的其他种种努力来，这点也尤其值得纪念。然而文学改革的意义决不局限于这场文学革命本身。“正如这场运动的拥护者和反对者从一开始就知道的那样，这场文学革命本身具有着深远的社会含义和政治含义。”② 事实也正是如此。中国的“文言”——一种远离口语的深奥的表达媒介，之所以在许多个世纪中受到传统文人学士的真诚崇敬，而且受到官僚政治的维护，因为掌握了这种文言，就意味着获得一种特权，“识文断字”能给少数拥有闲暇和从事文化学习的人带来文盲大众无法染指的高贵社会地位，是他们取得政治权力的途径。因而文言几千年来与其他任何制度一样，维护了传统中国劳心者与劳力者之间的尊卑等

---

① 《谈新诗》《胡适散文》第1集，第231页，中国广播电视出版社1992年。

② 格里德：《胡适与中国的文艺复兴》第80页，江苏人民出版社1989年。

级界限。而且这种为上层社会所独享的文化符号保证了传统价值体系的永久延续性。所以，“这场文学革命的目标就远远超出了对一种文学风格的破坏”。[①] 如果说这场革命的反对者所保护的是一完整的社会价值体系，那么反对文言之僵死形式和旧文学之陈词滥调的文学革命的倡导者，所要否定的也恰是这一完整的文化价值体系本身。这才是文学形式变革背后所深蕴的真正的社会意义。

综上可知，文学革命从其发端就是一场意义更加广阔的思想文化启蒙运动的工具。对于胡适来说，五四时期乃至二三十年代，他对白话文学运动始终保持着极大的热情。但他所关切的事情远非这一方面。使胡适饶有兴趣的另一些问题是新国民与新社会的构想；中国文化现代化道路的思考以及把实验主义哲学中国化的尝试等。对这些问题的探索，成为揭示胡适在现代文化史上启蒙地位的更深层次的问题。

二　胡适的自由主义个人理论

马克思曾说过，封建专制制度的唯一原则就是轻视人类，使人不成其人。他曾经强调指出，德国从中世纪得到解放的唯一实际可能是“从宣布人本身是人的最高本质这个理论出发的解放”。[②] 在有着几千年封建专制主义传统的中国，对于人的价值的贬抑，个性的压制，思想的束缚，精神的扭曲，与欧洲中世纪相比是有过之而无不及的。因此，人的价值的发现与强调，成为五四时代反对封建专制主义，唤起民族自觉的文化启蒙运动的核心任务。在此之前，严复、梁启超、章太炎等已经接触到了这个问题，提倡过资产阶级的个性解放和自由理论。但是包括当时最激进的革命者在内，对于思想战线上反封建专制文化启蒙的严重性估计不足，他们甚至把争取整个民族的独立自由与争取个人自由绝对对立起来，认为“吾侪求总体之自由者也，非求个人之自由者也”[③]。因此，他们的实际注意力都集中于民族革命的具体政治目标，将个性解放和自由的呼喊淹埋在反清排满的主旋律之中。直到新文化运动才真正发现了以“人”的解放为轴心的现代性启蒙主题。

在发表于 1915 年 9 月《青年》创刊号上那篇雄辩的《敬告青年》一文中，陈独秀以

---

① 格里德：《胡适与中国的文艺复兴》第 81 页，江苏人民出版社 1989 年。

② 马克思：《黑格尔法哲学批判·导言》《马克思恩格斯选集》第一卷，人民出版社 1973 年。

③ 梁启超语，孙中山也常这样讲自由。

科学与人权并重，提出了支配着此后数年的许多理性革命的原则，他以六项人生标准激励青年人创造“自主的而非奴隶的”，“进步的而非保守的”，“进取的而非退隐的”，“世界的而非锁国的”，“实利的而非虚文的”，“科学的而非想象的”自强健美的人生。这篇文章成为新文化运动和人学革命的宣言书。本着这种“立人”的宗旨，《新青年》在创刊后的第一个冬天里，开始连续登载外国的译文小说和鼓吹人学革命、道德革命的时论。这立即引起了尚在美国的胡适的注意。这位早已接受西方自由主义价值观念的文学青年回国后，立即投入了文学革命和人学革命的潮流。

1918 年 6 月，在胡适参与下，《新青年》刊出了《易卜生专号》，这是胡适提出人性解放及理性与社会改革方案的最初尝试。在这一专号上刊登了胡适与罗家伦（当时的北大学生）合译的《玩偶之家》，专号还刊出了胡适写的长篇介绍性文章《易卜生主义》。在这篇文章中，胡适第一次阐述了自己的个人主义理论以及他终生萦绕心际的个人与社会关系的观点。继此之后，他又先后在《新青年》上发表了《美国的妇人》、《贞操问题》、《我的儿子》、《不朽——我的宗教》等杂感性文章。在这些文章中，胡适以漫谈的方式，详尽地阐述了他以自由主义为基础的个人主义理论。

首先，胡适认为，真正的个人必须敢于正视人生，养成理性的诚实和自立的精神。这自然受益于易卜生主义的启发。易卜生在《玩偶之家》、《人民公敌》等文艺作品中以写实主义的手法揭露了西方社会的陈俗旧规对自由人性的束缚和扭曲，指出，社会最大的罪恶莫过于摧折个人的个性。对此，胡适深表赞同，并把它用来攻击儒家伦理和封建家族制度。胡适再三劝导读者，要像易卜生那样敢于对社会弊病“坦率相讥”，以理性的诚实揭去社会伪善的面纱。他指出：“人生的大病根在于不肯睁开眼睛来看世界的真实现状，明明是男盗女娼的社会，我们偏说是圣贤礼义之邦……明明是不可救药的大病，我们偏说一点病都没有！却不知道：若要病好，须先认有病；若要政治好，须先认现今的政治实在不好；若要改良社会，须先知道，现今的社会实在是男盗女娼的社会！”① 他要求知识分子从呆痴与自欺中解放出来，把揭露社会的黑暗转变成清除窒息人格自由发展的社会旧势力的行动。

其次，胡适提倡一种真益纯粹的为我主义。这种为我主义的本质是摆脱依附他人的劣根性，养成自强自立的人格，敢于独立地选择，并敢于对自己的行为负责。他颇为赞同易卜生在写给丹麦批评家乔治·勃兰德斯的一封信中所说的话：“你要想有益于社会，

---

① 《易卜生主义》《胡适散文》第 1 集，第 11—12 页，中国广播电视出版社 1992 年。

最好的法子莫如把你自己这块材料铸造成器。……有时候我真觉得全世界都象海上撞沉了船。最要紧的还是救出自己。”① 胡适认为，社会是由个人组成的，多救出一个自己，便是备下一个再造新社会的分子。他指出：“自治的社会，共和的国家，只是要个人有自由选择之权，还要个人对于自己所行所为都负责任。若不如此，决不能造出自己独立的人格。社会国家没有自由独立的人格，如同酒里少了酒曲，面包里少了酵，人身上少了脑筋：那种社会国家决没有改良进步的希望。”② 封建时代的维护封建等级制度的正统理论，过分强调这种等级制度下的人的相对地位，注重维持社会关系的和谐与平衡，因此它必然要求泯灭人的个性。而要建设自由开放的民主社会，首先需要平等人格和自由个性的确立。

又次，胡适的自由主义个人理论绝不等同于浅薄轻浮的利己主义，相反，它十分强调个人对社会，“小我”对于“大我”神圣的历史责任。这一思想在他发表于 1919 年 2 月《新青年》6 卷 2 号上的《不朽——我的宗教》中得到了系统陈述。中国古代的儒家经典《左传》中关于人生的意义有“三不朽”的说法，即“太上有立德，其次有立功，其次有立言”。是说人生不朽的价值既不靠灵魂的不灭，也不靠生前的权势财富，而取决于他的人格，他的事业，他的著作。胡适把这种儒家价值观改造为一种个体责任的“社会不朽”论。胡适认为，社会与个人，即“大我”与“小我”是不可分割的。“大我的不朽”使有限的个人具有了超出其自身短暂期望的存在意义。在这种情况下，每个人所希望得到的最好的东西——和他惧怕得到的最坏的东西——就是被后人记住。个人的一言一行、一举一动都会永恒记储在历史“大我”的记忆里，受到历史的评判：或流芳百世，或遗臭万年。这就要求个人对自己的行为要有高度的责任感。“我这个现在的‘小我’对于那永远不朽的‘大我’的无穷过去，须负重大的责任；对于那永远不朽的‘大我’的无穷未来，也须负重大责任。我须要时时想着我应该如何努力利用现在的‘小我’方才可以不辜负了那‘大我’的无穷过去，方才可以不遗害那‘大我’的无穷未来?”③ 这里胡适提出了一种他用来取代基督教来世观、佛教报应论及儒家孝道的一种教义，这种教义的实质是一种责任的人生价值观和自强不息的主体论。

最后，胡适的个人主义理论又带有鲜明的科学主义和理性主义特质。作为实验主义

① 《易卜生主义》《胡适散文》第 1 集，第 25 页，中国广播电视出版社 1992 年。

② 《易卜生主义》《胡适散文》第 1 集，第 11—12 页，中国广播电视出版社 1992 年。

③ 《不朽——我的宗教》《胡适散文》第 1 集，第 82 页，中国广播电视出版社 1992 年。

的信徒，胡适相信科学对人生的实践意义，因而他有时将自己的哲学称为“自然主义的人生观和宇宙观”。在发生于 1923 年的那场著名的“科学与人生观”论战中，他毫不犹豫地与主张科学知识是人们据以了解自身与世界的唯一可靠知识，科学探索方法是确立正确的人生观的唯一可靠途径的科学派站在同一立场上。他在为《科学与人生观》一书写的序中，为支持自己的观点，几乎对论战所及的每一人生现象都力图援引一门恰当的科学知识作分解。在这里，胡适提出一个基本信念，即包括人在内的“自然主义宇宙里”，笼罩一切的因果律和其他法则虽限制着人的行为，但并不能取消人生的自由。“因为因果律的作用一方面可以使他由因求果，由果推因，解释过去，预测未来；一方面又使他可以运用他的智慧，创造新因以求新果。……总而言之这个自然主义的人生观里，未尝没有充分运用‘创造的智慧’的机会”。① 人生是自由的，所以人应对自己的行为负责；人要对自己的行为负责，所以人应本科学而行动，因理性而生活。这样的生活才真正称得上是一种建立在认真的理性自我批判习惯之上的“新生活”，因而是“人的生活”。胡适告诫人们，“生活的‘为什么’就是生活的意义”，因为“人同畜生的分别，就在这个‘为什么’上。……畜生的生活只是糊涂，只是胡混，只是不晓得为什么如此做。一个人做的事应该件件事回得出一个‘为什么’”。② 否则便是动物的本能，是可耻的行为！这种高度自觉的个人理论，这种不断探究人生意义的态度，是对压抑着个人理智和精神，使其不能自由行动的封建道德律令的直接否定。

胡适的自由主义个人理论，是五四新文化运动反封建启蒙理论的一个重要组成部分。这一理论不仅在当时产生了强烈的影响，而且在尔后中国文化现代化的历史进程中同样具有意味深长的意义。因为在中国这一小农经济无所不在，宗法意识无孔不入，专制传统积几千年之久的东方古国中，其文化传统中自古缺乏独立自主、自由自决的人格意识。因此，独立人格的养成，自然成为中国文化走向现代化的题中之义，而且是题中要义。胡适当时提倡的个人主义，绝不是狭隘自私的“为我主义”，而是一种健全的“个性主义”，正如 16 年后胡适在纪念五四运动时所说，他当时提倡的是一种“健全的个人主义”，其含义不外两种精神：“一是充分发展个人的才能”，即易卜生所说的把个人“铸造成器”；“二是造成自由独立的人格”，养成忠诚勇敢的个性。③ 胡适针对新文化运动退潮

---

① 《〈科学与人生观〉序》上海亚东图书馆 1928 年。

② 《新生活》《胡适文存》第 1 集，上海亚东图书馆 1928 年。

③ 《个人自由与社会进步》《胡适散文》第 2 集，中国广播电视出版社 1992 年。

后一些人对他提倡的个人主义的误解和“不公正”的批评，再次为个人理论正名，强调了个性解放对于现代化社会的普遍价值。他批评把个人主义笼统看成资本主义的人生观，是“滥用名词的大笑话”，他质问：“难道在社会主义的国家里就可以不用充分发展个人的才能了吗？难道社会主义的国家里就用不着有独立自由思想的个人了吗？”有人嘲笑个人理论是维多利亚时代的过时思想，胡适反讥说：“这种人根本就不懂得维多利亚时代是多么光华灿烂的一个伟大时代。马克思、恩格斯都生死在这个时代里，都是这个时代的自由思想独立精神的产儿。他们都是终身为自由奋斗的人。我们去维多利亚时代还老远哩。我们如何配嘲笑维多利亚时代呢？”① 诚如当代学者李泽厚先生所说，新文化运动退潮的原因是由于五四运动后“救亡再次压倒了启蒙”②，刻不容缓的民族解放运动的主旋律一时淹埋了新文化运动的启蒙主题，致使今日吾人仍须一再为个人理论正名。联系这一点，我们不觉得胡适为个性解放一再呼唤的尝试深刻而可爱吗？

其实，胡适倡导的自由主义个人理论，其启蒙意义又不仅仅局限于对抽象个人的肯定，其中还包含着批判封建文化和改良社会环境的合理思想。这一点使他的理论与当时种种乌托邦式的个人主义区别开来。在民国初年和20年代初期那种政治上和社会上都十分混乱的环境中，逃避当时鄙俗卑劣的政治，企图以改造自己的人格来影响社会的正直君子形象，对人们还是具有相当吸引力的。然而胡适在鼓吹“易卜生主义”的同时，已经认识到：个体的解放只有在某种社会环境中才能实现。因而他在当时不仅反对“正心诚意”这种古典自我修养理论的复活，而且把自己置于他的某些友人（如周作人等）所信奉的乌托邦式的“新村生活”或无政府个人主义的对立面。他坚信，个体与社会是不可分割的整体，除非塑造个体人格的社会力量的改造实现了，否则个体人格就不可能确立起来。因此，他一面倡导人的自由解放，一面又紧紧导引着社会改良和对封建文化的批判。在《易卜生主义》发表不久，胡适又写下《非个人主义的新生活》一文。在这篇冗长的论文中，胡适指出，儒家正心诚意、独善其身的理论，旨在于说明人在社会环境中逃遁的合理性，这种观念的错误就在于“把个人看作一个可以提到社会外去改造的东西”，改造人性的“下手处”在于改造社会，“改良那些造成社会的种种势力——制度、习惯、思想、教育等。那些势力改良了，人也改良了”。③ 基于这种思想，胡适敏感地意

---

① 《个人自由与社会进步》《胡适散文》第2集，中国广播电视出版社1992年。

② 李泽厚：《中国现代思想史论》第25页，东方出版社1987年。

③ 胡适：《非个人主义的新生活》《胡适文存》第1集，上海亚东图书馆1928年。

识到，不改造中国家国重构的社会结构，个体人格发育的确是毫无希望的。特别是千百年来一直为儒家权威主义所维护的家族制度，是抑制个体人格的最大障碍。因此，在《易卜生主义》出版后的一段时间里，胡适所集中批判的正是家庭制度的两大堡垒：剥夺妇女社会权利的贞操观念和限制个性自由的封建孝道。

新文化运动时期，“妇女问题”是当时最吸引激进知识分子关心的社会热点问题，也是当时新旧思潮激战的焦点之一。这是因为女权问题直接触及中国社会乃至整个封建文化的根基——家庭制度。由于特殊的家庭遭遇，胡适对妇女的社会地位理应敏感，然而他对女权问题上“进步”观点的形成远远晚于对儒家孝道的反叛。直到 1914 年他还在着意为传统的中国妇女行为准则（妇道）进行辩护，认为中国妇女于社会中所居之地位高于西方妇女的地位，因为中国社会关注妇女的谦恭与名誉云云。然而正是在这一年，由于他与康奈尔大学一教授之女儿伊迪斯·威廉斯的亲密的精神友谊，加之美国日益高涨的女权运动的影响，使他抛弃了以“贤妻良母”为女性美德的旧观念，开始接受这样的新观念：“女子教育之最上目的乃在造成一种能自由能独立之女子”，并且认为女子参与社会活动，可以“振衰起懦，化民成俗”。① 1917 年回国后，胡适立即投入了对以“贞操”观念为核心的封建妇道的批判。他写下的《李超传》、《贞操问题》、《美国的妇人》等杂感文章中，以现实中耳闻目睹的传统偏见为妇女酿成的悲剧为证据，无情抨击了旧礼教残骸的酷毒。李超是一位因忧郁而死于结核病的青年学生。她的死，是她企图寻找个人人格独立的种种努力破灭后，被生活残酷留下伤痕的记录。在《贞操问题》一文中，胡适对报刊上大肆宣扬传统贞操、节烈观念和民国褒扬烈妇贞女的“条例”十分愤慨。他指出，提倡“毫无心肝的贞操论”，旌表“忍心害理的烈女论”，用毫无情理而又“天经地义”的烈妇贞女论去鼓励女子殉夫守节，“罪等于故意杀人”！而报纸和民国政府又加以公开的舆论提倡，甚至用法律加以保证，这是“今日道德思想宣告破产的证据”。在批判封建贞操观和妇道论的同时，胡适提出了调整男女婚姻关系的新道德。概括地说有这样几点：一、“贞操是男女相待的一种态度，乃是双方交互的道德；不是偏于女子一方面的”；二、男女婚姻的基础是自由自主的爱情，而爱情是男女保持贞操“最正当的理由”；三、“诚意的贞操是完全自动的道德，不容有外部的干涉，不须有法律的提倡”。②

这里胡适所寻求的远不止是一两种具体风俗的改造。在贞操问题之外，在整个妇女

---

① 胡适：《藏晖室札记》《胡适散文》第 3 集，中国广播电视出版社 1992 年。

② 《贞操问题》《胡适散文》第 1 集，中国广播电视出版社 1992 年。

社会地位问题的背后，他看到的是，女人的悲惨命运是男人们所维护的夫权社会造成的。要改良这不公正的社会，首先需要每一个人养成独立的个性，敢于独立思考并为自己的思想承担责任。1918 年秋，胡适在北京女子师范学校做过一次讲演，在这次讲演中他赞扬了美国社会妇女的地位，并指出，“善良的社会决不是如今这些互相依赖，不能‘自立’的男女所能造成的。所以我所说那种‘自立’精神，初看去，似乎完全是极端的个人主义，其实是善良的社会绝不可少的条件”。① 基于对这种独立精神关键意义的信仰，促成了他对另一种影响更为普遍的遗产——孝道——的批判。早在上海读书的时候，胡便写过反对封建孝道的文字，此后他在美国自由天地生活的经历只是进一步强化了他对孝道的反对。他甚至动辄便把中国日益加深之危机的全部责任归之于孝道。胡适认为，对父权的绝对接受造成了这样一种家族制度，这种制度从弱小者、不承担责任者以及困陷于其中的个人身上的依赖精神中汲取着维系自身的残酷力量。他写道：“吾国之家族制，实亦有大害，以其养成一种依赖性也。吾国家庭，父母视子妇如一种养老存款（Old age pension)，以为子妇必须养亲，此一种依赖性也；子妇视父母遗产为固有，此又一依赖性也。甚至兄弟相倚依，以为兄弟有相助之责。再甚至一族一党，三亲六戚，无不相倚依。一人成佛，一族飞升，一子成名，六亲聚啖之，如蚁之附骨，不以为耻而以为当然，此何等奴性！真亡国之根也！夫子妇养亲，孝也，父母责子妇以必养，则依赖之习成矣。”② 这话写于 1914 年。1917 年回国后，他继续批判这种家族个人主义是既破坏人格自立又取消对社会尽责的极端“私利”主义。1918 年，胡适喜得爱子，但他一反常俗地写道：“这个孩子自己并不曾自由主张要生在我家，我们作父母的不曾得他的同意，就糊里糊涂的给他一条生命。……我们既无意，如何能居功？何能自以为有恩于他？……我的意思是要我这个儿子晓得我对他只有抱歉；决不居功，决不市恩。至于我的儿子将来怎样待我，那是他自己的事。”③ 这是他以一个“父亲”的资格向封建孝道的直接挑战。继之，胡适的母亲冯太夫人于同年 11 月 23 日病逝。胡适曾多次提到他对母亲的丧礼进行改革。事后写下《我对于丧礼改革》一文，批评了厚葬久丧、繁文缛节的儒家礼制不近人情，它“不过是做热闹，装面子，摆架子！——哪里是祭！”④ 主张“把古代供

① 《美国的妇人》《胡适文存》第 1 集，上海亚东图书馆 1928 年。

② 《我国之家族个人主义》《胡适散文》第 1 集，中国广播电视出版社 1992 年。

③ 《我的儿子》《胡适文存》第 1 集，上海亚东图书馆 1928 年。

④ 《我对于丧礼改革》《胡适散文》第 1 集，第 93 页，中国广播电视出版社 1992 年。

献死者饮食的祭礼，改为生人对死者表示敬意的祭礼”，用简朴的现代奠仪取代虚情客套、神鬼其间的古礼，既有助于扫除封建迷信的陋俗，又便于表达现代人对死者的哀敬之情。胡适的这一举动，今天看来已算不得什么，但看过巴金名作《家》的人，便知这在当时的缙绅之家中已是十分大胆的改革了。

在某种意义上说，个性解放和理性自觉是一个问题的两个方面。随着新文化运动的展开，胡适将他的自由主义个人理论在一个更高的理论层次上变换为一种“评判的态度”。他借用曾对西方传统道德进行过无畏批判的“超人”哲学家尼采的一句名言来注释这一态度的主旨，即“重新估定一切价值”。在《新思潮的意义》中胡适写道：

> 新思潮的根本意义只是一种新态度……“评判的态度”。
>
> 评判的态度，简单说来，只是凡事要重新分别一个好与不好。仔细说来，评判的态度含有几种特别的要求：
>
> （1）对于习俗相传下来的制度风俗，要问：“这种制度现在还有存在的价值吗?”
>
> （2）对于古代遗传下来的圣贤教训，要问：“这句话在今日还是不错吗?”
>
> （3）对于社会上糊涂公认的行为与信仰，都要问：“大家公认的，就不会错了吗？人家这样做，我也该这样做吗？难道没有别样做法比这更好，更有理，更有益的吗?”①

胡适不仅如此激励中国人打破束缚他们的传统观念，而且他自己怀抱着这种“评判的态度”，全面展开了对传统文化的激烈批判，同时把自由选择的目光投向了西方，投向了世界。

三　文化：中国与世界

——胡适开放的文化视野

毋庸讳言，胡适对中国文化的态度具有“民族虚无主义”，然而他绝不是一个浅薄的洋奴文人。爱国主义与虚无主义矛盾地交织在一起，成为包括胡适在内的五四反传统主义知识分子文化意识的共同特征。

胡适早年曾主张要派对中国文化有深厚功底的人出洋留学，在留学期间，他也感到

---

① 《新思潮的意义》《胡适散文》第 1 集，第 251—252 页，中国广播电视出版社 1992 年。

中国留学生不了解中国文化是可耻的事情。当时的胡适对中国文化的取舍还没有明确一贯的立场，有时对中国文化的个别礼俗制度进行批评，又时常带着对祖国文明的一往深情，为其辩护，甚至袒护。他的留学日记《藏晖室札记》中有不少关于这方面的记录。比如，胡适认为中国人父母包办婚姻，当事人双方均知相爱之义，比西方人更能获得真正的爱情。西方的父母，当儿女到一定年龄时，就教他们跳舞社交，让他们自由择偶，这就不免有些不负责任。他甚至还打算写一本《中国社会风俗真诠》，取西人论中国风俗之言，评其得失，为祖国风教正名。

1917 年归国后，胡适的文化立场发生了根本转变，从赞誉、褒扬、袒护中国文化转为激烈的指责、攻击和挖苦。究其原因，这固然与当时文化界进步的时代风潮有关，更与他对中美两国现实巨大反差的对比所产生的恨铁不成钢的危机感和紧迫感有关。胡适留美 7 年，对于美国社会的稳定、繁荣、城市市政建设之发达、法制建设的完备及教育的先进等都有着深刻的体会，7 年西式教育的浸润和现代生活方式的感受，使他对美国的一切感到亲切。陡然从美国回到中国，好像一下子从 20 世纪退回到了 18 世纪。整个社会环境和文化氛围与 7 年前没什么变化，新思潮还不曾广泛传播，文化界连几本值得一读的书也没有问世。这一切使胡适十分失望、沮丧和不满。他认为，中国惰性太大，进三步，退两步。因此，不应对中国文化抱太大的希望，希望越大，失望也就越大。①这种心态使他此后开始了对中国文化的彻底否定，其过激武断，有时竟达到不合情理的地步。然而，他绝不是一个浅薄无行的洋奴文人，他用苛刻的言辞攻击中国文化，这决不意味着对中国文化完全失望，而是希望把民族自信心建立在科学反省的基础之上，拼命努力为中华民族及其文化在世界之林争一席之地。

毫无疑问，刺激胡适走上过激的反传统主义道路的直接导因，是第一次世界大战后开始抬头并很快弥漫于中国文化界的新传统主义思潮，它是 19 世纪末 20 世纪初形成的世界性反现代化的文化保守主义的一个组成部分。20 世纪 20 年代初在中国思想文化界影响最大的新传统主义的代表人物是清末著名学者梁启超和当代新儒学的奠基者梁漱溟、张君劢。

1919 年 10 月中旬，梁启超和他的几位同伴在巴黎郊区的一幢公寓中住下来，准备度过那个寒冷的冬天。他们是年初作为一个非官方代表团来参加巴黎和会的。当时在欧洲刚刚结束第一次世界大战的劫难，这场战争不仅给欧洲人的心灵造成了沉重的创伤，而

① 胡适：《归国杂感》《胡适文存》第 1 集，上海亚东图书馆 1928 年。

且历时 4 年的战争浩劫，几乎把欧洲社会经济、政治、文化带到了崩溃的边缘。这一切在梁启超及其同行人员的文化意识上打下了深刻的烙印。尽管那种走马观花式的观察，使他们对西方世界的感知既不深刻，也难以全面，但是他们敏感地觉察到了一个真实的现实：欧洲文明并非完美无缺，维多利亚时代欧洲人提出的理想，在现实存在中宣告了破灭。其实，这种危机本来是资本主义固有矛盾发展的必然结果，然而在梁启超等娴熟于用文化归约主义解释一切的“过渡时代”学者的眼光下，客观的矛盾被理解为西方文明的破产。

在旅欧期间，梁启超挤时间记下了种种观感，回国后，稍加整理，于 1920 年以《欧游心影录节录》为题在上海《晨报》连载，后收入《梁任公近著第一辑》，于 1922 年正式出版。在这本书中梁启超以他那充满激情的文字，描述了战后欧洲人生活的狼狈，经济的凋敝，精神的颓靡不安以及人们对代议政治的怀疑和“科学万能之梦”的幻灭。总之“欧洲全社会都陷入怀疑沉闷畏惧之中”。[①] 的确，战后欧洲萧条破败的社会和凄凉困顿的生活改变了梁启超对西方文化的认识。于是这位曾热心倡导西学的文化宿将转而唱起了西方物质文明破产的挽歌。他说：“当时讴歌科学万能的人满望着科学成功黄金世界便指日出现。如今功总算成了，一百年物质的进步比从前三千年所得还加几倍。我们人类不惟没有得着幸福，倒反带来了许多灾难。好象沙漠中失路的旅人，远远望见个大黑影，拼命往前赶，以为可以靠他向导。哪知赶上几程，那黑影突然不见了，因此无限凄惶失望。影子是谁？就是这位‘科学先生’。”[②] 出路只有一条，就是用中国的精神文明去调剂西方的物质文明。他带着强烈的近乎宗教家的使命感号召可爱的青年，用心物调和的东方精神去超拔大洋彼岸那几万万穷途末路“哀哀欲绝地喊救命”的西洋人。

梁启超登高一呼，对中国当时文化界产生了很大影响。正如胡适所说：“自从中国讲变法维新以来，没有一个自命为新人物的人敢公然毁谤‘科学’的，直到民国八九年间梁任公发表他的《欧游心影录》，科学方在中国文字里正式受了‘破产’的宣言。”[③] 这无疑是泼向近代以来向西方寻求真理的先进中国人头上的一盆冷水。

20 年代另一位倡导东方文化复兴论的主将是一位非常年轻的学者梁漱溟。1917 年他应蔡元培先生之聘，到北京大学哲学系主讲东方哲学。1917 年 12 月 5 日，他开始在北大

---

① 梁启超：《欧游心影录节录》《饮冰室合集》专集之二十二。

② 梁启超：《欧游心影录节录》《饮冰室合集》专集之二十二。

③ 胡适：《〈科学与人生观〉序》《胡适文存》第 2 集，上海亚东图书馆 1928 年。

授课。在这一天他面见了蔡元培，劈头便问蔡对释迦牟尼和孔子的态度，蔡回答说：我们也不反对孔子。梁则侃然回答："我不仅不反对而已，我此来除去替释迦孔子去发挥外，更不作旁的事!"① 明确表示了自己对东方文化的态度。四年后，他的《东西文化及其哲学》正式出版。在这部现代文化史上第一部系统的比较文化学著作中，梁漱溟对中、西、印三大文化体系产生的不同的历史渊源、哲学基础以及它们在人类文化总体格局中的位置做了独到的分析。他将文化理解为一种生活方式或"生活的样法"，而生活的本质是"意欲"冲动。因此，文化之所以不同，是由于意欲的冲动方向不同。在梁漱溟的文化哲学中，"意欲"面对着三大障碍，即物质世界、他人之心和事物生灭的因果法则。三种障碍性质不同，产生出三个层次的人生矛盾：人对物、人对人、人对自身生命的矛盾。为解决此三大矛盾，"意欲"不得不采取三种不同的活动方式，对于人与物的矛盾，意欲只需"向前奋斗"便可解决；对于人与人的矛盾，与自己对立的是另一个"有心计的主体"，对此矛盾意欲只好采取调和适中的方式以求互相适应；对于第三种矛盾，即人与自身生命的矛盾，意欲无法解决，只好反身向后，取消了自己的要求。梁漱溟认为，西方、中国、印度文化恰好代表了"意欲"发展的三种不同方向。西方文化是"意欲"向外追求的文化，其特长在科技；中国文化是"意欲"调和持中的文化，其特长在伦理；印度文化是"意欲"取消自己、反身向后的文化，其特长在宗教。② 基于这种文化哲学，梁漱溟得出一种相对价值论，认为文化的长短与优劣没有绝对的标准，关键在于它能否与所面对的人生矛盾相适应。

以相对文化价值观和文化多元论为基础，梁漱溟巧妙地展开了对西方文化的批评。他指出，西方文化以"向外追求为其根本精神"，这种精神给西方带来了发达的科学技术和民主制度，丰足的物质财富和长足的社会进步。然而这种一味向外逐物的精神也给西方人带来巨大伤害。生机盎然的自然界本来是人类生活和生存的生命之源，此时反成为人类的对立物，或任人伤残的一片死寂的天地；人类与自然界之间那种"融合游乐"的原始情感被洗劫一空。而且西方文化教人以对待自然的态度对待人，致使人与人之间同类相怜、温存友爱的伦理情谊荡然无存。更有甚者，科学日精，机器日巧，日益把人变为机器的附庸，这样，在自然田园中歌兮舞兮、游乐其中的劳动的快慰，在工业文明中丧失了它的美感。加之周期性经济危机和毁灭性的世界大战以及无法逃避的生存竞争，

---

① 梁漱溟：《东西文化及其哲学》第 15 页，上海商务印书馆 1922 年。

② 梁漱溟：《东西文化及其哲学》第 54—55 页，上海商务印书馆 1922 年。

更令人无法生活在这现实的世界。“人处在这样冷漠寡欢、干枯乏味的宇宙中，将情趣斩伐得净尽，真是难过得要死！而从它那向前的路一味向前追求，完全抛荒了自己，丧失了精神，外表生活富丽，内里生活却贫乏至于零。”① 他引用西哲罗素的话来说明西方人的精神危机：“人类祖先不因地狱之火的恐怖而抑制感情，乃至今日人类反极力抑制，因为一个更恶的恐怖——恐怕零落在人间。”② 梁认为，种种迹象表明，西方文化已经出现危机，人类将由追求物质满足的时代转入追求“心的和同”。这一时代的标志是，儒家文化的复兴。他断言，只有走孔家的路，才可以导引穷途末路的西洋人进入新的境界，“唯有孔子自强不息是做到第二路的恰到好处……什么烦闷、疲倦，一扫而空；对于穷途的西洋人真可为有回天之力，可以从此奠定了人生”。③

梁启超与梁漱溟对传统文化辩护的观点，在基本立场上是共同的。首先，他们都认为，生活是可分为“内”与“外”两个层次的，是互相独立的，甚至是对立的。中国文化的精神正在于它是针对内在生活的，换句话说，中国式的生活方式可使人的精神升华；其次，他们又一致认为，中国生活方式在道德上优于西方那种可悲的对物质进步的迷恋，尽管他们一再声称文化的价值是相对的，但这并未妨碍他们把精神文明的价值看得高于物质文明的价值；最后，他们又一致主张，西方正在渐渐认识自身文明的缺陷与失败，并且受其内在需要的逼迫正在转而欣赏由中国传统做出榜样的价值准则了。

客观地说，梁启超和梁漱溟这一老一少的“二梁”所鼓吹的新传统主义，其本意并不是要简单恢复那些曾经被先进的近代人所批判的中国古典的儒家生活方式，他们所倡导的同样是一种批判的精神，这种精神一则要求要把被近代西方文化冲击下扭曲变形了的民族主体精神——确立起来，一则提醒国人不要盲目照搬西洋文明，那种以“横决天下”为己任的浮士德精神（个人主义）和否认一切宗教和精神价值的唯科学主义并非能够给人类带来终极幸福。然而同样应该指出的是，新传统主义的文化视野至少有两点狭隘性：一是他们并不真正了解西方文化的现代意义，特别是科学、民主的精神价值，更不了解导致西方社会和文化危机的真正根源；二是他们不了解积弱积贫的中国在走向现代化的道路上最迫切最急需的东西是什么。显然当时中国文化最急需的是与世界先进文化接轨，而不是片面强调民族精神的特殊性。退一步说，即使说西方文化发生了总体危

---

① 梁漱溟：《东西文化及其哲学》第 178 页，上海商务印书馆 1992 年。

② 梁漱溟：《东西文化及其哲学》第 166 页，上海商务印书馆 1992 年。

③ 梁漱溟：《东西文化及其哲学》第 180 页，上海商务印书馆 1992 年。

机，那么这种危机与中国文化的近代危机具有完全不同的时代意义，前者是现代性危机，而后者是因未能现代化而导致的危机，怎么能因西方文化的危机而否定它对中国文化的先进性呢?

上述问题正是胡适对新传统主义的挑战做出回击的逻辑前提。20—30 年代，胡适写了一系列讨论中西文明价值的文章，如《读梁漱溟先生的“东西文化及其哲学”》，《科学与人生观序》，《我们对于西洋近代文明的态度》，《请大家来照镜子》，《漫游的感想》，《信心与反省》及《再论信心与反省》，《三论信心与反省》等文章，这些文章大都发表在《现代评论》上，后收入《胡适文存》。在这些文章中，胡适以简明畅快的文字，犀利明锐的思想对梁启超、梁漱溟等人的新传统主义展开了激烈的批判，展示了他文化观念上开放的世界意识和现代意识。

首先，胡适尖锐地批判了梁漱溟文化保守主义的理论基础——文化相对论。这种观点的实质是否认文化发展上的共同规律，进而否认文化评价上的统一标准及其客观性和绝对性。按照梁漱溟的见解，各种文化的发展各有其特殊矛盾，因此，中西文化各有其相对的价值。因此学习西方既不可能，也无必要。这种理论在本质上是与近代以来中国文化走向世界走向现代化的历史逻辑不相吻合的。对此，胡适以“有限的可能说”加以了批判。胡适认为，人类的身心结构大体是一样的，他们所处的环境也大同小异，所要解决的问题也就必然大体相同。因此，他指出：“我们拿历史的眼光观察文化，只看见各种民族都在那‘生活本来的路’上走，不过因环境有难易，问题有缓急，所以走的路有迟速的不同，到的时候有先后的不同。”① 这就是说，中西文化的发展有其共同的道路，两者的差异并不是梁所说的文化“路向”不同，而是发展速度的不同，即时代性的不同。西方文化已进入近代，科学、民主是近代文化的结晶；而中国文化尚未完全摆脱中世纪的束缚，而印度文化仍然处在中世纪之中。既然如此，学习西方，岂不是昭然若揭的道理吗？胡适也承认，梁口头上也讲有限地学习西方，但这是与他的文化多元论自相矛盾的。胡适揭露说，既然每一民族都有自己独立的“路向”，又何必学习西方呢？因此，照梁的理论去走，我们只好永远落后下去。据此，他讥讽梁漱溟独创的文化三路向公式虽“整齐好玩”，却无法涵盖中西文化史上那丰富多彩的内容，也无法为中国文化的发展指出正确道路。

其次，坚持物质文明与精神文明的统一性，批判了梁启超以西方文化为物质文明，

---

① 胡适：《读梁漱溟先生的“东西文化及其哲学”》见《胡适文存》第 2 卷。

以中国文化为精神文明，从而抬高中国文化的观点。梁启超认为，“救济（欧洲）精神饥荒的办法，我认为东方的——中国和印度——比较好。东方的学问以精神为出发点，西方的学问以物质为出发点”。① 胡适指出，这种心物二元论虽是很老的见解，却是一种最有毒害的妖言。它反映了东方“夸大狂”的病态心理。其实，文明是一个民族应付他的环境的总成绩，文化是一种文明所形成的生活的方式。无论哪种文明，其中必包含有物质和精神两种成分。凡文明都是人的心思才智运用自然界的质与力的作品；没有一种文明单是精神的，也没有一种文明单是物质的。把两者割裂的观点是错误的。胡适继而认为，所谓物质文明不应是指征服物质的文明，而应指被物质所征服的文明。在这种意义上，真正的物质文明恰恰是东方而不是西方。因为中国人，天旱了，只会求雨；河决了，只会拜龙王；风浪大了，只会求天后娘娘；瘟疫来了，只有等死。“这样受物质环境的拘束支配，不能跳出来，不能运用人的心思智力来改造环境改良现状的文明，是懒惰不长进的民族的文明，是真正的唯物的文明。”西方文明是一种不知足的文明。物质上的不知足产生了钢铁世界、汽机世界、电力世界；理智上的不知足产生了科学世界；社会政治制度上的不知足产生了今日的民权世界、自由政体、男女平权的社会、劳工神圣的喊声及社会主义的运动。“这样充分运用人的聪明智慧来寻求解放人的心灵，来制服天行以供人用，来改造物质的环境，来改革社会政治的制度，来谋人类最大多数的最大幸福……这样的文明是精神的文明，是真正理想主义的文明。”②

胡适认为，东方文明在进化程度上低于西方文明，而决不像东方夸大狂式的妄人所“梦呓”的那样，西方文明已经破产，需要用东方文明把它导引向更高的境界。胡适强调，东西文明的差异，实质上是工具的差别。人类是基于器具的进步而进步的，石器时代，铜器时代，钢铁时代，以及机电时代，都代表着文化进化的不同阶段。西方已进入机电时代，而中国仍处于落后的手工具生产时代。因此“东洋文明与西洋文明的界线是人力车和摩托车的界线”。③ 人力车代表的文明是用人做牛马的文明，摩托车代表的文明就是用人的心思才智制作出机械来代替人力的文明。把人看作牛马，无论如何够不上叫作“精神文明”。一边是电影机、飞行机和万吨巨轮，一边是祖宗传下来的瓦罐、大车和

① 梁启超：《欧游心影录节录》《饮冰室合集》专集之二十二。

② 胡适：《我们对于西洋近代文明的态度》《胡适散文》第1集，中国广播电视出版社1992年。

③ 《漫游的感想》《胡适散文》第1集，中国广播电视出版社1992年。

舢板船。“我们不能坐在舢板船上自夸精神文明，而嘲笑五万吨的大轮船是物质文明。”①

再次，胡适强调了一个十分重要的思想：民族自信心必须建立在科学反省的基础之上。1934年5月，《独立评论》上发表了署名寿生的文章《我们要有信心》，胡适读后，对文中提出民族自信心的重要性表示“完全同情”，但对该文确立民族信心的根据表示怀疑，他随即写了《信心与反省》一文予以批驳。胡适指出，自信心是一个民族生存的基础，但这种信心本身要建筑在稳固的基础之上，不可站在散沙之上。更不可用祖宗昔日的光荣来掩盖我们今天的痛苦、失败与羞辱。何况祖宗建立的基业并不像寿生先生所云“太丰富了”，以致成为日后改进不如日本之速的理由。胡适指出，这完全是无稽的“梦话”。且不说我们的文化无法与欧洲的近代文明相比，因为这未免太丢人了，即使以整个文化传统相比，欧洲文明也足使我们低头愧汗。因为，我们所有的，欧洲也都有；我们所没有的，人家都比我们强：欧洲有三个一千年的大学，有许多个五百年以上的大学，至今继续存在，继续发展；我们有没有？至于我们所独有的宝贝，骈文、律诗、八股、小脚、太监、姨太太、五世同居的大家庭、贞节牌坊、地狱活现的监狱、廷杖、板子夹棍的法庭……虽然“丰富”，究竟都是使我们抬不起头来的文物制度。至于被寿生先生所指出的那“光辉万丈”的宋明理学，说起来也真是可怜，讲了七八百年理学，竟没有一个圣贤起来指出裹小脚是不人道的野蛮行为。试问，我们的文明哪里去了？结论是，“我们的民族信心必须站在‘反省’的唯一基础之上。反省就是要闭门思过，要诚心诚意的想，我们祖宗的罪孽深重，我们自己的罪孽深重”。② 随后，胡适又写下《再论信心与反省》、《三论信心与反省》，进一步引申了上述思想，批判了“西方也有臭虫”这种用别人的不足来为自己护短的愚骄心理。在这些文章中，胡适以三点思想昭示国人：一、只有反省，才能忏悔；只有忏悔，才能自新。二、只有从美妙的古梦中醒来，才能对未来确立信心，我们的前途在我们自己手里；我们的信心应该望在我们的将来。三、不要怕别人说我们模仿，因为模仿是创造的开始；不要怕断了我们的根，我们的惰性足够保守那旧文化了。

最后，胡适在20—30年代的文化讨论中，给他带来最大争议的是他的“全盘西化”论。其实，“西化”是近代以来一切进步知识分子的共同文明价值取向；而“全盘西化”则几乎是五四时期一切激进知识分子普遍接受的观念，是他们立足于文化整体论，在反

① 《介绍我自己的思想》《胡适散文》第4集，中国广播电视出版社1992年。

② 《信心与反省》《胡适散文》第2集，中国广播电视出版社1992年。

思传统和总结近代社会改革经验教训中形成的共识。不过，最早明确提出这一概念的是胡适。1929年，他为英文版《中国基督教年鉴》写了一篇文章，即《中国今日的文化冲突》。文中正式提出了“全盘西化”的口号。他用了两个词表达这个意思。其中“Wholescale westernization”，意为“全盘西化”，而“Wholehearted Westernization”则意为“一心一意的西化。”此后“全盘西化”出现在中文词汇里，并一度流传开来。在这篇文章中，胡适指出，近代中国最大的难题是在多种文化冲突中如何调整的问题，中国现存的一切麻烦都可归咎于在将近六十年间尖锐的文化冲突中未能实现这种调整。这个问题从未得到人们的充分认识和自觉对待，而只是被惰性、自大和表面的改良措施所避开和掩盖。他认为，实现中国文化的自我调整的道路只有三条，一是“抗拒”，即拒绝承认西方新文明的价值并抵制它的侵入；二是“全盘接受”，即一心一意接受这个新文明；三是“选择性地采纳”，即摘取某些可取的成分而摒弃它认为非本质的或不必要的东西。第一种态度已无人公然主张；第三种态度在中国最有影响，“似乎是最合乎理性的上策”，因为这种“选择性的现代化”即不排斥西方文明，又不致破坏中国文化的传统价值。其实这种貌似公允的态度是根本行不通的，它好像在说中国必须改变但又决不能改变。胡适指出，中国社会和中国文化的守旧惰性实在太大，几乎现代化的每一步都会受到这样那样的指责，如工业化破坏了人们的家庭生活，现代教育将使中国书法失传，电影正在赶走中国戏，禁止缠足是好，只是现代舞蹈吓人，种种指斥，不一而足。在这种惰性阻挠下，温和的改革根本无济于事。胡适提倡第二种态度，像日本一样，一心一意地全面接受西方文化，认为这是中国文化走向现代化的唯一可行的道路。因此他满怀信心地主张“决不受那些保守派思想家们的影响，也决不因害怕丢掉自己的民族特性而有所动摇”，他坚信：“如果我们有什么真正具有中国特色的东西的话，那么这些东西将会在科学与工业进步所产生的健康、富裕和闲暇的新的乐土上开花结果。”①

从上可知，胡适之所以鼓吹西化，坚持过激的文化改革论，基于他那独特的“文化惰性”理论。他的确说过一些虚无主义的过头的话，如说我们“百事不如人”，“不但物质机械不如人，不但政治制度不如人，并且道德不如人，知识不如人，文学不如人，音乐不如人，艺术不如人，身体不如人”，② 而且在文化比较上专用自己文化的糟粕与西方文化的精华相比量的方法也欠公正，有人将这种以己之短比人之长的方法讥为一种“弱

---

① 胡适：《文化的冲突》，收入罗荣渠主编《从“西化”到现代化》一书，北京大学出版社1990年。

② 胡适：《介绍我自己的思想》《胡适散文》第4集，中国广播电视出版社1992年。

人政策”。但究其本意，并联系胡适五四以后“整理国故”的一贯行为来看，他批判传统文化和“全盘西化”的主张，并不是要对祖国文化遗产一概否定。他提出全盘西化，与其说是一种最终目的，不如说是基于传统守旧力量之大、文化改革之难而提出的权宜之计。如他自己所说：“只有努力全盘接受这个新世界的新文明，全盘接受了，旧文化的‘惰性’自然会使他成为一个折衷调和的中国本位的新文化。”① 胡适的意思是，只有让世界文化与我们的老文化自由接触，借西方文化的朝气来打掉一点我们旧文化的惰性和暮气，最后才可以取得一种中西合璧的新文化。这叫作取法其上，仅得其中；如果一开始便取法其中，其结果便只好仅得其下了。胡适这种独特的西化理论，在当时就有人称之为“文化的自然折衷论”，② 甚至在30年代中国本位与全盘西化论战之始，包括陈序经这位极端的西化论者在内的一些人，并未把胡适列入全盘西化派，而是把他归入“折衷派中之一支流”。③ 这说明胡适鼓吹“全盘西化”与陈序经等人的主张在程度上还是有所区别的。

在30年代，对“全盘西化”论鼓吹最彻底的是陈序经。他早年留学美国，归国后曾任岭南大学教授，后来先后执教于中山大学、南开大学和西南联大。1934年商务印书馆出版了他的《中国文化的出路》一书。在这本书的序言中，陈序经指出他的著作是针对梁漱溟的《东西文化及其哲学》而发的。因此，该书的观点可以看作是20年代东西文化论战的继续和发展。在这本逻辑论证和语词叙述均十分松散的书中，陈批评了复古论的错误，反驳了折衷论的谬见，全面陈述了“全盘西化的理由”。他的基本理由可以归结为一点，中国文化，从衣食住行到科学技术，从伦理道德到文学艺术，与西方文化相比，相差天壤，既没有存在的必要，也没有存在的可能。“质言之：西洋文化在今日，就是世界文化”④。我们不要在这个世界生活则已，要是要了，则除了去适应这种趋势外，只有束手待毙。只有：“全盘接受西洋文化”，才能迎头把世界赶上去，才能从根把中国救起来。陈序经的这本书无论在其立论上还是分析方法上，都远远逊色于梁漱溟的著作，加之观点主观武断，在出版后谈不上有什么影响。只是到了一年后上海“十教授宣言”引

---

① 胡适：《编辑后记》，原载《独立评论》第142号，1935年3月。

② 张佛泉：《西化问题之批判》，原载天津《国闻周报》第12卷，第12期。

③ 吴景超：《建设问题与中西文化》，收入罗荣渠主编《从“西化”到现代化》一书，北京大学出版社1990年。

④ 陈序经：《中国文化的出路》，转自罗荣渠主编《从“西化”到现代化》第389—390页，北京大学出版社1990年。

起中国本位文化建设的争论后，陈序经的观点才作为对立面而引起学术界的关注。这其中自有文化名人胡适的作用。

与陈序经的观点相比，胡适的一心一意的西化论要温和严谨一些。他虽言辞激烈地批判折衷论，但并不否认中西文化有相互融合的可能性，只要一心一意学习西方文化，将来的文化必然是中国本位的。从文化人类学的观点看，胡适矫枉过正式的文化改良主张，可说是一种颇有独到之处的文化“涵化”理论，这种理论的实质是让各种异质文化在自由冲突中互克互补，融合为一种新质文化。这种“涵化”现象在世界文明发展史上是有不少成功之例的。如近代日本文化就是中国文化、日本本土文化与西方文化相互涵化的结果。欧洲近代文化也是在希腊文明、罗马文明、阿拉伯文明交涵互化中诞生的。既然如此，中国为什么不能这样做呢？如果我们联系胡适提出上述观点的历史背景，对其为了中和先走极端的设想就更是可以理解了。只要看看中华民族近百年来历经数次革命震荡而仍未彻底冲掉旧文化的惰性，就知道胡适知其不可而为之的全盘西化论是确有某些可取之处的。

当然，“全盘西化”作为一个理论命题，在逻辑上是不够严密的，它否认了文化传播交流的主体选择性；这一口号在实践上也是非常危险的。因为不少事实说明，那种借极端而克服惰性的做法不仅会打乱文化演进的自然机理，而且会助长守旧势力的逆反心理。30 年代中国本位文化论的出现，与全盘西化论的刺激不无关联。因此，胡适一旦在《独立评论》上公开支持陈序经的“全盘西化”论，[①] 或许是名人效应吧，便立即引起文化界的轩然大波，遭到本位文化论和部分西化论者的批评与责难，这正说明了其立论的脆弱。胡适发觉了这一问题后，不久便修正了自己的提法。在《全盘西化与充分的世界化》一文中，胡适承认了自己用词的疏忽不当，容易引起误解，于是建议用“充分的世界化”代替“全盘西化”。[②] 通过 30 年代中后期的本位文化与全盘西化的争论，人们对中国文化现代化道路的认识更为具体，论战双方也都对自己的观点有所修正，并逐步产生一种新的认识，即用“现代化”这一外延更为广泛的新概念来取代“西化”、“中国化”等提法。这表明人们对中西文化问题在认识上的深化。

总的来看，胡适反传统主义的文化观在中国现代文化史上具有重要的启蒙意义。他

---

① 胡适：《编辑后记》《独立评论》第 142 号。

② 胡适：《全盘西化与充分的世界化》，收入罗荣渠主编《从“西化”到现代化》一书，北京大学出版社 1990 年。

坚持文化有机整体论和进化论对新传统主义心（精神文明）物（物质文明）二元论的批判，有助于打消盲目的民族文化优越感，从统一的时代性坐标上寻找自己文化在世界文化整体中的地位，从而确立正确的选择方位；他当时虽然未能对祖国传统文化做出冷静客观的反省，但他提出把民族自信心确立在牢固“反省”之基础上，这对于20世纪知识分子真正摆脱一直困扰着近代文化改革者的情感与理智的矛盾，走上文化选择上的理性主义，具有启迪作用；他提出的“全盘西化”理论，或“充分世界化”的主张，尽管在理论上不够严密，在实践上也缺乏足够的根据，但这一文化取向在大方向上是符合中国近代以来的历史发展趋势的，因而是正确的。它的意义不在于“西化”，而在于启迪国人面向世界，寻找自己的未来。

四 胡适与中国人思维方式的变革

凡是对中国现代学术史有所了解的人，无不知晓胡适常敝帚自珍、津津乐道的十字真言：“大胆的假设，小心的求证”。它凝结、概括了胡适一生的治学方法，这一方法不仅使他在“整理国故”中成绩斐然，深深地影响了五四之后中国的学术界，而且对中国人思维方式的变革具有同等重要的意义。要说明这一点，必须从胡适与实验主义在中国这一整体性问题说起。

胡适功成名就后回顾自己思想发展经历时说：“我的思想受两个人的影响最大：一个是赫胥黎，一个是杜威先生。赫胥黎教我怎样怀疑，教我不相信一切没有充分论据的东西。杜威先生教我怎样思想，教我处处顾到当前的问题，教我把一切学说理想都看作待证的假设，教我处处顾到思想的结果。这两个人使我明白了科学方法的性质与功用。”① 尚在留美期间，胡适便时常慨叹，今日中国之患，在于国人无思想能力。他在留美日记中写道：“今日吾国之急需，不在新奇之学说，高深之哲理，而在所以求学论事观物经国之术。以吾所见言之，有三术焉，皆起死之神丹也：一曰归纳的理论，二曰历史的眼光，三曰进化的观念。”② 为了给中国人寻找一种“科学”的思想，他颇费苦心，几经周折，先农学，后文学，最后终于于1915年转入哥伦比亚大学研究院哲学系，投宿于美国著名哲学家杜威门下。从此服膺杜威的哲学，成为实验主义哲学的信徒，“从此以后，实验主

① 《介绍我自己的思想》《胡适散文》第4集，中国广播电视出版社1992年。

② 胡适：《藏晖室札记》《胡适散文》第3集，中国广播电视出版社1992年。

义成了我的生活和思想的一个向导，成了我自己的哲学基础”①。

胡适在哥伦比亚大学选修了杜威两门课，一是《论理学之宗派》，一是《社会政治哲学》。前者使他很受启发，他的博士论文（英文本）《中国古代哲学方法论进化史》便是因此而构思确定的。不过胡适后来自认，杜威给他影响最大的还是其《思维术》一书。该书认为，人类有系统的思维过程要经过五个阶段或步骤：一、遇到困难或问题，陷入疑难境地；二、指出疑难问题的症结所在；三、假定种种解决问题的方法；四、把种种假定所涵的结果，一一想出来，看哪一个假定能够解决难题；五、小心证明（或证伪）那个解决问题的假设。杜威关于思维过程的“五步法”，对胡适影响很大，简直成为他一生奉行的思维习惯。在晚年回顾自己的思想进程时，他总是提起杜威的影响。如他在《我的信仰》中所说：“杜威给了我们一种思想的哲学，以思想为一种艺术，为一种技术。在《思维术》和《实验逻辑论文集》里面，他制出这项技术。我察出不但于实验科学上的发明为然，即于历史科学上最佳的探讨，内容的详定，文字的改造，及高等的批评等也是如此。……这种技术主体上是具有大胆提出假设，和［加］上诚恳留意于制裁和证实。”② 胡适甚至以发自内心十分诚敬的情感公认，杜威不仅教给了他一种科学思维的方法，而且教给他一种诚实的科学态度，即一个人生活中最神圣的责任就是去深刻思考。真理的一切最大的发现，历史上一切最大的灾祸，正取决于有无这种神圣的责任。

1917年，胡适在美国学有所成后回到了祖国，他首先做的一件事便是把实验主义这种美式的资产阶级世界观（或曰美国精神）介绍给中国人，并将其改造成适合中国国情和社会改革急需的学说。1919年他发表于《新青年》上的《实验主义》和1922年9月应《申报》创刊50周年而作的《五十年来世界哲学》，是他向中国人介绍杜威实用主义理论的代表之作。胡适把实验主义哲学概括为三个方面：一是它以实证原则反形而上学的方法论。对此，胡适指出：“实验主义要把种种全称名词一个一个的‘兑现’做人生经验，再看这些名字究竟有无意义。所以说‘要把注意之点从最先的物事移到最后的物事；从通则移到事实，从范畴移到效果’。”他认为，“这便是实验主义的根本方法”③。二是反对符合论的价值真理论。胡适介绍说，在实验主义看来，把真理看作是同“实在”相符合的反映论观点，“是一种静止的，惰性的真理论”。他强调，实验主义认为，哲学是人

① 胡适：《藏晖室札记·自序》《胡适散文》第3集，中国广播电视出版社1992年。

② 胡适：《我的信仰》《胡适散文》第4集，中国广播电视出版社1992年。

③ 胡适：《实验主义》《胡适文存》第1集，上海亚东图书馆1928年。

们应付环境的工具，“真理是人造出来供人用的，因为他们大有用处所以才给他们‘真理’的美名的”。① 这是说真理的本质并不在于它是对客观事物的反映，而在于它能将人的经验解释得令人满意，并能使人从一部分经验“摆渡”向另一部分经验，而不至于自相矛盾。这便是“经验的自己证实”。三是抹煞主观与客观差别的实在论。实验主义力图超越唯物主义与唯心主义两大党派之上，认为这种对立是虚假的，毫无意义的。因为世界的“实在”既不是物质的，也不是纯粹精神的，而是一种“经验”。胡适说：实验主义认为，“经验”既不是纯主观的知识，也不是纯客观的现象，而是物观的世界与人的行动的统一，是人变换现有物事，联络未来的创造活动。一句话，“经验就是生活，生活就是人与环境的交互行为”。② 经验与实在是一而二、二而一的东西，是主观和客观、现在与将来的统一。胡适认为，这正是杜威引起的“哲学革命”或“哲学光复”的根本所在。在这里，唯心唯实的对立，经验论与唯理论的纷争，完全失去了意义，对于实验主义来说，行动就是一切。

实用主义是19世纪70年代产生于美国的一个唯心主义哲学流派。20世纪上半叶风靡美国，并在英国、意大利等欧洲国家传播开来，与此同时也开始传入中国和东亚。实用主义在中国的传播从1906年开始。这一年10月，张东荪、蓝公武等人在北京出版《教育》杂志，创刊号上译载了詹姆士的《心理学悬论》（今名《心理学原理》），同时发表了一些介绍实用主义的文章。发表在《教育》第2号上的张东荪的《真理论》是首次向国人介绍实用主义真理论的文章。不过这些介绍在当时没有引起什么反响。

实用主义在中国成为影响广泛的哲学思潮，是1919年以后的事。这一年二三月间，杜威正在日本讲学。他的学生胡适与北大校长蔡元培、南京高等师范学校教务主任陶行知等人商定，邀请杜威来华讲学。杜威应邀于4月30日到达上海，直到1921年7月11日才离开中国，在长达26个多月的活动中，他的足迹遍及北京、天津、太原、奉天、山东、上海、江苏、浙江、福建、广东、湖南等地，发表过数以百计的演说。演讲充斥各地报刊。其中最重要的是：《社会哲学与政治哲学》、《思想之派别》、《现代的三个哲学家》、《伦理讲演》、《教育哲学》等。1921年，北京《晨报》社辑成《杜威五大讲演》一书大量印行，在他离开前便出了十版。这种盛况是当时来华讲学的外国学者中所少见的。分析实用主义在中国的影响的时候，人们不能不注意到一个现象：杜威是这一时期唯一

① 胡适：《实验主义》《胡适文存》第1集，上海亚东图书馆1928年。

② 胡适：《实验主义》《胡适文存》第1集，上海亚东图书馆1928年。

受到中国知识界比较一致欢迎的外国哲学家。比他晚一年来华而与他同时离开的罗素，在没有离开前便受到舆论界的尖锐批评；稍后到来的杜里舒和印度诗哲泰戈尔的遭遇也与罗素类似。杜威所到之处，不但受到当地知识分子领袖人物的欢迎，政府的教育部门也积极支持，甚至不少地方的省长、督军、总司令等文武大员也出面捧场。只有山东督军张树元公开拒绝杜威的演讲，有的封建守旧派背后骂他"讨嫌"，但这些很快便受到进步舆论界的谴责①。当时杜威的演讲和社交活动，成为各种报刊首条新闻。与此同时，詹姆士的《实用主义》、杜威的《哲学之改造》等实用主义哲学著作也先后翻译出版。

上述情况表明，实用主义在当时的中国思想文化界已成为有重大影响的哲学思潮。好些知识分子，尽管其政治立场不尽相同，但都在报刊上发表文章，根据自己的感受介绍和赞美实用主义。激进的个人主义者傅斯年在《新潮》上发表文章，鼓吹实用主义的人生观，认为"供给人生的发达与成功的，是有用，有用就是真；损害人生的发达与成功的是无用，无用就是假"②。用实用主义为极端的个人主义辩护。思想处于新旧之间的周兆沅，认为实用主义重视行为效验，与中国孔孟、老、庄、王阳明之学"有同揆也"。他认为实用主义将在中国哲学界引起革命，"举向来哲学之思想，根柢倾覆，由新土台之上，而营一新哲学之生活"③。甚至像梁启超这样的在文化立场上与胡适一派人有重大差别的知识分子也表示："中国人宜以杜威哲学为根底，造出一派新的哲学来。"④ 实验主义的影响也可以从当时正在转向共产主义世界观的激进革命民主主义者所持的态度反映出来。尽管当时围绕着"问题与主义"之争，马克思主义与实用主义已发生冲突，但当时冲突主要表现在对待社会改造的政治立场上，而对实用主义哲学却未加以认真批评。具有典型意义的是陈独秀的态度。他在 1919 年 12 月《新青年》（7 卷 1 号）的《本志宣言》中写道："我们相信尊重自然科学实验哲学，破除迷信妄想，是我们现在社会进化的必要条件。"

对实用主义鼓吹最力及对实用主义在中国传播影响最大的当然要算胡适。1919 年 3 月和 5 月初，他在北京、上海分别作了系统介绍实用主义的讲演，同时发表了他自认为世界上介绍实用主义的最好的著作《实验主义》讲稿。作为杜威门下的高足弟子，又是

① 彦之：《济南两周见闻记》《晨报》1920 年 1 月 23 日、24 日。

② 傅斯年：《人生问题发端》《新潮》1 卷 1 号。

③ 周兆沅：《实用主义之要旨》《晨报》1919 年 5 月 21 日。

④ 参见：《五团体公饯杜威席上之言论》《晨报》1921 年 7 月 1 日。

当时思想界最有影响的名流学者，胡适对于杜威的讲学，一直伴随始终，并时常结合中国的国情作些通俗的解说和独到的发挥，这极大地促进了实用主义在中国的传播并扩大了它的影响。胡适在中国宣传实用主义，并不是全盘照搬杜威的哲学，而是抓住实用主义的精髓，即实证主义方法论，结合中国的社会急需，从下面几个方面加以了创造性发挥：

首先，胡适认为，实验主义的精髓在于它求实证重效验的方法论。他在介绍实用主义的文章中多次强调了这一点。在喋喋不休地对听众讲到实用主义问题时，胡适总是把实用主义方法论问题放在其他问题之上，强调指出："杜威始终只认实验主义是一种方法论。"① 1921年盛夏，当杜威满载荣誉结束为时两年另两个月的中国之行时，胡适写了《杜威先生与中国》一文，以示饯别。在这篇文章中他将自己老师此行的宗旨概括为："杜威先生不曾给我们一些关于特别问题的特别主张，——如共产主义、无政府主义、自由恋爱之类——他只教给了我们一个哲学方法，使我们用这个方法去解决我们自己的特别问题。"② 在此文中他将"实验主义"概括为两大方法，一则是"历史的方法"，即把任何一制度或学说放在历史的因果链条中去加以评判的方法。胡适认为，用这种历史的方法去研究事物，既能客观说明该事物在历史上的地位与价值，又能用其结果的好坏对该事物本身做出最严厉、最公正的评判。因此，"这种方法是一切带有评判精神的运动的一个重要武器"③。二则是"实验的方法"，即从具体的事实与境地下手，把一切知识、一切学说理想看作有待证实的假设，最后加以"实验"的方法。胡适指出，"实验是真理的唯一试金石"④。借助这一方法，可使人们免除许多无谓的争论，取消那大而无当的"妄想冥思"，把人们从"古人的奴隶"中解放出来，变成独立思考的自由人。总之，胡适认为，特别主张的应用是有限的，方法的应用是无穷的。他据此告诫国人，学习杜威，应学习他的方法，"国内敬爱杜威先生的人若都能注意于推行他所提倡的这两种方法，使历史的观念与实验的态度变成思想界的风气和习惯，那时候，这种哲学的影响之大，恐怕我们最大胆的想象力也还推测不完呢"⑤。

其次，胡适不仅努力宣传、介绍了实验主义的方法论意义，而且极力用这种思维方

① 胡适：《五十年来之世界哲学》《胡适文存》第1集，上海亚东图书馆1928年。

② 胡适：《杜威先生与中国》《胡适文存》第1集，上海亚东图书馆1928年。

③ 胡适：《杜威先生与中国》《胡适文存》第1集，上海亚东图书馆1928年。

④ 胡适：《杜威先生与中国》《胡适文存》第1集，上海亚东图书馆1928年。

⑤ 胡适：《杜威先生与中国》《胡适文存》第1集，上海亚东图书馆1928年。

法批判传统文化视纲常名教为“天经地义”的形而上学独断论和国人运思不求精确、不重事实的笼统模糊的思维方式，导引国人确立新的思维范式。对于胡适来说，实验主义是一种批判精神和科学怀疑的方法。在它面前，“一切主义，一切学理都该研究。但是只可认作一些假设的见解，不可认作天经地义的信条；只可认作参考印证的材料，不可奉为金科玉律的宗教；只可以用作启发心思的工具，切不可用作蒙蔽聪明、停止思想的绝对真理”①。正是这种怀疑精神，使实验主义在胡适手里成了反传统的武器。他要求人们对一切制度习惯都能存一个疑问态度，不要把耳朵当眼睛，不要把人家的思想糊里糊涂认作自己的思想。对于任何一个问题都要学一个“每事问”。他用历史的态度批判了“天不变道亦不变”的儒家形而上学世界观，认为“三纲五常”，古人视为真理，因为在那时宗法社会里很有点用处。如今国体变了，社会变了，古时的“天经地义”已变成毫无意义的废话，“其实这有什么可惜？衣服破了该换新的……这个道理不适用了，该换一个。这是很平常的道理”②。对于守旧人物时常挂在口边的“忠孝仁爱信义和平”等所谓传统美德，胡适用他的效果论曾给予尖锐批判。他指出，这些美德美则美矣，只是它没有落实在中国人的行为中，而是停留在书本上，“我们的祖宗只会把这些好听的名词都写作八股文章，画作太极图，编作理学语录，所以那些好听的名词都不能变成有做法有热心的事实”③。充其量不过是一些美丽的谎言而已。对于中国人模糊笼统不求精确的“差不多”精神，胡适也做过漫画式的批评。他指出：“你知道中国最有名的是谁？提起此人，人人皆晓，处处闻名。他姓差，名不多，是各省各县各村人氏。”差不多先生，“他有一双眼睛，但看的不很清楚；有两只耳朵，但听的不很分明；有鼻子和嘴，但他对气味和口味都不很讲究”。由于中国人“差不多”先生太多了，“中国从此就成为一个懒人国了”④。在批判中国传统思维方式的同时，胡适为国人提出一种思维方式变革的新范式，这就是他一再倡导的“证据主义”。“拿证据来!”，这是胡适在他的全部学术活动中经常挂在嘴上的一句名言。他把赫胥黎的存疑主义知识论与杜威的思维术相结合，提出这种证据主义和疑古精神，对于中国人思维方式的变革和学术界治学方法的变革，均产生了积极的影响。这种中国人所缺乏的实证精神，正是胡适倡导新文化运动和尔后学术研究

① 胡适：《三论问题与主义》《胡适文存》第 1 集，上海亚东图书馆 1928 年。

② 胡适：《实验主义》《胡适文存》第 1 集，上海亚东图书馆 1928 年。

③ 胡知：《再论信心与反省》《胡适散文》第 2 集，中国广播电视出版社 1992 年。

④ 胡适：《差不多先生传》《胡适散文》第 2 集，中国广播电视出版社 1992 年。

成绩斐然的“成功之钥”。信如陈独秀所言：“尊重自然科学实验哲学，破除迷信妄想，是我们现在社会进化的必要条件。”①

再次，胡适对中国人思维方式变革的影响，又表现在他对研究问题与输入学理相互关系的探索上。这要从发生在他与李大钊之间的那场“问题与主义”之争谈起。今日看来，这场争论的实质并不在于“问题”与“主义”的关系，而是20世纪初中国自由主义知识分子与马克思主义者之间的理想信念上的分野，即中国的社会改革是在马克思主义指导下走“根本改造”的路，还是以实用主义为指导走“点滴改良”的路。严格地讲，这不是一个哲学问题，而是一个政治问题。对此中是非，中国革命的发展道路早已以铁的事实做出了回答，问题已成句号。然而对胡适所持观点的学术意义并不宜加以简单否定。

五四时期，是中国文化史上空前绝后的思想自由时期，此时，西方各种社会思潮，诸如马克思主义、实用主义、无政府主义、意志主义以及各式各样的空想社会主义等潮水般地涌入中国。这种色彩斑斓、光怪陆离的人文景观，一方面显示了中国思想文化界刚刚从专制制度下解放出来后的活泼生机，另一方面它又给人们带来了眼花缭乱、无所适从的信念危机。要使五四新思潮健康发展，不能不对如何介绍学理、选择“主义”的问题，从方法论上给以指导。胡适所提出的“多研究些问题，少谈些主义”的口号，其现实意义和警世作用正在于此。诚如热衷于传播“主义”（马克思主义）的李大钊并不否认研究问题的重要性一样，鼓吹“多研究些问题”的胡适也并不笼统地反对“主义”，他只是反对撇开具体问题和解决问题的具体方法的研究而空谈抽象的主义。这一观点是胡适在《多研究些问题，少谈些“主义”》，及《三论问题与主义》、《四论问题与主义》等文章中所坚持的一个基本方法论原则。胡适这一基本立场蕴含着三个具体要点：一、任何理论或“主义”，都是根据某时某地的具体问题而提出的具体解决方案的一般性概括，如果不弄清某个“主义”（或理论）所针对的具体问题及解决问题的具体方法，而空谈某种抽象的“主义”，再好的理论也会变成笼统的教条或抽象的口号，而无法变成人们行动的指南，因此，空谈“主义”是十分有害的。“‘主义’的大危险，就是能使人心满意足，自以为寻着包医百病的‘根本解决’，从此用不着费心力去研究这个那个具体问题的解决法了”②。二、对于思想的革新和社会的改良，离不开接受外来“进口的主义”，但是对

---

① 陈独秀：《本志宣言》《新青年》7卷1号。

② 胡适：《多研究些问题，少谈些“主义”》《胡适文存》第1集，上海亚东图书馆1928年。

外来的思想，即使是先进的思想，仍须保持清醒的理智和批判的头脑，“一切主义，一切学理，都该研究，但是只可认作一些假设的见解，不可认作天经地义的信条”①。切不可把外来的“主义”看作金科玉律或可以包医百病的绝对真理。这样才能养成人类创造的能力和解决问题的能力。三、从西方先进国家输入学理是必要的，它可以作为研究和解决中国问题的“临症须知”。但是输入学理必须讲求科学的方法和历史的态度。不但要搞清该学理的历史因果，而且要搞清学说创造者个人性情身世与其思想学说的关系，还要考察该学说已经发生的社会效果，并结合我国的具体问题加以输入，这样才能客观地、完整地、有针对性地引进西方的先进学说，而克服“生吞活剥”之害②。

历史地看，在“问题与主义”的论战中，李大钊等马克思主义者并没有“抽象的”介绍马克思主义，当时“马克思主义研究会”中的同人，包括它的发起者李大钊，对马克思学说的方法论也有不少研究。据此而论，胡适的批评有基于世界观和哲学信仰的不同而产生的意气用事。但是，从总体上看，五四时期的思想界的确存在着胡适所指责的“主义狂”和“方法盲”的幼稚病。即使是李大钊、陈独秀、李达等早期共产主义者对中国国情的研究以及如何把马克思主义的方法和一般原理应用于中国革命实践等重大实际问题的研究也是非常不够的。在他们的思想中理想主义因素远远大于对中国革命具体道路的探索，致使我党在革命初期一再犯严重的教条主义错误。联系这一点，如果我们撇开胡李之间这场争论的政治意义，单从总结理论思维的经验教训来看，胡适输入学理与研究问题相结合的主张，对“空谈抽象主义”的批评，并非毫无价值。它不仅对五四时期的思想界从方法论上给予了导向，而且对于马克思主义者克服教条主义，寻求马克思主义与中国革命实践相结合的具体道路，也有预见性的纠偏作用和启迪意义。

综上所述可知，胡适在中国传播实用主义，着重于它的方法论研究。他刻意宣传的历史的态度、实证的方法、怀疑的精神，是五四反封建文化启蒙思想的重要组成部分。它有力地促进着中国人思维方式的变革，甚至可以说，它对于马克思主义的中国化，也不无潜在的启示和影响。

---

① 胡适：《三论问题与主义》，《胡适文存》第1集，上海亚东图书馆1928年。

② 胡适：《四论问题与主义——论输入学理的方法》《胡适文存》第1集，上海亚东图书馆1928年。

第六章 历史的清道夫——鲁迅

比起陈独秀、胡适以及其他五四时期的风云人物来，鲁迅是完全不同的人物。和陈独秀一样，鲁迅参加过辛亥革命；和胡适一样，鲁迅也搞过专门的学术研究，但他仍然不同于他们。在中国近现代思想史上，只有他才是真正深刻的。

胡适是温文尔雅的学者。他宁静、清晰、平和，然而软弱，虽偶涉政治，然其兴趣是在学术，认为考证一个古字和发现一个新星具有同等价值。他陶醉在个人成功带来的小康舒适的人生境地中。陈独秀是意志刚烈的启蒙宣传家和革命家。他勇敢、坚定、顽强、激烈，但不免浮浅。“衣带渐宽终不悔，为伊消得人憔悴”。他虽偶涉学术，但其志向在政治。反满，反袁，反北洋军阀，反国民党，最后反到了自己手创的党，陷入孤独、颓唐中。陈独秀一生处在革命与抗争的人生境界中。与陈、胡的个性与人生境界迥然不同，“鲁迅是深沉锐敏的文学家和思想家。他的思想充满了爱憎强烈的情感色彩和活生生的现实气息，他的情感充满了思想的力量和哲理的深意。他的作品比起陈、胡来，显然具有远为强大长久的生命力”①。鲁迅的一生，在孤独、悲凉的境界中追求着时代的超越、文化的超越和自我的超越。

鲁迅先生不仅是一代文学巨擘、思想战士，而且是旷代文化伟人。他是一棵独立支持的大树，挺立在中国历史上光明与黑暗的急剧更替期，支撑在新旧文化的激烈冲突期，扎根在现代中国创造与起飞的紧张预备期。毛泽东同志曾以伟大的马克思主义战略家的眼光，骋目于整个民族、社会、文化发展的恢宏天地，骋目于中国历史转折期阶级斗争和社会革命的总形势，给鲁迅先生在现代中国的文化启蒙业绩以极高评价。他称鲁迅是“中国文化革命的主将”，“是在文化战线上，代表全民族的大多数，向着敌人冲锋陷阵的

---

① 李泽厚：《中国现代思想史论》第121页，东方出版社1987年。

最正确、最勇敢、最坚决、最忠实、最热忱的空前的民族英雄”，“鲁迅的方向，就是中华民族新文化的方向”①。

不了解鲁迅，就难以了解中国现代文化启蒙史；不从文化启蒙的视角研究鲁迅，也难以了解他一生道路、事业、著述、思想的真正蕴含与价值。

一　鲁迅对新文化运动的巨大贡献

青年时代，鲁迅曾经历和目睹了辛亥革命。他像当时许多反满志士、维新青年一样，曾为这场革命欢欣鼓舞。杭州光复不久，他曾带领演说团上街宣传，心情十分激动。在《〈越铎〉出世辞》中，他以激情满怀的笔调描写了当时的情景：“民气膨张，天日腾笑，孰善赞颂，庶猗伟之声，将充宙合矣。”面对着此情此景，青年鲁迅表达了自己的一腔热忱，愿能为促进中国的社会改革“纾自由之言议，尽个人之天权，促共和之进行，尺政治之得失，发社会之蒙覆，振勇毅之精神”。没有经历过清王朝统治下当奴隶的生活的人，是难以体验这种心境的。然而，由于对这场革命热望过高，待激情降温后，他陷入了深沉的失望、怀疑与悲观。他清醒地意识到，辛亥革命“貌虽如此，骨子内却是依旧的，因为还是几个旧乡绅组织的军政府”②。对辛亥革命的不彻底性，尔后鲁迅在《阿Q正传》等作品中作过深刻揭露。更令他失望的是，辛亥革命虽名曰共和，咸与维新，而社会政象在实际上仍然是一片混乱和黑暗，历观国内无一佳象。极度失望使青年鲁迅产生一种仿佛受骗后的强烈愤懑：“我觉得革命以前，我是做奴隶；革命以后不多久，就受了奴隶的骗，变成他们的奴隶了。”③ 那些革命前的奴隶，一旦上台掌权，便接过封建专制主义的衣钵，变成新的主人，且要以“刀与火”来对付人民。如此这般，在见过辛亥革命，见过二次革命，见过袁世凯、张勋复辟种种政治戏剧后，鲁迅曾经火样般的理想接近于破灭：“我于是用了种种法，来麻醉自己的灵魂，使我沉入于国民中，使我回到古代去，后来也亲历或旁观过几样更寂寞更悲哀的事，都为我所不愿追怀，甘心使他们与我的脑一同消灭在泥土里，但我的麻醉法却也似乎已经奏了功，再没有青年时候慷慨激

① 毛泽东：《新民主主义论》《毛泽东选集》第二卷，人民出版社1968年。

② 鲁迅：《朝花夕拾·范爱农》。

③ 鲁迅：《华盖集·忽然想到（二）》。

昂的意思了。”①

然而，事实证明，鲁迅并没有如他自述的那样，完全麻醉了自己的灵魂，“回到古代去”，像他的胞弟周作人一样，成为躲进“苦雨斋”中品苦茗、读古书、写小品文的遁世逸民。正如一个需要寻找刺激以得快乐的人是决不幸福的一样，一个自觉寻求麻醉自己的人恰是高度清醒的。鲁迅是一个善于在悲凉孤独中冷眼直面人生的思想家，当他“沉入于国民中”去的时候，更加深了他对现实的观察；当他“回到古代去”的时候，更扩展了对历史文化的思考。从鲁迅写于民国初年的《日记》和其他文字中可以看出，此时他的心外表冰冷，内里依旧有激情燃烧的火焰。这时他对辛亥革命不彻底性的思索，对张勋、袁世凯两次尊孔复辟闹剧的洞察等，成为他不久以后投身新文化运动并产生不同凡响的影响的直接动力和思想基础。

当陈独秀在《新青年》上揭开反封建文化启蒙运动的序幕后不久，鲁迅带着从现实观察中得来的丰富经验和对中国社会历史文化的深入思考，带着一颗蜕去了空想外壳、显露出坚强韧性的心灵，投入了新文化运动的激流。这不但与刚从美国哥伦比亚大学攻读博士学位回国不久的胡适不同，也与活泼而有时颇近于草率的刘半农和有话“必说到十二分”的钱玄同不同，甚至与长于拉起大旗鼓动宣传而不免缺乏韬略的陈独秀有相当的差异。鲁迅一投入新文化运动，便以他独有的冷峻、深邃和韧性，很快打开了新生面，有力推动了这个运动的深入发展。

鲁迅对新文化运动的独特贡献，首先是他的小说创作。鲁迅小说在当时所处的“第一人”的地位，是中外学界所公认的。陈独秀明确表示过对鲁迅小说的佩服，胡适也肯定它的成就。鲁迅为人是一向质朴谦逊的，但他以文学史家身份为自己的创作作论时，便不能不持平而言：“在这里发表了创作短篇小说的，是鲁迅。从一九一八年五月起，《狂人日记》、《孔乙己》、《药》等，陆续的出现了，算是显示了‘文学革命’的实绩，又因那时的认为‘表现的深切和格式的特别’，颇激动了一部分青年读者的心。”② 这话决非自诩之词。如果我们重温中国现代文学史，重读鲁迅先生写于五四前后的小说，便不能不承认，他不仅是用白话创作小说的第一人，而且是在作品中向吃人的封建礼教发出最响亮的反叛、做出最严厉的判决的第一人。他的小说不仅在艺术形式上别具一格，尤其在思想内容上，以生动典型的人物形象和生活场景，展示了在封建文化传统长期压抑、

---

① 鲁迅：《呐喊·自序》。

② 鲁迅：《且介亭杂文二集·〈中国新文学大系〉小说二集序》。

熏染下国民的畸形精神和病态心灵。在这一反封建文化启蒙的创作主题上，鲁迅的深度和高度，是至今人们难以企及的。在鲁迅的笔下，老一代读书人孔乙己、陈士成成了封建文化可悲的殉葬品；新一代的读书人吕纬甫、涓生经过一番反抗之后，终于退缩在传统的“旧垒”中。而处境悲惨、淳朴可爱的农民，受封建文化的毒害益深。即使精神麻木的阿Q，居然也懂得“男女之大防”。那小时活泼可爱的闰土，老年竟成为十足的偶像崇拜者，更可悲的是他身后的儿子，几十年后必将变为同样的闰土。祥林嫂饱尝了人间的不幸，作为女子还要再受一重失节再嫁的精神折磨。在这些现象后，鲁迅向人们揭示的真理是：封建主义通过各种途径把它的根须伸向社会的各个方面，它像毒蛇一样纠缠和吞咬着中国人的肉身和灵魂，中国社会要进步，文化要发展，就必须斩断这条恶蛇！基于这样的认识，在鲁迅的创作中，既有对下层人民不幸遭遇的同情，也有对他们麻木不仁的针砭，更有对以理杀人的道学先生狰狞、阴毒、伪诈、猥劣嘴脸的无情揭露。在鲁迅尖锐锋利的直笔下，惯于以“理学”杀人的鲁四老爷，大骂新文化而满腹淫念的四铭先生，流气炙手的“国粹家”高尔础，愚腐不堪的七大人，一个个都穷形极象地出现在文学画面上。他们是封建文化的人格化，对他们的形象刻画，便是对几千年封建文化传统的最猛烈的批判和抨击。

从上不难看出鲁迅文学创作的“实绩”。他在自己创作的小说中，不但用白话取代了文言，实现了文学形式的革命，而且表现了充实的新内容和新思想，给体现新思想的文学内容以深切表现，将新文学与对中国社会现实和历史文化的深刻剖视有机结合起来，从而使新文学具有坚实的力量，产生广泛而久远的影响。这不仅是对胡适文学形式、工具改革的超越，也是对周作人抽象的“人的文学”主张的有力拨正。它克服了新文化运动之初“悬空谈文学内容”的局限性，是新文化运动取得重大进展的一个显著标志。茅盾的《子夜》、巴金的《家》等文学名著正是沿着这一方向取得的重要文学硕果。

鲁迅不但以小说创作实践着他的主张，而且他那文字犀利的杂文也是他此期文学实绩的实录。前期所作的杂文，“除几条泛论之外，有的是对于扶乩，静坐，打拳而发的；有的是对于所谓‘保存国粹’而发的；有的是对于上海《时报》的讽刺画而发的”①。这时的《新青年》正处在“四面受敌之中”，鲁迅的杂文作为抵抗保守派攻击的武器，发挥了巨大威力。虽然他早期的杂文尚不如小说创作影响之大，也不及后期杂文内容丰富，但是，在思想革新和社会革新的过程中，杂文对于有害的事物能“立刻给以反响和抗

① 鲁迅：《热风·题记》。

争”，作为一种便捷而有力的标枪和匕首，已经初试锋芒，显示了它的战斗性。

鲁迅在新文化运动中另一独特贡献是他对文坛艺园新秀的热诚鼓励和扶植。新文化运动发动之后，中国思想文化界开始呈露一些新的气象，但是由于封建文化势力还很强大，新的出版物远远不能改变思想文化界“黑幕层张，垢污深积”（陈独秀语）的现实状况，到了 1919 年，情况还是如此。正如郑振铎在《一九一九年中国出版界》[①] 一文中所说的那样：“这一年出版的书籍，最多的是定期出版物，其次是黑幕及各种奇书小说，最少的却是哲学科学的书，除了‘北京大学丛书’和尚志学会出版的丛书外，简直没有别的有价值的书了。”可见当时对于社会科学及文艺方面的新出版物的需要是何等迫切。鲁迅对此深有感触。他对《小说世界》之类的“旧文化小说”极为鄙视，认为简直不值得理睬，要造成新文化对旧文化的压倒优势，就必须做出切切实实的努力，发展新文学创作。而要发展创作，首先需要提供和创造一种适宜于作家创作的气氛。他指出，“新的青年的文学家的第一件事是创作或介绍，蝇飞鸟乱，可以什么都不理”[②]。他及时鼓励新作家的创作，赞许《新潮》上那些稚气却充满生机的作品。在《致傅斯年》的信（1919 年 4 月 16 日）中，鲁迅说，他支持青年人的创作，“是想闹出几个新的创作家来”，“破破中国的寂寞”，“上海的小说家梦里也没有想到过，这样下去，创作很有点希望”。这里鲁迅要“破”的寂寞，首先自然是中国文坛上的沉寂局面。对于那些滥用批评的权威，到文坛上来肆意践踏幼苗的“批评家”，鲁迅常给予毫不客气的批评。像当时胡梦华站在封建道德立场上对汪静之《蕙的风》的批评，鲁迅不仅写杂文逐一驳斥，还在小说《补天》中塑造了一个“古衣冠的小丈夫”的形象为他造影。他鼓励青年作者要有自信，切不可自暴自弃，或盲目拜倒在所谓“导师”、“权威”的脚下。鲁迅一贯认为，青年人寻导师不如寻朋友，因为“前辈”指导青年的话多是些与青年人特点不相干的客套话，与其相信这些，不如寻找志同道合的朋友，向着可以生存的方向走。青年人多的是生命，遇见深林，可以辟成平地；遇见沙漠，可以开掘井泉，用不着问什么“荆棘塞途”的老路，用不着寻什么“金字招牌”的导师。鲁迅堪称青年的导师，但他不以“导师”自居，他声言：“中国大概很有些青年的‘前辈’和‘导师’罢，但那不是我，我也不相信他们。”[③] 他对青年特别是文学青年唯一的希望是：“愿中国青年都摆脱冷气，只是向上去，

① 该文原载《新社会》第 7 号，1920 年 1 月。

② 鲁迅：《集外集拾遗补编・关于〈小说世界〉》。

③ 鲁迅：《坟・写在〈坟〉后面》。

不必听自暴自弃者流的话。能做事的做事，能发声的发声。有一分热，发一分光，就令萤火一般，也可以在黑暗里发一点光，不必等候火炬。”① 在鲁迅先生的鼓励、奖掖、爱护下，一批文学青年脱颖而出，茁壮成长，后来成为30年代“左翼”文化运动的骨干。

不仅对于文学，而且对于美术，从新文化运动一开始，鲁迅也给予了极大的关注。他热望着中国新兴美术的出现，并提出这样的具体要求：“我们所要求的美术家，是能引路的先觉……”② 后来他亲自倡导木刻艺术，并做了大量工作。鲁迅的所作所为证明，他不愧为五四反封建文化启蒙运动的主将和旗手，他彻底的反帝反封建的坚定性，以及对新文化运动所做的独特贡献，从根本上代表了它的方向。

鲁迅对五四新文化运动的一个意义更为深远的贡献，是他以无比的韧性和耐力，始终不渝地为捍卫这个运动的正确方向和积极成果而英勇斗争。这一斗争贯穿在新文化运动之中，也继续到这一运动退潮之后。在这方面，鲁迅像他所称的刘半农一样，也是打了几次硬仗的。新文化运动一开始，林纾、辜鸿铭、严复等都出来表示过反对，林纾攻击白话文“鄙俚浅陋”，“不值一哂”，毫无文化价值。鲁迅立即给予了回击。他批评攻击新文学“鄙俚浅陋”的几位雅人，是“做了人类想成仙；生在地上要上天；明明是现代人，吸着现在的空气，却偏要勒派朽腐的名教，僵死的语言，侮蔑尽现在，这都是‘现在的屠杀者’。”③ 1922年初，《学衡》创刊。其主要撰稿人被人称为反对新文化运动的“第二代代表人”。以“学贯中西”相标榜，以增加其“昌明国粹”的诱惑力。对此鲁迅在《估〈学衡〉》一文中给予了尖刻批评。1925年章士钊《甲寅》杂志复刊，此时新文化运动正处于低潮，章大举向新文化运动反扑，同时大肆宣扬封建复古主义。《甲寅》在鼓吹读经和废弃白话上，颇带一些猖狂的劲头。鲁迅随即写下《评心雕龙》《十四年的“读经”》《古书与白话》《再来一次》《答KS君》等文予以迎头痛击，揭露主张读经者的真实意图不过“要些把戏，将人们作笨牛看”④，并藉此维护自己的既得利益。《甲寅》的文言文，并无任何生气，“不过以此当作讣闻，公布文言文的气绝罢了”。⑤ 虽然当时胡适、徐志摩、吴稚晖等都曾写文章驳斥章士钊的复古论，但都不曾达到鲁迅批判的深刻、犀利及力度。

---

① 鲁迅：《热风·随感录四十一》。

② 鲁迅：《热风·随感录四十二》。

③ 鲁迅：《热风·随感录五十七》。

④ 鲁迅：《华盖集·十四年的“读经”》。

⑤ 鲁迅：《华盖集·答KS君》。

“整理国故”的口号是胡适提出来的。胡适提出这一号召的最初意思是，要把国故从国粹派手中夺回来，加以科学整理，以利于新文化的建设。鲁迅开始是赞成的，他自己从1920年起花费很大精力整理和研究中国旧小说，写成《中国小说史略》，可谓对胡适意见的身体力行。然而，随着新文化运动的开展和分化，鲁迅觉察到过分强调“整理国故”，易使青年沉迷于故纸堆中并染上复古病毒，使正在走向与群众斗争相结合的新文化运动半途夭折。胡适20年代后鼓吹“好人政府”和走“进研究室”就包含着这种危险。这就促使鲁迅越来越倾向于对“整理国故”的否定。他指出，让青年人与火热的现实斗争离开，变成一个呆子，与“教育家的勿视勿听勿言勿动论”① 一样，都属于维护陈旧秩序的妙计；把青年引入故纸堆中，结果便是“要中国永远与世界隔绝”②，这是一个不可轻视的大是大非问题，尤其是在新文化刚刚成长之时，倘若复古，“也就是新文艺的试行自杀”。③ 鲁迅作为局中之人，对这一不良倾向有可能导致新文化运动走向歧途的严重性有着切身感受，为捍卫反封建文化启蒙的正确方向，鲁迅甚至不无偏激地“主张青年少读，或者简直不读中国书”，并说，这是“用许多痛苦换来的真话”。④

1919年五四运动之后，《新青年》团体发生了分化。终于出现了令鲁迅难堪而又不能不正视的局面：昔日同一战阵里的伙伴，不久，有的高升，有的退隐，甚至有的人靠提倡白话文爬了上去，一旦成了名人，“就不但不再为白话战斗，并且将它踏在脚下，拿出古字来嘲笑后进的青年了”⑤。这显然指的是曾在《新青年》上打过几次大仗的刘半农。为捍卫新文化运动的成果，鲁迅对刘半农的倒退作了爱憎分明的批评。他以深情和惋惜的笔调写道：“我爱十年前的半农，而憎恶他的近几年。这憎恶是朋友的憎恶，因为我希望他常是十年前的半农，他的为战士，即使‘浅’罢，却于中国更为有益。我愿以愤火照出他的战绩，免使一群陷沙鬼将他先前的光荣和死尸一同拖入烂泥的深渊。”⑥ 对于半截革新者的钱玄同，鲁迅在致朋友的信和《两地书》中也作过类似批评。而对于坚持理想、始终不渝、铁肩担道义、视死如归途的李大钊，鲁迅则十分钦敬，在李大钊被残杀后，他极其愤怒地予以斥责，并肯定大钊遗文“将永住”，“因为这是先驱者的遗产，

---

① 鲁迅：《坟·春末闲谈》。

② 鲁迅：《坟·未有天才之前》。

③ 鲁迅：《坟·写在〈坟〉后面》。

④ 鲁迅：《坟·写在〈坟〉后面》。

⑤ 鲁迅：《准风月谈·“感旧”之后（下）》。

⑥ 鲁迅：《且介亭杂文·忆刘半农君》。

革命史上的丰碑”①。

新文化运动并非毫无局限和缺点。比如形式主义看问题的毛病，偏重文化批判实用功利性的缺陷及简单的非此即彼的思维方式等，均是值得后人补正的。但是这场文化启蒙运动的大方向是正确的，其促进中国文化现代化的历史功绩也将永世载入史册。鲁迅先生在这场运动中积极地投入，在这场运动后勇敢地捍卫，充分表现了这位反封建启蒙战士的“韧”的精神和“硬”的骨头。

二　文化与社会：中国改革者的悲吟

关于中国社会和文化改革，鲁迅曾明确提出过这样的意见：

> 说到中国的改革，第一著自然是扫荡废物，以造成一个使新生命得能诞生的机运。五四运动，本也是这机运的开端罢，可惜来摧折它的很不少。那事后的批评，本国人大抵不冷不热的，或者胡乱地说一通，外国人当初倒颇以为有意义，然而也有攻击的，据云是不顾及国民性和历史，所以无价值。这和中国多数的胡说大致相同，因为他们自身都不是改革者。②

这话道出一个真理，大凡对任何社会改革品头论足、指手画脚的人，多是改革的旁观者或隔岸观火的人；只有置身于改革激流之中的人，才能真正成为改革放声呐喊时代的强音。

鲁迅，作为一位最有力度的思想家，以他的全部著述，深刻地紧扣中国近现代改革的总主题，极其强烈地表达了中国历史在深重的苦难、屈辱、贫困中迸发出来的改革渴求，热烈地支持和主张一切推动中国社会前进的改革，以最大的义愤揭露和抨击着一切阻挠和反对改革的守旧势力以及残暴地屠戮改革者的反动派。同时，对于那些不利于改革的庸众守旧心理和落后积习也进行了艰苦细致的启蒙工作。正因为如此，我们至今重温鲁迅先生那些充满改革精神的光辉篇章，吟读他那洞察和剖析中国社会思想和心理的犀利文字，不难感到一颗伟大心灵的跳动。

---

① 鲁迅：《南腔北调集·〈守常全集〉题记》。

② 鲁迅：《译文序跋集·〈出了象牙之塔〉后记》。

车尔尼雪夫斯基说过，历史的道路不是涅瓦大街上的人行道。在中国，社会改革事业从来都是艰难曲折的，而中国近现代的社会改革在这方面表现得尤为突出。这首先是由于封建主义统治中国的长久，现实中还有它颇为广泛的阶级基础，而且在思想文化领域中传统的惰性依然有着不可低估的影响和力量，加之民族资产阶级先天不足的“软骨症”，这一切注定了中国近现代社会改革的艰巨性和复杂性。对此，鲁迅有着极为深切的认识和体会。对中国社会改革艰难性的充分估计和认识，是鲁迅改革意识的首要特征。翻开鲁迅前期的文章，每当他论及改革时，他的文字总给人一种异常沉重的感觉：“可惜中国太难改变了，即使搬动一张桌子，改装一个火炉，几乎也要血；而且即使有了血，也未必一定能搬动，能改装。不是很大的鞭子打在背上，中国自己是不肯动弹的。”① 这话是在北京女师大一次讲演中说给女学生听的，但它绝不是在危言耸听。不信，请您“看看报上的论坛，‘反改革’的空气浓厚透顶了，满车的‘祖传’，‘老例’，‘国粹’等等，都想来堆在道路上，将所有的人完全活埋下去。‘强聒不舍’，也许是一个药方罢，但据我所见，则有些人们——甚至于竟是青年——的论调，简直和‘戊戌政变’时候反对改革者的论调一模一样。你想，二十七年了，还是这样，岂不可怕”②。

在鲁迅的笔下，对社会的保守性和习惯势力的惰性作过多层次的透影：即使是辛亥革命这样一场伟大的社会改革，皇帝被推翻了，而其实呢，这场革命播下的是龙种，收获的却是跳蚤。在共和的招牌下，固有的精神未变，官僚机构换了名称，内里还是原班人马。即使已经逊位了的皇帝，也还照样受一班遗老遗少的拥戴。连堂堂民国总统徐世昌，在70寿辰接到逊帝礼物时，还声声叩谢“皇上恩颁”。至于一般社会思想潜存的那种化石般的保守性，就更令人吃惊了。正如鲁迅所说：“现在的中华民国虽有革命造成，但许多中华民国的国民，都仍以那时的革命党为乱党，是明明白白的。”③ 他们虽做了民国的国民，心里仍幻现着昔日坐在龙廷上的真命天子。即使为剪掉脑后那根本属无用、反而累事的辫子，许多人也不知吃了多少苦头。在小说《风波》中鲁迅对此加以描写道：赵七爷一听说皇上又坐了龙廷，便急忙放下盘在头顶的辫子，前来向被剪了辫子的人们兴师问罪了。其实，晚清至民初留恋“辫子”的绝不止一个赵七爷。鲁迅透过这种“辫子心理”看到的是一条无形的传统对改革步履的纠缠。在这样的社会空气和文化氛围中，

① 鲁迅：《坟·娜拉走后怎样》。

② 鲁迅：《华盖集·通讯》。

③ 鲁迅：《华盖集续编·为半农题记〈何典〉后作》。

陆续演出袁氏称帝、张勋复辟之类的丑剧，绝非偶然。五四新文化运动的遭遇又何尝不是如此。运动初起时，“单是提倡新式标点，就会有一大群人‘若丧考妣’，恨不得‘食肉寝皮’”①。到后来，封建势力屡起反扑，否定新文化运动者有之，主张尊孔读经者有之，劝读古文乃至废白话文者有之，真是如鲁迅先生所言：“改革一两，反动十斤。”②

或许对改革的艰难性的感知过于沉重，鲁迅有时对中国社会进步表现出一种愤激的看法。面对风雨如晦而仍旧无声的中国，他感到，“仿佛时间的流驶，独与中国无关”。③有时甚至感到渺茫和无可奈何。如他说：“人生最痛苦的是梦醒了无路可以走。做梦的人是幸福的；倘若没有看出可走的路，最要紧的是不要去惊醒他。”④ 假如没有寻到现实的社会和自我解救的路，与其让人醒来，练敏了感觉来更深切地感到自己的苦痛，叫起灵魂来目睹自己腐烂的尸骸，倒不如让人们暂留在梦里，让死的高兴地死去，活的放心地活着。据此，我们能否说，鲁迅对中国社会的出路彻底绝望了呢？回答是否定的。透过上面的愤激之言，我们谛听鲁迅感于时艰发出的沉重的悲吟，不难感知，他在彷徨中求索着希望，于孤独悲愤中做出了更深沉的呐喊：要推进中国的进步，新时代的启蒙者不仅要启发人们的自我意识，促使人的觉醒，而且要为从梦中醒来的人们指出社会进步和自我解救的现实道路。而改革则是中国社会的唯一出路，是关系到国家和民族生死存亡的问题。基于对中国现实和历史的观察思考，基于对中国改革艰难性的认识，鲁迅充分认识到中国改革的重要性和迫切性。他告诉人们，中国历史上的衰败，多是由于“老大的国民尽钻在僵硬的传统里，不肯变革，衰朽到毫无精力了，还要自相残杀”⑤ 的结果，而近代的危机就更是如此，因此，“读史，就愈可以觉悟中国改革之不可缓了”⑥。

为促进中国社会和文化的改革，就必须从思想上、理论上对一切反对改革者的反动性、荒谬性予以深刻揭露和猛烈批判，这是鲁迅改革意识的又一组成部分。

首先，鲁迅在前期未接受马克思主义的时候，他坚持用进化论的观念批判了保守、停滞、倒退的论点。鲁迅指出，一切反对改革的人，已“乏”到拿不出什么新鲜玩艺的地步。他们的种种论调的根据无非是“宗天而法古”、“天不变道亦不变”、“法先王”、

---

① 鲁迅：《且介亭杂文·忆刘半农君》。

② 鲁迅：《二心集·习惯与改革》。

③ 鲁迅：《华盖集·忽然想到》。

④ 鲁迅：《坟·娜拉走后怎样》。

⑤ 鲁迅：《华盖集·忽然想到》。

⑥ 鲁迅：《华盖集·这个与那个》。

“三年无改于父之道可谓孝矣”等“古训”。而这一切古训无非教人一种安于现状的“生活法”，“教人不要动”①，这是违背进化之道、天择之理的。同样，基于进化论的观点，鲁迅批判了反对改革者的另一理论支柱，即以长者为本位的“旧见解”，提出以幼者为本位的新观念。他指出，只有幼者代表着未来，代表着希望，代表着生命发展的前途，他指责那些以老自居或“不肯老”的人“要占尽了少年的道路，吸尽了少年的空气”，这不仅是“奇想天开”，而且是一种自私狭隘②。在《我们现在怎样做父亲》一文中，鲁迅从家庭伦理变革入手，呼吁天下的父母，放弃长者本位的陈旧意识，用理解、指导的爱心去解放自己的儿女，用自己的躯体“肩住了黑暗的闸门，放他们到宽阔光明的地方去”③。只有这样，历史才能进步，社会改革才有希望。后期鲁迅接受了马克思主义世界观以后，把阶级利益与社会改革结合起来，对反对改革者的理论做出了更为深刻和坚实的批判。

其次，鲁迅揭露了一切反对改革者的种种手法和伎俩。鲁迅认为，反对改革者在不同的形势下，手法与策略是不断变化的，只有揭露其五花八门的手法，才能认清其反动实质与目的。被鲁迅所揭露的反对改革的手法大体有这样几种花样：其一是“求全责备”。鲁迅指出：“凡中国人说一句话，做一件事，倘与传统积习有若干抵触，须一个斤斗便告成功，才有立足的处所，而且被恭维得烙铁一般热。否则免不了标新立异的罪名，不许说话；或者竟成了大逆不道，为天地所不容。”④ 习惯对于改革者是过于苛求的，只许成功，不许失败；为了不失败，便只有放弃了成功。其二是“拖”和“推”。这是一切手中有点权力的人阻挠改革的方法。这种人对待改革的一贯方法是能“拖”则拖；不能拖则“推”（自己不负责任）。“拖”可以博得稳健、谨慎之名；“推”可以获得自我保全之效。结果把“轻率”、“狂妄”、“骄傲”等帽子戴给那热心改革的人。对于“推”和“拖”，鲁迅一语道破个中奥秘：“我终于发见他们心底里的蕴蓄了：不过是一个‘不走’而已。”⑤ 其三是“软化”以控制改革。鲁迅说，“抬高也是一种压服的手段”。⑥ 这是指借抬高改革者的身价和名望来给他套上“精神的枷锁”，用“软”的功夫将改革者捧杀。

① 鲁迅：《华盖集·北京通信》。

② 鲁迅：《热风·随感录四十九》。

③ 鲁迅：《坟·我们现在怎样做父亲》。

④ 鲁迅：《热风·随感录四十一》。

⑤ 鲁迅：《华盖集·这个与那个》。

⑥ 鲁迅：《华盖集·我的“籍”和“系”》。

像“整理国故”就是如此。它原初是新文化运动者“自己愿意”的，但是未能注意守旧派的“软化”手法，被他们的“抬高”和“尊敬”束缚了自己的言行，结果，“新思想而仍中了‘老法子’的计”①，许多人成了国粹主义的俘虏，这是一个严重教训。先进的改革者，一旦成为名人，便被“酱”在名里，成为谨小慎微的伪君子。对此，鲁迅清醒地提倡一种“泼皮”和“逃名”的精神。他指出：“只要掷去了这种尊号，摇身一变，化为泼皮”，与守旧的势力“相骂相打”，那“软化”的伎俩便失去了魔力②。其实，逃名才是真正的爱名，改革家只有不“酱”在那一团糟的虚名里，才能在历史长河里留下自己的足印。其四是恃“同化”以吞没改革。鲁迅指出：“谁说中国人不善于改变呢？每一新的事物进来，起初虽然排斥，但看到有些可靠，就自然会改变。不过并非将自己变得合于新事物，乃是将新事物变得合于自己而已。”③ 凡改革的事业，不计大小，都是新鲜的事物，在传统力量十分强固的中国，改革者一定要有足够的准备，不要被黑色的染缸变了本色。

时至今日，重温鲁迅对反改革者种种手法的揭露，仍感到有着极强烈的现实意义和入木三分的醒世作用。在旧中国，守旧的力量是那样的顽固，手法又如此狡猾、阴险，这就需 20 世纪中国的改革者具备足够的精神准备，养成一种特殊的心理素质，这就是鲁迅提出的著名的“韧”的精神。这是鲁迅改革思想的又一组成部分。

鲁迅指出：“震骇一时的牺牲，不如深沉的韧性的战斗。”④ 鲁迅深知，在中国，反动派对于危及他们统治秩序的任何改革都是仇视和恐惧的，常常要示之以“死之恐怖”和血腥的镇压。他目睹了许多优秀青年，许多改革志士由于向反动当局者“请愿”而遭屠杀，这使他悲愤而又惋惜。因此，鲁迅告诫改革者，特别是热血青年，在同强大的旧势力进行斗争时，既要敢于牺牲，又要讲求策略，为改革力量保存和积累实力，他指出：“世界的进步，当然大抵是从流血得来。但这和血的数量，是没有关系的”，“为中国计，觉悟的青年应该不肯轻死了罢”⑤。“对于旧社会和旧势力的斗争，必须坚决，持久不断，而且注重实力”⑥。中国的社会改革要靠几代人去完成，要跑完这一历时持久、道路曲折

① 鲁迅：《华盖集·通讯》。
② 鲁迅：《华盖集·通讯》。
③ 鲁迅：《华盖集·补白》。
④ 鲁迅：《坟·娜拉走后怎样》。
⑤ 鲁迅：《华盖集·死地》。
⑥ 鲁迅：《二心集·对于左翼作家联盟的意见》。

的接力赛，需要每一代人都有坚韧的耐力，这就要求改革者既要能跑，又要能跑到底。

“韧”的战斗精神的另一含义，是改革者在遇到挫败的时候，要有坚定的信念和必胜的决心，对于理想的目标，要“纠缠如毒蛇，执着如怨鬼”，不达目的，决无已时。鲁迅坚决地宣告：“什么是路？就是从没路的地方践踏出来的，从只有荆刺的地方开辟出来的。”① 真正的改革者，他之所以伟大，并不在于他成功的时候，而在于他的敢于尝试和不畏失败；在于他敢于为自己所信仰的主义，“牺牲了别的一切，用骨肉碰钝了锋刃，血液浇灭了烟焰”，在刀光火色衰微中，看出薄明的天色和新世纪的曙光②。鲁迅坚信，改革中的失败和挫折是难免的。正如“孩子初学步的第一步，在成人看来，的确是幼稚，危险，不成样子，或简直是可笑的。但无论怎样的愚妇人，却总是以恳切的希望的心，看他跨出这第一步”③，这是因为她知道：没有这幼稚危险的第一步，孩子是永远学不会走路的。改革者也是这样，如果为一时的失败而颓唐，因一次挫折而止步，那便永远不会达到理想的目标。因此，“即使艰难，也还要做；愈艰难，就愈要做。改革，是向来没有一帆风顺的”④。只有坚持这种百折不挠、愈挫愈奋的“韧”的精神，踏着遍地荆棘勇往直前的人，才可成为真正的改革者，历史的弄潮儿。

“韧”的战斗精神的又一含义是，改革者在胜利的时候，切莫为胜利冲昏了头脑，对企图绞杀革命、消灭思想的人丧失警惕；对被推翻在地，落入水中的人生怜悯之心，而应乘胜前进，继续努力。鲁迅以血的教训告诫人们：“我敢断言，反改革者对于改革者的毒害，向来就并未放松过，手段的厉害也已经无以复加了。只有改革者却还在睡梦里，总是吃亏，因而中国也总是没有改革，自此以后，是应该改换些态度和方法了。”⑤ 这当然是从社会改革中敌我关系的角度立论的。而就一般意义的改革而言，也存在改革与守旧的反复较量。守旧者为维护自己的利益，会变着花样和策略阻挠和削弱改革，特别是愈到改革取得初步胜利之时，这种斗争就变得愈为复杂。因此，在一时一事的小胜利面前，改革者千万不可掉以轻心，为一得之功而陶醉，而要冷静地注视反改革者的动向，不断把改革推向前去。

鲁迅之所以能沿着近代以来的社会改革的路不断实现思想上的超越，与上述“韧”

① 鲁迅：《热风·随感录六十六》。

② 鲁迅：《热风·随感录五十九》。

③ 鲁迅：《华盖集·这个与那个》。

④ 鲁迅：《且介亭杂文·中国语文的新生》。

⑤ 鲁迅：《坟·论“费厄泼赖”应该缓行》。

的精神是分不开的。而这种韧性又植根于鲁迅所特有的于孤独、悲哀、死亡中感受宇宙生命律动的生命本体意识。在这种本体意识中，他于孤独中感受着热烈，于悲哀中玩味着乐天，于死亡中审视着生命。这种本体意识构成了鲁迅精神境界的主要格调，他的全部深刻性均与此有关。基于此，他对改革的事业和人类的未来充满了信心。他写道：

> 想到人类的灭亡是一件大寂寞大悲哀的事；然而若个人们的灭亡，却并非寂寞悲哀的事。
>
> 生命的路是进步的，总是沿着无限的精神三角形的斜面向上走，什么都阻止他不得。
>
> 自然赋与人们的不调和还很多，人们自己萎缩堕落退步的也还很多，然而生命决不因此回头。无论什么黑暗来防范思潮，什么悲惨来袭击社会，什么罪恶来亵渎人道，人类的渴望完全的潜力，总是踏了这铁蒺藜向前进。
>
> 生命不怕死，在死的面前笑着跳着，跨过了灭亡的人们向前进。
>
> ……
>
> 人类总不会寂寞，因为生命是进步的，是乐天的①。

沿着这条“生命的路”，鲁迅的改革思想尔后实现了质的飞跃，汇入了马克思主义社会改革论的理论长河。

三　“国民性”：华夏剖析与人学革命

> 新主义的宣传者是放火人么，也须别人有精神的燃料，才会着火；是弹琴人么，别人的心上也须有弦索，才会出声；是发声器么，别人也须是发声器，才会共鸣②。

对中国人“国民性”种种弱点的批判，是鲁迅思想启蒙工作的一个重点，也是他对封建文化总体批判的一个极为重要的组成部分。

① 鲁迅：《热风·随感录六十六》。
② 鲁迅：《热风·随感录五十九》。

对于文化，鲁迅始终有一种宏阔的认识，他不赞成将文化视为少数文人雅士留恋自娱的象牙塔中之物，相反，他认为，文化启蒙应将重点放在文化总体中最顽固的部分，即对千年封建传统积淀成的风俗习惯和国民心理的改造上。他指出，要推进中国的民主革命和社会改革，倘不将风俗习惯和国民心理加以改造，“则这革命即等于无成，如沙上建塔，倾刻倒坏”①。因为“多数的力量是伟大的，要紧的，有志于改革者倘不深知民众的心，设法利导，改进，则无论怎样的高文宏议，浪漫古典，都和他们无干，仅止于几个人在书房中互相叹赏，得些自己的满足”②。而鲁迅一生的文化业绩，为我们树立了深入群众，对其风俗习惯、心理结构进行研究，并加以利导、改进的典范。

这里首先需要说明的是鲁迅研究中国人“国民性”问题的社会和思想背景。

“国民性”是一个民俗学或文化社会学的问题，它指的是一个民族在特定历史条件和社会环境中所形成的社会心理结构和个体行为模式。最早从事对中国国民性观察与研究的是一些外国人。他们先后出版过一些著作，如英国人亨利·查尔斯的《中国和中国人》（1849 年）、法国人古伯察的《中华帝国追想》（1854 年）、美国人斯密斯的《中国人的气质》（1894 年）等。在这些研究中国人文化心理和国民性格的著作中，不乏种族主义的偏见和对中国人民的污蔑和歪曲，他们研究中国人国民性的动机也主要是为帝国主义在中国建立殖民统治服务的。然而，这种观察与研究对中国近代一些进步思想家有一定的启发作用，促使他们站在受欺侮、受奴役的民族立场上进行自我反省：从中西文化所铸造的“国民性”的差异来理解中西社会历史进程、政治制度的差异。这在理论上虽然不免有倒因为果之嫌，但是相对于 19 世纪末的中国思想界却是合乎逻辑的。那时中国片面的经济技术改革（洋务运动）和单向度的政治改革（戊戌变法）已告失败，先进的中国人在求索中国社会改革道路的同时，寻求思维方式的转换，把“国民性”的改造与中国社会改革的实践联系起来思考。严复、梁启超是这种思考的先觉者。据此而言，“国民性”问题的提出及其在 19 世纪末 20 世纪初受到某些中国人的重视，自始便是与中国社会改革的实践活动密切相关的。这也是鲁迅从很早起就接受了这方面影响，并十分重视对国民性探讨的根本动因。

20 世纪初叶，中国的社会改革运动在走出戊戌变法失败后的低谷。一大批流亡日本的热血沸腾、充满激情的革命党人，正致力于“反清复国”的种族革命。其中鼓吹最力

① 鲁迅：《二心集·习惯与改革》。

② 鲁迅：《二心集·习惯与改革》。

的是鲁迅的业师章太炎。然而，在日本留学期间，青年鲁迅已不满足于“种族革命”的偏狭，开始了对“反清以后，如何治国”这一更深层次的问题进行思考。对此，他曾与朋友彻夜讨论。他们讨论的问题是：一、怎样才是理想的人性？二、中国国民性中最缺乏的是什么？三、它的病根何在？鲁迅的早期论文《破恶声论》《文化偏至论》《摩罗诗力说》等，便是这种文化与人学沉思的产物。他把中国的前途与民众的觉悟、新人的塑造联系起来思考，从而加入了邹容等着意改造国民“奴隶之根性”的先觉者的行列，达到了当时中国思想界的较高层次。

鲁迅在1907年所写的《文化偏至论》中，一方面肯定西方19世纪科学技术和物质文明的巨大进步，一方面又指出这种物质至上主义的“偏至”将导致个人价值的丧失，使人的“神旨”“沉溺逝波，莫知所届，文明真髓，顷刻荡然”①。为反抗这种人类文化的“偏至”，鲁迅转而提倡效仿西方19世纪末叶兴起的唯意志论的人本主义人格理想，确立“非物质”、“重个人”的“新思神宗”。这种“非物质主义”固然显示了早期鲁迅人学理论的唯心论偏颇，但它却同时表现出了鲁迅对束缚人性的旧习俗的抗争精神和对个性解放的热烈追求。他认为，当时中国的维新运动，决不可片面地拜倒在物质和实利面前，而应该把“立国”之计安立在“立人”的根底之上。只有实现了个性解放，才能使“沙聚之邦，由是转为人国。人国既建，乃抗雄厉无前，屹然独见于天下”。② 可见青年鲁迅已超越了时人只注意西方先进的科学技术的文化意识之上，初步意识到中国现代化的核心是人的现代化。有鉴于此，鲁迅指出：“将生存两间，角逐列国是务，其首在立人，人立而后万事举。”③ 鲜明的“立人”意识，即把改造传统旧人、塑造现代新人的任务放在社会改革大业的首位，这是鲁迅超迈同时代人的卓识远见，也构成他文化启蒙的核心。

究竟怎样才是理想的人性呢？综合鲁迅《文化偏至论》《破恶声论》和《摩罗诗力说》《科学史教篇》等早期作品，可以看出，他早期理想人性的概念有这样几层蕴含：

其一，提倡人性的真诚袒露，反对人生的诈与伪。在《摩罗诗力说》中鲁迅谈到拜伦时说：“顾其不容于英伦，终放浪颠沛而死异域者，特面具之为害耳。此即裴伦所反抗破坏，而迄今犹杀其人而未有止者也。”“真人”与“面具”相对立，“真人”是诚实的，

---

① 鲁迅：《坟·文化偏至论》。

② 鲁迅：《坟·文化偏至论》。

③ 鲁迅：《坟·文化偏至论》。

坦白的，“面具”是虚伪的，矫饰的。“真人”并不十全十美，白璧无瑕，其所以是“真人”，就在于他禀受着人性的复杂性，是人而不硬充为神。重要的是，人要敢于正视人生，正视自己，敢于将自己的本来面目真诚地袒露出来，自由地表达自己的思想、情感、愿望和要求。这就必然要与习俗、谬论、庸见相矛盾、相抗争。服从它们，就等于戴上了“面具”而失其真；反抗它们，就必然会陷入困窘与孤独。“真人”就要像一切摩罗诗人一样，“率真行诚”，从容地经受人生炼狱的燃烧。

其二，理想的人性崇拜意志和力量。鲁迅作为一个极富现实感的思想家，他对中国社会改革的艰巨性，自青年时就有着足够的估计。由此也就产生了对具有“绝大意力之士”的期待。这里无疑可以看到尼采“超人”哲学的影响。尼采哲学中具有许多反动因素，如他对“人种论”的狂热和贵族主义偏见，以及否认历史发展规律性的反理性主义因素。但尼采提倡重新估定一切价值的反传统主义精神，敢于正视人生困境的悲剧意识，崇拜激情、奔放、自由和力量的酒神精神以及对弱者道德、奴隶道德的批判，对于正在谋求个性解放（反封）和民族解放（反帝）的中国人又有某种激励作用。正因为这样，鲁迅曾一度引尼采哲学为同调，称颂他是“个人主义之至雄桀者”，并相信“惟超人出，世乃太平，苟不能然，则在英哲”①。表现出对尼采思想的服膺。其实，鲁迅早年崇拜尼采，不过是对充满意志和力量的理想人性的向往，他坚信，在扼杀人性与天才的中国，要改革，就必须伸张个性，要伸张个性，就必须具有另一种素质，即“刚毅不挠，虽遇外物而弗为移”、排除万难、黾勉上征、勇猛奋斗、奔赴理想的精神。他指出，“处现实之世，使不若是，每至舍己从人，沉溺逝波，莫知所届。……惟有刚毅不挠，虽遇外物而弗为移，始足作社会桢干”②。只有确立了这种独立的人格，只有培育出具有“绝大意力之士”，国家才可以得救，民族才可能复兴，文明才可以进步。

其三，理想的人性应是灵与肉的一致、物质文明与精神文明的和谐、科学知识与艺术心灵的统一。只有这样，才称得上健全的人性。在《科学史教篇》的结尾，他提出了这一人性的健全之美的思想。他认为，人不仅应追求较高的物质文明以供享用，而且还要追求充实的、崇高的精神生活；不仅要有科学知识以改良物质生活，而且要有文学艺术来滋养心灵，陶冶情操。假如举世惟知识是崇，人生必大归于枯寂，如是既久，则“美上之感情漓，明敏之思想失”，这样人类之创造力终将干涸枯竭。只有科学与艺术并

---

① 鲁迅：《坟·文化偏至论》。

② 鲁迅：《坟·文化偏至论》。

重，物质与精神双求，灵魂与肉体健全，才能成为今日文明的承担者和创造者。

总而言之，青年鲁迅的“人学”理想是从三个方面即真善美的统一性上考虑“立人”问题的。这里提倡的真我呈露、刚毅奋发、灵肉一致的人学理想，显然与封建主义传统的“立人之道”是根本相异的。封建主义根本无视人性的正常、健全的发展，它所要培养的是在“君君、臣臣、父父、子子”的封建名分中生活的绝对的忠顺者，是一个个带着“面具”的“代圣贤立言”和“思不出其位”的“君子”，是被封建道德教育不断净化得平面化了的社会符号，而绝对不是敢于真哭、真笑、真喜、真怒、感情内曜、力量轶群的“真人”。联系整个封建文化的人学传统，联系当时正在酝酿的反封建的资产阶级民主革命，可以看出，鲁迅早期的“立人”意识，是中国近现代历史转型期一次较早的人学革命。

理想并不等于现实。那么，现实中的国民性又是怎样的呢？随着对中国社会和中国人的深入观察，鲁迅对中国国民性的种种畸形与病态进行了深刻的解剖和无情的暴露，真正成为解剖中国人的灵魂的“精神界之战士”。

解剖国民的病态精神与寻找理想人性，是鲁迅所致力的人学革命的一个问题的两个侧面，它们几乎是同时产生的。启发鲁迅产生这一思想的背景，是身居异邦日本时所感触到的民族屈辱及对国人麻木状态的义愤。鲁迅在日本原是学医的，他曾想用现代医学来救治被庸医所误的病人的痛苦，并以此来促进“国人对于维新的信仰”①。但后来，在一次上细菌课前，放映一部日俄战争的纪录影片，看到日军枪决一个为俄国做侦探的中国人，而围观的中国人精神麻木，视若无睹。这给鲁迅以极强烈的刺激，他由此想到，“愚弱的国民，即使体格如何健全，如何茁壮，也只能做毫无意义的示众的材料和看客”。因此，中国人急待医治的，尚不是病弱的身体，革命的“第一要着，是在改变他们的精神”②。于是他毅然辞医修文，放下治疗人体的手术刀，拿起了文艺这把解剖人们灵魂的“手术刀”，以“精神界之战士”自许并励人。鲁迅认为，由于统治阶级的蒙蔽和传统观念的束缚，中国人对于自身的弱点并不是十分了然的。“我们究竟还是未经革新的古国的人民，所以也还是各不相通，并且连自己的手也几乎不懂自己的足”③。这样“立人”首先应做的工作，就是把“民族的病态”揭露出来，让中国人自己认识自己，从而惊觉，

---

① 鲁迅：《呐喊·自序》。

② 鲁迅：《呐喊·自序》。

③ 鲁迅：《集外集·俄文译本〈阿Q正传〉序及著者自叙传略》。

从而奋起。

鲁迅揭露和解剖国民性弱点的工作，主要是通过他的小说和杂文来做的。他的小说在这方面做得很出色，特别是《阿Q正传》，确是集中“暴露国民的弱点”的一部杰作。通过阿Q等许多概括着极其深广的社会历史内容而又个性鲜明、血肉丰满的典型形象，鲁迅把那些沉重地压在“老中国的儿女们”躯体上和心灵中的历史垃圾，把他们灵魂上的污垢和伤痕，具现在读者面前，让人们从中甚至也能见到自己及周围人们的影子。他的杂文则像“显微镜”，“也照秽水，也看脓汁，有时研究淋菌，有时解剖苍蝇”①，把国民性的病状尽行发露，且痛下针砭，深中时弊，甚至让今天的中国人也会时或感觉到脑门上被扎进热辣辣的一针。鲁迅一生孜孜不倦地揭露批判的中国国民性的弱点与病根，大致集中在这样几个方面：

其一是“瞒和骗”。

鲁迅痛感中国人不敢正视人生，“万事闭眼睛”；尤其对于人生的痛苦、社会的缺陷，没有正视的勇气，于是只好自欺欺人，这方法便是瞒和骗。在《论睁了眼看》一文中，鲁迅集中地攻击了这种劣根性，指出：“中国人的不敢正视各方面，用瞒和骗，造出奇妙的逃路来，而自以为正路。在这路上，就证明着国民性的怯弱，懒惰，而又巧滑。一天一天的满足着，即一天一天的堕落着，但又觉得日见其光荣。”鲁迅敏锐地看到并揭露了“瞒和骗”的病根，在于历代统治阶级的“圣人”、“古训”及封建文化专制的思想统制。由此而造成了一批又一批弯腰曲背的“老成的弟子，驯良的百姓”。他们不敢正视现实，只好用瞒和骗来掩盖社会的矛盾，粉饰生活的缺陷。“于是无问题，无缺陷，无不平，也就无解决，无改革，无反抗”，使社会永远停滞在一潭死水之中。

由于瞒和骗而派生出一种“瞒和骗的文艺”，“由这文艺更令中国人更深地陷入瞒和骗的大泽中”。鲁迅一再指出这种瞒骗的文艺的虚妄与恶劣影响，指出其典型的表现是中国旧文学中的“团圆”迷信。他说，历代才子佳人小说都希望“才子及第，奉旨成婚”，《红楼梦》的续作必令“生旦当场团圆”等，都是这种“团圆”迷的自欺欺人。在《中国小说的历史的变迁》里，鲁迅指出了中国文学正视人生的悲剧意识的贫乏，“这是因为中国人底心理，是很喜欢团圆的，所以必至于如此。大概人生现实底缺陷，中国人也很知道，但不愿意说出来；因为一说出来，就要发生‘怎样补救这缺点’的问题，或者免不了要烦闷，要改良，事情就麻烦了……所以凡是历史上不团圆的，在小说里往往给他团

① 鲁迅：《集外集拾遗补编·做“杂文”也不易》。

圆；没有报应的，给他报应，互相瞒骗。——这实在是关于国民性的问题”。这里虽缺乏阶级的分析，但对瞒骗消极社会心理的批评是深刻的，令人深思的。时至今日，我们中国人不还是时常吃这“瞒和骗”的苦头吗?

其二是逢场作戏。同“瞒和骗”相联系，鲁迅认为中国人还有一种“做戏”的毛病。他在《华盖集续编·马上支日记》中曾引述那位久居中国的美国传教士斯密斯所著《支那人的气质》一书里的话，以为“支那人是颇有点做戏气味的民族”，装模作样，总想将自己的体面弄得十足。爱面子，讲虚荣、万事不认真。鲁迅接着评论道：“我们试来博观和内省，便可以知道这话并不过于刻毒。相传为戏台上的好对联，是‘戏场小天地，天地大戏场’。大家本来看得一切事不过是一出戏，有谁认真的，就是蠢物。”戏场小天地里的人重视的是脸谱，天地大戏场中的人自然要讲求“面子”。对此鲁迅在《说“面子”》中给予了尖刻的嘲讽。他说：“面子”一件事，对于外国人好像很不易懂，而在中国人是常常谈到而且一听就懂的。“相传前清时候，洋人到总理衙门去要求利益，一通威吓，吓得大官们满口答应，但临走时，却被从边门送出去。不给他们走正门，就是他没有面子；他既然没有面子，自然就是中国有了面子，也就是占了上风”。要面子的人多了，自然就和不要脸混了起来：“长谷川如是闲说‘盗泉’云：‘古之君子，恶其名而不饮；今之君子，改其名而饮之。’也说穿了‘今之君子’的‘面子’的秘密”①。由于喜欢做戏和看戏，而“戏”是不必认真的，因此，中国的事情往往是招牌一挂就算成功了。只有中国人不再沉迷在“戏”里，中国才会有希望。

其三是“看客”式的无聊。鲁迅深感中国国民精神的麻木，他们不仅把万事当作“戏”，糊里糊涂地一戏了之，而且“永远是戏剧的看客”②。他们不能感到别人精神上的痛苦，甚至也忘记了自己的痛苦，而对人生抱着“袖手旁观”的态度，精神上表现出极度的空虚与无聊。鲁迅曾经多次沉痛地描述过国民的这一病态：北京的羊肉铺子前，一些人“张着嘴看剥羊，仿佛颇愉快”；广漠的原野上，一男一女持刀对立，于是“路人从四面奔来，而且拼命地伸长脖子”，来赏鉴他们拥抱或杀戮③。鲁迅后来说，他创作《复仇》的动机，就是因为憎恶“社会上旁观者之多”④。这其实是他一贯的思想。小说《示

---

① 鲁迅：《且介亭杂文·说“面子”》。

② 鲁迅：《坟·娜拉走后怎样》。

③ 鲁迅：《野草·复仇》。

④ 鲁迅：《二心集·〈野草〉英文译本序》。

众》也是一篇集中地揭露这种“旁观者”、“无聊人”的作品，而且同样突出地刻画了人们“嘴都张得很长，象一条死鲈鱼”一样的麻木神态。到了30年代，鲁迅仍没有忘记对这种病态心理的针砭。在《推》这篇杂文中他写道：“旧历端午，在一家戏场里，因为一句失火的谣言，就又是推，把十多个力量未足的少年踏死了。死尸摆在空地上，据说去看的又有万余人，人山人海，又是推。推的结果，是嘻开嘴巴……”① 这篇文章原是揭露“洋大人”践踏下等华人的罪行，而对于“嘻开嘴巴”的看客式的无聊，甚至用别人的不幸换来开心的变态心理，鲁迅同样是极为愤慨和憎恶的。

其四是卑怯与势利。鲁迅独具慧眼地发现，中国人由于受强者的蹂躏，心底蕴蓄了许多“怨愤”，“但他们却不很向强者反抗，而反在弱者身上发泄”，这便是国民的“卑怯”②。他曾用非常形象的比喻，揭露国民性的这种卑怯的特点：“可惜中国人但对于羊显凶兽相，而对于凶兽则显羊相，所以即使显着凶兽相，也还是卑怯的国民。这样下去，一定要完结的。”“我想要中国得救，也不必添什么东西进去，只要青年们将这两种性质的古传用法，反过来一用就够了：对手如凶兽时就如凶兽，对手如羊时就如羊”③。卑怯常常是同势利紧密相连的，对于弱者，凶残横恣，宛如暴君者，在强者面前，必然趋炎附势，现出奴颜婢膝的丑态。鲁迅指出，正因为国民性的这种卑怯与势利，所以“中国一向就少有失败的英雄，少有韧性的反抗，少有敢单身鏖战的武人，少有敢抚哭叛徒的吊客；见胜兆则纷纷聚集，见败兆则纷纷逃亡”④。这是多么深刻的针砭和揭露！历史和现实中，这种人真是屡见不鲜。见强者则蜂拥而来，遇失败则作鸟兽散，甚至于墙倒众人推者有之，落井下石者有之，先曾骑墙而又来推墙者亦有之。在鲁迅给大家的这面镜子前，我们不感到毛骨悚然吗？

其五是自我安慰，不思反抗的奴才心理。鲁迅在《随感录三十八》里列出的“爱国的自大家”们的五种谬见，可以说是这种自我陶醉的典型表现。在他们眼里，似乎是中国的太阳最圆：“中国地大物博，开化最早，道德天下第一”；“外国物质文明虽高，中国精神文明更好”；“外国的东西，中国都已有过；某种科学，即某子所说的云云”；“外国也有叫化子”也有“草舍”、“娼妓”和“臭虫”；因此“中国便是野蛮的好”⑤。在这种

---

① 鲁迅：《准风月谈·推》。

② 鲁迅：《坟·杂忆》。

③ 鲁迅：《华盖集·忽然想到（七）》。

④ 鲁迅：《华盖集·这个与那个》。

⑤ 鲁迅：《热风·随感录三十八》。

病态下的许多中国人，虽然现实上失败了，落后了，却能从过去，从精神上求得安慰和解嘲，因此，对现实中自己的奴隶生活，总能表现出一种奴才式的满足。《阿Q正传》中的艺术典型阿Q，便是这种“精神胜利法”的绝妙代表。他借祖宗曾经有过的荣光来粉饰自己现实失败的自我麻醉法，使他永远生存在“精神胜利”的幻觉中。这便是十足的奴才心理。对此，鲁迅加以了特别的攻击。如罗素曾在《中国问题》一书中，说到他在1920年游西湖时，见到“轿夫含笑”的事，一些文人便据此吹嘘中国人的如何“文明”。鲁迅深刻地指出，“轿夫如果能对坐轿的人不含笑，中国也早不是现在似的中国了”①。正是这种教人安于奴隶生活，无不平，无抗争，而且满足以至“含笑”的奴才思想，才使中国停滞落后，使中国人永远无法从奴隶的生活中获得解放。身为奴隶并不可怕，只要抗争，终有自由的一日；可怕的是拥有一个奴隶的灵魂，安于奴隶的地位而且“含笑”，这样他便万劫难复自由独立的人境了。

以上五个方面，是鲁迅深挖国民精神病症的重点所在，但这并不是它的全部内容。在鲁迅的“显微镜”下曝光的还有自私自利，眼光狭隘；深于世故，不为戎首；能言善变，言行不一；爱说闲话，想象丰富；窝里角斗与生存的依靠等消极根性，不可胜数。鲁迅对此中种种，无不加以剖析和诛伐。

鲁迅对于中国人国民性弱点的揭露与解剖是相当广泛而深刻的，这自然难免有其局限性。对此已有不少论者做过分析，如作为鲁迅前期思想，对国民性的针砭与其“超人”式的个性主义密切相关，这使他在一定程度上对群众的觉悟、精神品质从整体上估计较低，并影响到他对社会前途的看法，有时不免染上悲观色彩；他的前期国民性批判，由于过重于对国民一般社会心理的分析，这在某种程度上也抑制了他的阶级意识的增长速度和唯物史观形成的进程。诚如在阶级社会中的人性都“带有”而非“只有”阶级性一样，人性中虽有国民劣根性而非只有劣根性。鲁迅对国民性问题的过分强调，限制了他对复杂社会现象和人的复杂性的全面认识；他虽然看到了人与环境的关系，屡屡强调传统文化消极性对国民性格的影响，但在前期尚未能对人与环境的关系做出完全科学的揭示②。这些局限性，随着鲁迅思想的不断发展，在转向马克思主义世界观的途中，即从进化论进到阶级论，从绅士阶级的逆子贰臣进到无产阶级和劳动群众的真正的友人，以至于“战士”的伟大转变中，逐渐得到了克服。

---

① 鲁迅：《坟·灯下漫笔》。

② 金宏达：《鲁迅文化思想探索》第303—307页，北京师范大学出版社1986年。

马克思在批判费尔巴哈把宗教的本质归结为人的本质的抽象的人本主义观点时指出："人的本质并不是单个人所固有的抽象物。在其现实性上，它是一切社会关系的总和。"①马克思主义认为，人的社会关系在阶级社会中主要表现为人的以经济关系为基础的阶级关系。因此，阶级性是阶级社会中人的本质属性。但是马克思并不否认人的其他社会关系和一般民族性格的存在。相反，认为统治阶级的思想观念（阶级性）通过对整个社会关系的"覆盖"而影响到整个民族的文化特质和精神性格，甚至某一非统治阶级的精神性格，在特定条件下也会产生广泛的影响，如历经三十年战争后的德国小市民阶层胆怯、狭隘、缺乏创造热情的"畸形发展的特殊性格"，作为一种普遍的德国典型，也给德国的所有其他社会阶级或多或少地打上它的烙印。统治阶级意识形态的"覆盖"和各阶级之间的相互影响，加上共同地域、共同语言、共同的经济生活和历史文化传统，会使某一社会共同体形成相同或相近的精神特征和文化个性。这种社会共同体所共有的区别于其他民族的心理素质和精神面貌，即一个民族的民族性或国民性。在某种意义上说，民族性格对一个民族社会历史的影响，较之某个阶级的阶级性影响远为广泛和持久。而且阶级性的改变远没有民族性格的变革更为顽固、艰难、恒久和复杂。如果说阶级性的改造主要通过阶级斗争的政治实践来完成，而民族性格的改造，则需要通过深入细致、历时长久的文化改革和文化启蒙来完成。鲁迅所致力的国民性研究与批判，其历史意义正在于此。

首先，鲁迅的国民性批判可以惊醒中华民族反省自戒，克去病根，振作精神。1840年鸦片战争后，积弱积贫的现实，一方面激起了中国人反帝反封的民族情感和民主意识；另一方面，在帝国主义的侵略淫威和封建文化专制的双重压抑下，半殖民地半封建的社会环境，在吾国吾民的思想意识深处播下并催发了种种消极、丑陋的腐根，以至形成了相当普遍地存在于社会各阶级、各阶层中的种种精神病症。鲁迅所揭露和解剖的国民性弱点，正是这种病态精神的深刻反映。他的批判与针砭，具有强烈的现实意义，它秋毫毕现地照出了新老中国儿女们躯体上和心灵中的污垢和伤痕，在当时人们的思想上，引起了强烈的震动。它启迪国人反省自新，克服保守，狭隘、麻木、愚昧的消极积习，振起进取、开放、热诚、科学的民族精神和时代精神。

其次，鲁迅解剖国民性弱点的深刻性，还表现在他对国民性病根的探究上。在成为马克思主义者以前，鲁迅虽然还无法科学地揭示出经济、政治、文化等要素之间的相互

---

① 马克思：《关于费尔巴哈的提纲》《马克思恩格斯选集》第1卷，人民出版社1973年。

关系和互相影响的机制，但它一开始就看到了中国社会和封建文化专制主义对国民性格的压抑、扭曲和熏染。他指出，中国“象一只黑色的染缸，无论加进什么新东西去，都会变成漆黑”①。历代统治者所提倡的“圣道”、“古训”和封建礼教，不仅束缚了中国人的躯肉，而且毒害了他们的心灵，摧残了他们的意志，扭曲了他们的人格。因此，要改变中国国民性，就必须改造社会，就必须将文化启蒙与社会改革相结合；要塑造健美的民族精神，就必须深挖传统文化的病根，批判吃人的礼教，掀翻封建文化专制主义那“吃人的筵席”。这正是鲁迅与胡适、陈独秀文化启蒙意识的意义所在。

最后，也是最为要害的一点，鲁迅植根于“立人”和深挖国民性病根的人学启蒙工作，虽然使他未能像“新青年”同人陈独秀、李大钊等人那样迅捷地接受马克思主义的阶级意识和社会革命论，然而，文化的民族性与阶级性的内在一致性，使他以自己的方式缓慢地，然而却更加有机地接受了马克思主义世界观。在这一摸索的道路上，他借进化论理解了马克思主义历史发展的辩证法的精髓，又借助国民性研究理解了马克思主义阶级意识的深刻性，从而具体地历史地接受了马克思主义世界观。鲁迅后期的国民性研究，将国民性与阶级性相结合，普遍性与特殊性相结合，克服了前期的偏颇，在国民弱点的背后，发现了劳动大众虽被统治者几经摧折而依旧存在的闪光点，从而使自己的人学研究更加全面、成熟和深刻。在《中国人失掉了自信力了吗?》一文中，他写道：

> 我们从古以来，就有埋头苦干的人，有拚命硬干的人，有为民请命的人，有舍身求法的人……虽是等于为帝王将相作家谱的所谓“正史”，也往往掩不住他们的的光耀，这就是中国的脊梁。
>
> 这一类的人们，就是现在也何尝少呢？他们有确信，不自欺；他们在前仆后继地战斗，不过一面总在被摧残，被抹杀，消灭于黑暗中……

唯物史观和阶级意识，使鲁迅在泥土里，在“地底下”看到了民族的未来和希望，看到了中国的“筋骨和脊梁”。

---

① 鲁迅：《两地书·四》。

四　对儒教、道教及国粹主义的批判

鲁迅对“国民性”的剖析与针砭，是与对中国封建文化的批判相为表里的。鲁迅认为，中国人并非生来就有畸形变态的精神，消极的“国民性”是被封建专制主义“治”成的，是由孔门礼教和道教、道家“无为”之道“教”成的，是由成千上万个身负着传统文化因袭重担的文化载体相互影响和暗示而成的。一句话，他深信中国人的“国民性”是由中国人生存其中的文化氛围和社会环境造成的。因此，对“国民性”弱点的批判及对其形成的根源的追究，必然导致对中国封建历史环境和文化传统的批判。对封建文化批判及对“国粹”主义的回击，是鲁迅文化启蒙的又一组成部分。

每一种文化，都有其思想根柢。它是这种文化赖以合成的基因，是这种文化的精髓。这种根柢有时又以某种形式表现在该文化系统的特征上。人们在力图认识某种文化并对之做出一定评价时，往往要由表面特征的认识进入对其思想根柢的探讨，这对一个从事文化的批判，尤其对中国封建文化批判的思想家来说，是尤其重要的。鲁迅对中国文化的批判，就特别重视于此。中国古代文化是适应封建社会经济基础和政治需要而建立起来的一个庞大的文化体系，要撼动它、刷新它，就必须抓住它的思想根柢给予彻底批判。这一点正是鲁迅文化批判深刻、警辟、有力的原因所在。鲁迅所深刻鞭辟的封建文化的思想根柢即孔门伦理和道家哲学。

当五四新文化运动风涛初起时，鲁迅紧跟着陈独秀所倡导的“道德之觉悟”，展开了对孔教伦理的批判。他指出：“中国的‘圣人之徒’，最恨人动摇他的两样东西。一样不必说，也与我辈绝不相干；一样便是他的伦常……①”前一样指的是孔孟之道。正如不少学者所见，中国文化乃是一种伦理本位或泛道德主义的文化。抓住了儒教中纲常伦理的批判，就抓住了封建文化的命根和要害。对此，鲁迅在他的第一篇白话小说《狂人日记》中表现得十分出色。他借“狂人”之口，揭去了封建礼教蒙在封建时代人际关系之上的温情脉脉的“仁义道德”的面纱，暴露了以家族为本位的封建道德“吃人”的本质。他写道：“凡事总须研究，才会明白。古来时常吃人，我也还记得，可是不甚清楚。我翻开历史一查，这历史没有年代，歪歪斜斜的每叶上都写着‘仁义道德’几个字。我横竖

---

① 鲁迅：《坟·我们现在怎样做父亲》。

睡不着。仔细看了半夜，才从字缝里看出字来，满本都写着两个字是‘吃人’！”① 这话不免有些过于的刻薄和偏激，但在1918年那种“圣道支配一切”尚未大变的时代空气中，当人们读到上面的文字，谁能不为之心悸肉跳，谁能否认它那振聋发聩的启蒙作用呢？

家庭是构成社会的“基本细胞”，在农业社会和宗法关系编织起来的旧时代的中国，家庭关系和宗法伦理占据着更为重要的地位。在封建时代的中国社会结构中，家是国的缩影，国是家的放大，家庭与社会、国家构成一个统一的整体。因此家庭伦理自然成为整个社会和国家的基本的精神支柱。鲁迅有见于此，他将对封建道德的批判集中在对封建“孝道”的批判上。在《我们现在怎样做父亲》一文中，鲁迅明确指出，“作这一篇文的本意，其实是想研究怎样改革家庭；又因亲权重，父权更重，所以尤想对于从来认为神圣不可侵犯的父子问题，发表一点意见”②。在这篇文章中，他对以维护父权本位、长者本位的宗法关系为目的的封建孝道，进行了入木三分的剖析。鲁迅指出了封建孝道的种种弊害：诸如一，为了杜绝“无后”，便主张三妻四妾的多妻主义，使人群之爱趋于堕落；二，五世同堂、聚族而居的旧式生活，虽符合“孝”义，却助长了家庭成员长幼、婆媳、姑嫂、兄弟之间的“勃谿”；三，在“孝”的名义下，父母将未来希望寄于子女，子女仰赖父母而寄生，结果助长了人的依附性，丧失了独立的生存能力；四，在“孝道”的束缚下，助长了老者在上、长者为尊的社会心理，违背了生命进化之理。五，家庭本应以“爱”的真情来维系，而封建孝道将“爱”扭曲为“恩”情，父母对子女责偿望报，不仅败坏了父子间的道义，而且大反于父子间的真情。综上种种，鲁迅指出，由于封建“孝”道违人类的真情，悖生命进化之理，因此不仅在现代生活中失去了意义，就是在古代社会，它也无法真正落在实处。他指出：“就实际上说，中国旧理想的家族关系父子关系之类，其实早已崩溃。……历来都竭力表彰‘五世同堂’，便足见实际上同居的为难；拼命的劝孝，也足见事实上孝子的缺少。而其原因，便全在一意提倡虚的道德，蔑视了真的人情。”③ 既然如此，封建孝道便应废止。他呼吁天下父母，对子女一应“理解”，二应“指导”，三应“解放”，“自己背着因袭的重担，肩住了黑暗的闸门，放他们到宽阔

① 鲁迅：《呐喊·狂人日记》。

② 鲁迅：《坟·我们现在怎样做父亲》。

③ 鲁迅：《坟·我们现在怎样做父亲》。

光明的地方去；此后幸福的度日，合理的做人”①。

在《我之节烈观》《朝花夕拾·二十四孝图》《魏晋风度及文章与药及酒之关系》以及《祝福》等杂文、小说中均有对以“孝”为核心的孔门礼教的批判。

对封建宗法等级制及等级观念的批判，是鲁迅对儒家伦理批判的又一方面。鲁迅认为，儒家宣扬的以家族为本位的道德观念，不仅渗透在每一个人的人格意识中，而且已经与封建社会等级制度的统治秩序完全融而为一了，这正是中国社会封建性极强的原因所在。他从“他妈的!”这一中国式的“国骂”上看出了“中国人至今还有无数‘等’，还是依赖门第，还是依仗祖宗”②。在中国等级意识是这样强烈，以致“要攻击高门大族的坚固的旧堡垒，却去瞄准他的血统，在战略上，真可谓奇谲的了”③。因为那些“高门大族”的子弟，其声望地位，本来是仰仗“祖宗”这唯一的护符而存，“祖宗”倘一被毁，便什么都倒败了。鲁迅前期的思想里虽然还没有形成阶级意识，但是由于他对中国社会等级关系的直接观察和剖析，已将中国封建社会那自上而下的等级制驭关系完整地勾勒出来了。鲁迅从中国历史上看到：天有十日，人有十等，下所以事上，上所以制下。故“王臣公，公臣大夫，大夫臣士，士臣皂，皂臣舆，舆臣隶，隶臣僚，僚臣仆，仆臣台。但是‘台’没有臣，不是太苦了吗？无须担心的，有比他更卑的妻，更弱的子在。而且其子也很有希望，他日长大，升而为‘台’，便又有更卑更弱的妻子，供他驱使了”④。这样一级一级地制驭着，上下不能动弹，人人都生活在自己所属的“名”里。中国封建社会的统治秩序所以能那样长久牢固，其秘密之一就在于此。马克思主义认为，在封建社会中，阶级的差别也是用居民的等级划分而固定下来的，同时还为每个阶级确定了在国家中的特殊的法律地位。鲁迅对中国社会封建等级制的观察与批判，成为他尔后接受马克思主义阶级论的内在的思想契机。

鲁迅不仅抓住了以家族为本位的封建伦理这样的反封建的大题目批判了孔门伦理道德，而且进一步探讨和批判了道教（包含道家思想）对中国文化及中国人的消极影响。在批判孔门伦理的同时，鲁迅意识到，以家族为本位的封建道德固然潜藏着“吃人”的毒汁，但是令人惊奇的是，人们何以安于这种被吃的地位呢？国民的麻木、怯弱、巧滑、

---

① 鲁迅：《坟·我们现在怎样做父亲》。

② 鲁迅：《坟·论“他妈的”》。

③ 鲁迅：《坟·论“他妈的”》。

④ 鲁迅：《坟·灯下漫笔》。

因循、消极、诡谲、享乐、逍遥、安命，种种痼疾助长了封建主义“吃人”的罪恶。那么，它们的根柢又在何处呢？经过思考，鲁迅认为，这是贪生享乐的道教和消极无为的道家思想在作祟。在《致寿裳》（1918 年 8 月 20 日）的信中，他指出：“前曾言中国根柢全在道教，此说近颇广行。以此读史，有多种问题可以迎刃而解。”直到 1927 年，他还写道：“人往往憎和尚，憎尼姑，憎回教徒，憎耶教徒，而不憎道士。懂得此理者，懂得中国大半。”① 对于道教和道家的学说，鲁迅并未做严格区分，他将两者放在一起，联系中国人的消极性格，从下述几个方面进行了批判：

首先，鲁迅批判了道教以“仙道”为最高理想的极端的享乐主义。道教与回、耶、佛教的教义最大的不同是它注重现世的享乐，缺乏真正的刻苦出世、勇猛殉道的宗教精神。鲁迅指出，“方士的最高理想是仙道”，② 而仙道的实质是极端的享乐主义。他们对于社会和人道推卸了责任，既要求死后的享乐，又不放弃生前的利己，要让自己占去现世和来世的一切快乐。正如中国名道葛洪在《抱朴子内篇》中所述：一旦修成仙道，那便会获得无法比拟的快乐和享受，登虚蹑景，云舆霓盖。饮则玉醴金浆，食则翠芝朱英，居则瑶堂瑰室，行则逍遥太清。对此，鲁迅深为鄙视，认为名为宗教，而不讲刻苦修行，却照样酒肉男女，甚至追求羽化成仙，毫无淑世劝善的价值。相反，它只会给人以追求淫乐、敷衍、偷生的消极影响，与耶教、佛教相比，理应等而下之。

其次，鲁迅指出，道教“偷了佛经造道经”③，在思想上没有坚定的信仰和操守，而其所攀附的道家庄子，在哲学上主张等死生，齐是非，“彼亦一是非，此亦一是非”，这种相对主义认识论和近乎滑头主义的处世观，给中国人几多消极的影响。鲁迅常批评一些人“无特操”、“无信仰”，是“做戏的虚无党”，④ “要做事的时候可以援引孔丘墨翟，不做事的时候另外有老聃，要被杀的时候我是关龙逢，要杀人的时候他是少正卯，有些力气的时候看看达尔文赫胥黎的书，要人帮忙就有克鲁巴金的《互助论》”⑤。只要对自己有利，政治立场和思想信念完全可以随时改变。鲁迅认为，这种圆滑的处世态度和对真理毫无信仰的虚无主义，与庄子哲学的影响不无关系。如他在批评“论语派”文人时指出：“我们虽挂孔子的门徒招牌，却是庄生的私淑弟子。‘彼亦一是非，此亦一是非’，

---

① 鲁迅：《而已集·小杂感》。

② 鲁迅：《且介亭杂文·关于中国的两三件事》。

③ 鲁迅：《集外集拾遗补编·关于〈小说世界〉》。

④ 鲁迅：《且介亭杂文·运命》。

⑤ 鲁迅：《华盖集续编·有趣的消息》。

是与非不想辨；‘不知周之梦为蝴蝶欤，蝴蝶之梦为周欤?’梦与觉也分不清。生活要混沌。如果凿起七窍来呢？庄子曰：‘七日而混沌死’。”① “论语派”文人那种折衷骑墙的态度，是对庄子“逍遥”、“齐物”之混世哲学的活学活用。

又次，对于老子贵弱守雌、消极无为的哲学，鲁迅也给予过尖锐的批判。早在《摩罗诗力说》中，鲁迅就指出：“中国之治，理想在不撄。”老子就是这种理想的代表，“老子书五千语，要在不撄人心；以不撄人心故，则必先自致槁木之心，立无为之治；以无为之为化社会，而世即于太平”②。对老子的自然无为之术，鲁迅在不少杂文中作过批评。他的批判集中在这样几点：一、老子主张守弱贵柔，知雄守雌，知荣守辱，知足常乐，无知无欲，这些贵柔之术，使国人丧失“抗天”、“抗命”的刚强意志，失去救国救种的责任和热肠，陷入“宁蜷伏而无进取”的奴隶主义和失败主义。二、老子以知识进步为罪恶，以物质文明进步为灾祸，他鼓吹的“鸡犬之声相闻，民至老死而不相往来”的小国寡民的社会理想，是古今中国人复古守旧、反对社会进步的理论鼻祖。新文化运动时期的国粹主义和复古主义，实际上也是“老子之辈”的追随者，这些人慨叹“人心不古”，实则是希望到“古代三皇五帝以前”去③。三、老子欲歙固张，欲弱固强，欲废固兴，欲夺固与，解锐挫纷，和光同尘等阴谋权术，成为统治者愚弄和控制老百姓的巧滑阴险的手段。而老百姓被欺骗太多太久之后，就必然陷入“那一面都不相信”的怀疑主义，“不相信就是‘愚民’的远害的堑壕，也是使他们成为散沙的毒素”④。

最后，鲁迅揭露了道家以术骗人，以“隐”钓誉的虚伪性。鲁迅认为，老子是鼓吹不争的，而骨子里却是“无不争”，表面上做给人看的是“无为”，而心肝里却是“无不为”。庄子是主张“和之以是非”的，然而他并非不知是非，他提倡“以死生为一条”，其实并非不计生死。这一切都是骗人的鬼话。后来鲁迅在历史小说《起死》中曾塑造了一个大讲“彼亦一是非，此亦一是非”的庄子之徒的形象。此人对一赤条条的汉子说：“衣服是可有可无的，也许是有衣服对，也许是没有衣服对……你固然不能说没有衣服对，然而你又怎么能说有衣服对呢?”但叫他脱下自己的衣服给对方时，此“辩者”不干了。足见其虚伪！道家与道教一样，都主张“隐”，老子据说是天下第一隐者。后世的失

① 鲁迅：《南腔北调集·“论语一年”》。

② 鲁迅：《坟·摩罗诗力说》。

③ 鲁迅：《热风·随感录五十八》。

④ 鲁迅：《且介亭杂文·难行和不信》。

意政客、落魄武人也常常过“隐”的生活。对此，鲁迅常道破“隐”中的奥秘或隐私。在去世的前一年，鲁迅还写下《隐士》一杂文，揭露“隐士”生活的虚伪性。他指出：隐士，历来算是一个美名，但有时也当作一个笑柄。“真的隐君子是没法看到的。古今著作，足以汗牛而充栋，但我们可能找出樵夫渔父的著作来？他们的著作是砍柴和打鱼。至于那些文士诗翁，自称什么钓徒樵子的，倒大抵是悠游自得的封翁或公子，何尝捏过钓竿或斧头柄。要在他们身上赏鉴隐逸气，我敢说，这只能怪自己糊涂”①。在鲁迅看来，归隐与登仕一样，都是无行文人和政客的一种“噉饭之道”而已，两者不同的是，登仕要戴上斯文古典的儒冠，而归隐则须穿上庄老清净淡素的道袍。

儒道互补，出处两全，进则以儒开道，退则以道守门，自古成为中国人人生观和处世之道的精髓，也是制约中国文化存在、发展的思想根柢。儒家的道德人本主义和道家的自然主义，长期以来深深地影响着中国封建社会文化及民族心理的形成。中华民族历劫不灭、经久不绝的顽强的文化生命植根于此，而中国社会和文化历久不变、周期循环的根子也在这里。在20世纪初中西文化剧烈冲突，中国社会和文化急需变革的时代，鲁迅远瞻世界，近观现实，对儒家、道家思想消极性的批判，无疑具有不可低估的历史进步性。

在反对儒道，深批中国文化思想根柢的过程中，鲁迅作为一个反传统的社会批判家，必然要与种种守旧文化势力的复古主义发生冲撞和斗争，在这种斗争中，他对国粹主义的批判是最具典型意义的。鲁迅曾倾注其相当大的精力展开对“国粹”派的批判，充分体现了他反封建文化启蒙的彻底性。

所谓国粹主义，是中国近现代史上一个具有特殊含义的思潮，“国粹”的概念，是在新旧文化激烈交战中提出的一个被赋予特殊内涵的概念。通常所说的“国粹”派，并没有一个严格的思想组织，前后的思想主旨也不尽相同。鲁迅曾经就此写道：“从清朝末年，直到现在，常常听人说‘保存国粹’这一句话。前清末年说这话的人，大约有两种：一是爱国志士，一是出洋游历的大官。他们在这题目的背后，各藏着别的意思。志士说保存国粹，是光复旧物的意思；大官说保存国粹，是教留学生不要去剪辫子的意思。”鲁迅接着指出，“现在成民国了，以上所说的两个问题，已经完全消灭。所以我不能知道现在说这话的是那一流人，这话的背后藏着什么意思了”②。鲁迅的话道出了“国粹”问题

---

① 鲁迅：《隐士》，《鲁迅选集》第4卷。

② 鲁迅：《热风·随感录三十五》。

的复杂性。首先，清末的“爱国志士”，即以章太炎为首的革命党人曾提倡“以国粹激励种性”，唤起汉族光复旧物的民族意识和民族情感，为反清革命服务。章太炎、马叙伦等曾在邓实、黄节主办的《国粹学报》上发表文章，于经史、音韵的学术研究之外，表彰宋末明末的忠义之士，大讲“夏夷之防”，宣传反清革命。在当时产生了很大影响，对推进中国资产阶级民主革命，起过一定的积极作用。对此，鲁迅是加以肯定的。但是，即使在当时，从国粹保存会及其机关刊物《国粹学报》的思想整体来看，其以西学证明中学，视弘扬“国学”为救国之方的思想，带有浓厚的封建复古色彩。其次，是晚清封建官僚提倡保存“国粹”，则是为了巩固封建秩序，抵抗社会改革，阻挠西方先进文化在中国的传播。从晚清封建顽固派的器变而道不变论，到张之洞的中体西用论，再到后期康梁的尊孔保教论，都可归结为这一类。再次，五四运动前后，为了阻挠新文化运动的发展和新思潮的传播，鼓吹国粹主义的人有所增加，无论过去的顽固派、改良派，还是过去的某些革命派，相为合流，其根本目的只有一个，反对新文化运动和社会改革，为封建主义招魂。因此，抛开个别的细节和背景的差异，总的说来，国粹主义的本质是封闭的、保守的文化复古主义，它与中国社会和文化走向现代化的历史进程是背道而驰的。

要推进中国文化启蒙，就不能不批判披着“国学”伪装的复古主义。鲁迅对国粹主义的批判，主要包括这样几个方面：

首先，鲁迅揭露了国粹主义的复古主义本质。他指出，国粹主义是中国新旧杂陈的社会现实的反映。中国社会上的状态，简直是将几个世纪缩在一时：自油松片以至电灯，自独轮车以至飞机，自镖枪以至机关炮，自不许“妄谈法理”以至护法，自“食肉寝皮”的吃人思想到人道主义，这种矛盾的现实，反映到人们的思想中，就形成了国人文化意识中的矛盾，即“既许信仰自由，却又特别尊孔；既自命‘胜朝遗老’，却又在民国拿钱；既说是应该革新，却又主张复古：四面八方几乎都是二三重以至多重的事物，每重又各各自相矛盾”①。矛盾的现实与国人心灵深处的矛盾，正表明了封建文化传统所具有的巨大的保守性和惰性。而国粹主义正是中国社会和文化中保守倒退力量的集中体现，是一切落后、腐败、霉变的旧思想、旧事物的保护伞。在新文化运动面前，守旧力量拿不出更有力的武器来对抗，只好打着保护国学的旗帜来辩护自己存在的合理性。鲁迅尖锐地指出，“辩护古人也就是辩护自己”②。既然祖宗的一切都是完美无缺的“国粹”，那

① 鲁迅：《热风·随感录五十四》。

② 鲁迅：《华盖集·忽然想到（四）》。

么社会就应该回归于古代去，至少地应该保持现状。因为前进和改革会失掉了固有的“粹”。事实也正是这样，国粹主义高扬之日，正乃封建主义猖獗之时。袁世凯上台之后，“天坛祀帝，小学读经，复冕旒之饰，行跪拜之仪”，“国粹”发扬到了极致，封建主义也浓厚得透顶，“跟着这事出现的便是帝制”①。由于这一事实的教训，新文化运动中激进的民主派昭示国人，“宁忍过去‘国粹’之消亡，而不忍现在及将来之民族，不适世界之生存而归消灭也”②。陈独秀的警世之言，代表了20世纪初包括鲁迅在内的先进的文化启蒙者的共同认识。

其次，鲁迅站在世界文化发展和民族生存的高度，批判了国粹主义的危害性。当今世界，大浪竞奔，弱者淘汰，适者生存。中国如何才能生存于世界之林？每思及此，鲁迅常产生一种“大恐惧”。他写道：“现在许多人有大恐惧，我也有大恐惧。许多人所怕的，是‘中国人’这名目要消灭；我所怕的，是中国人要从‘世界人’中挤出。”“想在现今世界上，协同生长，挣一地位，即须有相当进步的智识、道德、品格、思想，才能够站得住脚：这事极须劳力费心。而‘国粹’多的国民，尤为劳力费心，因为他的‘粹’太多。粹太多，便太特别。太特别，便难与种种人协同生长，挣得地位”③。一个国家或民族生存的前提，是要能抛掉因袭的负担，追赶世界的潮流，与先进的国家“协同生长”，否则便要“从‘世界人’中挤出”。基于这种认识，鲁迅进一步指出，死死地抱着“国粹”，不求革新，不求走上世界，“粹”是保不住的，因为殖民主义所保的“古”和“粹”，也是在不违反其利益的范围之内。在他们的统治下，不仅对今之文化，而且对古之文化，都要实行严厉的诛伐和专制。这一点在历史上就有先例，清朝统治者就可推做模范，为了消灭汉人的民族意识和反抗意识，他们不仅“兴过几回‘文字狱’，大杀叛徒，且于宋朝人所做的‘激烈文字’，也曾细心加以删改”④。民族一旦失去了主权与独立，不能自由生存，那么“保古”只能成为一句空话。据此，鲁迅惊呼：“要我们保存国粹，也须国粹能保存我们。”⑤

再次，鲁迅揭露，“国粹”论之荒谬，还在于它的文化价值观是根本错误的。在《热风·随感录三十五》里，他尖刻地指出：“什么叫‘国粹’？照字面看来，必是一国独有，

① 鲁迅：《且介亭杂文·在现代中国的孔夫子》。

② 陈独秀：《敬告青年》《独秀文存》，安徽人民出版社1987年。

③ 鲁迅：《热风·随感录三十六》。

④ 鲁迅：《而已集·谈激烈》。

⑤ 鲁迅：《热风·随感录三十五》。

他国所无的事物了。换一句话，便是特别的东西。但特别未必定是好，何以应该保存?”譬如一个人，脸上长了一个瘤，额上肿出一颗疮，的确是与众不同，可以算作“粹”了，“然而据我看来，还不如将这‘粹’割去了，同别人一样的好”。国粹主义的错误就在于过分夸大自己文化的特殊性，而否认向其他先进的文化看齐。这种狭隘固陋的自我本位主义，必然导致文化选择上的排外与护短。对此，鲁迅揭露说：在中国，“只要从来如此，便是宝贝。即使无名肿毒，倘若生在中国人身上，也便‘红肿之处，艳若桃花；溃烂之时，美如乳酪’。国粹所在，妙不可言。那些理想学理法理，既是洋货，自然完全不在话下了”①。针对国粹主义的排外与护短心理，鲁迅反其道而行之，他像胡适一样，专门挑出中国固有的缺陷和丑陋之事给国粹派以强烈刺激：“试看中国的社会里，吃人，劫掠，残杀，人身买卖，生殖器崇拜，灵学，一夫多妻，凡有所谓国粹，没有一件不与蛮人的文化（?）恰合。……至于缠足，更要算在土人的装饰法中，第一等的新发明了。”②其实，鲁迅也知道中国文化并非只有这些，他是在故意刺那些以自己的落后骄人的“国粹家”。

最后，揭露国粹派的虚伪性，也是鲁迅对国粹主义批判的一个方面。五四新文化运动前后，大大小小的国粹家都煞有介事地在那里提倡复古、尊孔、读经和国学，批评世风日下，人心不古。其实，他们并不真想做旧道德和旧文化的殉道者。正如恩格斯所说：“每个不同的阶级都利用它自己认为适合的宗教……至于这些老爷们自己相信还是不相信他们各自的宗教，这是完全无关紧要的。”③ 中国提倡旧道德的国粹家更是“做戏的虚无党”，他们批评世风日下是假，沽名钓誉捞把稻草是真。对此，鲁迅指出：“向来，我总不相信国粹家道德家之类的痛哭流涕是真心，即使眼角上确有珠泪横流，必须检查他手巾上可浸着辣椒水或生姜汁。什么保存国故，什么振兴道德，什么维持公理，什么整顿学习……心里可真是这样想？一做戏，则前台的架子，总与在后台的面目不相同。”④ 鲁迅说，“阔人”绝不是笨牛，他们既然仰慕往古，那就回到古代去吧，却又不。一面要复古，骂科学，讲国粹，一面又点电灯，坐火车，大吃其西餐。言行不一，虚伪可掬。

总之，文化批判是鲁迅反封建启蒙思想的一个有机组成部分，也是其实践“思想革

---

① 鲁迅：《热风·随感录三十九》。

② 鲁迅：《热风·随感录四十二》。

③ 恩格斯：《路德维希·费尔巴哈和德国古典哲学的终结》《马克思恩格斯选集》第四卷，人民出版社 1972 年。

④ 鲁迅：《华盖集续编·马上支日记》。

命”的一个实际步骤。他对孔门道德、道教（含道家）思想的批判，对国粹主义的回击，尽管从学术上看不够圆满和周延，有时不乏情绪化之偏激，然而从思想启蒙的意义上看，他的批判，尖锐而深刻，辛辣而热烈，无情而至诚，在现代思想史上建立了同时代人少有其匹的丰碑。

第三篇　过渡时代的文化困境

——现代中国文化矛盾论析

中国人今日的生活全是矛盾生活，中国今日的现象全是矛盾现象。举国的人都在矛盾现象中讨生活，当然觉得不安，当然觉得不快，既是觉得不安不快，当然要打破此矛盾生活的阶级，另创造一种新生活，以寄顿吾人的身心，慰安吾人的灵性。

矛盾生活，就是新旧不调和的生活，就是一个新的，一个旧的，其间相去不知几万里的东西，偏偏凑在一起，分立对抗的生活。这种生活，最是苦痛，最无趣味，最易起冲突。这一段国民生活史，最是可怖。

——李大钊

第七章　历史转型期知识分子文化意识中的矛盾

要认识中国文化现代化的必然性，就必须深入揭示和分析现代中国文化的矛盾结构，从中找出阻碍中国文化现代化的梗阻所在及挖掉这种梗阻的办法。五四新文化运动最深刻的历史意义，就在于它充分展开了传统文化与现代化的冲突与矛盾，为中国文化走出近代以来的危机与困境指明了方向。

然而，从陈独秀、胡适到鲁迅，他们虽然对传统做出了最为大胆、明智的批判，勇敢地对西方文化的挑战做出了回应。但是他们用来解决中西文化矛盾冲突、古今文化矛盾冲突的方法是简单和武断的。换句话说，这种“激情式”革命（简单的否定）和非此即彼的思维方式，既无法真正制服传统这一颇富弹性且具耐力的精神巨蟒，又无力使传统与现代化的矛盾得以完善的解决。五四新文化运动所揭示的“科学与民主”精神是必须继承和发扬的，但五四文化启蒙那种偏重实用功利性而忽略学术圆满性的时代局限性，在今天则是应该超越的。要继承和超越五四启蒙意识，就必须对集聚于现代中国历史时空中的传统与现代化的文化矛盾及其发展规律做进一步的探索和研究，这是本篇所要解决的问题，也是近年来文化现代化研究领域中的理论难题。

认识现代中国的文化矛盾，要从19世纪末20世纪初历史转型期知识分子深层文化意识中的矛盾说起。

一　一个带有普遍性的文化“怪圈”：从反叛到复归

鸦片战争失败后，在闭关锁国和文化专制下沉睡了几个世纪的中国人开始从“天朝大国”的梦中醒来，明智地走上“向西方寻求真理”的必由之路。从魏源、严复到孙中山，从洋务运动、戊戌变法到辛亥革命，其间几代仁人志士在走向现代化的道路上做出过不可磨灭的贡献。然而，在对待西学的态度上，这几代知识分子的内心深处纠缠着一个难以解脱的矛盾。他们敏感地意识到，西方列强既是先进文化的传播者，又是野蛮的掠夺者；既是老师，又是强盗。中国文化自身蕴含的礼让、和平、秩序、宁静的东方人文精神和道德理想明明不是蛮风野俗，然而在现实文化冲突中的确处处呈现出失败。应该说对西方文化的戒备心和对固有文化的“情结”，一直是近代中国人接受西方文化、从传统走向现代过程中最感棘手的问题，一直是中国文化保守主义的重要的思想基础。正是这种特殊的历史背景和思想基础，造成了近代知识分子极其深刻的矛盾心态：理智上学习西方，情感上留恋传统；理智上拜西洋为师又夹杂着感情上的厌恶，情感上眷恋着传统又伴随着理智上的失望。这种情感与理智的冲突，构成了近代知识分子深层文化意识中的深刻矛盾。

结果竟是这样，从激烈抨击传统开始，而以复归传统文化告终，几乎成为他们那几代文化精英的共同命运。即使是中国近代第一个最明智地向中国人系统介绍西学，主张“中国今日之政，非西洋莫与师”的严复，也未能摆脱这一命运。

试看 1895 年甲午战争失败后的严复，对中西文化价值的比量是何等的明智，对西方文化的追求，对中国文化的批判是多么的激烈。当康有为、梁启超为首的资产阶级改良派在政治舆论界掀起变法维新的改革浪潮的时候，严复则开始了思想领域里的启蒙工作。他一面健笔著文，发表了《论世变之亟》《原强》《辟韩》《救亡决论》等宣传变法维新、救亡图存的著名政论，一面妙手译文，进行《天演论》等一系列西学著作的翻译工作，系统向中国人介绍西学。

在《天演论》的按语中，严复于“自强保种之事”再三致意焉，用“物竞天择，适者生存”的生物进化原理警醒国人，阐明只有奋发自强才能救亡图存的道理。这本书给当时中国人乃至以后几代先进知识分子以强烈的震动，成为马克思主义传入中国以前中国人观察问题最进步的世界观和方法论。胡适在《四十自述》中说，《天演论》给人们“一种当头棒喝”，“一种绝大的刺激。几年之中，这种思想象野火一样延烧着许多少年人的心和血”。

《天演论》问世后，“自强保种”成为激励一切爱国志士奋斗的精神燃料。然而怎样才能“自强”、“救亡”呢？在这一点上，又是他提出了比同时代人更有深度的变法理论，即中国的政治改革必须走一条思想先行的道路，把政治改革奠定在全民族思想文化素质改革的基础之上。据此，在《原强》一文中，严复指出要使民族强盛，必须“治本”而不能仅仅治标："及今而图富强，非标本并治焉，固不可也。不为其标，则无以救目前溃败；不为其本，则虽治其标，而不久亦将自废。标者何？收大权，练军实，如俄国所为是已。至其本，则亦于民智、民力、民德三者加之意而已。果使民智日开，民力日奋，民德日和，则上虽不治其标，而标将自立。"①。他认为，近代中国人并非不懂得向西方学习以图自强，只是没有抓住根本，徒取枝叶，结果不能不淮橘为枳，僵槁而已。

西方民族之所以强盛，就在于其民智、民力、民德三者皆备，中华民族之所以羸弱不堪，倍受欺凌，就在于其"民力已茶，民智已卑，民德已薄"。要自强保种、救亡图存，就要向西方人学习最根本的东西，鼓民力，开民智，新民德。"盖生民之大要有三，而强弱存亡莫不视此：一曰血气体力之强，二曰聪明智力之强，三曰德行仁义之强"②。"是以今日要政，统于三端：一曰鼓民力，二曰开民智，三曰新民德。夫为一弱于强群之间，政之所施，固常有标本缓急之可论。唯是使三者诚进，则其治标而标立；三者不进，则其标虽治，终亦无功；此舍本言标者之所以为无当也"③。要鼓民力，即增强国人体魄，就必须废除像吸食鸦片、女子缠足等残害国民血气体魄的封建礼俗、陈规陋习；要开民智，即开发民众智力，提高全民文化素质，就必须废八股、试帖、策论诸制，兴办新式教育，讲求西学；要新民德，即改善民众的道德，关键在于确立西方的天赋人权、自由平等观念。这种自由平等观念，"真中国历代圣贤之所深畏，而从未尝立以为教者也"④。与中国传统思想是完全对立的。总之，要使中华民族"与天交胜"，走向富强与独立，就必须提高本民族的思想文化、心理及生理素质，来一场对中国几千年之久的君主政治和文化传统的批判。在这一思想基础上，他较早地超越了"中体西用"的文化保守主义，成为辛亥革命前夕最富远见卓识的启蒙思想家。

严复前期对于传播西学所做的贡献是世所公认的，他以此成为对青年一代影响最深的导师。然而当那些最初是在他的启蒙教育下把眼光投向西方的新一代沿着这条道路继续前进，发起反帝反封建的新文化运动，发誓要把一切旧文化、旧道德、旧文学传统扫进垃圾堆时，严复却开始反其道而行之，开始了向传统文化的复归。此时的严复，与前期那个"宁负发狂之名"，提倡"非西洋莫与师"的严复已是判若两人，陷入了尊孔的狂

---

① 王栻主编：《严复集》第1册，第14页。

② 王栻主编：《严复集》第1册，第18页。

③ 王栻主编：《严复集》第1册，第26页。

④ 王栻主编：《严复集》第1册，第2—3页。

热，认为“孔孟之言，无一可背”①，忠、孝、节、义，万世准衡。1912年2月—11月，严复出任北京大学校长之职，在这一时期给友人的信中，曾主张将北大“经文两科合并为一，以为完全讲治旧学之区，用以保持吾国四五千载圣圣相传之纲纪彝伦道德文章于不坠”②。1913年，他参与组织孔教会，积极倡导读经。1914年，在《庸言报》发表所译卫西琴《中国教育议》，以及《导扬中华民国立国精神议》等文章，主旨都在弘扬传统孔孟道德。在答友人的信中还说，“鄙人行年将近古稀，窃尝究观哲理，以为耐久无弊，尚是孔子之书，《四书》、《五经》，固是最富矿藏，惟须改用新式武器发掘淘炼而已”③。又说，“中国目前危难，全由人心之非，而异日一线命根，仍是数千年先王教化之泽，足下记取吾言，可待验也”④。

从前期批判旧学，向西方寻求真理，到晚年重将儒学推为“异日一线命根”，严复文化立场的转变是颇耐人寻味的。其实，出现这一转变，并非严复一人为然，其他一些与严复一样作为近代思想史上第一批反抗传统的知识分子，如康有为、梁启超等人，晚年都重现过回到传统文化的“复归现象”。

戊戌变法时期，康有为曾有过重大的影响。他在《新学伪经考》《孔子改制考》《春秋笔削大义微言考》等书中所表现的“疑古”、“变古”的精神，成为戊戌前后资产阶级政治改革运动的直接的理论前导，康有为也因此成为当时“舆论界之领袖”。对康有为在戊戌前夕思想界中的历史地位，梁启超曾给予极高的评价，称他是“今文学运动之中心”，称《伪经考》是“思想界之一大飓风”，比《改制考》为舆论界之“火山大喷火”，“《伪经考》既以诸经中一大部分为刘歆所伪托，《改制考》复以真经之全部为孔子托古之作，则数千年来共认为神圣不可侵犯之经典，根本发生疑问，引起学者怀疑批评的态度”⑤。“有为之为人，万事纯任主观，自信力极强，而持之极毅”⑥。谁能料到，十几年后，这位当年叱咤风云的变法领袖，竟成为“帝制”复辟的鼓吹者和以现代“圣人”自居的封建文化的卫道士。

梁启超又何尝不是这样。他在青年时代，曾是康有为最有力的追随者，变法维新运

① 王栻主编：《严复集》第1册，第168页。

② 王栻主编：《严复集》第3册，第605页。

③ 王栻主编：《严复集》第3册，第668页。

④ 王栻主编：《严复集》第3册，第678页。

⑤ 《梁启超论清学史二种》第65页，复旦大学出版社1985年。

⑥ 《梁启超论清学史二种》第69页，复旦大学出版社1985年。

动中“舆论界的骄子”。这位才华横溢、激情满怀的宣传家，早年曾创办《时务报》，著《变法通议》，批评秕政，横议八股，稍后又在湖南长沙与谭嗣同、唐才常、黄遵宪等热血志士共创时务学堂，“启超每日在讲堂四小时，夜则批答诸生札记，每条或至千言，往往彻夜不寐。所言皆当时一派之民权论……其论学术，则自荀卿以下汉、唐、宋、明、清学者，掊击无完肤”①。一时间，康梁思想，横行天下，遂引出守旧人物叶德辉《翼教丛编》数十万言，成为叶氏攻击的主要对象。然而，曾几何时，梁与其师康有为一样，成为五四新文化运动的对立面，唱起了西方“科学之梦”的破产和东方文明救世论的老调。康梁文化立场上这种戏剧性的变化，使陈独秀等后起的新青年一代不胜沧桑之叹：甲午之役，兵破国削，“独康门诸贤，洞察积弱之原，为贵古贱今之政制学风所致，以时务和新主义，号召国中”。遂被尊古守旧者“詈为离经叛道，名教罪人”，“不图当日所谓离经叛道之名教罪人，今亦变而与夫未开化时代之人物之思想同一臭味。其或自以为韩愈、孟轲，他人读其文章，竟可杂诸《翼教丛编》、《劝学篇》中，而莫辨真伪。……康先生闻之，能勿汗流浃背沾衣耶？”②

早年激进，后期复归，这一近现代知识分子难以逾越的文化“怪圈”，表现在俞樾、章太炎、周作人之间先后“谢本师”（师生关系破裂）上，更为明显具体。

这里从章太炎第一次“谢本师”（俞樾）叙起。章太炎早年于1890—1897年曾在杭州诂经精舍师事清末经学大师俞樾（字曲园），凡八年，在“稽古之学”方面受到俞樾很深的影响，章后来回忆说：“余喜独行赴渊之士，出入八年，相得也。”③ 这时的章太炎正值22岁至29岁的青春年华，俞樾的影响对于他一生的发展自然是至关紧要的。然而，以后太炎却逐渐走上了叛逆传统经学的道路，特别是在1901年，他发表《正仇满论》，在中国近代史上第一个从政治、理论上对康有为、梁启超为代表的保皇主义发起了公开批判，并第一个指名攻击了清王朝与光绪皇帝。为避开清廷耳目，章太炎从上海来到苏州，并拜见了已离开诂经精舍，移居这里的老师俞樾，不料，却遭到严厉训斥：“今入异域，背父母陵墓，不孝；讼言索虏之祸，毒敷诸夏；与人书，指斥乘舆，不忠。不孝不忠，非人类也。小子鸣鼓而攻之可也。”④ 章太炎随即写了《“谢本师”》一文，发表在

---

① 《梁启超论清学史二种》第69页，复旦大学出版社1985年。

② 陈独秀：《孔子之道与现代生活》《独秀文存》第80、81页，安徽人民出版社1987年。

③ 章太炎：《“谢本师”》，原载《民报》第9号。

④ 章太炎：《“谢本师”》，原载《民报》第9号。

《民报》上。表示从此要与老师告别而继续走自己选定的道路。此后他几经挫折，流亡日本，展开了与康梁保皇党的激烈论战，并组织光复会，成为著名的革命党领袖。他针对保皇党以“民智未开”、“旧俗俱在”为理由反对民主革命的论调，提出“以革命开民智”的先进思想：“人心之智慧，自竞争而后发生，今日之民智，不必恃他事以开之，而但恃革命以开之。”“公理之未明，即以革命明之；旧俗之俱在，即以革命去之，革命非天雄大黄之猛剂，而实补泻兼备之良药矣”①。

章太炎以渊博的学识和进步的思想，引起了在日本留学的青年学生的尊敬和爱戴，不少人成为他的学生。著名的周氏二兄弟鲁迅与周作人就是在1908年拜章为师的。周作人这样回忆当时讲课的情形：“一间八席的屋子，当中放了一张矮桌子；先生坐在一面，学生围着三面听。……太炎先生对于阔人要发脾气，可是对青年学生却是很好，随便谈笑，同家人朋友一样。夏天盘膝坐在席上，光着膀子，只穿一件背心，留着一点泥鳅胡须，笑嘻嘻的讲书，庄谐杂出，看去好象一尊哈喇菩萨。”② 鲁迅、周作人跟章师一面学习音韵、文字、庄子、楚辞等国学，一面接受了他的民族主义、民主主义思想（反满革命）。鲁迅与周作人对章师的评价侧重不同，鲁迅“前去听讲……并非因为他是学者，却是为了他是有学问的革命家”，以为“战斗的文章，乃是先生一生中最大最久的业绩”③。周作人向往业师的国学，“我以为章太炎先生对于中国的贡献，还是以文字音韵学的成绩为最大，超过一切之上的”④。

五四新文化运动中，周氏兄弟在北京成为文学革命、人学革命的有力倡导者之一。而此时及以后，章太炎的思想脱离民众，渐入颓唐，用自己手造的和别人帮造的墙与时代隔绝了。1922年6月，在致柳诒征的信中，公开承认自己“妄疑圣哲”，“乃十数年前狂妄逆诈之论”，并表示“中年以后，古文经典笃信如故，至诋孔则绝口不谈”⑤。这可视作章对旧文化的“忏悔书”。尔后，他越走越远，一度与封建军阀打得火热，成为“讨赤”的“护法大将”。1926年8月，周作人发表了《谢本师》一文，诚恳表示自己曾受老师的不少影响，同时批评了章政治上的糊涂及思想的落伍。“这样也就不是我的师。先生昔日曾作《谢本师》一文，对于俞曲园先生表示脱离，不意我现今亦不得不谢先生，殆

---

① 章太炎：《驳康有为论革命书》《太炎文录初编》卷2。

② 周作人：《知堂回想录·民报社听讲》。

③ 鲁迅：《且介亭杂文末编·关于太炎先生二三事》。

④ 周作人：《知堂回想录·民报社听讲》。

⑤ 转引自钱理群：《周作人论》第280页，上海人民出版社1992年。

非始料所及”[1]。鲁迅先生在《关于章太炎先生二三事》中对章师前后思想的变化也做过中恳的批评。

周作人“谢本师”之后，并没有像他曾希望老师那样一往直前，相反，很快由拉车向前的好身手，转而屁股向后，同他的师辈一样，走上了向传统的“复归”之路。30年代后，周作人由新文化运动的健儿，渐渐退缩在“苦雨斋”中，成为品苦茗，读杂书，伴着院中白杨似雨的萧瑟声，冥思玄想，写小品文的“隐士”。此时他仿佛理解了当年被自己老师“谢”了的俞曲园[2]，更后悔对自己业师的不敬。后来他在《知堂回想录》中说他的《谢本师》“借了曾文正李文忠字样来责备他，与实在情形是不相符合的”。[3]1936年章太炎去世，周作人与钱玄同等人合送挽联云：“素王之功不在禹下；明德之后必有达人。”终于回到了师门。1937年后，周作人由情愿的“复古”到无可奈何的“事敌”，精神愈加孤独和矛盾，他背着“叛徒”、“汉奸”这沉重的十字架，在苦涩、闲适、冲淡、似真似幻的隐遁生活中，再次被时代和后人所“谢”[4]。

围绕着“谢本师”，历史在俞樾、章太炎、周作人几代人之间开了个不大不小的玩笑，而这一历史的表象后有无更深刻的文化蕴含呢?

不可否认，上述从反传统到复归传统的“文化怪圈”，首先说明了近代资产阶级知识分子反传统的不彻底性，也说明半殖民地半封建社会反封建思想启蒙的曲折性和复杂性。但是，作为后人，如果把前辈们这种向传统文化的“复归”一概归结为“顽固”、“保守”、“反动”，未免过于简单。回顾历史的目的首先是为了求得其中对于今天能有所启发和教益的东西。这是今天我们研究近现代文化史与五四时期文化论争的不同之点。笔者认为，近现代许多知识分子未能超越的矛盾，有其存在的必然性，认真分析这一矛盾，有助于我们正确把握传统与现代化的辩证关系。

首先，从严复到周作人几代人先后重演的从反叛到复归的“自我矛盾”，历史地再现了传统文化自身的内在矛盾。正如任何事物都包含着一般与个别、抽象与具体的矛盾一样，传统文化也包含着只适用于某一时代的具体价值与可以适用一切时代的一般价值的内在矛盾。比如传统儒学的“礼治”传统与“仁学”传统，作为封建时代的意识形态，

---

① 周作人：《谢本师》，原载《语丝》第94期。

② 周作人：《药味集·春在堂杂文》。

③ 周作人：《知堂回想录·一七二，章太炎的北游》。

④ 《对周作人“谢本师”的果有其人》见1942年6月15日出版的《抗战文艺》7卷6期。

毫无疑问是为封建等级制度服务的，这种具体的实用价值是与现代生活相对立的。但是，“礼治”也具有对一般社会秩序的肯定、维护；“仁学”也含有牺牲个人、献身社会，为理想、为正义而奋斗牺牲的一般意义。这种抽象的一般价值，又是与现代生活不矛盾的，而且它是文化继承的基础。任何时代的文化发展，都是以当时社会实践需要为圭臬，对前代文化的具体批判和抽象继承，并注入新的时代精神而实现的。严复、康有为、章太炎、周作人的前期，由于置身于社会改革和文化改革的前沿，他们首先关注的是传统与现代生活的矛盾，因此，都不约而同地把目光投射在传统文化具体的历史局限性上，思想上表现为反传统主义。当改革的浪潮继续前进，超出自己的承受极限时，他们先后都游离于进步势力之外，或者成为守旧力量的附庸。政治上的落伍，导致其文化心灵向传统的复归，用传统文化中的抽象的理想价值为自己的落伍辩护。他们文化立场的“复归”，无疑是历史的倒退，他们在政治上的落伍更不应予以同情。但是，今天重新审视他们的文化矛盾时，不难感到，他们文化意识的前后矛盾，再现了传统文化自身的矛盾，从而为我们认识传统文化与现代化的可容性与不可容性提供了具体的启示。

其次，近代知识分子由反传统到“复归”的矛盾，告诫我们：现代化运动并非一切都好，相反，它自身必然具有内在的难题与弊病；传统文化也非一切都坏，而是往往具有现代化反而有所失落的某些价值。文化冲突的深刻性与复杂性就在于，它并不是“文明与愚昧”的冲突，而是一种文明与另一种文明的冲突，因而是更多地带有黑格尔所说的历史进步中不可两全的悲剧性冲突。传统文化走向现代化的真正困难正在于此。换言之，现代化必然会付出一定的代价，而且可能是高昂的代价。比如传统文化中的伦理本位是颇富人情味的，而代之法律本位、知识本位的现代化，必然引起人情味的削弱和人际关系的淡漠。现代人的心灵必然要承受暂时的情感失落和内心孤独。五四时代启蒙者的真正的深刻性，就在于他们以极大的勇气，忍受着文化冲突的悲剧性，大胆地追求着现代文明价值，而不惜付出旧文明失落的代价。相比之下，严复、康有为、章太炎乃至周作人等承受文化冲突悲剧性的悲剧意识要薄弱得多，他们在追求现代化的途中，曾经走上反传统的道路，但是，在他们的情感世界中依然眷恋着传统中的美好的价值理想。在他们自幼养成的文化记忆里：中国是古代文化最发达的国家，尤其是孔子所开创的“仁以为己任”的崇高的道德理想，“导之以德，齐之以礼”的美好的人治理想，持中调和、互敬互让的人生观，堪称世界上最完善、最成功的文化系统，为了自强保种，虽然不得不学习西方，但是，一旦发现了西方文化中的某些弱点和传统价值的失落，便相继停止前进的脚步，回到传统中去寻找现代化中失落了的价值。正因为他们缺乏文化冲突的悲剧意识，遂造成个人的人生悲剧：陷入文化循环的“怪圈”而无力自拔。这一事实告诉人们，要完成传统文化向现代化的历史转换，首先需要国人在文化意识中来一场情感的革命。

最后，在分析近代中国人从反传统出发到复归传统告终的文化矛盾的时候，应当将他们的政治上的保守性与文化复归意识作一区分。不可否认，严复、康有为、梁启超、章太炎等人后期的文化复归与他们脱离了火热的反封建政治斗争有直接的联系，政治上的保守性成为他们向传统价值认同的导因。这一点启示我们，文化的现代化与社会现代化密不可分，要在文化启蒙上始终保持先进性，就必须在社会实践中与时俱进，永不止步。但是，又应该看到，他们后期的“复归”又的确包含着对文化问题的深层思考，特别是严复，后期的文化意识与对民族命运的关怀依然息息相通。晚年的严复，虽然不再有早期的朝气活力，但对民族的前途与命运有了更深一层的忧虑。他看到，中华民族的强弱存亡，不在一两次战争的胜败，而在于民族精神的存亡。他认为，“欧美之真先进，其能以问学术艺为国民之导师者，莫不瞭然知保存国种特性，为教育之一大事”。如果我们丧失本民族的“国种特性”，亦步亦趋地效法西方，其结果必然是“如鱼之离水而处空，如躄跛者之挟拐以行，如短于精神者之恃鸦片为发越，此谓之失其本性，失其本性未能有久存者也”。“故虽极意步趋欧美，终是瞠居其后，不能与欧美并肩，而为一等之强国也”①。应该说，严复担忧的并非没有道理，如何保存“民族精神”和“国种特性”，时至今日仍然是发人深省的问题。在中外交流日益加深，中国现代化建设方兴未艾的今天，如何保持中国特色，仍然是新一代中国人正在探索的问题。任何一民族要想兴旺发达，必须有坚实丰富的民族文化的基础，一个只知模仿的民族，其社会、其文化的繁荣发达，只能是一时之假象。

二　不情愿的文化挑夫：反传统与传统

关于“传统”的巨大的渗透力，张立文先生如是说：

传统像幽灵一样在世界各地区、各民族游荡。它似乎无声无臭，无影无踪。然

---

① 严复：《译卫西琴中国教育议》，转引自《北大校长与中国文化》第 30 页，生活·读书·新知三联书店 1989 年。

而却无处不在，无时不有，无孔不入。它总是把它的触觉伸向各个领域、方面、要素、环节，一旦抓住了什么或附丽着什么领域、方面、事件……便毫不犹豫地、顽强地表现出来，尽管表现的方式、方法多种多样，纷纷杂杂，但人们总是强烈地感觉到它的存在，自觉不自觉地受它的制约和支配。人们想摆脱它、甩掉它，又总是脱不掉、甩不开，就像人不能摆脱或甩开自身一样①。

“传统”像一匹倔强的毛驴，人们越是想制服它，它越是顽皮地不听话。要真正地制服这匹毛驴，就需要人们了解它的脾气，因势利导地驾驭它。在文化现代化运动中，知识分子文化意识中又一个深刻的矛盾是：反传统与传统的内在矛盾。要现代化就必须反传统，而反传统的主体又是传统培育的。近代以来，特别是五四时代的反传统主义者，恰似一个个不情愿的文化挑夫，当他要用尽全力与传统诀别的时候，惊回首，发现自己的反叛方式依旧是传统的。就像《西游记》里的孙悟空，尽管一个斤斗腾跃了十万八千里，却没有跳出如来佛的手心。不解开反传统与传统之间矛盾的秘密，我们就无法“制传统而用之”，反而会陷入“传统无意识”的雾海里。

让我们把目光再回到近代。

中国近代为什么落后，儒教传统下的中国为什么没有走上西方式的资本主义近代化的道路？这一问题一直困扰着近代以来直到五四时期的中国知识分子。无论是“师夷之长技”的洋务派也好，还是变法维新的改良派、民主共和的革命派也好，都曾对这一问题进行过思考，他们都试图对传统进行或多或少、或量或质的补充、修正和变革。然而，由于近代中国特殊的内外矛盾，使种种社会改革不能达到预期的目的，从而孕育了这样一种观念：中国近代化迟滞的根本原因和症结，是中国传统的价值观念、心理气质（或国民性）、知识类型、思维方式乃至语言符号系统。这代表了五四时期进步知识分子的共识。于是，要现代化，就必须反传统，要快速地现代化，就必须全盘地反传统。“要拥护那德先生，便不得不反对孔教、礼法、贞节、旧伦理、旧政治；要拥护那塞先生，便不得不反对旧艺术、旧宗教；要拥护德先生又要拥护赛先生，便不得不反对国粹和旧文学”②。“当此除旧布新之际，理应从头忏悔，改过自新。一九一五年与一九一六年间，在历史上画一鸿沟之界：自开辟以讫一九一五年，皆以古代史目之，从前种种事，至一

① 张立文：《传统学引论》第1页，中国人民大学出版社1989年。

② 陈独秀：《新青年罪案之答辩书》《独秀文存》第243页，安徽人民出版社1987年。

九一六年死；以后种种事，自一九一六年生”①。在他们眼里，中西文化犹如冰炭水火，决无调和两存之余地：“吾人于东西之文明，发见一绝异之特质，即动的与静的而已矣。东方文明之特质，全为静的；西方文明之特质，全为动的。文明与生活，盖相为因果者。唯其有动的文明，所以有动的生活；惟其有静的生活，所以有静的文明”。“于今日动的世界之中，非创造一种动的生活，不足以自存”②。近代中国屈辱痛苦的历史，使五四时期的激进知识分子不约而同地走上了全面的、极端的反传统主义道路。

然而，回过头来认真反省他们的反传统主义，其思维方式、评价方式以及个人人格意识与传统又有着千丝万缕的联系。分析反传统与传统的内在矛盾，对于我们合理地对待传统是十分重要的。

首先，五四全盘地否定传统的思维方式是传统给予的。五四时期的知识分子，接受了西方的个人主义、民主主义和进化观念，改变了他们的价值观念，加上内忧外患的存在危机，使他们对中国文化传统产生了强烈的疏离感，目传统为愚昧，为落后，为劣根，为死朽，要与天争胜，就必须与传统文化全面地、彻底地决裂。在这种情势下，他们从理智上真诚地选择了反传统主义，然而又不自觉地采取了传统整体因果律的思维方式，认为他们深恶痛绝的中国传统的价值、符号、典章、制度是一个有机的互为因果的整体，传统的政治、经济、文化秩序是一个一元整体。即体即用，体用一源。要建立新社会，接受新文化，其首先的必要条件是全盘摧毁传统。这种极端地反传统的方法，显然又是极其传统的。因为儒家的天人合一，道家的“道”运万物，佛家的法界缘起，这三大哲学体系的基本思维方式都是把宇宙万象看作一个有机联系的整体。这种思维方式使中国人善于对事物作辩证直观性的整体把握，而短于对事物具体质素、属性、功能、法则的实证研究和逻辑分析。在认知对象时，中国人习惯于联系地看问题，全息地想问题，直觉地体悟对象的意义。有人说，五四人全盘否认传统的思维方式是形而上学的机械的对立论，与传统无关。这话只看到问题的表面，而导致他们接受机械对立观的恰恰是传统思维方式的一元整体论。既然传统文化是一个有机整体，西方文化是另一个有机整体，两者必然无法融而为一，其结论只能是非此即彼。从这个意义上说，反传统也是一种传统，或者说，肩挑着传统而反传统。

其次，“重新估定一切价值”，是五四人的共同口号，把价值变革看作启动社会现代

---

① 陈独秀：《一九一六年》《独秀文存》第 33 页，安徽人民出版社 1987 年。

② 李大钊：《动的生活与静的生活》《李大钊文集》上，第 439—440 页，人民出版社 1984 年。

化的“动力因”，视“伦理之觉悟”为最后觉悟之最后觉悟，这是五四反传统主义共同的“反叛”方式。然而导致这一反叛方式的文化评价模式与传统文化的道德本位的价值观又是一脉相承的。以儒学为核心的中国文化自古把道德价值看得高于一切，重于一切。认为人心好，则社会治，文化倡；人心坏，则社会乱，文明滞。“太上立德”，“大学之道，在明明德，在亲民，在止于至善”。这些话在古典中国人心目中的分量是不言而喻的。自孔孟至宋明诸儒，著书言教，千言万语，无非是讲明这一道理。在儒教化育下的中国人，他可以不要一切，但不可以不做人，而“道德”是立人之本，也是社会、文化之本。这一传统的力量是这样的有力，以致反抗它的人都要纳入它的范式之中。五四反传统主义反抗最力的是孔门伦理，在他们的笔下，仁义道德是“吃人”的手段，纲常名教是奴隶的制造器，古代道德的楷模孔圣人，是专制的护符，帝制的渊薮，千古之罪人。这种反抗称得上彻底而激烈。然而，回过头来，仔细思量，这种反叛方式依然是传统的。在他们反传统的意识里，依旧是道德的力量决定一切这一最古老最传统的文化评价范式。

再次，全盘反传统派，他们在口头上和理智上高喊要彻底摈弃中国传统的价值观，但在下意识中或个人行为上，却保持着某些传统的价值观念。无论是胡适、鲁迅、李大钊等都曾批判男尊女卑、封建礼教对女性的压迫，在理论上提倡恋爱自由、婚姻自主、婚姻以爱情为基础等现代婚姻道德。但在行为上、在情理上都容忍或甘心接受母亲或长辈在少年时给自己安排的婚姻。背着传统而反传统，在这一点上，胡适是最为典型的。他曾痛斥礼教、小脚、贞节牌坊的罪恶，深信没有爱情就不会有美满的婚姻，他希望中国的女子能够像美国的妇女一样，获得“自立”的生活和自由的婚姻。但他在婚姻问题上，其行为是非常传统的。胡适在美国留学时，曾爱上康乃尔大学一教授的女儿伊迪丝·威廉斯，胡适羡慕威廉斯的艺术才华，但他最终没有勇气拒绝母亲的意愿而终与一位小脚女人结婚。他在 1915 年 5 月 19 日给母亲的信中写道：“儿对儿之婚事并无一毫怨望之意。盖儿深知吾母为儿婚姻一事，实已竭尽心力，为儿谋美满之家庭幸福；儿若犹存怨望之心，则真成不识事势、不明人情、不分好歹之妄人矣……伉俪而兼师友，固属人生一大幸事。然夫妇之间，真能学问平等者，即在此邦亦不多得，况在绝无女子教育之吾国乎?”① 人情练达是文章。在这封家书中，自己不能选择“伉俪而兼师友”的美满婚姻，明明是痛苦的，然而信中所流露的，痛苦的似乎不应是自己，反而要劝慰自己的母亲。这种练达的人情是典型的古典主义的：母命高于自主的婚姻。尽管在教育和经历

---

① 胡适：《藏晖室札记·第九号家书》《胡适散文》第 3 集，中国广播电视出版社 1992 年。

上的差异使江冬秀（胡适之妻）不可能在思想事业上成为胡适的战友，但婚后实践证明，他们是感情长久而且深笃的一对，共同在家庭中实践了夫唱妇随的传统道德。难怪胡适去世时，蒋介石派人送去了一幅挽联是："旧道德中新文化的先锋；新文化中旧道德的楷模。"

最后，反传统主义者的忧患意识、爱国悲情与古圣先贤的道德责任感和救世意识也是灵犀相通的。无论是陈独秀、胡适，还是鲁迅及李大钊等早期马克思主义者，他们都曾批判过自己的文化传统。陈独秀、胡适、鲁迅的批判，其语词之尖锐、立场之坚定、否定之彻底是中国思想史上前无古人的。如果形式主义地看问题，说他们有民族虚无主义倾向是不过苛的。但是，在他们近乎虚无的反传统主义形式之后，隐藏着十分强烈的爱国主义精神和深沉的民族意识。对于中国民族，他们爱之诚，故责之痛；对于中国命运，他们忧之深，故批之烈。鲁迅所以尖锐辛辣地揭露、剖析国民性格的劣根，完全是为了让中国人挺起精神的脊梁；胡适极端地责备传统文化的"罪孽深重"，同样是为了让民族反省知戒，改过自新。他们反传统主义的理论激情，固然有西方进化论世界观的理性导引，应该说更由于传统文化，特别是儒家"舍我其谁""为万世开太平"的救世情怀的内在驱动。从这个意义上说，传统并不是一个死呆呆的存在，而是一个川流不息的文化灵魂。任何反传统并非来自传统之外的一种外在力量，而是传统自生的搏动。反传统即传统的自我更新或自我超越。

上述种种事实表明，反传统与传统既是对立的、冲突的，又是统一的、互补的。反传统与传统的对立统一的基础是某一时代的社会存在本体即一定历史条件下的社会实践。反传统与传统的对立、冲突，反映着社会实践发展的要求，反传统与传统的统一则反映着社会实践诸要素（主体、客体、手段）的历史承续性。人们在实践中不断发现新问题，遇到新矛盾，产生新观念，从而与原有的传统范式产生游离感、冲突感，它促使人们自觉地走向价值反叛。然而，社会实践的一切又都是历史提供的。原有的文化范式又总是以某种方式（潜意识作用）支持、限制、缓冲着反传统的力量，使反传统成为传统自身的辩证"扬弃"，而不是形而上学的简单否定。深入分析反传统与传统的矛盾运动，有助于我们正确认识传统的本质、特点及其在文化现代化运动中的地位和作用。

首先，传统就其本质而言，它绝不是一堆僵死的"过去"或"定在"，而是一种历史文化的凝聚和流变。西方现代解释学者伽达默尔在海德格尔的基础上给"传统"的现代含义做出了深刻的释义：（1）传统是流动于过去、现在、未来这整个时间性中的一个过程，它犹如海德格尔的"存在"，是一个流动的生成的过程，而不是一种一成不变的

“在”者。传统永远处在“制作”之中。(2) 传统是主客体之间的一种关系，“传统并不只是我们继承得来的一宗现成之物，而是我们自己把它生产出来的，因为我们理解着传统的进展，并且参与在传统的进展之中，从而也就靠我们自己进一步规定了传统”①。(3) 传统只有创新，无法摆脱。不管人们愿意不愿意，传统都先于我们而存在，而且是我们不得不接受的东西。主体在与传统之间的理解、分析、互补关系中，体现了主动性。(4) 传统与现在融为一体，并不只有否定的意义，莫如说它是一个“中性”词。尽管伽达默尔在这里过分夸大了传统的流动性和主体创造性的一面，忽略了传统的稳定性和滞后性因素，但他的确抓住了传统的最本质的含义，即传统是一个自我否定、自我超越的变异系统。其实，文化人类学研究证明，人类的心态、宗教、道德、思维、审美以至风俗，既是一个自我满足和自我完善的凝聚系统，又是一个自我扬弃、自我否定的变异系统。在传统的凝聚与变异中，传统的内部诸要素既互相整合，又相为分离，旧因子在继承中更新，新要素在批判中继承。由此造成传统的波浪式前进与螺旋式上升。

其次，传统的承续、发展是有意识与无意识的统一。一方面，传统的承续、传播以及在人们文化心理中的渗透是无意识的。人们生活在传统提供的文化环境中，会潜移默化地、自然而然地形成对传统的信仰与认同，丝毫不会感到传统力量的外在、强制和不舒适。传统在人们心灵中的存在，是这样的顽固和强烈，以致使人们感觉不到它的存在，它像人的第二本能一样，自发地通过人的一举一动、一颦一笑表现出来。越是在封闭的静止的社会中，传统的无意识作用就越强大。只有当外部环境发生了剧烈的震动，或社会本体矛盾即生产力与生产关系、经济基础与上层建筑的矛盾激化时，人们才会觉察传统的力量和限制。另一方面，传统又有有意识的一面。人们在需要变革传统时，对传统的认识、评价、理解是通过自觉的、有意识的活动完成的。传统在无意识的承续中，它是良莠俱存的，而人们对传统的选择、利用，是根据实践的需要进行的。这种有意识的选择，使传统中那些与实践目的相违背的消极因子被逐渐克服，而那些与实践要求相一致的传统因子则被保存下来，并注入新的内容。无意识的承续与有意识的改造的统一，成为传统发展的内在根据。

最后，不同类型的文化交流，是传统更新、发展的必要条件。当代世界已进入信息时代，文化交流的深度与广度已非往昔所能比。一个民族的文化要现代化，就必须勇敢地、开放地接受世界各地文化的积极因素。在文化交流中，不同质的文化必然会发生剧

① 伽达默尔：《真理与方法》第261页。

烈的冲突和撞击，对于本位文化来说，外来文化的撞击，会使它自身去掉沉滓，增强活力。但它决不会丢掉自己的民族个性和文化传统。因为传统既有凝固性，又有流动性，它既不会故步自封，消极被动地让外来文化把自己冲垮，也不会一成不变，对外来文化无动于衷。在文化交流中，传统的凝固性固然起着排外的负作用，但它同时也对外来文化具有分解、筛选、消化、吸收的功能。在消化吸收外来文化的同时，它自身也得到了改变，从而使凝固性转变为流动性。传统是流动的，但这种流动绝不是不着边际乱流乱动，而是流动中不失其凝固性，在动态中实现着自身的整合，调节着各传统要素的平衡。因此，我们没有充分的理由惧怕传统的断根，更没有理由拒绝与世界各地文化的交流。我们也没有可能与必要全盘否定自己的传统。

总之，传统是作为文化主体的人创造的，同时它又塑造着作为文化主体的人。人们在现代化运动中，总是一边背负着传统，一边反叛着传统；一边反叛着传统，又一边承续着传统。传统既限制着反传统，一边又支持着反传统。在这一复杂的过程中，传统实现了“否定之否定”的辩证扬弃。

三　在文化时空矛盾交叉点上的现代新儒家

近代中国，中华民族遭到了史所未有的百年大劫。在这场大劫中，中国的思想与文化主潮，表现为一种特殊的二律背反的运动：一面在战争烽烟中求民族自存，一面却在文化上作步步深入的自我否定。其结果，使维系着中华民族几千年文化命脉的儒家思想受到了空前未有的冲击。殆至五四新文化运动，孔子及儒家成为中国专制统治和一切落后的丑恶的社会现实的替罪羊，甚至为西方文化开路的鸦片烟都栽赃到孔子头上。“打倒孔家店”，“所有的中国书都不要读，线装书应该丢到茅厕里去”，成为最惊世骇俗的口号。传统崩溃，意义危机，中国传统文化遭到全盘性否定。

但是，面对着中国文化千年未有之大变局，大厄运，大危机，却有少数学人保持着清醒的民族文化自我意识。他们既对中华传统文化慧命和儒家传统价值有着深切的体认，又有着开放的文化心态。他们挺身而起，维护孔子的真价值，阐扬传统的真精神，对20世纪初的全盘性反传统思想与文化运动做出了直接回应，也是对鸦片战争后中国文化屡遭劫难的时代变局的深刻反省。他们站在古今嬗变、东西撞击的文化矛盾时空交叉点上，甘忍孤寂、动心忍性，紧紧抓住传统文化与现代化这一时代主题，融会中西，打通古今，统摄百家，归宗儒学，掀起了创造性重建传统的新传统主义（又称现代文化保守主义）

思想运动。这一运动的倡导者，即通常所说的现代新儒家。这一学派，由梁漱溟、张君劢、熊十力（第一代）开其源，冯友兰、贺麟、钱穆（第二代）演其流，牟宗三、唐君毅、徐复观（港台第三代）承其志，杜维明、刘述先、蔡仁厚（走上国际学术舞台的第四代）续其统。至今在海内外学术文化界发生着重大影响。

新儒学既是一个哲学思潮（其主流是直觉主义、生命哲学），又是一个学术思潮（力反乾嘉余绪，提倡通经致用、通史致用），但首先是一个文化思潮。本节着重探讨作为一个文化思潮的现代新儒学的内在矛盾。

从梁漱溟、熊十力直到现今活跃于世界学术界文化界的新儒学传人，在他们文化思想中，始终贯穿着一个基本的认识：近代以来的民族危机，其实质乃是一场深刻的文化危机，只有从文化建设上着手，才能找到摆脱民族危机的出路。其实，新儒家的文化归因主义，代表了五四前后中国知识分子（无论是自由主义者还是激进主义者）的共识。正如美国威斯康星大学教授林毓生所指出的那样："在十九世纪九十年代的中国第一代知识分子同二十世纪的第二代知识分子之间，尽管存在着许多差异，但这两代知识分子中大多数人专心致志的却是一个有共同特点的课题，那就是要振兴腐败没落的中国，只能从彻底转变中国人的世界观和完全重建中国人的思想意识着手。如果没有能适应现代化的新的世界观和新的思想意识，以前所进行的全部改革终将徒劳无益，无济于事。"① 他将这种认识称之为"借思想文化以解决问题的途径"。新儒家的新传统主义与反传统主义知识分子文化立场的差别仅仅在于是通过文化疏导工作实现传统与现代的沟通，还是彻底打碎传统，实现中国人文化气质、人格理想的"完全重建"。

梁漱溟是新传统主义（或现代保守主义）的中流砥柱。自五四时期起他一直是西化论者最坚决的反对者和批评者之一。但他在20年代初出版的《东西文化及其哲学》一书中，明确表示赞同新文化运动领袖们陈独秀等人有关中西文化冲突的实质的认识。梁追述了从鸦片战争到五四新文化运动，从"言技"、"言政"到"文学与道德革命"的历史进程，批评洋务运动的中体西用论是浅薄的，改良派和革命派的政体改革"仍是枝叶"而未深入到问题的根本。只有陈独秀和《新青年》几位先生才算直截了当地抓住了最后的根本，即中西冲突的实质是"整个文化不相同的问题"。因此，"现在最要紧的是思想之改革——文化运动——不是政治的问题"②。这一思路几乎伴随了梁漱溟先生的一生。

---

① 林毓生：《中国意识的危机》"前言"，贵州人民出版社1987年。

② 梁漱溟：《东西文化及其哲学》第6页，商务印书馆1987年。

30 年代的乡建理论与实践，40 年代的宪政理论与实践，均未离开这一文化救国理论。这一时期他所呼吁奔走的“民族自救”实即文化自救，所开展的乡村建设实即文化建设。在《中国民族自救运动之最后觉悟》《乡村建设理论》《中国文化要义》等书中，他一再强调，近代中国的最大难题是“文化问题”：由于中国文化“理性早启”、“内慧早发”导致中国文化重精神、轻物质，重家庭、轻个人，重感情、轻法制，重个人交谊，轻团体组织的畸形发展，未能像西方文化那样走上文艺复兴、启蒙运动、产业革命的近代化道路。当西方文化袭来的时候，传统文化“旧基骤失”，西方文化“新基难立”。严重的文化失调使中国人在东西文化矛盾中左右迷失，使中国社会改革进退两难。只有走出这种文化困境，中华民族自救才有希望，现代化才有进路。

梁漱溟强烈的民族危机即文化危机的思想进路几乎覆盖了新儒家几代人的文化认识。40 年代贺麟指出：“中国近百年来的危机，根本上是一个文化的危机。文化上有失调整，就不能应付新的文化局势。”① 直到 50 年代的牟宗三仍坚持：“今日中国的问题，乃是世界的问题，其最内在的本质是一个文化问题。”② 新儒家认为，近代中国的文化危机，并不仅仅是外来文化冲击的结果，从根本上说乃是由于我们民族文化生命受阻抑的结果。如贺麟说：“中国近代政治军事上的国耻，也许可以说是起于鸦片战争，中国学术文化上的国耻，却早在鸦片战争之前。儒家思想之正式被中国青年们猛烈的反对，虽说是起于新文化运动，但儒家思想之消沉、僵化、无生气，失掉孔孟真精神和应付新文化需要的无能，却早腐蚀在‘五四’运动以前。”③ 按照新儒家的理解，民族救亡必然伴随着一场文化救亡。这种文化自救并不是要固守传统壁垒，排斥外来文化，而是通过批判性反省和疏导，谋求传统的重建和更新，打掉陈腐、僵化的死传统，恢复“失掉了的孔孟真精神”。他们坚决反对西化论者一味洋化、菲薄固有的偏激之论，提倡怀着“同情”和“敬意”去体悟历史传统中内在的精神价值，显发我们民族绵延不绝的“文化慧命”。他们认为，中华民族的命运与民族文化的命运息息相关，因为文化不仅仅是一种抽象的符号系统，而是民族存在的内在基础。

沉重的文化危机意识和历史责任感使新儒家形成一个凝聚力很强的学派。关于这一学派群体的思想特征，海外华人思想史家韦政通作过这样的概述：1. 以儒家为中国文化

① 贺麟：《儒家思想的新展开》，收入罗义俊主编《评新儒家》，上海人民出版社 1989 年。

② 牟宗三：《道德理想主义》第 246 页，（台北）学生书局 1985 年。

③ 贺麟：《儒家思想的新展开》收入罗义俊主编《评新儒家》，上海人民出版社 1989 年。

的正统和主干，在儒家传统里又特重其心性之学；2. 以中国历史为一精神实体，历史文化之流程即此精神实体之展现；3. 肯定道统，以道统为立国之本、文化创造之源；4. 强调对历史文化的了解应有敬意和同情；5. 富于文化寻根意识，十分强调中国文化的独创性与一本性；6. 有深沉的文化危机意识，但认为危机的造成主要在国人丧失自信；7. 富有宗教情绪，对复兴中国文化有使命感①。这个概述，是言之有据的，但是并非不可以讨论。因为说它全，还可例举；说它简，又欠概括。而且从中看不出一个“新”字来。笔者认为，作为一个文化思潮，现代新儒学最一般的本质特征是“返本开新”的文化整合模式。“返本”，即从传统文化中开发出中国民族精神的生命本源、人文智慧，确立民族自尊自强的主体意识；“开新”，即以中国文化生命为动源，创造性地走上科学民主的现代化之路。一句话，中国文化必须接受现代化的挑战，但现代化须是中国文化本位的现代化，而不是一厢情愿的“全盘西化”。

如何使传统文化与现代化“接轨”，是现代新儒家几代人共同努力解决的问题。他们的共同思路是，站在现代化的立场梳理阐扬传统，又站在传统的立场批判地消化现代西方文化。传统文化与现代化的问题，近代中国几乎约定俗成地理解为传统与西化的问题。五四新文化运动正面的口号是走科学与民主之路，抓住了现代化的关键，这是必须肯定的。他们为此而展开对传统文化的激烈批判，对儒家传统的全盘否定，在推动中国文化现代化运动中曾起过重要的启蒙作用。但是，五四人试图通过全盘地反传统的方法或全盘西化的途径建设现代中国文化，今天看来并不是最佳的方案。一味从人，菲薄固有的单向度选择方式，不可避免地会导致民族自信心的丧失。按照钱穆的分析，“倘使一民族本身无文化，专待学别人，其前途必有限，其希望亦黯淡。我们是自己有文化，而且这一套文化又发展得很丰厚，很博大，很精密，深入人心，牢不可破，一旦要全部丢掉去学他人，其事更难”②。在新儒家看来，现代化的道路决非一元的，西方以个人主义、自由竞争为精神支柱的工业化富强模式并非唯一的理想形式。现代化应以自己民族文化传统为依托，它不会在全部废弃了传统的“空场”上产生出来。对于科学、民主的现代价值，新儒家是十分珍重的，他们认为，离开了科学技术和民主政治建设，中国就不可能走上富强与文明的现代化，但是要发展中国的科学技术，建立民主政治，离不开健全的实践主体，而健全的实践主体不仅要有科学头脑和权力意志，而且要有丰富的情感世界、

---

① 韦政通：《当代新儒家的心态》，转自罗义俊主编《评新儒家》第165页，上海人民出版社1989年。

② 钱穆：《中华文化十二讲》第2页，（台北）东大图书股份有限公司1985年。

道德境界和超越的宗教精神。这些东西在中国儒学人文智慧中是十分丰富的。因此，对现代化的关怀，离不开对传统文化特别是儒家“道德形上学”价值体系的认同。不可否认，形上心灵的萎缩，价值世界的平面化是近三百年来西方文明难以挽回的现象，片面的自我意识和极度理智的现实主义，一切以法制为约束的人际关系，使西方人出现了存在危机和意义的失落。风驰电掣般的个人利益的追求使发达国家的人生存异化，丧失了或荒芜了精神的家园。现代新儒家所致力追求的，乃是一种“儒化”的现代化，而不是单一的富强模式。而“儒化”现代化的特质是“儒家道德人本主义＋科学技术＋民主政体”。

新儒家“儒化”现代化思路的展开，基于这样一个一以贯之的信念，即坚信中国文化有一个绵延古今的活的生命，坚信中国文化有一个历久不绝的统续。“我们亦不否认，中国文化正在生病，病至出生许多奇形怪状之赘疣，以致失去原形。但病人仍有活的生命，我们要治病，先要肯定病人生命之存在”①。中国文化是中国人民族精神的表现，只要中国人还活着，中国文化“一贯的理想与精神”就不会熄灭。智慧生于忧患！只要中国人在危机中不失去自信，不失掉对民族文化的同情与敬意，中国文化的现代化就有了“活水源头”。现代化是中国文化的现代化，而不是要用西方文化替代中国文化，把中国变成千载难复的文化殖民地。科学技术与民主政治是西学之所长，亦即中国文化之所短，儒化的现代化就是“畅通民族文化的大生命，使科学与民主的外王，能有内圣或宗教的精神源头，作一健全的开出与展现，也就是说，由本土文化传统的内圣，开当代的新外王”②。新儒家认为，儒学不仅具有开出现代化的功能，而且还有避免与消解西方现代性矛盾与存在危机的奇效。

新儒家告诫人们，现代化社会并非尽善尽美，西方的单一性富强模式并非像人们想象的那样堂皇富丽，相反，西方近代文明正在日趋于自毁：“如以动力横决天下的浮士德精神造成了弱肉强食的人间悲剧，过分膨胀的个人主义养成了六亲不认的社会风气，极度扩展的竞争机制带来了唯利是图的掠夺和自相残杀的抗衡，强调权利而轻视义务的讼诉制度导致紧张、冲突、霸道、计较等心理状态，也都是当代西方文化的表现。”③ 为了

---

① 牟宗三等：《为中国文化敬告世界人士宣言》，见《文化的危机与展望》第 51 页，中国青年出版社 1989 年。

② 王邦雄：《当代新儒家面对的问题及其开展》，见《当代新儒家》第 193 页，生活·读书·新知三联书店 1989 年。

③ 杜维明：《儒学第三期发展的前景问题》，原载香港《明报月刊》1986 年第 1、2、3 期。

挣脱千百年来封建礼法的束缚，打碎宗法社会种种有形无形的精神枷锁，虽然上述代价似乎是不可免除的，但是，对于正在走向现代化的国家却是值得引起警觉的。梁启超和张君劢在第一次世界大战后欧游返国，他们目睹了西方世界浩劫之余的惨状，领略到弥漫于整个欧洲的悲观情绪和史宾格勒所描绘的没落感，于是对国内的西化论者提出警言，掀起了所谓科学和人生观的论战。姑且不论他们的论据是否确凿，运思是否缜密，他们对科学万能论提出的问题是发人深省的。新儒家普遍认为，为了克服西方社会现代化过程中出现的种种矛盾、冲突和危机，西方应该从东方文化的人文睿智中吸取有益的启示。中国儒学“当下即是”之精神与“一切放下”之襟怀；“圆而神”的智慧；温润而恻怛的悲悯之情；生命和文化悠久的智慧，恰恰可以救西方现代性危机之失①。他们确信，“儒家式的人文精神如能转出或融合西方的民主和科学，不但能救西方之自毁，且足以成为文化生命前进的最高原则，并为人类提示一新的方向”②。这一最高原则便是“儒化”现代化。

回顾现代新儒家对现代化的回应，时时可以体察到，在他们的文化意识里，处处流露出一种近乎宗教感情的极为深沉的情感，其中包含着对儒家学说和传统文化的无尽眷恋和拳拳爱意。他们怀抱着对人类的责任和对人道的真情，坚毅地承续着古典儒家“为往圣继绝学，为万世开太平”的道统意识、救世意识和忧患意识，带着“同情”和“敬意”，感知着传统文化中“有血、有汗、有泪、有笑、有一贯的理想与精神的贯注”。然而，在他们的情感投注背后，隐约地表现出某种孤寂苦闷的心态和沉重的失落感。这失落，是传统文化在现代化浪潮冲击下和经过五四扫荡后发生的整体性危机在他们心灵中的投影。在近现代历史转型期，在由传统到现代化的过渡时代，新儒家面对的处境是中国文化与社会在西方文化冲击下所造成的社会结构、经济形态、政治制度，文化意识的大解体。“传统的世界观破碎了，我们有所谓的形上迷失；旧有的价值观崩溃了，我们有所谓价值迷失；由思想的偏激误导，而有政治的混乱和人生的迷惘，是所谓的存在迷失；总括起来，就是意义的迷失、道德自我的迷失。失落了我们可以安身立命的价值世界，也就失落了生命存在的方向与意义”③。

---

① 牟宗三等：《为中国文化敬告世界宣言》，中国青年出版社 1989 年。

② 韦政通：《当代新儒家的心态》，见罗义俊主编《评新儒家》第 171 页，上海人民出版社 1989 年。

③ 王邦雄：《当代新儒家面对的问题及其展开》，见《当代新儒家》第 187 页，生活·读书·新知三联书店 1989 年。

因此，他们以流浪天涯、“花果飘零”的凄苦心境，在困境中沉潜待发，把无限的热情投注于传统，极力从传统文化的资源里寻找摆脱困境的精神支撑。然而，其心境固然值得同情，其热诚也的确真切动人，但他们对儒家文化久远生命力的诠释未必是反映客观事实的价值判断。他们忽略了作为自然经济和宗法社会产物的儒学意识形态与现代化之间的矛盾和时代隔膜。时值今日，中华民族如果不从小生产的和宗法制的生活方式、文化观念中冲决出来，现代化就不可能进入我们的生活。因此，新儒家们以儒学导引现代化的思路，用儒家精神醇化世界的遐想神思，“由内圣开出新外王”苦心孤诣的设计，以儒家“心性智慧”解决现代性危机及对人类终极命运的关怀，其中不乏真切美善的理想，然而它缺乏足够的事实根据和逻辑力量，让人信服是中国文化现代化的必由之路。这种近乎浪漫的道德理想主义除却满足人们某种审美和宗教心灵的需要之外，似乎不会给从事现代化建设的中国人以更多的文化支援，反而会带来一些消极后果。因为“在一个不复为儒家信仰提供现成表达形式的社会里，生活在那样严苛的标准之下，倘若所需要的正确献身标准尚未形成，则无论是礼义、教条，或者普遍承认的政治社会规范，将给个人内在的献身带来巨大的负担”①。

尽管新儒家以真诚的热情忧虑中国文化的前途和中华民族的现代命运，但却在理智的判断与抉择上不免陷入迷惘。深沉的情感与智者的迷惘，为现代新儒家的文化心灵涂上了一层神秘色彩。

其实，困扰着现代新儒家陷入理智“迷惘”的依然是本章开始提示的近代知识分子文化心灵中情感与理智的矛盾。正如西方那位汉学家列文森在《儒教中国及其现代命运》中所分析的那样，近代中国知识分子都面临着进退维谷的挑战：一方面在理智上接受西方文明的价值，但在感情上却排拒西方；另一方面在感情上和中国的历史文化难解难分，但在理智上又要否定传统。势在必行的富强之路并不足以安身立命，而源远流长的精神资源却又难以经世致用。这一矛盾曾使王国维陷入极度痛苦而最终自杀以求解脱。因为他所信的（科学实证主义）不可爱，所爱的（叔本华、尼采的唯意志论）又不可信。近现代历史转型期的知识分子文化心灵的矛盾冲突虽然并不都像王国维所感知的那样激烈，但都受到痛苦的困扰，在文化选择上陷入难以超拔的困境：一部分人（早期文化改革者）陷入从反叛到复归的“怪圈”而被传统所淹埋；一部分人（五四激烈的反传统派）以极

---

① 傅乐诗：《现代中国保守主义的文化与政治》，见《近代中国思想人物论——保守主义》第 64 页，（台北）时报文化出版事业有限公司 1980 年。

端的方式抑制感情，诀别传统，走上了知其不可而为之的“全盘西化”的太虚幻境。新儒家同人，则以另一种形式演示了情感与理智的矛盾：在东西文化撞击的交叉点上，左顾右盼，扶得东来西又倒，顾得西来怕失东。终于让深沉的情感压抑了理智的选择，走上以“心性之学”启动现代化的“儒化”现代化之路。与反传统派以道德革命为契机的现代化理论相比，其保守性是显而易见的。

然而，现代新儒学作为一特殊的文化现象，在中国人回应20世纪现代化变迁的过程中，也以自己的特殊方式提出了富有创见的问题：现代化离不开传统的文化支援；接受西方文化离不开本位文化“生命”的恢复和民族主体意识的创造性转换；现代化运动不是割断历史，而是传统的重建；现代化道路是多元的，追求现代化的国家和民族不能只顾眼前的利益，而要照顾到自己的国情和民族文化传统的特殊性；现代化也不是完美无缺的，它自身的矛盾也需要加以批判和解决，让传统牵着鼻子走固然不是好汉，盲目地跟着西方走也不是明智的选择。这些观念不仅在理论上弥补了“西化论”的缺失，而且对于目前中国人民正在进行的具有中国特色的社会主义现代化实践，仍不失为具有启发价值的思考和提示。

现代化是历史合力的结果。在20世纪前期中国历史文化由传统向现代的转型期，“西化派”的反传统主义与新儒家的新传统主义，作为对立的两极，即互相攻讦，又互相掣补，共同导引着中国文化走上不中不西、亦中亦西的中西文化融合之路。

四　传统与现代的沟通

黑格尔在谈到“传统”的流动性时有这么一段发人深思的话：

> 在科学里，特别在哲学里，我们必须感谢过去的传统……但这种传统并不仅仅是一个管家婆，只是把它所接受过来的忠实地保存着，然后毫不改变地传给后代。……这种传统并不是一尊不动的石像，而是生命洋溢的，有如一道洪流，离开它的源头越远，它就膨胀的愈大。①。

自古及今，人们似乎尚没有一个制服传统的更好的办法，有之，便是这样一个常识

① 黑格尔：《哲学史讲演录》第1卷，第8—9页，商务印书馆1983年。

性的真理：让不同文化在撞击中融合，让古代与现代在冲突中沟通。

反思传统，是为了寻求传统与现代生活的理解和沟通，利用传统的文化资源为现代化建设服务。

传统是主体人所创造的，也是赖主体人继承和发展的。传统与现代能否沟通和对话，这一直是东西方关心现代化运动的人们普遍关心的问题。狄尔泰在《阐释学的形成》中认为，理解传统，只能是现代的我回到过去的历史中去，即消除自己的现代意识，沉潜在传统之中。这样就不免把现代意识当作了理解传统的障碍了。这种忽略阐释传统的主体性和现代性原则的阐释学观点是不可取的，它在实践中会成为复古主义的理论基础，在理论上则是变相地否认了现代人与传统沟通的可能性。到了20世纪，西方阐释学有了变化。伽达默尔在《真理与方法》中认为，对传统的理解必然受理解者所处的时代条件的限制，人们不可能完全摆脱现代意识，而真正回到传统历史中去。人通过理性理解历史和传统，传统和理性之间并不存在无条件的对立，就是说，既承认历史和传统存在的客观性，又肯定理性阐释有一定的自由。这里肯定了传统与现代之间沟通的可能性。其实，从辩证唯物主义和历史唯物主义的高度来看，传统与现代的沟通，不仅是可能的，而且是必然的。因为社会历史同自然界一样，是一个“自然历史过程”。人的社会实践是历史的、发展的，那么文化传统就不能不随着时代的发展而变迁。问题在于怎样实现传统与现代的沟通。

要实现传统与现代的沟通，首先要明确此沟通的目的是为了现代化的发展，而不是简单地将古人的思想现代化。时下一些人，有时为了强调中国文化的高明，不免把孔子说成是世界最早的人道主义者，把庄子说成是世界最早的反“异化”的思想家云云，读之给人一种古人不像古人，今人不像今人的感觉，难免使人啼笑皆非，这种把古人现代化的做法不是历史主义的态度，不便于把问题搞清楚。把古人现代化，其实是把古人理想化，这样我们就无法在理智上和情感上超越古人，就谈不上为现代化服务。相反，可能会把非现代化的东西当作现代化的东西带进现代人的生活，从而扭曲了现代文化建构的方向。这里所说的为了现代化事业而与古人沟通是指从古人彼时彼地的所作所为中，看到他们的责任，看到他们在当时历史条件下对吾国吾民的历史贡献，从而升华出一种对民族历史文化传统的敬意，再把这种敬意转化为此时此地的“我”对此时此地中华民族的责任，象古圣前贤忠实尽责尽职于他们那时的国家、人民、事业那样，尽职尽责于我们现代的国家、人民和事业。孔子早在两千年前，不可能知道现代民主政治是何物，这并不可恨，他作为一个布衣之士为恢复古代礼治而惶然周游，并不妨碍今天民主政治的发展。我们没有理由以现代人的资格去苛求古人，却有义务像古人无愧于古代那样，无愧于我们的“现代”。只要我们能这样去认识历史、批判历史、理解历史，传统就会成为现代人的精神动力。至于古人的成败得失，也只能放在他们那个特定的时代去加以评论和总结。我们越能历史地看待古人，古人越能现代地泽润我们；我们越能历史地理解传统，传统越能善意地进入我们的现代心灵。

传统与现代的沟通，离不开对传统文化的分析扬弃和自觉选择。传统是无形的，它存在于已有的文化遗产和现实的文化行为中，通过文化的传递而遗传。要保留优秀的文化传统，克服消极的文化传统，就必须对传统文化做出分析扬弃和综合创造。分析扬弃，旨在从传统文化中剥取出正面的价值而否定其负面价值。这里所谓的“正”与“负”，其标准是看它是否有利于人的现代性格的形成。关于人的现代特征，美国的社会学家英格尔斯在《人的现代化》一书中根据多年的实证研究，将其概括为这样几个方面：1. 现代人准备和乐于接受他未经历过的新的生活经验、新的观念、新的行为方式；2. 准备接受社会的改革和变化；3. 思路广阔、头脑开放，尊重并愿意考虑各方面的意见；4. 注重现在与未来，不拘泥于传统和过去，有可能对传统中的精华与糟粕作比较客观的取舍；5. 强烈的个人效能感，对人和社会的能力充满信心，办事讲求效率；6. 生活与工作具有较强的计划性；7. 热心于探索未知的领域，充满对知识的尊重；8. 不大相信命运，对社会和他人寄有更多的信赖；9. 重视专门技术，有愿意根据技术水平高低来领取报酬的心理基础；10. 乐于让自己的后代选择离开传统所尊敬的职业，对教育的内容和智慧敢于挑战①。这十项标准是英格尔斯小组根据对尼日利亚、智利等六个发展中国家的人格行为调查而得出的概括，即使不具有完全的普遍适用性，也是大体适用的。对于传统文化与现代化的价值关系的分析，应以此为标准，凡有助于至少是不妨碍人们形成上述性格的文化传统，我们就应该加以继承，反之，则加以否定。

传统与现代之间的沟通，又赖于传统文化的综合创造。分析扬弃的目的在于综合创造。创造并非意味着传统的消亡，而是主体在社会实践进程中，不断地主动选择，吸收人类一切可能吸收的先进的、优秀的文化成果，不断更新其内容与形式，开创出新的传统来。所谓综合，就是在社会实践中把各种优秀的文化要素，加工整合，使其形成一个有机的结构。要综合，首先要破除自我封闭，以开放的胸怀积极主动地吸外来文化的优秀成果，让它与我国的传统文化在实践过程中互相冲刷，互相影响，为传统文化增加新

---

① 参阅英格尔斯：《人的现代化》第22—30页，四川人民出版社1985年。

的生机与活力；要综合，又需要文化传播者破除迷信，解放思想，根据现代化运动中出现的新问题、新矛盾，从历史经验、现实分析、未来展望等方面集古今中外的智慧，对传统文化加以大胆的批判与继承。在这方面，韩国“以儒治世，以佛治心，以道治身”的文化建构方法，日本“儒德和魂”的日本精神加西方科技管理体制的文化发展道路，都足以值得我们学习。没有创新，就没有传统的科学综合，传统就不能成为现代生活的有机组成部分。

传统与现代的沟通，更离不开对传统文化的批判，因为批判本身就是一种沟通。五四反传统派对传统文化的激烈批判和全面否定，形式上看，在传统文化与现代生活之间划开了一道不可逾越的鸿沟，妨碍了传统与现代的沟通，其实并不是这样，没有五四人对传统文化的批判，人们就会仍然蒙在传统的鼓里，不知现代世界是何物。没有现代意识的觉醒，传统就不会成为“现代”的对立面，因而就谈不上“沟通”。五四文化启蒙的真正意义恰在于打破了人们万古如斯、习以为常的传统观念。当传统文化的糟粕被一一扫除之后，人们回过头来，突然发现传统文化中原来还有闪光发亮的精华。20 世纪 30 年代“中国本位文化建设”口号的提出，尽管它有极复杂的政治背景，但不能说与五四新文化运动毫无关系。“本位文化”论与“全盘西化”论是对立的，可以说两方各执一端，但一方的观点都在补充着对方的不足。两派的互相争论，为 40 年代马克思主义者提出“民族的、科学的、大众的”新民主主义文化建设纲领创造了条件。站在现代批判传统，同时就意味着从传统走向现代。

在传统与现代化之间，影响它们相互沟通的往往不是“现代”对“传统”的反叛，而是“传统”对“现代”的恐惧。在前现代化的国家和地区，人们常把“现代”和“传统”看作互不两立的，忧虑现代化发展终将导致传统的完结和毁灭。这也是许多国家的人们在转向现代化时，时时盘踞在心理上的沉重的阴影和障碍。其中一部分人一方面十分珍惜祖先的文化遗产和风俗传统，一方面又清晰地看到，这种传统和历史遗产对国家的落后贫穷状态负有不可推卸的责任。正是传统中根深蒂固的落后思想，束缚着人们去接受新的社会改革和新的思想观念。在国家的现代化呼声越来越高时，绝大多数社会成员常常处在一种痛苦的抉择和彷徨之中。他们要么固守旧有的传统社会秩序和经济体制，忍受贫困和落后；要么经历心理上和道德上的痛苦转变，打破旧有的传统社会关系，牺牲自己祖先创造的曾经在历史上灿烂辉煌而在目前正在阻碍现代化进程的东西，使国家逐渐跻身于先进富强的国家之列。这后一种人往往受到传统势力和传统观念的指责，在现代化的道路上步履维艰，进退失据。因此，要使传统走向现代化，就必须克服前现代社会中人们文化心理中普遍存在的“现代化恐惧症”。这是传统社会封闭性的典型表现。

不可否认，在现代化过程中，必然导致或加速某些传统社会关系如封建性的家族血缘关系、乡缘关系、情缘关系以及超法律约束的泛道德关系的瓦解，也确实要抛弃某些传统的习俗和观念，像鄙视商业的心理、用盲目的宗教情感敌视科学真理的心理、歧视妇女的习惯、万事以经验和权威作衡量标准的信念模式、排外心理等。这些大都是传统社会或前工业社会的普遍现象，又成为留给我们时代走向现代化的巨大精神重负。文化现代化不可避免地要卸去这些重负，我们不必为传统中这些与现代化要求格格不入的东西唱起的挽歌而悲泣，而叹息。它们本来就是人类灵魂和肉体幸福的监狱，只是由于披上了传统的外衣，骗取了人们的一份尊敬。

但是，我们应该坚信，“真金不怕火炼”。真正的文明的传统因子是不会死去的，在现代化大浪中，这些宝珠会因受到冲洗而变得更加璀璨夺目。世界现代化的一般进程表明，“现代化倾向本身就是人类传统文明的健康的继续和延伸，它一方面全力吸收着人类历史所创造的一切物质和精神财富，一方面又以传统所从来未曾有过的创造力和改造能力，把人类文明推向一个新的高峰”①。诚然，现代化过程，必然使人们与某些传统的生活和习俗诀别，但从一种新的意义上说，现代人比传统人更能真正珍惜和保存传统。这似乎是个奇怪的悖论，然而却是事实。传统人维护传统习俗和生活方式是真诚的，然而却又常常是愚昧的。他们对待传统的信仰是纯情感式的，而缺少科学分析和理智判断。他们以宗教式的狂热把传统神圣化，绝对化，永久化，任何对传统的理智思考和怀疑，在他们心灵中常被视为罪恶的先声。然而，现实终归是现实，它要按着自身的法则发展变化。对这种变化，传统主义常常是缺乏心理准备而又无可奈何的。与传统人相比，一个较为开放和理性的现代人，善于着眼于现在和未来思考问题，这就有可能对传统中的精华与糟粕作比较客观的取舍，在顺应历史发展中使传统得到拯救。英格尔斯在对比传统人与现代人对待传统的不同态度及其不同效果时举过这样一个有趣的例子：假使两个人，都继承了父辈的大量遗产，恰逢洪水将至，一人恪守家法，依照先例祭神祖，祷求庇佑，听天由命，结果家败人亡；另一个人则登高远望，观察水势，破祖先之财购械导水，虽破坏了家法，且亵渎了神灵，但保住了性命和家产，这两个人究竟哪个更对得起祖先?② 结论是不言而喻的。

---

① 英格尔斯:《人的现代化》第 58 页，四川人民出版社 1985 年。

② 英格尔斯:《人的现代化》第 58 页，四川人民出版社 1985 年。

总之，在传统与现代化的沟通中，现代化是矛盾的主要方面，而传统是矛盾的次要方面。现代化要求人们用科学的眼光去理解传统，分解传统，扬弃传统，而不是用宗教的态度去迷信传统，恪守传统，盲从传统。现代化要求人们对历史文化遗产古为今用，去芜存菁，唾弃那种以古人圣人死人的言论为金科玉律的愚昧态度。现代化不是任传统自发地流向未来，而是把传统这匹倔犟的毛驴引导向符合历史发展规律的轨道上来，让它为未来的人拉磨，为未来的文明服务。这才是历史的主动的沟通。

在传统与现代的沟通中，实践起着决定性的作用。实践不仅是沟通主客体之间的桥梁，而且是沟通历史与未来的中介。根据社会实践的需要，选择中西文化的结合点，是实现中西文化、传统与现代化沟通的一条重要的方法论原则。实践赋予对象以价值意义。一块古化石，对于一个挖煤工人没有任何价值，而对于考古学家和地质学家却是十分珍贵的地文资料。因为他们的实践不同，对事物“所需要它的那一点”选择也不同。古今文化的沟通，应以当今社会实践需要为出发点。离开当今社会实践的需要，去奢谈“全盘西化”或“儒学复兴”似都无充分的根据。或者不根据今天的实践需要，重演“中体西用”的故伎，把中国传统文化与西方现代化强拉硬扯在一起，也是徒劳无益的。

回顾近代史上的每一次文化改造，无论是引进西方文化，还是改造传统文化，都是根据当时社会实践的需要进行选择和扬弃的。例如五四前后的社会实践是通过反帝反封的民主革命，使中国走出半殖民地半封建的深渊。因此，当时的新文化运动根据这一社会实践的需要，彻底批判了以儒家为主体的封建传统文化和帝国主义文化，在中西文化中选择了马克思主义的社会革命理论与中国明末清初启蒙思想相结合这一文化结合点，经过社会实践的筛选、净化、加工、改造，逐步形成了我们“民族的、科学的、大众的文化”，即新民主主义的文化。而其他西方文化思潮之所以未能在中国扎下根来，原因之一就在于它们不能满足中国社会实践的需要。

实践不仅是旧文化的过滤器，而且是新文化的造血体。无论让西学冲击中学的暮气，还是让中学吸取、同化西学的精华，都只有在实践中才能实现。让西方文化和中国古代文化在当今社会实践中经过净化、筛选、加工、创造，从而融合为一种新文化，并用这种新文化浇铸中华民族的国魂，这才是传统与现代化真正具体的、历史的、主动的沟通。

第八章　传统意识与现代生活的矛盾

马克思指出："物质生活的生产方式制约着整个社会生活、政治生活和精神生活的过程。不是人们的意识决定人们的存在，相反，是人们的社会存在决定人们的意识。"① 要解决知识分子文化心灵中的矛盾，就必须进一步研究传统意识与现代生活的矛盾，研究当代中国社会和文化现实存在的矛盾结构。

20 世纪以它巨大的模塑力对中国社会和中国文化进行了和正在进行着再塑造。中国人通过对 20 世纪的回应和接受，深刻地改变着自己和自己的文化。20 世纪中国的历史主题是走向"现代化"。那么，进一步的问题是，中国人在什么样的程度上接受了 20 世纪的挑战？换句话说，从 20 世纪初的新文化运动至今这 80 年历史中，中国文化在走向现代化的历程中，它的结构发生了怎样的变化？要回答这一问题，就要在逻辑上作一个时间的界定：如果我们撇开鸦片战争至新文化运动这 75 年被迫的现代化历程不谈，而以新文化运动作为中国人自觉地走向现代化的历史和逻辑起点，而以党的十四大规定的到 21 世纪中叶所要达到的富强、民主、繁荣的"小康"目标为现代化的初步建立，那么这其中的近一个半世纪，我们把它叫作由传统社会及文化到现代化的"过渡时期"。在这一文化过渡时代，我们已走过了 80 年，其间经历了新文化运动的启蒙、北伐革命、土地革命、抗日战争、解放战争的洗礼，又经过新中国成立初期的社会主义改造，整风"反右"的思想政治运动，有计划的工业化、"文化大革命"，拨乱反正，直至 1978 年之后的十多年改革开放，这 80 年的风风雨雨，给中国文化以巨大的再塑造：中国人一方面正在接近现代化，一方面仍然受着传统文化消极残余的束缚。现代中国文化一面呈现出越来越多的现代气派、现代面貌和现代风格，一面又因袭着传统的文化范式。

① 《马克思恩格斯选集》第 2 卷，第 82 页，人民出版社 1973 年。

我们尚处在传统与现代化的矛盾结构中。

一　过渡时代社会结构与文化结构的"二重化"

我们当今生活的社会，既不同于传统社会，亦尚未进入"现代化社会"，而是一种"过渡型社会"。它不像传统社会和将来现代化完成以后的社会那样，具有较高的社会秩序整合和文化价值整合，而是兼有新旧两种社会文化类型的因素，互相扯制，互相连带，形成一种不稳定的结构和不稳定的功能。就我国目前的情况来说，这种二重化社会结构主要表现在这样几个方面：

其一，经济结构的二重化，即传统农业自然经济与现代工业商品经济并存。中国在现代化起步阶段，是在传统农业部门没有得到根本改造的情况下，初步建立现代工业体系的，从而形成了传统农业自然经济的汪洋大海与现代工商业经济并存的现象和城乡二元结构的历史格局。1985 年，我国农业产值占国民经济总产值的 33%，工业占 47%，农业劳动力占社会总劳动力的 67%。二元经济结构造成生产力和经济发展的多极化，有现代大工业、高科技的生产力，也同时存在大量传统的个体手工生产力；有沿海开放地区日益完备的商品经济，也同时存在内陆地区的自然经济；有全民所有制和集体所有制的经济，也有合资经济、私有经济和其他形式的混合式经济。经济结构的二重化是整个社会结构二重化的基础。

其二，社会生活方式的二重化。城市生活区与乡村生活区的差别，是现代生活方式与传统生活方式的区别。目前，我国仍有 80%的人口生活在农村，由于我国"城市化"过程起步较晚，城乡互动进程缓慢，致使广大农村居民从总体上说其生活方式依然是非常传统的。近十多年来，由于乡镇经济的发展，城乡经济体制的改革，给农村经济文化带来了巨大变化，但与城市居民相比，其家庭生活方式、婚姻观念、道德价值取向、思维方式、文化心理习惯等差别仍然是非常显著的。

其三，社会组织与管理结构的二重化。一方面，我们的社会组织体系拥有现代的组织形式（现代经济组织和管理体制），另一方面，在组织内部实际活动中，又存在着一些与现代组织原则不协调的因素，从而造成社会组织某种程度的功能紊乱和低效率。一方面，建立起了现代性的民主政治体制，形成了现代化社会管理体系和调控系统；另一方面，传统的行政习惯并未消失，任人唯亲、长官意志以及法治观念淡薄等人治传统，在现实的行政管理过程中时常表现出来，它严重地妨碍着社会管理和政令实施的合理化与高效化。

过渡性社会的二重结构，“过去”与“未来”的因素同时发挥着功能。每种结构都在发挥自己的功能，而两种结构的并存与交织必然引发一系列的矛盾和不协调关系，从而造成社会生活的复杂化和在一定程度上的无序状态。然而正是在这种异质性结构因素的矛盾中，新的东西逐渐克服旧的东西，现代性社会的因素逐渐取代传统性社会的因素，从而推进社会和文化向现代化目标变迁和转型。

摩尔根指出：人类发展的“每一阶段都包括一种不同的文化，并代表一种特定的生活方式。”① 现代中国社会作为中国历史发展中的一个特殊发展阶段，它的过渡性，决定了给中国人生命活动以价值意义和精神依托的现代中国文化的“过渡性”特征。就是说，从总体上来看，现代中国文化仍处于从传统文化形态向现代化形态的过渡、变迁和转型过程中，是介于“传统”与“现代”之间的过渡型文化。它一方面具有深厚的传统因素，另一方面又具有相当的现代因素，所以这种类型的文化形态兼有“传统”与“现代”两种特性，形成二元化的文化结构。人们生活在这种过渡型文化氛围中，同时受到两种文化模式潜移默化的影响和制约，因而时常处于瞻前顾后的矛盾境地。

传统型文化与现代型文化是两种完全异质的文化。它们根源于不同的社会基础，依存于社会生产力和生产关系发展的不同阶段，具有不同的价值观、意义体系和历史方向，执行着不同的功能。现代化本身就意味着对传统文化的冲击、否定和扬弃。现代化过程就是传统文化体系的解体和现代文化体系建立的过程。同时，传统文化体系也本能地表现出对现代化变迁的排斥和抗拒。因此，在传统文化与现代文化之间，必然会表现出尖锐的、激烈的碰撞、矛盾和冲突。它们互相排斥，又互相制约，对立两极之间形成一种作用与反作用的文化张力平衡，成为文化发展的内在矛盾。正是在这两极对立中，文化自身通过不断调节、更新而获得发展。

现代中国社会是充满着文化矛盾的社会，各种文化矛盾的对抗、消解和转化，推动着中国文化的发展，推动着传统文化形态向现代文化形态的转变。概括地说，现代中国文化的二元结构特征，造成了复杂的文化矛盾的对抗与冲突。武斌同志曾将现代中国文化的矛盾冲突概括为五个方面，即文化的承传与创新的矛盾，传统文化与现代文化的矛盾，本土文化与域外文化（主要指西方文化）的矛盾，文化的一致性与多样性的矛盾，

① 摩尔根：《古代社会》上册，第 9 页，商务印书馆 1983 年。

文化价值取向与实践方向的矛盾。① 这些矛盾冲突，一方面表现为传统文化中的消极因素对现代化变迁的阻碍，或者说传统文化中的某些价值观念、文化心态和思维方式等成为中国现代化进程的阻力；另一方面，表现为现代化进程对传统文化的选择和扬弃，现代文化的价值观念和意义体系正在渗入到人们的日常生活中，为人们所理解和接受。这五大矛盾相互交织在一起，使现代中国文化结构的社会功能表现出许多“过渡性”特点来。

首先，社会文化体系失去了以往的同一性与和谐性。在当代中国文化中，不同性质的文化因素同时发挥着作用，传统文化的某些价值观念虽然自五四以后受到了强烈的冲击和否定，但它并没有在人们头脑中完全消失，还在一定程度上发挥着功能。现代文化的价值观念和意义体系正在建立起来，并逐渐为人们所理解和把握，不过它还没有获得全体社会成员在一切方面的一致认同。比如在人际关系上，旧的一套人际交往方式还在一定范围内改头换面地保留着，而新的人际交往方式正在形成；传统的处世哲学还未完全消亡，而新的伦理道德尚未完全树立起来；在家庭生活方面，传统的大家庭模式已经衰落，并在结构功能上发生了变化，而现代家庭模式并没有成熟；在人格意识上，传统文化设计的人格理想仍有其追求模仿者，代表现代价值理想的人格榜样也受到人们的推崇和赞扬；在政治观念上，封建主义的人治传统并未完全彻底消除，现代民主政治观念正在形成，如此等等，在人们的文化意识中似乎各有各的存在理由。多元性的文化意识使人感到困惑或无所适从，没有依托感，从而引起人们生活方式和文化行为的失衡。

其次，中西文化的沟通流于形式和浮表，缺乏有机、内在的契合。自鸦片战争以来，向西方寻求真理成为先进中国人的共同选择，改革开放以后，人们对西方文化的选择似乎更为广泛和自觉。但是，对中国文化与西方文化的融合沟通的具体途径，至今并非所有的人都形成了自觉的理性认识。无论对西方文化的认识，还是对中国传统文化的理解，有些人往往追求一种表面的肤浅的皮毛之象，而对中西文化的深层的内在的根柢，缺乏洞察本原的认识。一谈起西方文化，有些人似乎不用思考，立即会想到近代的民主政治和自由竞争，其实这些东西并非是西方文化之为西方文化之精奥或“本原”。按照韦伯的看法，西方近代资本主义文化的核心是马丁·路德和加尔文宗教改革后形成的新教伦理，即“世俗苦行”的赎罪方式和“信仰得救”的超越精神。这种自觉避免和克制一切本能享乐，通过苦行以证明自己信仰上帝的新教伦理，恰恰为资本主义经济、政治活动提供

① 武斌：《现代中国人》第185—187页，辽宁大学出版社1991年。

了精神意志的内驱力。不了解这一点，就很难对西方近代文化做出合乎历史的科学分析。同样，对中国文化的态度也是一样，把中国文化等同于与政治密不可分的因素，如三纲制度、家族制度、尊卑等级观念，这些确实是吾家旧物。但是，中国文化的生命并不在此。中国文化所以历久不断，历劫不灭，恰恰在于儒学的核心思想：以天下为己任，克己爱人的“仁学”思想。由于不能参入中国文化的生命本原，因此，在对待传统文化的立场上常陷入虚无主义。由于对中西文化缺乏穿彻本原的认识，致使五四以来的文化争论，不是陷入“全盘西化”的偏颇之论，就是陷入狭隘的“本位文化”论。

再次，现代中国文化的过渡性，又突出地表现为文化整体结构的非贯通性。文化是一个有机整体，它包括经济、政治、思想意识的合理分工与合作。一般说来，在一个定型的文化体系中，经济是基础，政治是经济的集中表现，而思想意识形态则是经济和政治的反映，并自觉为它们服务。比如在中国封建时代，经济、政治、思想是三位一体、融洽贯通的。自然经济、等级政治和儒家学说，在总体上是和谐一致的：自然经济为等级政治提供了基础，等级政治又自觉捍卫自然经济秩序，儒教伦理调节着自然经济与等级政治之间的相互关系。而在目前我国，正处在社会主义初级阶段，处在由传统社会向现代化社会的过渡时期，商品经济有了一定的发展，而市场经济体制尚未充分发育健全；人民民主专政的国体与政体，从根本上代表了人民的利益，体现了人民的意志，但是其民主化、法制化程度，与市场经济的进一步发展尚有不协调之处。而以马克思主义为指导思想的社会主义意识形态与各种非马克思主义意识形态并存，如宗教、迷信和资产阶级思想、封建意识的残余等，不仅存在，而且有时打起马克思主义的旗帜，可以乱真。只有市场经济、民主政体和思想观念三者之间形成了共同的精神指向和运作机制，才能使现代中国的文化建设走上轨道，向着现代化的目标稳步前进。

总之，我们正处在传统社会走向现代化社会的“过渡时期”，我们的文化正处在打破原有秩序、重建新秩序的历史转型期。传统文化的积极因素与消极因素共同活在现代人的生活中，西方文化与中国文化共同作用于我们的实践行为，我们生活在一个多元重构的矛盾境地中，承受着多方面文化引力的作用。如何走出这一困境，需要站在“未来”的高度，从我们的实践所要达到的现代化目标着眼，对现实矛盾结构作理论的分解和批判。这就要抓住传统文化与现代化这一主要矛盾，从现代化发展所要达到的主要目标反观传统文化与这些目标的冲突因素，决定对传统文化的具体批判，而不是不加分析地笼统否定。

二　小农意识与商品经济的冲突

中国自古是一个以自然经济为基础的农业大国，这种境况自近代洋务运动以来一百多年间的工商业发展，虽有了巨大的改变，但至今整个社会经济仍未从根本上割断自然经济的脐带。商品经济意识的先天不足，市场的不发达，以自然经济和农业社会为温床的小农意识的根深蒂固，成为今日中国社会和文化现代化发展的一大梗阻。中国要走向现代化，首先需要发展社会主义商品经济，建立健全的市场经济体制。商品经济和市场经济的良好发育，是启动中国现代化的物质杠杆。

但是，商品经济的发展，不单纯是一个简单的经济运作过程，它需要文化意识和市场意识与之相适应。这里所要讨论的是传统文化与现代化冲突的一个侧面，即传统小农意识与商品经济发展要求的矛盾冲突。这里需要从商品经济的文化效应说起。

1895 年，甲午战浪刚刚平息，启蒙者严复始从中西文化的差异上洞察近代中国失败的“本原”。他在《论世变之亟》中指出：

> 尝谓中西事理，其最不同而断乎不可合者，莫大于中之人好古而忽今，西之人力今以胜古；中之人以一治一乱、一盛一衰为天行人事之自然，西之人以日进无疆，既盛不可复衰，既治不可复乱，为学术政化之极则。……中国最重三纲，而西人首明平等；中国亲亲，西人尚贤；中国以孝治天下，而西人以公治天下；中国尊主，而西人隆民；中国贵一道而同风，而西人喜党居而州处；中国多忌讳，而西人众讥评。其于财用也，中国重节流，而西人重开源；中国追淳朴，而西人求驩虞。其接物也，中国美谦屈，而西人务发舒；中国尚节文，而西人乐简易。其于为学也，中国夸多识，而西人尊新知。其于祸灾也，中国委天数，而西人恃人力。①

说中国人与西方人的差别如此，大致不错，为什么差别如此？仅仅因为社会制度不同吗？仅仅因为地理环境不同吗？仅仅因为生产力发展水平不同吗？仅仅因为生活水准不同吗？仅仅因为风俗习惯不同吗？仅仅……如果用“仅仅”一个方面去回答，恐怕都不对题。中国人与西方人的差异，乃至与东邻日本人的差异，都不是“仅仅”一个方面

---

① 胡伟希选注：《论世变之亟——严复集》第 1 页，辽宁人民出版社 1984 年。

因素决定的，莫如说那是一种综合性的文化差异。中国人生活在自古以农立国的自然经济的汪洋大海中，生活在小农意识笼罩下的文化氛围中。西方人打一出生，便投身于以商业立国的市场文化环境中，生活在商品意识笼罩下的文化氛围中。中国人与西方人性格、气质、心理上的差异，我们把它归结为小农意识与商品意识的差异、农业文化与市场文化的差异。

商品经济的发展，遵循着自由竞争和等价交换的自然法则。商品，自它降生到世界的第一天，它的名字便和竞争写在了一起。在商品经济王国中，商品的价值来自于两个方面，一是它的实用性，一是它的社会性。在商业竞争中，特权与人情只起偶然性作用，而商品的质量与社会对该商品的需求度决定了商品的命运，同时也就决定了商品生产者的命运。竞争是一种无形的而又实实在在的压力，使人们的命运起伏不定。决定人的命运的，既不是你的上司，也不是那个替人类背起沉重十字架的“上帝”。而恰恰是你的机遇，以及你对机遇的自由选择。因此，在商业竞争中生存的人们，向来不把别人的成功归功于自己，也不把自己失败的责任推诿于他人。成功与失败，都由自己来承担其欢乐与痛苦。因此，商品经济的发展，把人变成了自由选择的宠儿，同时也是自由毁灭的弃儿。为自己的行动负全部责任，无论成功与失败。这是商品经济对人格的文化模塑。

商品交换是等价的。在商业交易中，人们可以表现出各种公关艺术、外交辞令，但他在一个问题上始终是十分清醒和毫不含糊的，那便是利益。在利益面前，人与人是平等的；在利益面前，人与人是互相需求的；在利益面前，人与人又是斤斤计较的。一句话，在商品经济等价交换中，人们都挑着一个沉重的担子，一头是成功，一头是失败。但无论成功或失败，在人们最初参与商业交易时，双方都是法律上权利与义务的平等主体。任何一方都不允许只享受权利，而不付出相应的义务。

总之，自由竞争，等价交换，是商品经济文化效应的第一义。

自然经济关系中形成的小农意识，缺乏自由竞争和等价交换的意识。在古代自然经济中，小农以一家一户为生产和消费单位。生产规模的狭小和消费方式的简单，人们在生产和生活上几乎是封闭的。在家里，人们是靠血缘和情感关系维持的等级有序的家庭成员。在家外，人们各自先扫门前雪，不管他人瓦上霜，几乎没有什么实质性的社会交流。如需要某种公益性的事业，人们也是按照祖传下来的风俗习惯，像处理家人关系那样，处理邻里关系、乡里关系乃至更大范围的相互关系。在这种几千年如一日的生活环境中，形成了知足常乐，能忍自安，多一事不如少一事，退一步天地宽，安于现状，不思进取的小农生存方式。正如美国学者费正清所说：“中国的理想君子，是一个置身于生产需要之上，能够优游岁月，致力于象征安闲的学问的人。最受尊敬的人就是已经得到安闲的人而不是那个比其余的人更能加速疯狂的商业步伐的人（像一个现代作大生意的企业家利用电讯交通和办公室职员日夜不停地工作那样）。这种安闲的理想，直到最近还可以在中国农村里看到。”① 他们虽然未必都有学问，但对儒家的人生哲理、道家的处世箴言悟性极高，正像林语堂在《吾国与吾民》一书中所描述的那样，中国人生来与恬静素朴的品德联系在一起，能忍耐，爱和平，讲调和，守中庸，保守知足，崇拜祖先，尊敬老人，看重子孙，他们像犹太人一样极有耐性和工于心计，却对商务和冒险缺乏任何兴趣和热情。在改革开放已十多年的今天，我们仍然可以在周围的人身上嗅到上述小农积习的气味。不改掉这些消极落后的小农意识，要发展商品经济，提高经济效益是非常困难的。

小农生活不需要竞争，也完全不适于现代商品经济的竞争机制。因为要竞争，就需要有追求成功的渴望和正视失败的勇气。而小农意识的天然特征是爱虚荣、讲面子、重形式，为了不在竞争中因失败而丢面子，他们宁肯放弃一切成功的诱惑，让成功的机遇从自己身边一再闪过。更有甚者，形式主义和崇尚虚荣，为了一点面子不惜弃一切代价于不顾。这是小农意识与商品经济不相契合的又一方面。若把郑和与哥伦布的世界远航加以比较，事情的原委就非常清楚。永乐三年（1405 年）之后，郑和曾率领着在当时堪称世界一流的船队七下西洋，其主旨是“扬国威，播文化，扶弱抑强，柔远怀迩”。② 每到一地，慷慨馈赠，以显示中国的威仪和富强。这种有出无入的违反经济规律的行为，曾给国家造成沉重的财政负担，遂引起朝野的议论。有的奏议：“三保下西洋，钱粮数十万，军民死且万计，纵得奇宝而回，于国何益？此特一弊政。”③ 终于永乐二十二年（1425 年），由于没有互惠互利的具体措施，中国最早走向世界的远航宣告了结束。可是，中国的“宝船弊政”，在西方却带来了殖民事业的发达，并刺激了资本主义的发展。较郑和晚 80 余年，1492 年 8 月 3 日，哥伦布率三条海船、90 人航海成功，带回少量黄金和奇珍，轰动了整个欧洲，从而掀起欧洲人的航海热。他们航海的心理动机与中国截然相反，是为了作发财致富的“黄金梦”，而不是广赏赐以示富强，播文化以扬国威。

---

① 费正清：《美国与中国》，转引自沙莲香主编《中国民族性》（一）第 215 页，中国人民大学出版社 1989 年。

② 《郑和遗事汇编》第 10 页。

③ 《郑和遗事汇编》第 27 页。

"西欧在这一时期被黄金热所迷这一点看得很清楚，葡萄牙人在非洲海岸、印度和整个远东寻找的是黄金；黄金一词是驱使西班牙人横渡太平洋到大西洋到美洲去的咒语；黄金是白人刚踏上一个新发现的海岸时所要的第一件东西。"① 发财的黄金梦，激起了欧洲人的航海热、造船和科学技术的迅猛发展。然而中国的下西洋，不仅没有促进中国经济走向世界，反而浪费了国力财力。同是航海，其宗旨、目的、方法的不同，导致的社会效益、经济效益大相径庭。示国威与黄金梦的不同，恰恰代表了小农意识与商品意识的不同。

商品经济的发展所遵循的另一条自然法则是广开源（发展生产）、深节流（克勤克俭）、大积累（为扩大再生产积累资金）。已如上述，发展商品经济就必然引起竞争。而商品竞争的实质是财力的竞争和生产竞争。为了在无情的商战中立于不败之地，每一个商品生产者必须有一本科学的理财经，这就是广开生产门路，为市场提供适销对路的高质量的商品。而生产需要雄厚的资金，技术改进，设备添置，职工劳动技能培训，招聘懂技术会管理的人才，都离不开财力的支撑。人们的财力都不是无限的，相反，在商品经济的启动阶段，商品生产者的资金恰恰是非常有限的。这就要求人们把有限的资金用于最急需的生产之中。因此，深节流、大积累成为商品经济发展的必要条件。深节流、大积累并不是不消费，而是尽力扩大生产性消费和流通性消费，而把个人生活消费压缩到最低限度。生产性消费和流通性消费与扩大再生产和资金积累是互为因果的。那种离开生产和流通的扩大而片面强调"高消费"以刺激生产的观念是违背商品经济发展规律的，它鼓励的是一种消极的消费，而不是积极的消费。积极的消费是生产消费和流通消费，而不是生活消费。当然随着商品经济的发展，适当改善人民生活水平也是经济发展题中之意，但是生活消费永远不应超过生产的承受能力。发达国家的不少大富翁，对生产性投资可以毫不犹豫，而对个人生活消费和家族儿女的消费却十分节制，近乎吝啬，就是在长期商品经济中养成的习惯。

小农意识表现在经济生活上的轻生产而重消费的习俗特征，与商品经济的发展又是不相契合的。有人说，中国文化表现在经济生活上是一种"消费文化"。这话听起来不免刺耳，但仔细想来，大抵不错。现代经济学，把生产部门按照生产资料的生产和生活资料的生产分为两大部类。实际上，中国自古以农业自然经济为立国基础，在封建时代生产资料生产占的比重很小，而生活资料特别是一次性消费资料占的比重却相当大，这种

① 《马克思恩格斯全集》第21卷，第450页，人民出版社1973年。

情形本身就说明封建时代中国是一个消费重于生产的国度。诚然，中国古代劳动人民是世界上最为克勤克俭的国民。不过对此也应作具体分析，正确地说，中国古代农民是小处节俭，大处浪费。就是说，他们生活在小生产时代，衣、食、住、用确实很苦，吃是粗米淡饭，干的是繁重劳动，这种勤俭精神，确有值得称道的地方。然而这与他们的消费行为比较起来，仍然是小处节俭。因为他们在生活上节俭，在生产投入上同样“节俭”，甚至说比起生活来，还要节俭。他们的生产所得，除了交赋税之外，便全用于五大消费上：一是吃，二是穿，三是过节，四是阳宅，五是阴宅。这五大消费几乎要把往年收入全部用光，稍有剩余，还要备用来年度荒或给儿孙娶媳妇，走亲戚，讲排场……总之，“因为苦而追求消费，因为消费而变得更苦，或者说永远难出苦海，这是中国传统文化的一个大悲剧。然而告别这个大悲剧非有大生产、先进的科学技术和商品经济秩序不可”。① 而这些，正是中国传统文化和小农意识中最为缺少的东西。

过去的已成历史陈迹，我们不必深责。几十年社会主义经济建设，特别是改革开放以来的 15 年飞跃发展，中国的社会结构发生了和正在发生着巨大的变化。商品经济的发展，从乡村到城市的经济体制改革的步步深入，社会主义市场经济的初步建立，正在以历史上不曾有的力度（深度和广度）加速着中国社会和中国文化朝着现代化的目标飞跃，这是举世公认的事实。然而，我们仍须看到一个历史的阴影：根深蒂固的小农意识亡魂不死，纠缠着商品经济和社会主义市场经济的正常发育。我们必须正视一个事实：无论广大农村正在摆脱贫困走向温饱的农民，还是在改革开放大气候中初步富裕的“大款”，乃至走在经济大潮前列的各种企业家，他们的商品经济意识和市场意识远未成熟，不少人虽穿上了西装，坐上了轿车，但骨子里或文化性格上仍未割断小农意识的尾巴：有的开始踌躇满志，陶醉于小康境地中不思进取；有的开始把有限的钱财用在超常的畸形消费中（盖洋房、变相纳妾、玩歌舞厅……）玩物丧志，这种不思进取的惰性与传统小农意识中知足常乐和沉迷于有限的生理性享乐的劣根相差几何？当然这不是主流，也不是全部，但却是十分值得引起警戒的。中国要走向健康的市场经济和商品经济，就必须与小农意识断根。在中国发展商品经济，关键的问题依旧是教育农民。今日农民生活渐渐宽裕，已非旧中国小农可比，但文化性格上却无明显的转变，他们舍不得给孩子学费，却舍得用钱去赌博。穷透了，便拉着妻子儿女去讨饭；富透了，便用大把票子盖房子，然后毫无计划地生孩子，闹红火，讲排场，最后再变成叫花子。只有中国农民确立了现

---

① 史仲文：《中国人：走出死胡同》第 249 页，中国展望出版社 1991 年。

代商品经济意识，中国的商品经济建设才有希望。

商品经济和市场经济充分发育的文化需求是信息、科技和法制。商品经济与自然经济代表着两种根本不同的社会结构。自然经济的个体性与封闭性，代表自给自足的社会生活方式，由此决定了以乡土情谊为纽带的社会组织形式。商品经济的社会性与开放性，代表着等价交换的社会生活方式，由此决定了以信息传递为纽带的社会组织形式。离开了乡土情谊，自然经济就会瓦解，缺乏信息沟通，商品经济就难以启动。在自然经济时代，人们或许可以“人至老死不相往来”，在商品经济时代，人们丧失了独立的存在性，成为社会信息网络中的一个符号。其次，商品经济与自然经济的不同，又在于自然经济是为自己消费而生产，它遵循着自然界的时间节律周期性地安排着自身的生活秩序和生产秩序。它的运行过程是慢节奏和低效率的。因此生活于自然经济中的人重经验，尚传统，信天命；商品经济是为他人消费而生产，为社会消费而生产，为积累而生产。它遵循着价值规律和市场波动的节律选择性地安排着自己的生活秩序和生产秩序。它的运作过程是快节奏和高效率的。因此，生活于商品经济中的人尊科学，重现实，信自己。人们为了赢得市场，取得信誉，博得消费者的欢心，不得不变换花样，革新工艺，这就需要仰赖科学技术上的进步。再次，商品经济与自然经济的不同，还在于自然经济主要以道德调适人们之间的利益关系，商品经济主要以法制调适人们之间的利益关系。自然经济是以血缘、情缘、地缘为纽带的人本主义经济，支撑它的是一种温柔敦厚的情谊，故道德可以调适人们之间的利益关系。商品经济打破了血缘、情缘、地缘关系对人们经济行为的限制，它是一种以竞争为手段、以互利为目的、以供求关系为纽带的事本主义经济，启动人们之间合作、交往的力量，是一种赤裸裸的利益。有共同的利益则合作，无共同的利益则分手。况且共同利益之另一面还存在着相互竞争，互利是相对的，竞争是绝对的。因此，商品经济中的利益关系单靠道德不足以调整之，从根本上要靠法制来加以调整和规范。

小农意识以自然经济为基础。在自给自足，相对封闭的生产关系中，小农习惯于人自为战，分散行动，所以不重信息交流，相反认为交流信息是一种不安分、不体面的拨弄是非的行径。他们有情感的依托，而无诚实的沟通。他们天生自负，相互礼让只是表现自负的一种形式，因此，小农除了相信自己的经验和感觉之外，很少能发自内心地相信他人，除非科学技术能使他们当下立竿见影地受到助益，否则，相信书本上的知识是不可思议的。他们虽然不重视与生产有关的科学的学习与传递，却又十分乐意一本正经地传播生活细节（特别是男女之间）的“小道消息”，任何一件事一经出现，没有报纸，没有电报，几天之内便会传得很远，而且越传越神，直到与那件事毫不相干为止。但是，小农津津乐道的十有八九是别人的坏消息，而对于国家大事和别人的好消息以及对民生有益的信息，他们是很少谈及的，一是怕惹祸，一是东方式的嫉妒，一则是为了自己享用，足见小农心理之愚昧圆滑和世故。另外，小农喜欢道德而不喜欢法律，那是因为道德与法律相比更富于弹性，道德义务可以用种种借口加以逃避，法律义务是强制性的义务，不履行就会受到肉体的或现实利益的惩罚。总之，小农意识是与商品经济、市场体制所急需的信息观念、科学精神和法制意识相冲突的，不根绝小农习气，商品经济就不可能健康发展。

三 封建意识与民主政治的冲突

1945年7月1日至5日，黄炎培、傅斯年、章伯钧等几位民主人士专访延安，其间毛泽东同志与黄炎培先生作过一段关于中国共产党领导的政权如何跳出历代统治者从艰苦创业到腐败灭亡的“周期率”的耐人寻味的谈话。黄炎培先生的记录是这样的：

> 有一日，毛泽东问我感想怎样，我答：我生60多年，耳闻的不说，所亲眼看到的，真所谓“其兴也勃焉，其亡也忽焉”。一人，一家，一团体，一地方，乃至一国，不少单位都没有能跳出这周期率的支配力。大凡初时聚精会神，没有一事不同心，没有一人不卖力，也许那时艰难困苦，只有从万死中觅取一生。既然环境渐渐好了，精神也就渐渐放下了。……一部历史，“政怠宦成”的也有，“人亡政息”的也有，“求荣取辱”的也有。总之没有能跳出这周期率。中共诸君从过去到现在，我略略了解的了。就是希望找出一条新路，跳出这周期率的支配。
>
> 毛泽东答：我们已经找到新路，我们能跳出这周期率。这条新路，就是民主。只有让人民来监督政府，政府才能不敢松懈。只有人民起来负责，才不会人亡政息。①

黄炎培先生的担心很有道理，东欧的剧变已证实了他的话。苏联共产党没能走出他所谓“兴勃亡忽”的周期率。联系我国的现实情况，我们感到，要走出人亡政息的周期

---

① 转引自史仲文：《中国人：走出死胡同》第151—152页，中国展望出版社1991年。

率，就必须始终牢记毛泽东的那句名言："让人民来监督政府"！让人民监督政府，就必须不断完善社会主义民主。

社会现代化离不开政治民主化，换言之，民主政治是社会现代化的根本特征，也是它的本质特征之一。正如党的十三大报告和十四大报告一再强调的那样，经济体制改革的展开和深入，对政治体制改革提出了愈益紧迫的要求。而政治体制改革的核心任务是建立和进一步完善我国社会主义民主政治。这也是改革开放以来邓小平同志关于建设中国特色社会主义理论的一贯思想。

1980 年 8 月 18 日，邓小平同志在中央政治局扩大会议上作了《党和国家领导制度的改革》的讲话。在这个政治体制改革的纲领性文件中，他讲到了党和国家的领导制度、干部制度中存在的弊端，从社会主义社会基本矛盾的辩证关系分析入手，强调了政治体制改革的必要性和必然性。明确提出，我国的改革"应包括政治体制改革，而且政治体制改革应作为改革的一个标志"。① 此后，他多次指出，现代化是一场社会革命，"这场革命既要大幅度地改变目前落后的生产力，就必然要多方面地改变生产关系，改变上层建筑，改变工农业企业的管理方式和国家对工农业企业的管理方式，使之适应现代化大经济的需要"。② "我们的国家已经进入社会主义现代化建设的新时期。我们要在大幅度提高劳动生产力的同时，改革和完善社会主义经济制度和政治制度，发展高度的社会主义民主和完备的社会主义法制"。③ 可见，发展社会主义民主政治，既是建设中国特色的社会主义现代化实践的根本保证，又是它的必然要求。

1949 年中华人民共和国的建立，结束了近代以来半殖民地半封建的灾难命运。人民民主专政的国家政治制度，从根本上保证了无产阶级和广大劳动人民当家做主的民主权利。实践证明，它与社会主义经济基础是基本相适应的，而且从根本上代表了广大人民群众的利益，体现了人民的意志。这是不可否认的事实。人民代表大会制度，为人民大众参政、议政、督政提供了具体的途径和法律的保证；中国共产党领导下的多党合作的政治协商制度保证了各民主党派、无党派民主人士和社会各阶层参与国家政治生活的权利。各级人大、政府、法院和检察机构相互之间的职能分工与权力制衡既吸取了西方政治体制的某些方面的积极因素，又保留了中国特色、兼顾了中国的国情。因此，总的说

---

① 邓小平：《建设有中国特色的社会主义》增订本第 133 页。

② 《邓小平文选》(1975—1982) 第 125—126 页。

③ 《邓小平文选》(1975—1982) 第 180 页。

来，人民民主专政的国家制度是中国共产党在中国反帝反封新民主主义革命和社会主义革命与建设实践中创造的一种崭新的具有中国特色的民主政治形式，它在社会主义建设时期已经发挥了巨大的积极作用，而且，随着政治体制改革的深入开展，它将发挥越来越大的作用。

但是，毋庸讳言，问题还有另一个方面，这就是我们的人民民主国家制度在一些具体环节上还不够完善。具体表现在：1. 长期形成的过分强调统一、集中和一元化的体制，使国家立法机构、行政机构、司法机构相互监督的制衡机制在实践过程中缺乏行之有效的发挥。2. 由此造成政府权力过于集中，职能部门官僚主义、形式主义、机构臃肿、人浮于事、职责不清、办事拖拉、效率不高等弊端难以根除；3. 由于党内民主生活不够完善，腐败现象时有发生。4. 法律体系虽日益完备，但在司法过程和执法过程中时常出现以党纪代法律、以政策代法律等削弱法律尊严的现象。这些民主政治生活中的薄弱环节是与人民民主国家制度的理想和本质不相符合的，也是与人民的利益、国家的利益不相一致的。因此，必须在政治体制改革中加以克服和补救。否则，就无法保证以现代化为总目标的社会改革的顺利进行。从这个意义上说，“我们所有的改革最终能不能成功，还是决定于政治体制的改革”。① 总之，建设社会主义民主政治，是社会主义的本质要求，也是走向中国特色的社会主义现代化的必由之路。

然而，民主政治的建设，不可能在短期内一蹴而就，而是一个长期的、艰巨的、需要几代人不懈努力的系统的历史工程。这是由于我国的社会主义脱胎于半封建、半殖民地社会，生产力水平低下，商品经济还不够发达，尚处在社会主义初级阶段，尚缺乏达到完善的民主政治的物质基础和文化条件；加上我国又是一个封建社会比世界上任何一个国家都庞大而且长久的国家，封建主义残余和传统的社会陋习根深蒂固，等级意识的悠久和民主意识的缺乏，这就更加增大了民主政治建设的难度和长度。况且，社会主义民主政治建设是一条前人未曾走过的路，没有现成的经验可以借鉴，没有理想的模式可以照搬，只能在实践中稳步地探索，在法制的轨道上循序渐进。

但是，千里之行，始于足下。民主政治不可一日而成，并不意味着放弃今日的努力。今日努力者，有标有本。我们一方面应从“标”上着手改革，诸如人民代表大会制度的进一步完善，行政机构的简政放权，司法体制的改革，加强新闻监督和社会对政府的监督等。另一方面，还要治“本”，就是从文化意识形态入手，深入批判封建意识，启发社

① 邓小平：《建设有中国特色的社会主义》增订本第137页。

会民众的民主意识，为民主政治建设扫清精神上的或文化心理结构上的障碍。从根本意义上说，这方面的工作意义更深远，任务更艰巨。只有解决了封建意识与民主政治的矛盾，政治现代化才有精神的动源。

近代民主制最早产生于西欧，它直接起源于市民阶级（早期资产阶级）限制国王权力，要求参与国家政治生活的启蒙运动。随着资产阶级在西欧各国先后取得政权，民主制遂成为一种国家政治体制在法律上巩固了下来。19 世纪末 20 世纪初，无产阶级日趋强大，并率先在俄国夺取政权，开创了无产阶级专政的社会主义民主制。中国在俄国革命感召下，经过艰难曲折的新民主主义革命，也建立起社会主义人民民主制的现代国家政治体制。无论资产阶级近代民主制，还是社会主义的现代民主制，尽管它们在具体的阶级内容（国体）上有根本的对立，政权的具体组织形式（政体表现方式）也不尽相同，但都作为一种“民主”政治，至少有四条共同的基本标准：1. 国家政权（国民立法权、参政议政权、选举权、罢免权等）高于治权（政府职能管理权）和司法权。始终保持人民主权对国家政府官员和司法人员的监督。2. 最高行政首脑选举产生，在国家宪法和法律范围内履行职责。3. 一切公务人员（包括国家领导人）都要依法办事，依法行使自己的权利，并履行自己的义务。4. 全体国民在法律面前人人平等。以上四条是构成民主政治的基本要素。

依此四条标准去反观中国传统文化，不难发现，延续几千年之久的封建等级观念与现代民主政治是格格不入的。这种冲突集中表现在：

其一，人分十等，贵贱不同，不在其位，不谋其政的等级人格和名分意识，严重限制着现代民主政治所需要的国民政治主体意识的形成。中国古代即有所谓人分十等的划分：即一官二吏，三僧四道，五工六艺，七猎八农，九儒十丐。其实，这种划分只是个粗略分层，仔细分来，任何一层又可分为数等，以官而论，除了皇帝至高无上外，尚有上自相爷下至县官的七品之别。同是一“儒”，从功名高低而论，又有状元、进士、举子、秀才、童生之分。其他等级也是一样。人分为等级，自然会贵贱有别。从服饰、用物到名分都要见个高低尊卑来。文学名著《红楼梦》通过对荣宁二府的家道分析，把人际尊卑贵贱分析得一清二楚。贾母是至尊，其次是贾政一伦，再则是王夫人一伦，下面是宝玉兄弟姐妹，再则是外房新戚，下面是奴婢仆人。然而奴婢与奴婢的身份也大不同。且看那“心比天高，命比纸薄”的晴雯，在无端受辱逼出大观园时着实可怜，但她对宝玉房中那个偷了东西的小丫头的态势却比主子还要刁险。何以如此？因为他们身份不同。身份不同，名分自异。等级制度要求“君君，臣臣，父父，子子”，董仲舒启发皇帝要

“深察名号”，韩愈说得更明白：“君者，出令者也。臣者，行君之令而致之民者也。民者，出粟米麻丝，作器皿、通货财，以事其上者也。君不出令，则失其所以为君。臣不行君之令而致之民，则失其所以为臣。民不出粟米麻丝，作器皿、通货财以事其上，则诛。”① 君、臣、民尊卑上下，一清二白。社会分工是必要的，只可惜尊卑等级制度和观念把上下分工，变成了一切对上负责的人身依附关系，使中国人成了对上如鼠，对下如虎的人格。在上者对在下者只有权利而不承担义务，而在下位对在上位者只有义务而没有权利。既然在传统社会中，人人都有自己一个等级，对上又必须绝对服从，于是乎“君子思不出其位”，“不在其位，不谋其政”，“名不正则言不顺”自然成为做官处世、保身远祸的诀窍，从君子到小人个个成为“多拜佛，少说话”的橡皮球。这种尊上卑下的等级意识，在现代社会生活的某些方面仍然不同程度地存在着，且时隐时现地发生着消极作用。总之，尊上卑下的等级心理与在法律面前人人平等的主体人格是水火不相容的，这种劣根不断，即使有再好的民主政治也会叫它运作变形，即使有了参政的权利也不会运用。

其二，天下只有一个声音，道一风同的“尚同”心理与现代民主政治急需的人人参政议政的民主风气的冲突。等级人格，必然引出“国有道而庶民不议”的愚民之术。这句话本来出自孔圣人之口，它的原本意思是说，国家政治清明，老百姓就不会议论纷纷。可是，随着中央集权制的封建官僚政治日益强化，儒家道统意识日益锢闭，圣人的话遂被歪曲为国家有道就不允许老百姓议论国是。秦有“焚书坑儒”，汉有“罢黜百家”，魏晋隋唐有三武灭佛，宋有“理学”一统，明有特务政治，而且从朱元璋到清代的列祖列宗，文狱大兴，专制日酷，政治专制与文化专制相表里，严重扼杀了中国人的思想自由和自主意识。在长期的政治专制和文化专制的夹缝中，历史上虽然有不少特立独行之士，他们敢于拼命硬干，敢于舍身求法，敢于为民请命，敢于直抒灵性，道人之不敢道，不过他们总是逃不出悲剧命运：或者遁迹山林，在风花雪月中了却一生；或者横死在文化专制的刀笔之下。久而久之，中国人变得聪明乖巧了起来，他们不再相信“匹夫不可以夺志”的圣人之言，更不敢取法孟子提倡的“富贵不能淫，贫贱不能移，威武不能屈”的“大丈夫”精神。倒是老子的“大智若愚”和庄子的“齐物之论”更为高妙受用。老子讲的“若愚”，就是不出风头，“和光同尘”；庄子讲的“齐物”，就是要人“不谴是非而与世俗处”。从小民百姓到吃皇粮的“肉食者”，终于悟出了老庄哲学“道术”的精义，

---

① 韩愈：《原道》。

既然“道可道，非常道”，那么只好无所道以得道；与其劳神明，争是非而陷入是非，倒不如乘道枢，齐是非，无是无非。

时代变了，中国人走进了民主时代。广大人民群众真正成了国家的主人，有了参政议政的民主权利。但是封建文化传统中道一风同的心理并未彻底在人们身上消失，它限制着人们参政、议政、督政诸方面的积极性、主动性和创造性的发挥。总之，民主政治的核心是人民对政府的监督，不克服从上从权、道一风同的“尚同”心理，就谈不上什么民主政治。

其三，封建人治传统与现代民主法制化的冲突。中国的古代法律建设也是卓有成效的。无论法学界怎样界定法系的标准，中国古代法总能成为自成一体的一大法系。李悝的《法经六篇》，韩非子的法、术、势三位一体的法治理论，在世界古代法学史上占有重要地位；在法典汇纂上，汉唐后历来为统治者和史家所重视，隋朝的《开皇律》和《大业律》，唐初的《武德律》、《贞观律》，之后有《宋刑统》、《大元通制》、《大明律》、《大清律例》等，为封建时代的法律制度作了最完备的文字记录。汉唐后的正史，无不为法律刑制作“志”。中国古来也不乏执法之臣，先秦时的法家人物已不必说，汉有张汤、董宣，三国之满宠，宋代之包拯，明朝之海瑞，他们公正廉明的执法精神至今仍有称道之处。如此说来，是不是可以说古代文化为法治文化呢？回答是否定的。中国古代文化从其主流看，仍然是人治文化传统。其主要原因是四个字：“法自君出”。就是说，封建时代的法律条文虽多，但都是由皇帝钦定的法律，总会把皇帝本人置于法律之上。不是法律约束皇帝，而是皇帝编排法律。虽然法律对皇帝也有约束，但是这种约束力要以皇帝圣明自觉守法为前提。可以这么说，中国的法律，遇到开明的皇帝、有为的臣僚、清廉的官吏，尚有些用处，一旦遇到昏庸无道的君主，那千条万绪的律令几乎全无用处，所以有人总结中国的历史经验，就有这样一句话，“人存政存，人亡政息”。就是说有了圣明君主则国家政治安平，那贤良明君死了，他的那一套做法也就无用了，从此“一朝天子一朝臣”，再换一班人马，另立一套王法。

因为“人亡政息”，只有法律不管用，有了“好人”才管用，于是，中国政治传统留给后人一大遗产，就是不大相信法治，而是相信人治，即所谓“有治人而后有治法”。于是皇权崇拜，清官渴望，成为中国人文化心灵中一种亚宗教式的情感。他们渴望圣明皇帝为自己赐福；没有了圣明皇上，又盼望清官来为自己申冤。到了清官也没有了的时候，他们绝望了，或者是死，或者是反。忍无可忍，便死；不甘心死，就反。一直反到再有个开明皇帝为止。从此再重演那“人亡政息”的老戏。人治文化至今仍未绝迹，我们虽然推翻了帝制八十多年了，虽然五四运动对科学、民主的呼唤已七十多年了，虽然中华人民共和国已经成立四十多年了，虽然改革开放也有十多年了，可是在有些人心中还弄不清“权”大还是“法”大的问题。直到今天，我们社会上不是时常出现有法不依，执法不严，以权代法，肆意违法的现象吗？

但是时代毕竟不同了。人们的法制要求的良知正在觉醒；历史和现实正启发人们走上法治的道路，用法律制度保护自己的权益。现实的困惑使越来越多的人认识到：现代民主仅有“己所不欲，勿施于人”的道德律令是难以巩固的，它需要一套完备的体制和法律制度作保证。民主的实质不是由清官来为民做主，而是用法律制度来保证人民对国家事务的监督。具体表现在这样几个方面：一是法律要符合绝大多数人的意愿，以人民的意志决定法律的立废；二是公民依法享有人身权、参政议政及其他政治权力。三是取消公民权利之外的一切特权，在法律面前人人平等。四是政府首脑由人民选举产生，并依法接受人民的监督。五是把法律作为国家政治、经济、教育、文化发展的基本依据。当然，要做到这些，需要一个过程，尤其需要深挖传统文化中人治高于法治的病根。

我们坚信，只有深入批判封建等级意识、尚同心理和人治传统，才能确立起健全的现代民主意识，而民主意识的发展，是民主政治建设与发展的必要条件。

四　封闭意识与开放社会的冲突

大变革，大动荡，大改组，大交流，是20世纪世界文化格局的根本特征。无论是发达国家和地区，还是后进的国家和民族，要继续前进和发展，都必须面向世界，从其他国家和民族获得尽可能多的物质资源和精神资源。尽管这一过程有的是以极其野蛮的方式进行的，有的是以和平文明的方式进行的；有些国家是积极主动地进行的，而有些国家则是在被迫中做出的回应。人们常说：“今日之世界，乃是一个‘迅速缩小的世界’。在电视卫星、激光通信和波音747的时代，地球上各地之间的距离，确实好像越来越短；人们相互间的接触和交流，也越来越方便和密切了。”① 生在今日“地球村”中，各民族以同乡人般的心态周旋、沟通和交易于世界各种大大小小的文化之间，日益成为今日国际化世界的最大生存智慧。

总之，与国际接轨，与世界接轨，成为每一个正在追求现代化目标的民族和国家的

---

① 钟叔河主编：《走向世界丛书》“总序”，岳麓书社1985年。

必然选择，也是最明智的选择。

历史的发展是不平衡的。当黄河、长江已经哺育出精美辉煌的古代文化时，泰晤士、莱茵和密西西比河流域的居民，还在黑暗的原始森林里徘徊。而自从地理大发现和产业革命以来，中国却相对地落后了。在西方坚船利炮打到中国大门口的时候，林则徐、魏源等第一批睁开眼睛看世界的中国人便切身感到了世界在缩小，距离和壁垒再也不能把异国隔开。林、魏之后，中国人开始到海外异域求学，从学习西方的科技文化，到学习西方的政治思想，再到学习西方的道德观念。然而必须指出，从鸦片战争、辛亥革命到五四运动这一历史时期，中国人一面走向世界，接触西方，一面又要抵抗西方的侵略，这种历史注定的矛盾成为中国文化走向世界和世界文化走向中国的沉重障碍，加之中国文化自古积淀而成的“华夏文明中心论”，使中国文化与世界文化的接触始终处于若即若离的境地，处在被迫接受而不是主动选择的消极状态。1949 年中国人民获得民族独立后，由于国际资本主义世界的有意封锁，也由于我们坚持“一边倒”的外交路线，再次与西方的发达国家产生隔膜。

1979 年党的十一届三中全会后，中国走上了真正自觉的主动的改革开放之路。当中国人再度与世界拥抱交流时，突然发现，今日之中国已不是清朝末年的中国，当今世界更不是 19 世纪的世界。今日之中国，已经以新的面貌，屹立于世界东方，但是世界也没有停在原地不动。相反，它的科技，它的经济，它的社会结构都发生了巨大的变化。惊回首，我们在许多方面，特别是科技、经济和管理，依然与世界发达的现代化国家存在较大的距离。历史的结论仍然是：我们必须走向世界！我们必须走向开放！

首先，走向世界，是经济发展的必然要求。由自然经济农业社会走向商品经济工业社会，是社会现代化的一般规律。农业文明基本上是以自给自足的自然经济为基础的，它从根子上带有封闭性。工业文明以商品经济为核心，根子里是一种开放性发展模式。从自然经济向商品经济发展，是任何一个国家经济现代化必不可少的一环。中国是一个农业大国，自给自足的小农经济在历史上延续了几千年之久，至今仍未得到根本的改观。因此，中国经济的发展，首先需要大力发展商品经济，而发展商品经济需要两大条件，一是搞活国内市场，促进商品交流；二是与世界市场接轨，进一步刺激中国商品经济和市场体制的发育。只有参与世界市场的商品竞争，我国经济才能真正得到锻炼和发展。任何一个国家的经济，只有突破民族市场的局限性而走向世界，才有资格称为“现代经济”。

其次，走向世界，对外开放，又是中国政治体制改革的需要。商品经济是启动民主政治的经济巨轮，民主政治又为商品经济发展铺垫着法制大轨。一方面，正如今日的股票经营者所说，只有置身于股票交易的人才真正感到“透明度”与“公开化”之必要，只有投资者才真正关心自己的权利；只有立足于经济利益之上的民主意识才是真正强大的。另一方面，只有政治改革才能为经济改革保驾护航。十多年的改革实践证明，每当政治改革深入一步的时候，经济改革发展就比较顺利，反之，则发展迟缓。而政治体制改革既要照顾国情，又要借鉴国外的一些好的经验。诚然，由于中国与西方资本主义国家的社会制度根本不同，国体不同，历史传统不同，因此绝不可能像西方那样搞多党政治，搞三权分立等。但是这并不妨碍我们借鉴西方发达国家社会管理体制方面的有益经验。诸如在法制建设、官员铨选、克服官僚主义、提高工作效率、加强社会监督等方面，我们都可以借鉴和吸收有益的东西。

再次，面向世界，对外交流又是中国文化综合创造、自我更新的需要。在当代世界，人类文明正在打破以往历史造成的地域局限和民族局限而走向国际化和世界化。正如每一个民族的文化和生活方式都有自身的局限性一样，每一种文化类型又各有自己的优长和生存智慧。各民族的文化缺陷只有在与外来文化交流中才能得以弥补，而自己的优长也只有在与其他民族文化的结合中才能得以长足的发展。比如日本民族，之所以在明治维新后快速走向了富强，至今日成为世界现代化文明程度最高的国家之一，原因固然可以找出多条，但日本民族善于吸收其他民族优秀文化的开放性是其最主要的因素。正如日本学者吉田茂所说：“自古以来，日本人就是……容易醉心于外国文明的模仿者。日本人很早以来就醉心于中国，一直是不遗余力地输入中国文化。”① 对于日本人来说，只要是优于本民族的人类文化的智慧之果，都可以接受容纳于自己的文化体系之中。因此之故，当近代西方文明超过中国古代文明而遥遥领先的时候，日本人又以欧洲文明为目标，掀起全方位学习和仿效西方近代学术思想、政治制度、法律制度、教育制度、科学技术的近代化运动，一举成为东方强国。前事不忘后事之师。近代中国的落伍，就在于中国人的历史包袱太重，缺少学习世界先进文化的自觉性。时至今日，我们不应再失时机，而应以开放的胸怀和大国风度拥抱世界，只有这样，才能实现中国文化的综合创造和自我更新。

总而言之，无论商品经济的发展，政治体制的改革乃至中国文化的综合创造、自我更新，都要求中国社会面对世界，走向开放。要做到这一点，并不容易，须知在我们的

① 吉田茂：《激荡的百年史》第 14 页，世界知识出版社 1980 年。

身后，有一无形而巨大的力量，即传统文化的封闭意识，这种意识不加以克服，即使走向世界，也会像郑和下西洋一样再收回船头。

我们必须拆掉历史传统所造成的“墙”!

有人说，中国文化可以称作“墙”的文化。“什么叫墙的文化？墙的文化是说，即使在自然环境允许发展的地方，中国人为着自己传统文明的需要，也要豁出生命，筑起墙来”。① 如果用“墙”来形容中国文化的封闭心态，仔细想来，这话倒也不十分刻薄。因为中国古人的生存环境，天然地造成了中国文化对外发展的墙：我们的祖国，东边和东南是茫茫大海，从西南到西北是世界屋脊，千里戈壁，万里荒漠，东北是森林长山，北边有口可通，却又被游牧民族占着，常常弄得中原大地寝食不安。于是中原人又随山就势修了一道庞大的万里长城。中间又有丰沃的平原腹地，适于农耕，便于生存。生存在这样的自然环境中的农业民族，就像老北京人生活在自己独门独户的四合院内，方便、安全、舒适。日复一日，年复一年，中国人形成一种“鸡犬之声相闻，民至老死不相往来”的闭锁心态。这种闭锁心态表现在下列几个方面：

其一，最重乡土情谊。有句古诗，叫作“久旱逢甘露，他乡遇故知。洞房花烛夜，金榜题名时”。中国人把它看作四件最快活的事。久旱甘雨，洞房花烛，金榜题名，这都好理解，唯于他乡遇故知一句，恐怕只有中国人才体会得最为亲切。中国的乡土情谊之重，在不少成语上可见一斑，如本乡本土，熟乡熟土，故土难离，一方水土养一方人，见于现在人的话头是“十个公章，不如一个老乡”。如果把欧洲人、日本人和中国人的心态加以比较，不难发现其最明显的差别是：欧美人个人意识强，日本人种族意识浓，中国人乡土意识重。中国人在本乡本土时，并不感到乡谊的存在，一旦离开了乡土，其乡土情结便立即浮现在意识中。乡土情谊美则美矣，只是它常常成为中国人走向世界的心理障碍，成为中国人难与世界沟通的情感基因。

其二，以自我为中心的“天朝”心态。一般来说，封闭必然无知，无知必然自大。何况中国古代的确是一等农业大国，就是现在，经济文化上虽然落了后，但论人口，也还是世界第一“大”。由于古人交通不便，没有看到过域外的世界，于是中国人普遍产生一种误解，认为中国就是世界的中心，或者干脆把中国加上四周的南蛮、东夷、西戎，北狄谓之“天下”。于是赤县神州，地广人多；堂堂天朝，唯我是大；文物冠裳，唯吾是华。久而久之，中国华族真的认为，只有自己是文明礼仪之邦，是万国的文化中心，华

---

① 史仲文：《中国人：走出死胡同》第59页，中国展望出版1991年。

夏为君，万国是臣。这话在一定历史时代和以特定的地理空间为参照，倒也不错，因为直到16世纪以前，中国文化一直走在世界的前头，而在古代中国文化辐射圈内，中原文化的确是核心。所以直到郑和下西洋，一不为黄金，二不为版图，三不为人才，四不为学识，唯一的目的是向世界显示上国的威仪，传播天朝的文化。这种心态直到近代西方列强打到我家门时，仍然难以改变。在中国人心里，中国人过去是第一，而且永远是第一，“中国自羲、轩、尧、舜、禹、汤、文、武、周公、孔、孟以及先儒曩哲，或仰观俯察，开天明道，或承攒述，继天立极，使一元之理，二五之精，三极之道，旁通四达，……故历代之言天文者，中国为精；言数学者，中国为最；言方技艺术者，中国为备。”① 他们深信，“夫圣人之心天心也；圣人之道天道也。惟我孔圣人之教，与人无患，与世无争，备有众长，而不移沦为空寂。……天而不欲万国之民永生并育，长治久安，则亦已耳；苟天道好生，人心思治，则舍我中国之圣教无由也”。② 正是这些不顾事实、鬼迷心窍的热昏的胡话，使中国不能像近代日本那样全方位向世界开放，从而一再丧失走向世界的主动性。

其三，好静恶动的求安心态。中国的自然环境仿佛一个巨大的围墙，它为中国人提供了一个避免与域外世界发生竞争和冲突的生存空间。直到近代西方殖民主义把黑手伸进中国之前，中国人很少感到过域外世界的压力。对于中国人来说，压力始终来自于内部，一是上有皇权的压迫，二是北边有游牧民族的威胁。皇权与百姓的矛盾，农业民族与游牧民族之间的冲突，始终是中国社会动乱的重要原因。既然中国人与外部世界是隔绝的，对外无路可走，对内只有求安一途。好静恶动，正是中国人千百年中相互求安而创造的一种生存智慧。老子最早用玄之又玄的哲理揭示了这种智慧。他说：“致虚极，守静笃，万物并作，吾以观其复。夫物芸芸，各复归其根。归根曰静，静曰复命。复命曰常，知常曰明。不知常，妄作凶。知常容，容乃公，公乃王，王乃天，天乃道，道乃久，没身不殆。”③ 懂得这段话，便等于洞明了《老子》五千言的全部要旨。在老子看来，只有使心灵归于极度的清虚宁静，才能看清万物运作变化的本质：芸芸万物，变化众端，最终都要复归于那支配着万变而又自身不变的“常道。”只有“道”（不变的本体）是万物恒常存在的永恒的必然性。学会了以不变应万变，才是真正的聪明，而一味追逐表面

---

① 《同治朝筹办洋务始末》卷49。

② 陈炽：《圣道》《庸书外篇》卷下。

③ 《老子》第16章。

的运动，是十分危险的。这种以静求安的生存智慧，教会了中国人消极无为、与世无争、知足常乐、委曲求全的处世哲学，也从此泯灭了与自然抗争，与社会抗争的奋斗激情，扼杀了中国人开拓、进取、探索的开放心灵。即使对中国文化有特殊感情的梁启超也只好承认：在中国“曰安静也，曰持重也，曰老成也，皆誉人之调也；曰喜事也，曰轻进也，曰纷更也，皆贬人之词也。……是故污吏压制之也而不动，虐政残害之也而不动，外人侵慢之也而不动，万国富强之成效，灿然陈于目前也而不动，列强瓜分之奇辱咄然迫于眉睫也而不动”。① 他认为，这种好静而恶动的习惯，正是“中国积弱”之源。

这种好静求安心态，在自给自足、小国寡民的古代，即便其消极保守性算不上美德，却不会带来亡国灭种的危害，而到了各民族日益向外求生存空间，向外求拓疆发展的近代，其危害性就十分明显了。一方是西方人以浮士德的精神竞奔天下，宰制世界，一方是中国人以老子的精神，以静求安，与世无争；一方是西方人以“动”的心态争夺世界霸权，一方却以“静”的心态消极回应西方世界的挑战。其悲惨的结局已被中国近代史上中西文化冲突中的一次次失败所证实。信如李大钊所言：“守静的态度，持静的观念，以临动的生活，必至人身与器物，国家与制度，都归粉碎。最可怖之事，莫过于斯矣。”②

时至今日，中国社会正在走向开放。让世界文化走向中国，让中国文化走向世界，已成为不可逆转的必然之势。要加速这一双向互补的文化交流，现代中国人就必须克服传统文化留给我们的留恋乡情、自我中心、好静求安的闭锁心态，以平等的眼光，开放的社会，与世界各民族的优秀文化接轨。两千多年前的哲学家庄子，曾给我们讲过一个寓言：黄河之神河伯，在秋天涨大水的时候发现自己很伟大，居然两岸之间不辨牛马。河伯尽情地向下游漂去，突然看见了大海，于是茫然若失。海神若告诉他，不能和井蛙谈论大海，因为他只知道自己那点小小的地盘，无法想象大海的博大。而现在，你终于走出了壅塞的河道，看到了大海的恢宏。你知道了自己的局限，也就进入了一个更高的境界。③ 海纳百川，有容乃大。这是一个象征，它好像是在预言今日的中国。古老的黄河文明，曾孕育过历史的辉煌，同时也有自身的局限。黄河之神真正看清大海的面目，认识到大海的博大与力量，不过一个世纪。它面向大海发出的滚滚涛声，穿过百年历史，

---

① 梁启超：《中国积弱溯源论》《饮冰室合集·文集二》。

② 李大钊：《动的文明与静的文明》《李大钊文集》上，人民出版社 1984 年。

③ 《庄子·秋水篇》。

一直回响到今天。我们必须正视大海，我们必须拥抱世界！

当然，由封闭社会走向开放社会，并非易事。它首先需要中国人改变自己的心态。在当今世界文化大变革、大交通的时代，我们每一个人都处在传统与现代，中国与世界的矛盾夹缝之中。走出这矛盾的希望在于走向世界。为此，我们注定要承受心灵的震荡，或许能因此而变得伟大。黄河文明的伟大，正在于它在海洋与高原之间创造了一片大陆。今天，它终于来到壮观的入海口，滚滚河流与海浪的撞击，将在这里沉积为一片新的绿洲。然而要把这一切变为现实，黄河就必须保持来自高原的百折不挠的意志与冲力。

五　道德人本主义与人的全面发展的冲突

现代化不仅意味着社会经济结构、政治体制乃至一个国家与世界各国交往关系的变化，而且意味着一场深刻的人格重建。中国的现代化，不仅会引发中国经济结构由自然经济向商品经济的转型，民主政治的进一步完善，中国在更深更广的程度上与世界文化融为一体，而且会给中国人由单向度人格模式走向人的本质的全面发展创造前所未有的条件。从这个意义上说，现代化是一次深刻的全面实现人的主体创造性的真正的“人的解放”。

关于“人的解放”，是马克思从早年到晚年一生十分关心的问题。对此，他做过十分精辟的论述。他指出，人的解放的实质无非是“把人的世界和人的关系还给人自己”。[①]即把人从自然力的盲目支配下解放出来，进而从“异化”的社会关系中解放出来，实现人对世界的真正的主体性。马克思同时认为，自由的实现和人的解放是一个历史过程，人的解放既是社会进步的标志，又必须与社会进步的程度相适应。因为“‘解放’是一种历史活动，而不是思想活动，‘解放’是由历史的关系，是由工业状况、商业状况、农业状况、交往关系的状况促成的”。[②] 在中国现代化的历史进程中，随着自然经济的日趋消亡，商品经济的不断壮大，必然引起中国政治体制改革的不断深化，使民主政治日趋完善。商品经济和民主政治的发展又将引起“人的一切社会关系的总和”即人的现实本质的变化。如果说自然经济和官僚政治关系压抑和限制着人的全面发展，那么可以断定，商品经济、民主政治必将带来人的本质、人的性格、人的能力的全面发展。这正是现代

① 《马克思恩格斯全集》第1卷，第443页，人民出版社1956年。

② 《马克思恩格斯全集》第42卷，第368页，人民出版社1956年。

化运动与人的解放和人的全面发展的内在的本质联系。

首先，现代化运动将唤醒沉睡在中国人身内的各种潜在的本质力量，使之获得最充分、最全面的表现和发展。马克思指出，人通过劳动改变身外的自然时，“也就同时改变他自身的自然。他使自身的自然中沉睡着的潜力发挥出来，并且使这种力的活动受他自己的控制”。① 这种潜在于人身内的本质力量是人类生成发展的自然历史过程在每个人身上的自然积淀和文化积淀。人作为最高的自然存在物，凝聚了全部生命进化的丰富多彩的精华，作为创造性的实践者，又用文化的积淀再生熔炼了自然进化的精华，铸成了属人的文化生理心理结构。这些作为全部自然历史进程结晶的自然积淀和文化积淀，蕴藏着人的无限丰富的创造性和多方面发展的可能性。但是，这些创造和发展的可能性，只是沉睡在人身内的潜在力量，有待一定的社会历史条件去唤醒和开发。这种人类的文化潜能一旦被唤醒和开发出来，就会变成巨大的精神动源，促进人类历史的进步和飞跃发展，同时使人的本质力量得以最完全的表现。

社会主义现代化的理想目标是通过对内改革和对外开放，建立法制保障下的平等竞争的市场经济和人民参与国家政治、监督政府的现代民主政治，建立与世界各民族文化全息交流的开放社会。在这种崭新的社会关系中，潜存于中国人体内的长期在自然经济，官僚政治传统中处于沉睡状态中的文化潜能：那千百年来未能迸发出创造性火花的智能、意志、情感、耐力将在竞争机制和民主机制的刺激下复活，并迸发出巨大的创造能量，与此同时，中华民族将以崭新的风貌走向世界。在此过程中，中国人将走出传统封建文化所铸成的单向度道德人格模式而实现全面发展的现代人格的重建。

其次，现代化运动将最大限度地满足人的需要，为人的自我实现开辟广阔的现实可能性，从而促进人的全面发展。关于人的需要的结构层次，不少西方学者进行过认真的探讨。而其中最有影响的是美国人格心理学的奠基者马斯洛的需要层次理论。他认为，在千差万别的人类需要中，存在着某些共同的需要，而且这些共同的需要按其强度的不同排列为一个由低到高的等级层次，它们依次是生理需要、安全需要、社交需要、尊敬需要和自我实现需要。“自我实现”是人的最高层次的需要，它是指在人的生理、安全、社交、尊敬等基本需要满足之后对自我价值及其对象化的追求。正如马斯洛所说：“这种自我实现被定义为人的潜力、才能和天赋的持续实现，被定义为人对自身使命的达到与

---

① 《马克思恩格斯全集》第 23 卷，第 202 页，人民出版社 1956 年。

完成，被定义为不断地向人的综合与统一迈进的过程。”① 马斯洛的人的需要层次和自我实现的理论同任何理论一样不是完美无缺的，它在西方心理学界也受到过批评和挑战，但是他把人的需要的满足看作人格确立和发展的内驱力的观点是富有启发性的，而且在西方行为科学中被日益广泛地加以运用。历史地看，人的多层次的需要在任何社会和任何历史阶段都会得到一定的满足，而社会越是进步和发达，人的需要层次就越高，而且对人的需要的满足值也就越高。

毫无疑问，中国现代化的直接目标正是为了最大限度地满足广大人民群众不断增长的物质和精神的需要。随着商品经济的发展，民主政治、社会法制和道德教育的日趋完善，人们的生理需要、归属与爱的需要、尊严需要将会日益得到满足，从而使人充分感到自我价值的实现，而自我实现是人格全面发展的前提。我们坚信，物质文明和精神文明的发展，必将引起中国人的人格心理结构的日趋完善，使他们日益摆脱传统人格单一性的道德塑造的局限性，成为全面发展的人：不仅作为一个道德主体而存在，而且成为政治主体性、法制主体性、认知主体性、社交主体性、自我创造主体性全方位发展的人。他们将日益变得趋向独特、完美、秩序、创造、自尊、尊他和富有生气的生活。当然，人的全面发展需要一个过程，它与社会的日趋发达、文明和合理化是同步进行的。

再次，现代化社会的扩散结构将引起人们价值观念和人格评价标准的多样化。商品经济的竞争性与流动性，使人的选择意识日益加强；民主政治的开放性使人的参与意识日益强烈；各民族文化的双向交流，使人的世界意识不断萌动。这一切都将潜移默化地改变人们的传统价值观和人格评价标准，建立与现代化社会相契合的价值体系。现代价值体系的基本要求是：1. 人们将不再以同一种眼光看待不同的人。他们坚信自己的选择，坚信自己选择的生活目标，而同样承认他人选择的合理性，而不轻易干涉别人的生活方式。2. 人们不再掩饰自己的意志和目的，不再扭曲自己而按别人的期望行事，能够对自己和他人保持真实不欺；3. 人们在社会团体生活中，有组织、有纪律、有团体义务和责任感，而在自己的私生活中，不失个人的特殊兴趣与爱好。他们的行为准则是：团体之事，大家共同做主；个人之事，各自独立负责。4. 在生活与社会实践中，人们关心生活和实践的效果，关心达到实践效果的方法，而不计较别人对自己的议论和看法。5. 他们倾向于接受民主价值，善于同所有的人打成一片，他们不仅关心自己的家庭、朋友，而且乐意帮助一切有困难的人。6. 他们有民族自尊心，然而又善于理解世界各民族

① 转引自《现代人格心理学历史导引》第 228 页，河北人民出版社 1988 年。

文化的合理性。7. 接受现代价值的人，坚信道德的力量，但善于把道德与能力结合起来，选择自己的合作伙伴。等等。这些现代价值体系的构成要素，在书本中去找，不如到商品经济和民主政治实践中去寻求。

现代化是一场深刻的人格革命，它需要人的全面发展。这一新的人学要求，是与现实中道德人本主义传统相矛盾的，中国人要完成现代化人格的转型，就必须从传统文化的道德人本主义中解放出来。所谓道德人本主义，是指传统文化，特别是儒家文化对中国人的一种人格塑造模式。它的基本特征是：

第一，把道德看成是教育的最高目的。纵观儒家教育，其目的是为社会培养践行德治、"修己治人"的君子，故其把德育放在首位。《孟子》中明确指出，历代设学校"皆所以明人伦也"，"教以人伦：父子有亲，君臣有义，夫妇有别，长幼有序，朋友有信"（《滕文公上》）。《礼记·大学》开宗明义："大学之道，在明明德，在亲民，在止于至善。"《礼记·学记》云："君子如欲化民成俗，其必由学乎？""玉不琢，不成器；人不学，不知道。是故古之王者，建国君民，教学为先。"这种思想对后来影响巨大，几乎使中国的古代教育等同于德育。德育是重要的，但不是教育的唯一目的。儒家过分强调道德教育的作用，严重限制了教育社会功能的充分发挥。这种教育方式的最大危害是把人塑造为单一的道德主体，从而限制了人的能力的全面发展。尤其应该指出的是，儒家"重人伦，轻技艺"的道德本位的教育制度，严重阻抑了中国自然科学技术的发展。中国古代有不少科学技术发明曾经在世界领先，但这些成就大都是在草野间艰难曲折地发展起来的，它一得不到学校教育的授受传播，二得不到官方支持在社会广泛利用，只能在区区寒士的茅屋中自生自灭。对此，法国大作家雨果讲过一段十分精辟的话："像印刷、大炮、气球和麻醉药这些发明，中国人都比我们早。可是有一个区别，在欧洲，有一种发明，马上就生气勃勃地发展成为一种奇妙的东西，而在中国却依旧停滞在胚胎状态，无声无嗅。中国真正是一个保存胎儿的酒精瓶。"[①] 对此儒家尚德轻艺的教育制度应负一定的责任。

第二，把道德实践看作人生理想的最高价值。《左传·襄公二十四年》有人生三不朽的说法，云："太上有立德，其次有立功，其次有立言，虽久不废，此之谓不朽"。虽认为德、功、言为人生事业的三不朽，但以"立德"为首。在孔孟开创的儒家价值系统中，道德价值高于一切。孔子云杀身成仁，是说"仁"的道义价值比生命还宝贵。孟子讲的

---

① 雨果：《怪面人》第35页。

更详。他说："鱼我所欲也，熊掌亦我所欲也，二者不可得兼，舍鱼而取熊掌者也。生亦我所欲也，义亦我所欲也，二者不可得兼，舍生而取义者也。"① 在生命与道德价值二者发生矛盾，不可两全的时候，为了道德价值的完满，宁肯付出生命。儒家之所以这么看重道德价值，乃是因为他们认为道德是做人之本，是人之为人的根据。人源于自然而又高于自然，在于人有道德，正是人有道德，才使他离兽域而入人境，"水火有气而无生，草木有生而无知，禽兽有知而无义，人有气有生有知亦且有义，故最为天下贵也"。② 人离开了道德，就失去了做人的资格。一个人如果能在道德上完美无缺，他便实现了人道的最高价值，成为理想人格——"圣人"，所以孟子说，"规矩，方圆之至也；圣人，人伦之至也"。"惟圣人然后可以践形"。③ 王阳明说："必欲此心纯乎天理而无一毫人欲之私，此作圣之功也。"④ 圣人之所以受人尊敬，因为他在道德上达到了极度的完善。把道德价值看得高于一切，是儒家人本主义的根本特征，它在长期的历史文化传统中具有二重性作用。一方面，尚德的价值理想，成为中国人伸张正义、反对邪恶；淑身淑世，行已有耻；反对侵略，保家爱国的精神支柱。另一方面，它又与封建等级制联系在一起，与封建时代的四大权力——神权、君权、父权、夫权相结合，压抑和摧残了中国人人格个性的发育。特别值得指出的是，人是一切社会关系的总和，在主客体关系中，人是实践主体和认识主体，在政治关系中，人是权利主体，在经济关系中人又是利益主体，在文化关系中人是创造的主体。儒学用单一的道德价值对人道的界定，将丰富多彩的人的本质加以了否定，十分不利于人的全面发展。

第三，向内用功的修养方式。向内反省是儒学人格修养的根本特征。孔子讲"为仁由己"，孟子云"反身而诚"，荀子言"君子之学也，入乎耳，著乎心"，都是指的向内用力的修德养性之方。到了宋明时期，这种修养方法更得以系统发挥，遂使宋明理学被后儒称为"心性之学"。程颐强调，学者先务，固在"心志"，只要能在心上居敬涵养，久之自然天理明。朱熹继承二程之学，以"心与理一"即"心中天理流行"为修养之最高境界。为达此境界，他提出居敬穷理说，同样是在心上下功夫。他说，"敬"不是块然兀坐，而是"身心收敛，如有所畏。常常如此，气象自别"。⑤ "心包万理，万理具于一心。

① 《孟子·告子上》。

② 《荀子·王制》。

③ 《孟子·离娄》。

④ 王阳明：《答陆原静》。

⑤ 《朱子语类》十二。

不能存得心，不能穷得理；不能穷得理，不能尽得心”。① 陆象山之学，以发明本心为主旨，所谓本心即人所固有的道德意识。人只要发明本心，收拾精神，自作主宰，便可进入那内无所累，外无所累，“自然自在”的圣人境界。② 阳明之学，集心学之大成。主张心外无物，心外无理，心外无学，心外无行。故其言：“圣人之学，唯是致此良知而已，自然而致之者，圣人也；勉然而致之者，贤人也；自蔽自昧而不肯致之者，愚不肖者也。愚不肖者，虽其蔽昧之极，良知又未尝不存也；苟能致之，即与圣人无异矣。”③ 只要良知昭明灵觉，当下即是圣人。总之，从孔孟到程、朱、陆、王之学，其学说体系有一定的差别，但向内反省以求道德意识自觉的修养方法，是他们的共同特点。

主观内省的修养方法，强调了道德修养的自觉性，有一定合理性。千百年来，它培养了中国人强烈的道德自律意识和内慧早发的文化性格。它使中国人善于反省、自责、自律，有一颗知耻要强的上进之心和克制自己适应他人的逆向性意志。但是，片面的向内用力和无条件的克己自律，又有明显的消极性，那就是通过不断的反省和道德净化，使人的自我意识、向外追求的宰制精神受到抑制，使知、情、意相统一的文化心灵平面化。其结果，使中国人强于德而弱于事，长于心灵的宁静，短于情感与意志的冲动。诚如胡适所说，中国“虽然也有自命兼济天下的道德，然而终苦于无法下手，无力实行，只好仍旧回到个人的身心上用功夫，做那向内的修养，越向内做功夫，越看不见外面的现实世界；越在那不可捉摸的心性上玩把戏，越没有能力应付外面的实际问题。如中国八百年的理学工夫居然看不见二万万妇女缠足的惨无人道！明心见性，何补于人道的苦痛困穷”！④

20世纪末至21世纪初，是中国走向现代化的关键年头。中国必须以开放的胸襟拥抱世界。这必然给中国人带来一场深刻的人格革命，这场革命的实质是一次灵魂的探险和个体心灵的庄严而痛楚的脱胎换骨。在走向现代化的人格革命中，中国人将以充满孤独感、悲剧感、冲突感和幻灭感的现代性生命体验，走出单一性的道德人格模式，追求人格的全面发展。我们必须突破传统文化中单一性道德人本主义人格理想，它无法调动出人身内潜存的全部创造性能量。因为对于每个人来说，不是理性的道德模式，而是感性

---

① 《朱子语类》九。

② 《陆九渊集·语录》。

③ 王阳明：《书魏师孟卷》。

④ 胡适：《我们对于西洋近代文明的态度》《胡适散文》第1集，中国广播电视出版社1992年。

的本体生命才赋予了人以千姿百态的、各具特点的独立个性；不是平静如水、冰冷如玉的灵魂，而是时刻感到生命之匮乏、痛苦、骚动不安的心灵才赋予人生以对外拼搏、进取的动力。生命的深度正存在于这种不安的痛苦之中，无痛苦便无生命。而儒学道德人本主义的最大不足是用净化人的情感的方式，取消了人对痛苦的生命体验，从而取消了生命追求的多样性。

的确，中国传统文化的主体架构是社会生活的道德化和个体意识的空灵境界。无论孔孟、程朱、陆王之学，还是庄学、玄言、禅理，一直是中国人追求心灵宁静，超脱逍遥的文化理论根椐。然而走向现代化的中国人，目前急需的是现实的自我拯救，而不是理想的逍遥。

第九章　现代中国人的人格与价值矛盾

有人把处在传统社会与现代化社会中间的社会发展阶段上，混合着新旧两种特质，有着双重价值系统的基本人格结构或文化性格的人们称为“过渡人”或“边缘人”。他们处在传统社会与现代社会的边界，既不是严格意义的“传统人”，也不是严格意义的“现代人”，但又同时兼有传统与现代性的某些文化心理素质和性格特征。“‘过渡人’充满着奇思幻想，追求新奇，然而却常常会遇到‘价值的困窘’。因为在走向现代化的过程中，必然会面临一些选择和扬弃。伟大的‘过去’、光辉的‘昨天’都消逝了，这在心理和情绪上是一件难堪的事，但为了‘未来’和‘明天’，这又是不得不付出的代价。这样，‘过渡人’常常是沮丧的、忧郁的，有时在人格上甚至发生冲突和分裂。”① 过渡人双脚踏在传统文化与现代文化、民族文化与世界文化的十字路口，瞻前顾后，东张西望，承受着文化错位、心态失衡的沉重压力，怀着一颗无家可归似的“漂泊的心灵”，困惑而又无可奈何地走向未来。

现代中国人，其人格和文化心态是典型的“过渡人”。我们在历时性上纵跨传统文化与现代文化，在共时性上横跨中国文化与西方文化。不同的时代特质和民族特质的文化矛盾、对抗和冲突，内化为我们个体人格和价值体系的矛盾冲突。在我们的文化心灵中，交织着心态失衡的情绪焦虑，感知着价值分裂、认同丧失的道德困境，承受着无可回避的理想冲突与意义失落。要了解现代中国的文化矛盾，就必须进一步透视现代中国人的人格与价值矛盾。

① 武斌：《现代中国人——从过去走向未来》第 199 页，辽宁大学出版社 1991 年。

一　二重人格：矛盾的现代中国人

熟悉20世纪大文豪林语堂博士的作品和性格的人，一定不会忘记他常向别人表白自己的那句话："我是一捆矛盾！"也不会忘记他的《四十自叙诗》中的诗句：

我生今年已四十，半似狂生半腐儒，
一生矛盾说不尽，心灵解剖亦糊涂。
读书最喜在河畔，行文专赖淡巴菰，
卸下洋装留革履，洋宅窗前梅二株。

林语堂的确是"一捆矛盾"。在他74岁时对自己的一位朋友说："这七十四年，我是一捆矛盾。我喜欢矛盾。"他自认是异教徒，心里却是基督教徒。他献身文学，却一直以没有进理学院为一大错误，他心近科学。他爱中国人，但批评中国人比谁都诚实、坦白。他崇拜西方，可是蔑视西方教育心理学家。他是现实主义的理想家，也是满怀热情的达观者。喜欢出奇制胜飘逸的文章和富于幻想力的作家，也喜欢论世文章，具有实用主义常识的作品。① ……这一连串生活表层的矛盾，表现着林语堂文化心灵的矛盾。他作为一个在美国旅居多年的移民，同时感受着东西两种文化的支持和困扰，形成矛盾的文化心态："我常徘徊于两个世界之间而逼著我自己要选择一个，或者旧的，或者新的。……我曾做了一副对联：两脚踏东西文化；一心评宇宙文章。"②。

林语堂的作品之所以受到中国人的喜爱，除了他那优美的语言和幽默闲适的风格外，一个更深刻的原因是林语堂徘徊于中西文化之间的矛盾心态符合中国"过渡人"二元价值的审美需要。

现代中国人文化性格上的突出特点是兼有"传统人"与"现代人"两种特质，是一种"双重人格"。在现代化变迁中，一方面，我们保存了一些传统的人格品质；另一方面，又增加了一些现代人的人格内涵。在现代化运动中，中国人一方面形成了若干新的性格特征，另一方面仍旧保留了很多旧的性格特征。即人们同时兼有新旧两种性格特点，

---

① 黄肇珩：《林语堂和他的一捆矛盾》，见林语堂《无所不谈》附录。

② 林语堂：《无所不谈》第397页，海南出版社1993年。

所以在日常行为中人们常出现令人尴尬的自相矛盾。这样，从传统文化的立场来看，他已经背离传统文化对他的角色期望；从现代化的观点来看，他在心理素质上和行为方式上还有许多传统的特点。我们生活在传统到现代化的文化边界，是一种“边际人”，在人格品质上具有“两栖性”，在行为方式上缺乏固定的模式，而是根椐自己的需要，时而借传统价值为自己辩解，时而又以现代价值为自己的行为寻求文化支援。

现代中国人的人格矛盾主要表现在这样几个方面：

1. 显性人格与隐性人格的矛盾。显性人格即在日常人际关系或社会实践中的角色表演。比如一个人无论是某公司的经理或国家政府某部门局长，在做报告时或参与业务活动时，他是作为一特定的社会角色而存在的。此时他会尽力把自己的言论、行为表现得具有时代的圆满性，给人的显性人格是现代性的，比如他时常使自己的公开形象平等、开放、活跃而具有得体的自主性；隐性人格是一个人离开自己的社会角色在私生活中或私人交往圈中所表现的“深心的自我”。上面的经理或局长在自己的家庭中或与自己要好的朋友私下交谈时，他很可能是另一种自我形象，他可能非常保守和消极，具有传统人那些世故性表情方式。也有相反的情形，即显性人格是比较正统的，他圆熟老到，深有城府，对事物具有成见，价值取向较为保守，但在家庭里，在私人交往圈子里却很真诚，乐于向朋友交流自己的心迹，敢于道出自己内心的苦衷，就是说，隐性人格却是非传统的。显性人格与隐性人格的矛盾，使过渡时期的人际关系变得十分复杂，成为影响个人才能、事业发展的消极因素。

2. 理想人格与现实人格的矛盾。在传统人身上，理想人格与现实人格是基本一致的。他们现实的人格虽达不到理想人格那样尽善尽美，然而却自觉地把理想人格作为自己人格培养的目标。在传统人那里，理想人格是人之为人的根椐，现实人格是人之为人之“道”的具体实现，人生的意义并不在于人生现实之外追求一种超越的理想，而在于把超越的人生理想内化在自己的人格心灵里，变为自己的日常行为。这叫作“极高明而道中庸”。现代中国人，处在由传统向现代化的过渡时期，理想人格与现实人格发生了离异。理想人格圆满而不实用，现实人格实用而不圆满。换句话说，一个人生活在过渡时期里，他在理想上追求着人格的完美，而于现实中却追求生活的实用。人生理想与人生现实之间存在着一种互相排斥的力量。理想的自我视现实的“我”功利而俗气，现实的自我视理想的“我”迂阔而可笑，可敬而不可亲。比如，今日对待各种英雄人物，人们在理想上感到可敬，在现实中却感到离自己的生活那么遥远。理想人格与现实人格的矛盾，使现代中国人在生活实践中缺乏真诚的投入，一切都是手段，而不是目的。只有在离开现实而升入神思遐想境界时，才感到自己是真实的，即才感到自己是属于自己的。

3. 个体人格与社会人格的矛盾。现代中国人生活在传统与现代化的边界上，是矛盾的边际人。一方面，那种曾经为社会普遍认同的人格理想已经瓦解，而新的人格理想尚未被社会普遍认同。这就出现了个体人格与社会人格的矛盾。一种人格，无论是传统的，还是现代化的，都会受到人们的赞同或批评。当社会提倡一种共同的人格价值准则的时候，个体人格常出现一定的心理逆反，或不合作倾向。个体人格需求是亲切合意的，然而得不到社会的承认；社会共同的价值准则是人格整合所必须的，然而对于个体存在又不亲切合意。人们常感到自我心灵的孤独，抱怨社会不理解自己；社会又难以建立一种共同的人格模式，作为人们理解沟通的基础，抱怨人们自由涣散，没有社会责任感。个体人格与社会人格的矛盾，必然引起人的自我价值与社会价值的离异，造成人的价值紊乱与理想冲突。这一矛盾不加以解决，不仅自我价值难以实现，社会价值也将流荡为空洞的抽象的形式。

上述矛盾表明，中国人正处在从传统人格向现代性人格的转型期，上述矛盾是中国人性格转折的象征。据有关学者概括，现代化文化变迁使中国人在以下一些方面正在发生人格的嬗变：

(1) 顾虑他人褒贬的倾向渐弱，而尊重自我感受与意见的倾向渐强。

(2) 优柔、谦逊及顺从他人的倾向渐弱，而自主、独立、支配他人的需要渐强。

(3) 权威性态度（守习俗、从权威、信命运）渐弱，而与权威性态度相反的平权性态度渐强。

(4) 认为自己的祸福与生活大都为外在因素（如命运、机会、人事关系）所控制的想法渐弱，而认为自己的祸福与生活大都为内在因素（个人能力、努力及其他个人条件）所控制的想法渐强。

(5) 在人与自然的关系中，认为“人应该顺从自然”的观念渐弱，而认为“人应该主宰自然”的观念渐强。

(6) 在人与人的相互关系中，重视上下等级关系的上同意识与强调同辈关系及个人因素的平等意识并存。

(7) 在时间观念方面，重视过去的观念渐弱，而强调现在与未来的态度渐强。

(8) 在生活价值方面，重视默想与内修的程度渐减，而强调成就与活动的程度渐增，为成就而成就的心理需要也渐大。

(9) 对于有不同于自己信仰、意见及价值观念的人，愈来愈能不存情绪化的偏见，而予以宽容、容忍和尊重。

（10）思想行为的可塑性和适应性渐大，对变革与新奇事物的爱好也渐强。

（11）压抑退缩、羞怯多疑、谨慎敏感等气质渐弱，而轻松活泼、积极健谈、坦率自然的气质渐强。

（12）在遇到挫折后，责怪自己的倾向渐弱，强调他人责任和引起挫折的客观障碍的心理倾向渐强。①

如此等等，从这些表征中我们可以看到，一百多年来的社会结构的变化，已经使中国人的心理结构和性格倾向发生了相当大的变化。在现代中国人的人格中，一方面传统文化的积淀与投影犹在，而现代性的因素也随着社会条件的变化而潜滋暗长，且日益成为人格结构的主导性倾向。

在现代中国人矛盾二重化的人格结构中，传统倾向与现代性因素并非斤两并重的。在个别人身上的表现，或许有的人传统性格多些，有的人现代性格强些。但是就现代中国人的普遍人格特征及其发展趋势来看，现代性格日益明显，成为人格的主导倾向，而传统性格日趋淡化，成为人格的隐性因素。首先，在现代化过程中，人的地位、权利和尊严越来越受到重视，关心人、尊重人、理解人的人本精神日趋明显。其次，在价值取向上，中国人正在走出传统人单向度的等级义务感，逐渐走向个体价值取向，对传统文化十分重视的自我控制的生活方式表现出较少的兴趣，而取向于忠实自己的感受及重视自我实现。再次，随着现代化的变迁，中国人对动态环境和外向世界的适应性与心理承受能力日益增强，对现实不再满足，对未来充满好奇，时刻产生一种难以抑制的“尝试心态”。总之，中国人的人格正在走出二重结构而趋于现代性整合。正像一些研究现代中国人文化性格的人们所看到的，“过渡人”在本质上是现代文化的接受者，是主动地在矛盾冲突中与现代化过程相适应的，他们是沟通传统与未来的主体媒介，是传统文化在现代化过程中实现自我扬弃的推动者。

中国人在现代化运动中正在经历的人格嬗变，是一个自觉的人格选择过程。这一自觉的选择是通过文化环境与个体人格的双向选择实现的。一方面，是社会文化对个体人格的选择。现代性的文化意义体系和价值观念要求有相应的、体现其精神蕴涵的新型人格，它通过已变了形式与内容的文化环境塑造新式人格。另一方面，个人也根据新的文化背景要求，重新建构自己的人格理想和个体人格的发展模式。能否顺利突破二重化人

① 李安民：《漂泊的大地——近百年中国现代化的进程》第150—151页，湖南人民出版社1988年。

格矛盾，走向现代性人格整合，取决于现代中国人的自觉选择和对现代化过程的主动适应。这种适应和人格建构主要表现在下面几个方面：

其一，自觉塑造人格主体性。现代人格的主体性包括人格的能动性、创造性与自主性这样三个方面。所谓能动性，就是说，人并不是消极地、无意识地接受文化的塑造，而是通过主体的积极活动，把文化的影响“内化”为自己的心理意识存在，学会并最大限度地参与现代化生活。人不是为了社会文化，而更多地是凭借社会文化去提高自己，发展自己的能力。在适应现代化过程中自觉确立自己的人格目标，并使自己的意志和行为服从于自己的目标要求。所谓创造性，是人格主体性的最高表现。正如马克思所说，“人离开狭义的动物愈远，就愈是有意识地自己创造自己的历史”。① 人是实践的主体，在现代化实践中，人不仅创造着现代文化，而且创造着自己的现代性人格。要成为现代人，就必须积极尝试现代生活。所谓自主性，是说自由地决定自己的生活目标，即在现代化过程中，根据自己对现代化必然性的认识，理解和评价自己的行为，为自己的选择自主地承担责任。而不是盲目地用传统的尺度和世俗普遍接受的尺度去衡量和剪裁自己的生活。主体意识的觉醒和成熟，是现代人格形成的前提。“积极的自我观念为我们正确对待生活提供了极大的有力条件，它形成了伟大的人格力量的基础。”②

其二，自觉地克服传统人格的局限性。传统人格并非一切都与现代生活不相容，比如传统人格道德自律的精神，在现代道德生活中也是必要的。但是从总体上说，传统人格是一种依附性人格，它与现代生活是互相矛盾的。传统人格的主要之点是个人主体意识缺乏，依附于家族和社会关系网络，习惯于依附和盲从传统、历史和权威，按照等级关系塑造自己的行为与心理态度。个人的生命价值只有在社会关系网中才能体现出来。这同商品经济、民主政治、开放社会及人的多样性发展的现代性趋势是不相容的。要向着现代化目标迈进，离不开人的个体性的充分发展和个人效能感的确认与肯定，这就需要自觉走出传统人格以扼杀自己性格换取人际和谐的行为取向的误区，用个体的自我尊重启动社会群体的相互尊重与相互给予。人只有懂得了自己的价值与权利时，才能学会尊重他人的价值与权利。正如美国社会心理学家库利所说：“在每一个较高级的生产过程中，一个人需要了解和相信自己——越彻底越好。……只有经过长期的关注自我的沉思，他才能去把握它，才能把它从杂质中净化出来，把它组织结合起来。只有这样，才能使

① 《马克思恩格斯选集》第 3 卷，第 457 页，人民出版社 1973 年。

② 赫胥勒等：《生活心理学》第 358 页，贵州人民出版社 1987 年。

自己一方面摆脱摹仿，另一方面摆脱反复无常，才能正视真实的自我，既不羞愧，也不狂妄。”①

其三，自觉调整文化心态，克服人格嬗变中因适应不良而导致病态人格。美国现代化研究学者布莱克指出：“现代化对人格的稳定和认同的影响是令人担忧的。”“现代环境倾向于把社会原子化，它使得社会成员失去共存感和归属感，而没有这些，个人的实现就不可能令人满意地完成。不少人把个人的不安全感和焦虑感视为现时代的标志，这可以直接追踪到现代化带来的深刻的社会分裂。”② 适应不良和病态人格是现代化变迁中不可避免的一种伴生现象。传统的健康人格模式是与传统文化系统相适应的。在现代化运动冲击下，传统文化体系开始衰落与解体，不再成为支配人们行为的主导文化。在新的环境中，人们感到原来的“角色期待”不再普遍有效，原来习惯的文化环境和行为程式被破坏，新的环境尚不熟悉，这种近乎文化“移民”的意义危机，使他们心理上产生普遍的焦虑、压抑、冲突和失落，即所谓的“人格危机”。人格危机的实质是对社会变迁适应不良，它的进一步发展便是病态人格：这种人既不是疯子，也没有能力缺陷，只是在情感和行为方式上失去了为社会群体所理解和认可的常态。他疏远集体、感情淡漠，常曲解别人的行为，精神紧张，行为僵硬，喜偏执、敏感和自爱自恋，外表有狂傲的个性而内心依赖性很强，压抑自己，被动攻击社会和他人，等等。病态人格是个体对社会文化变迁适应不良而导致的人格变形，它是不利于现代化运动的负面因素。要克服病态人格，一方面需要轻松的社会环境，另一方面更需要个体自身的意志磨炼和身心培养，养成敢于正视失败、挫折、冲突、孤独的悲剧性格和自我拯救的现代心理气质。

总之，我们生活在矛盾的文化冲突中，我们是二重人格结构的过渡人。走出二重人格，建构新的人格，是主体现代化的第一步。

二　文化错位与心态失衡

美国社会学家丹尼尔·贝尔曾经分析过现代化过程给人们造成的心灵震荡。他指出：

时间与空间不再为现代人形成一个可以安然依赖的坐标。我们的祖先有过一个

① 库利：《人类本性与社会秩序》第 114 页，华夏出版社 1989 年。

② 布莱克：《现代化的动力》第 43 页，四川人民出版社 1988 年。

宗教的归宿，这一归宿给了他们根基，不管他们求索彷徨到多远。根基被斩断的个人只能是一个无家可归的文化漂流者。那么，问题就在于文化能否重新获得一种聚合力，一种有维系力的、有经验的聚合力，而不是徒具形式的聚合力。①

在从传统到现代化的历史进程中，人们正在走出千百年来一直可以信赖、可以依靠的心灵的“家”——传统文化，正在丧失昔日给人以归宿感的精神支柱，而新的价值体系尚未建构起来，尚未形成足以使人安身立命的精神聚合力。我们无法回避地成为文化错位与心态失衡的精神漂泊者。

文化错位是从传统社会走向现代社会的过渡时期人们普遍具有的一种文化心理现象。它主要表现在两个方面，一是旧习惯与新环境的时代性错位。随着中国现代化变迁，我们从传统社会那稳定的、单一的、同质的文化环境进入了陌生的文化环境。但是，在经历这种背景转换时，我们并不是一无所有的，而是带着传统文化所给予的价值观念、思维方式和行为模式，携带着全部“文化遗传”进入“现在”的。传统习惯与现代环境是矛盾的、排斥的，因而人们常感到与新环境不相适应，难以契合。这种时代性错位给人们常带来心理不适。二是处在“二元结构”文化环境中所形成的文化心理结构的紊乱。在现代化变迁中，传统的与现代的，中国的与西方的各种异质性文化因素混合杂糅在一起，尚未形成有机整合，呈现出二元或多元的矛盾交叉。人们生活在这样的文化环境中，似乎感到双重的价值标准与文化精神都有存在的根据与理由，而无论哪一种价值标准与文化精神又都不足以安顿自己的人生。文化的二重化固然增加了人们自主选择的自由度，但自由选择由于缺乏必然性的支配使人常陷入进退失据、流荡失守的茫然境地。正像流行歌曲中所唱的：“天上有个太阳，水中有个月亮，我不知道，我不知道哪个更圆，哪个更亮……”

文化错位与心态失衡是一个问题的两个方面，或者说，心态失衡是文化错位的直接结果。心理结构的错位必然导致心理机制的失衡。心理学上讲的心理失衡是指个人心理出现障碍和异常，心理调节机制紊乱，对周围的刺激不能做出良好的适应或正常的反应。过度的心理失衡得不到调整便会形成精神病。文化心理失衡指的是由于文化主体与文化环境缺乏良好的适应而造成的文化选择的自我迷失和情绪焦虑。它表现在这样几个方面：

1. 自我迷惘。一个人生活在二重化的文化环境中，他必须做出人生目标的选择。可

---

① 丹尼尔·贝尔：《资本主义文化矛盾》第168页，生活·读书·新知三联书店1989年。

是选择什么，怎样选择，什么是理想的人生，何以实现理想的人生，没有一个令人满意的回答。传统价值和理想人格与现实需要无法契合，而新的理想人格、价值标准又远未形成。人们仿佛被抛在文化极点上，无论向哪个方向都可以回到原点，但四通八达的路，恰恰等于没有路。于是人们好像失去了自我，对“我是谁”的问题发生迷惘和困惑。自我丧失是深层次的心灵危机，这种危机使人时常感到自我的孤立、无援、渺小、矛盾与荒谬。

2. 心理躁动。在传统社会中，中国人生活在静态的生活环境中，其社会心理表现得平静、安稳、闲适、自得，物来不惊，动静得体，“万物静观皆自得，四时佳兴与人同”，稳定的社会环境，有序的人际关系，加上寂然不动、感而遂通的心理锻炼，使人安于现状，内心和谐平静，无往而不自得。现代化变迁，加速了社会的流动和生活内容的变动，从而使中国人的心灵由静谧趋向躁动，由闲适走向动荡。一方面，这表明中国人主体意识的觉醒和创造精神的焕发。另一方面，也表明了中国人文化心态的失衡。他们追求成功，但过于急于求成；他们向往改革，但把事情看得十分简单，希望一蹴而就，或抱有侥幸心理，渴望“奇迹”降临；他们盼望社会出现大踏步前进，然而对社会变动的负面效应缺乏足够的心理承受能力；对改革期望值过高，一旦改革失误，便大泼冷水，丧失热情。

3. 情绪焦虑。文化错位使中国人产生普遍的情绪焦虑和心理变异。一些本来具有积极意义的传统文化心理变为消极的因素。例如强烈的民族自尊感变形为盲目排外、夜郎自大与自卑感、压抑感的混合物。由于百余年的社会变迁、革命和动乱，中国人一向温文尔雅、豁达乐天的民族心理变形为焦虑、紧张、过敏和狂躁；往往把消极的攻击性看作创造性，把不满情绪当作忧患意识；尽力贬低别人的成绩和荣誉，而把自己微不足道的成就当作钓誉之资本；一向重视人际关系和谐的心理遭到抑制，而把现代社会竞争意识变形为嫉妒、偏执、人情淡漠和互相拆台。人们不敢高狂，不敢狷介，不敢正视自己的失败，不敢正视他人的能力。此外，攀比心理、从众心理、逆反心理、猎奇心理，看热闹和幸灾乐祸的“观火”心理等，都是过渡时期人的情绪焦虑的表现。

4. 跟着感觉走。在现代化浪潮冲击下，人们被光怪陆离、瞬息万变的环境所困扰，他们不再相信理智判断对社会发展规律性、趋势性的把握，而把肤浅、模糊、易受“传染效应”干扰的感觉作为价值选择的向导。从 20 世纪 60 年代中期以来相继兴起、蔓延于中国社会的五次大规模的“热”潮：当兵热、从政热、文凭热、出国热和至今方兴未艾的经商热，一波未平，一浪又起，冲击着中国社会和文化的方方面面。每一次热潮，都给人们的价值观、人生观、择业观、伦理观等带来明显的影响。五次浪潮的更迭起伏，与人们心态失衡导致的跟着感觉走的社会心理不无关系。在心态失衡的情况下，大众处于一种敏感、躁动、唯恐失落了自己的心理情绪中，常常失去个人独立的理性判断能力而跟着感觉走，由于人与人之间的相互感染，一部分人常盲目跟随着另一部分人走，学会或参与他并不理解的活动。

文化错位与心态失衡是传统社会走向现代化社会过程中的一种不可避免的伴生现象。它既是现代化过程的结果，同时又是影响社会现代化进程的负面因素。它的存在和蔓延会给社会发展造成种种消极影响：自我迷失会加深社会的道德危机，削弱人们向上进取的生命力、意志力和生活情趣，引起创造性的衰竭；心理躁动和情绪焦虑的积聚，又会成为破坏安定团结政治局面和酿成社会动乱的心理隐患；跟着感觉走是社会改革短期行为的心理基础，其直接后果是助长社会的无序运行和社会分工的剧烈错动，导致社会能量内耗。以上种种，均不利于社会经济、政治和文化的发展。

改革开放，全方位现代化，是中国走向民主、富强、繁荣的必由之路，也是中国人的自觉选择。然而，在这一过程中，我们始终面临着一个“现代化悖论”：“现代化建设需要稳定的社会环境、文化环境和社会心理环境，而现代化运动本身引起的大变动却造成了社会、文化、心理上的不稳定；我们所追求、所致力的现代性社会应该是高度稳定和谐发展的社会，但为实现这个价值理想的现代化变迁过程，却是在造成不稳定、不和谐。”① 其实，这是包括中国在内的所有发展中国家在走向现代化过程中所共同面临的难题。美国政治社会学家亨廷顿在分析发展中国家政治秩序变动的情况时曾指出，正是对现代化的渴求，使这些国家的社会生活发生了急剧的变化。他的研究结论是：“产生政治混乱并非由于现代性，而是由于要实现这种现代性而进行的努力。如果说穷国显得不稳定的话，并不是因为它们穷，而是因为它们想致富。纯粹传统的社会总是愚昧、贫穷和稳定的。但到了20世纪中期，所有传统社会都是过渡性的，亦即正在进行现代化的社会。正是这种世界性的现代化的转移，增加了世界暴力的蔓延。”②

社会心态失衡和大众情绪焦虑，是现代化变迁中必然要出现的社会心理状态。出现这种不稳定、不和谐、不平衡、漂泊动荡的社会心理状态，说明中国人正在从传统社会那种保守、落后、封闭、低层次稳定的社会心理氛围中解放出来，经受了和正在经历着

---

① 武斌：《现代中国人——从传统走向未来》第218页，辽宁大学出版社1991年。

② 亨廷顿：《变动社会的政治秩序》第49页，上海译文出版社1989年。

社会大变动的洗礼；说明中国人的文化心态正适应着历史性的转折和变迁。这种漂泊动荡、躁动不安的社会心理状态，是中国人从传统人走向现代人的一个必经环节。只有经过这种文化心灵的嬗变，中国人的文化心理素质才能得到改造、更新和重建，才能与现代社会建立起良性适应的关系。

但是，现代化过程本身又要求社会经济秩序、政治秩序和社会心理的相对稳定。没有安定和谐的国内和国际环境，没有自觉维护这种安定和谐社会秩序的社会心理，现代化进程就不可能稳步向前。从个人方面来说，保持心理状态的稳定和谐，是获得健康人格的重要条件；从社会方面来说，现代化也需要稳定的社会心理环境，社会心态的相对稳定、和谐、平衡是社会健康发展的重要条件，也是社会文明进步的标志之一。因此，社会心理演变的进步趋势应是由传统的静态平衡经过暂时的不平衡而达到现代性基础上的更高层次的动态平衡，这是一个否定之否定的辩证发展过程。要实现这一辩证发展过程，需要从三个方面着手进行文化心灵的整合：

其一，要促进社会心理健康、稳定的发展，首先需要创造稳定的社会环境。改革开放的实质是打破传统社会的静态平衡，有效地解放社会生产力和人的创造活力，它必然引起社会的大变动。但是绝对的运动并不排斥相对的静止。改革开放的方针、政策应是循序渐进的，相对稳定的。现代化运动总体上是流动的，但又是分阶段有节奏地进行的。它一方面要不断地打破旧的平衡，另一方面又要适时建立新的阶段性和局部性的相对平衡。只有这样，才能保证社会心理对社会变动的逐步适应。如果不顾人们社会心理的承受力，片面追求大踏步前进和直线发展，其结果必然造成和加剧人们的心态失衡和情绪焦虑，使改革因社会秩序的紊乱而停止。改革开放中的稳定，对于中国现代化建设和中国人的心态整合是至关重要的。

其二，过渡时期的人，不要机械地割断传统，而应在现代化进程中寻求传统的创造性转换。传统文化对于现代中国人既是包袱，又是财富，它的价值取决于我们的自觉选择。我们的心态失衡，一方面由于传统价值体系的失落，一方面又由于现代性价值体系尚未建构起来，我们生活在“两头抓不住”的文化边界上。要克服这种边际人的心灵危机，一方面需要按着未来的需要塑造自己，另一方面又需要利用传统价值的阶梯登上新的境地。打个不恰当的比喻，我们现在就像一个正在变为青蛙的蝌蚪，那稚嫩的新脚尚不足于带动机体的运动，还需要利用尾巴的摆动和驱动。到最后尾巴虽然蜕掉，但它的功能已有机地转换到青蛙有力的四肢上。传统文化就是这样的一条“尾巴”，它曾是我们文化生命的唯一寄托，他也将随着现代文化的成熟蜕去那僵硬的外壳，而将生命内核涵化在新文化的健美的躯体中。“中国文化以心性为一切价值之根源。故人对此心性有一念之自觉，则人生价值、宇宙价值皆全部呈现，圆满俱足，人之生命，即当下安于此一念之中，此即所谓‘无待他求，当下即是’之人生境界。”① 如果说这种古老的形上智慧在自然经济、宗法社会、等级政治的文化总体中不免限制了人性的全面发展，那么在现代化运动中，对于正在走向全面发展的现代中国人，它的消极作用将会被克服，相反，它以心性圆满启迪人生向上的智慧，对于抚慰现代中国人的心态失衡则不失其借鉴价值。

其三，促进社会心理健康稳定地发展，要靠每一个社会成员树立健康的心理意识，自觉地进行心理素质的改造更新。美国心理学家哥尔德斯坦曾经说过，健康就是一种价值，一个人要实现自己的本质，就不能不在病态和健康之间做出选择。从社会方面来说，心理健康有利于建立良好的人际关系，有利于形成稳定的社会心理环境。从个人方面来说，心理健康是充分发挥个人潜能和价值，趋向现代性理想人格的基础和条件。因此，作为一个社会成员，每一个人都有义务自觉调整文化心态，使自己的文化心理与现代化运动形成良好的适应。要抑制现代化变迁中的心理失衡，应遵循一些必要的指导原则，如学会发现社会的光明面，对世界养成一种积极向上的态度；学会善于理解和帮助别人，帮助别人是自我安慰的最有效最易行的办法；积极参与社会实践，并在社会实践中接受新思想、新观念；与有独特见解的人交往；养成正视矛盾、正视冲突的悲剧心理和善于消解矛盾、发泄心理压力的幽默感，等等。遵循这些原则，将有助于健康心态的培养和心态失衡的抑制。只有每个人走出了过渡时期的心态失衡，社会才能和谐、稳定地发展。

其四，建立和加强对大众心态和情绪的控制机制。社会对大众心理的控制机制主要包括：信息反馈机制，即及时把握社会心理和大众情绪的倾向，了解社会成员普遍关注的问题，及时提出对策；补偿调整机制，即针对群众的挫折感和不满情绪，进行适当的补救，以调整社会心理平衡；宣泄消解机制，即使大众的不满和不安情绪，通过某种无害的渠道宣泄出来，释放消极的心理能量，使心理得以平衡；宣传引导机制，即通过大众传播媒介、领导的宣传鼓动以及深入细致的思想工作，加强对民众文化心态和思想情绪的正确导引。

总之，文化错位和心态失衡是当今中国人文化意识中一个不可忽略的问题。加强这方面的心理疏导，使中国人的文化心理由躁动焦虑走向新的和谐、平衡、乐观、振奋，是文化现代化建设中一项艰巨的历史任务。要完成这一历史任务，需要社会和每一个人

---

① 牟宗三等：《为中国文化敬告世界宣言》，收入《文化的危机与展望》（上），中国青年出版社1989年。

的自觉努力。

三　意义的失落：现代中国人的精神迷惘

从结构主义的立场来看，文化不仅是一种创造活动，而且是一种意义结构。而“意义”在于对自身行为的“解释”。文化为人们提供了意义的解释框架，任何文化的最主要部分，就是以一整套的世界观、人生观、价值观等观念体系，建立起自己的“世界图景”，作为人们寻求“意义”的基础。这种人们共享的意义网络是人们相互理解、沟通、交流、评价的纽带，因此，在“意义”基础上共同理解，是文化的精髓。正如马克斯·韦伯所说的那样，人是悬挂在他自己编织的具有意义的“网”上的动物。文化就是这样一种意义结构。

文化是意义之网，是在社会成员共同理解的生命与世界的终极意义（超验价值）之纲上编织起来的意义网络。人生活在任何一种文化体系中，都受到这个意义之网的规范，并从这个意义之网上获得生命活动的文化支援，体验到一种超验的“终极关怀”。丹尼尔·贝尔指出：

> 每个社会都设法建立一个意义系统，人们通过它们来显示自己与世界的联系。这些意义规定了一套目的，它们或像神话和仪式那样，解释了共同经验的特点，或通过人的魔法或技术力量来改造自然。这些意义体现在宗教、文化和工作中。在这些领域里丧失意义就造成一种茫然困惑的局面。这种局面令人无法忍受，因而也就迫使人们尽快地去追求新的意义，以免剩下的一切都变成一种虚无主义或空虚感。①

在中国传统社会中，以儒学为核心的传统文化为古典的中国人的生命活动提供了完整的意义网络。中国传统文化以自然经济、宗法制度为基础，建构了一个包罗自然、社会、政治、伦理、宗教于一体的“天人合一”、“天人合德”的观念性世界图景，形成了一套有机联系的世界观、人生观、价值观。为中国人提供了理解生命和世界终极意义的观念框架。中国人在传统文化的意义网络中得到生命活动的价值意义和心灵的归属，获得对生命和世界的整体性把握及安身立命的力量。因此，可以说中国文化在组织中国人

① 丹尼尔·贝尔：《资本主义文化矛盾》第197页，生活·读书·新知三联书店1989年。

的生活和精神整合上是有效的、成功的。正是这一点使对现代化持批判态度的新传统主义者看重传统的意义。他们认为，中国文化使中国人成为“有史以来所有民族中最能生活在无尽趣机之中”、“放旷慧眼、流眄万物，而与大化流行融熔合一”的民族。“因为我们深悟广大和谐的道，所以绝不以恶性二分法来看自然；我们与自然一向是水乳交融，毫无仇隙的，所以精神才能自由饱满，既无沾滞，更无牵拘，如此以盎然生机点化一切，自感内心充实欢畅无比，所谓‘超以象外’，‘得其环中’，自能冥同万物，以悦爱之情玄览一切。”① 中国传统文化“天人合一”的智慧，克服了西方文化中超验世界与现实世界的二元对立，极高明而道中庸，它没有宗教的迷狂，而把人生的快乐谱写成自然的旋律(顺天知命)；没有彼岸天堂的向往和今世苦难的解脱，而把人生价值的现实着眼点放在道德成就上。这样，以儒家伦理价值为核心的“内圣外王”的意义世界，成为中国人安身立命的最圆满至善的根据。

但是，现代化变迁打破了中国传统文化的意义世界。在现代化进程中，以家庭血缘关系为纽带的宗法制度和社会结构解体了，以专制皇权为核心的官僚政治秩序崩溃了，加上科举制度的终结，以儒家道德价值为核心的意义体系在实践中受到了激烈的否定和亵渎。随着传统文化所建构的意义世界的解体，生活在社会大变动中的一些中国人丧失了支撑其生命活动的价值资源和意义归属，从而陷入了深刻的精神迷惘和“意义危机”。正如美籍华裔学者张灏指出的：

> “意义危机”是现代中国思想危机的一个层面……“意义危机”的源头如同人类历史那般久远，而在中国一如其他的地方，对敏锐的心灵来说，生命与世界的根本意义经常是引入的问题。当新的世界观和新的价值系统涌入中国，并且打破了一向借以安身立命的传统世界观和人生观之时，问题变得更加困扰。各种争执不下的新说使得传统价值取向的象征日益衰落，于是中国人陷入严重的“精神迷失”境地，这是自中古时代佛教传入中土后所未有的。②

按照张灏的分析，中国人在走向现代化历史过程中“意义危机”表现为三个层面的

① 方东美：《中国艺术的理想》，转自《文化的危机与展望》第118页，中国青年出版社1991年。

② 张灏：《新儒家与当代中国的思想危机》，见《当代新儒家》第58页，生活·读书·新知三联书店1989年。

"精神迷失"：第一是"道德迷失"，即原先行之有效的儒家伦理准则已经失范，而新的道德律令又未完全建立起来。第二是"存在迷失"，即内圣外王的人生境界已被认为不合时宜，那么个人安身立命之地又系何方？究竟于何处寻求存在的意义？第三是"形上迷失"，西方科学睿智成功地揭示了"形下"世界的因果必然性，然而对世界的终极目的只能表示令人难堪的沉默。那么，世界的终极目的和意义是什么？这些在传统意义网络中本属于不言而喻的东西，却在现代化过程中成为困惑现代人心的问题。

意义世界的关怀是人的生命活动的价值源泉，而面对超验世界的追向又是人得以安身立命的存在依据。现代化浪潮冲断了传统文化的意义网络，使中国人失落了生命活动的实在根基，陷入前所未有的精神迷惘，深深地感受到对自身存在价值的迷惘、困惑和焦虑，感受到精神无所寄托的失落、苦闷和无聊。但是，另一方面，人又不安于生活在一个没有意义的世界里，人生不能没有理想的追求，不能没有意义世界的支援。因此，传统意义的失落同时又意味着，中国人必须重新思考自己的存在意义这一带根本性的人生问题，必须重新建构自己的世界图景。在现代化变迁中，中国人在寻找新的价值目标、"终极关怀"和重建新的意义网络时表现了顽强的努力。在中国人走出传统文化精心建构的世界图景时，面对的是一个崭新而又陌生的世界。人们迎着现代化的挑战，同时又对现代化寄予"无限性"的希望。自从鸦片战争打开国门后，先进的中国人便把现代化作为开启中国走向未来的唯一希望。人们渐渐领悟到，中国要摆脱贫困落后，走进世界潮流，再造中国文化的辉煌，就必须现代化。一百多年过去了，到全面改革开放十多年后的今天，现代化的价值目标获得了全国人民的普遍认同。由近代被迫的现代化走向对现代化目标自觉的价值认同，这是中国人文化观念上的一次巨大的进步。

然而，现代化是一个世俗化的过程，它所致力发展的科技进步、商品经济、民主政治、开放社会、人的全面发展，都是实现人的存在价值的"形而下"的手段和过程，而不是人的存在价值的终极目的。就是说现代化是世俗的、有限的、不断变动的，而不是一个完整的超验的意义世界。用马克斯·韦伯的话说，它代表的是"工具理性"，不是"价值理性"，而只有价值理性才能满足人类存在的终极关怀。在"工具理性"的驱使和摆布下，人们走出了传统单向度道德人本主义的迷境，返回到世俗生活的真实，这是一次解放，也是历史、文化进步的标志。但是，现实的并非都是合理的，现实是达到理想的中介，而不是理想自身。当我们把"形下"的世俗过程或有限的事物作为终极目的来认同，把人生的全部意义倾注于世俗生活而不能在理想与现实之间保持一定距离的时候，就会出现新的精神迷失。由于人们把工具理性作为价值理性来追求，于是追求效率、功利、成功似乎成为人生的全部意义，这就必然丧失超越世俗生活的精神理想空间，丧失对世俗生活的批判和超越能力。理想空间的丧失，必然导致两大迷误：或者对现代化的负面因素（恶）缺乏心理准备，一旦在现代化进程中遭受挫折，发现现代化运动与主观期望的反差时，就导致深刻的失望感、情绪焦虑和信念危机；或者一味沉迷于世俗生活的感性快乐，外表生活富丽堂皇，内在心灵空虚寂寞，成为现代性行尸走肉和精神乞丐。所以，我们常常看到，在现实生活中，人们是那么急躁，那么浅薄，那么急功近利，那么斤斤计较，那么容易满足于有限的成就，那么精心地营造世俗性安乐窝。原因只有一个，现代中国人普遍把有限的价值当作了人生的终极价值。

意义世界和"终极关怀"的失落一度在现代中国人文化意识中引发的连锁反应是认同丧失、信念危机和理想冲突。

"认同"一词，在英文词汇中与逻辑术语"同一性"、"一致性"是同一内涵。这个专有名词在20世纪50年代末由新弗洛伊德派的心理分析大师艾律森（E. Erison）所采用，作为描述青少年在青春期人格发育过程中危机感特别强烈的心理特征，即所谓"认同危机"。这一术语在60年代，被欧美学术界广泛引申使用于人文学科的各个领域。而"文化认同"，按杜维明的解释是对一种文化的具体性、特殊性和内在统一性的把握。他说："既然每个文化都有其特殊性和具体性，那么一个特殊而具体的文化应当有其个性。从一个文化的基本价值取向来掌握其个性，便成为探索该文化的内在统一性（也就是文化认同）的课题。"①

文化认同表明的是作为个体的人对社会文化的意义网络和观念框架的接受和内化。人接受自己文化体系提供的意义世界，把它作为自己的信仰对象和价值原则，与自己的文化环境达到心灵的感通，这就是文化认同。近百年来的历史变迁和社会改革，传统的意义世界已被打破，而现代性文化价值体系尚在建构之中。人们生活于传统与未来之间，不知心灵应系于何方，发生失去生活理想目标的"认同危机"。在现代化变迁中，人们一方面承受着传统文化认同丧失的迷惘，一方面又积极寻找着新的意义世界，进行着文化的再认同。近代几代知识分子文化心灵上的"代沟"，正表明他们在文化再认同过程中的层层递进。直到五四时期，知识分子的主流在文化意识上自觉走向了对现代化的认同。这是中国人的巨大进步。但是，现代化是由传统走向未来的一个流动过程，它是"成为现代"而不是"现代"本身；它是手段而不是目的。在现代化过程中的文化认同，是一

① 杜维明：《儒学三期发展的前景问题》，见罗义俊编著《评新儒家》第113页，上海人民出版社1989年。

个认同又不断丧失其认同的矛盾过程。现代化的世俗化和非稳定性，无法满足人们对“终极意义”的关怀。这就是现代化进程中认同丧失的实质。

认同丧失的直接后果是信念危机。在中国百余年的现代化变迁中，中国人经历了两次大的“信念危机”。第一次发生在辛亥革命和五四前后，传统文化的意义世界随着以皇权为核心的政治秩序的解体而日渐崩溃，人们陷入极大的精神苦闷之中，李大钊在《隐忧篇》、《大哀篇》中，鲁迅在《彷徨》中都真切地流露过这种情感：一方面传统伦理秩序已经失范，另一方面又尚未形成新的人际关系和道德规范；一方面老权威已丧失了信仰的有效性，另一方面又找不到足以替代的新的信仰权威。他们一度陷入虚无、幻灭的“信念危机”。但是，五四时代的进步知识分子和有志青年之所以伟大，在于他们于“幻灭”中追求着希望，强忍着传统文化意义丧失后的痛苦，积极寻找着能给中国人重新安置“终极关怀”的价值体系，寻找着新的信仰。在十月革命感召下，中国人接受了马克思主义。

应该说，马克思主义作为集人类智慧之大成的严整的思想体系，是能够在组织人类精神生活和重建完美的意义世界上取得成功的。它那坚定的实践性格、鲜明的阶级意识和严肃的科学精神足以成为人类改造世界的最有效的“工具理性”，它那超验的理想性格，人的全面发展的人生观、价值观和远大的共产主义理想（对“自由王国”的向往）也足以满足人们对“终极意义”的关怀，成为人类生命活动的价值源泉和安身立命的存在根据，从而为人们理解自己、理解世界提供一个圆满的超验的“意义网络”。几十年的社会实践证明，马克思主义在组织中国人的精神生活、建构中国人的意义世界方面是取得巨大成功的。它的工具理性在实践中获得了成功，它的价值理性（人生观和共产主义理想）也在相当大的程度上被中国人所接受，改变了中国人的意义网络和精神结构，以致在今天不论人们是否主观上承认，实际上都受到了马克思主义的影响。

但是，中国人在接受马克思主义的时候，也存在着一定的偏差。比如把马克思主义教条化的倾向，过度强调马克思主义的实用功利性的倾向等，把马克思主义价值理性与工具理性（关于社会革命的某些具体战略、策略）混为一谈，不作区分，结果把马克思主义的远大理想当作指导现实生活的具体原则，既现实又超越的马克思主义变成了一套极具实践价值的“经世之学”。这样一方面限制了马克思主义理想意义对现实工具理性的导引和批判功能的发挥，另一方面，当现实生活中的实践原则出现失误时，而动摇对马克思主义终极价值的信仰。这种局限导致了“文革”后的第二次信念危机。“文革”把教条主义推向了极端，导演了现代迷信的悲剧，人们怀着宗教迷狂式的虔诚把野心家从马克思主义、毛泽东思想中肢解出来的每一句话都当作终极价值来信仰，当噩梦醒来后，巨大的心灵创伤和上当感把一代人抛向了“信念危机”的深渊。这种危机带来的精神震撼是沉重的，致使当拨乱反正改革开放的大潮崛起后，人们普遍缺乏承受社会变革的信仰，“而一个社会，要是没有这样的信仰，就不会欣欣向荣；甚至可以说，一个没有共同信仰的社会就根本无法存在”。①

现代化变迁中，中国人精神失迷的又一表征是理想的冲突。在一种文化整合度高、社会文化结构稳定单一的社会形态中，由于生产方式和生活方式的共同基础，社会成员无论是在社会理想、道德理想还是个人人格理想方面大体上是趋于一致和相近的。共同的理想对于社会生活的组织动员和维持社会稳定起着重要的作用。例如在我国传统社会中，以自然经济为基础的“大同”社会理想和“成圣成贤”的道德理想，为大多数社会成员所接受和认同。个人的人生理想也大体上是循着这样的价值取向选择的。共同的理想使传统中国人生活在和谐的人际关系中。现代化变迁冲垮了中国传统社会的经济基础和上层建筑，引起了中国人文化认同的丧失和信念危机，同时也给人们的理想追求带来困惑和迷茫。目前中国人的理想冲突最突出地表现在个人主义与共产主义理想的冲突上。1949 年以后马克思列宁主义在中国的伟大成功，使共产主义成为绝大多数中国人普遍认同的社会理想，人们的道德理想和个人理想也基本上是按照共产主义价值体系建立的。这种理想认同在 50 年代至 60 年代初是比较成功的。但是，“大跃进”的失误，特别是“文革”的动乱，使共产主义理想在一部分人心目中产生了动摇。加上改革开放带来的生活方式和文化意识的多样化，商品经济对个人利益、个人权利和个人价值的肯定，以及不健康的社会风气的影响，加剧了拜金主义、个人主义与共产主义理想的冲突。

个人主义在历史上（反封建启蒙时代）曾起过一定的进步作用，而对个人价值、个人利益的尊重直到今天也是启动社会发展内在活力的重要途径。但是个人主义作为一种理想，它以个人为中心，以个人利益高于一切为基本准则，是与具有中国特色的社会主义现代化运动所要达到的共同富裕、文明、友爱的理想目标相偏离的，也是与即将走向 21 世纪的人类文明日益渴望和平、沟通、理解和互补的总趋向相背离的。因此，即使在具有“个人主义文化传统”的西方社会，极端的个人主义也日益成为社会文化发展的负面价值。以个人为本位的现代消费主义、享乐主义、自我表现主义、虚无主义和无度的

① 托克维尔：《论美国的民主》第 524 页，商务印书馆 1988 年。

个人私欲正在引起西方社会学家的忧虑。① 美国学者罗伯特·贝拉呼吁，“个人主义可能已经变异为癌症”，它将会把社会瓦解为一片沙砾场。“现代个人主义正在向人们提供一种既不适于个人也不适于社会的生活方式”。②

在正致力于现代化运动的中国，个人利益和个人价值是不应忽视的，个人能力和创造性的发挥，依然是社会改革需要解决的课题。但是，个人主义作为一种人生价值理想的时代已经成为过去。现代商品经济需要健全的个人原则，需要每一个人内在潜能的充分发挥，但是能够调动起人的全部创造力的精神驱动力不是极端的个人主义设计，相反，它是将个人利益与社会利益、自我与他人、权利与义务高度有机结合起来的共产主义理想。“在那里，每个人的自由发展是一切人的自由发展的条件。”③ “各个人在自己的联合中并通过这种联合获得自由。”④ 个人利益只有与高尚的理想相结合，才能创造幸福。

四　现代中国人的道德困境

中国是一个有着深厚道德基础的国家，在近代以前，是举世公认的礼仪之邦。道德文化是中国传统文化中最重要且最成熟的部分。古代经济、政治、军事、教育、文学、艺术、哲学乃至宗教，无不打上道德印记，以致不少学者把“泛道德主义”作为中国文化的基本特征之一。

在以自然经济为基础、以宗法关系为纽带的中国传统社会漫长的历史演变中，逐渐形成一套庞大而严密的道德文化体系。在这个体系的上层有儒家道德哲学，它设定了中国人的道德理想、价值、人伦秩序和行为规范，执行着中国人的人格导向和心理塑造功能。这是中国文化伦理本位的“大传统”。在道德体系的下层，是“大传统”在人们心理结构中积淀而成的道德意识、道德信念、道德心态和道德情感。这是中国文化伦理本位的“小传统”。千百年来，儒家道统和社会礼俗相结合，“大传统”与“小传统”相表里，共同营造了中国人温柔敦厚的东方人文性格，给传统中国人提供了稳定的价值支援和理想认同。中国传统社会的经济结构、政治结构、精神结构历久不变的同质性和稳定性，

---

① 参阅丹尼尔·贝尔：《资本主义文化矛盾》，生活·读书·新知三联书店 1989 年。

② 罗伯特·贝拉：《心灵的习俗——个人主义及其在美国人生活中的表现》，转引自《关于个人主义问题的思考》，《教学与研究》1990 年第 4 期。

③ 《共产党宣言》《马克思恩格斯选集》第 1 卷，第 273 页，人民出版社 1973 年。

④ 《德意志意识形态》《马克思恩格斯选集》第 1 卷，第 82 页，人民出版社 1973 年。

与传统道德文化和伦理精神密不可分。

中国传统道德文化和伦理精神主要的特点是：第一，强调以家庭血缘关系为基础的人伦关系。家国同构的社会组织形式使伦理关系成为中国人最主要的人际关系。传统伦理以“孝”为核心，对父子、长幼、夫妇之间的人伦价值十分重视，君臣、朋友、师徒关系是家庭人伦的扩展延伸。第二，在家庭人伦关系的基础上，建立起一套完整的社会等级秩序和原则（礼制）。第三，以社会人伦义务为体位的道德行为模式和道德评价标准，轻权利而重义务。第四，注重人际关系、社会关系和谐的道德心态。第五，强调身心修养，以“圣贤”为楷模的人格理想。这些特点，体现了中国伦理的基本精神蕴涵，对中国人的道德品质、道德风尚的形成和人格整合，在历史上发挥了重大作用。中国伦理道德文化在组织社会、笼络人心方面的力量是如此之大，以致社会可以主要不靠武力、不靠宗教、不靠法治而维系两千年一贯制的大一统局面。

然而，近代以来，在西方文化的冲击下，随着传统社会的解体和整个封建文化的衰落，传统道德文化也渐见式微和衰败。在五四时代，更受到陈独秀、胡适、鲁迅、李大钊、吴虞等一大批激进知识分子的强烈批判，从而使以儒家思想为主体的传统道德文化在中国发生了整体性的危机。传统的道德哲学受到了人们的怀疑和否定，不再能为人们提供普遍有效的价值意义和道德信念；传统的道德秩序也日益受到新的生活方式和人际关系准则的挑战；在几千年漫长岁月中形成的道德禁忌，日益受到人们的破除和亵渎。要之，传统道德律令不仅难以成为人们行为“合法性”的根据，而且它自身存在的合理性似乎也成了问题。

传统伦理的蜕变与现代伦理的产生是一个充满矛盾的漫长的过程。五四时代人们提出的反对旧道德、提倡新道德的历史任务，需要相当长的时间才能完成。一方面，旧道德作为一种意识形态不会随着经济结构、政治结构的变革而立即消亡，即便是表层的道德秩序、道德规范发生了变化，而深深积淀在中国人深层心理结构中的“道德无意识”（道德心态和习惯）却很难一时改变。况且，旧道德作为一个时代的文明形式，它既有历史的局限性，又有时代的超越性；既有特殊性的规范，又有一般性的规范；既有不可继承的东西，又有可以继承的东西。因此，旧道德的消亡不仅需要时间，而且需要在社会文化变迁中通过分解，被新道德消化吸收后才会实现。另一方面，新道德的建构也需要一个漫长的过程。这是因为新道德赖以发展的经济基础和政治制度不会被历史现成地“给予”，它需要经过现代化过程的再塑造。更主要的是，现代道德和伦理精神要真正建立起来，也应像传统道德那样，不仅要建立显型的道德关系、道德秩序和道德理想，而且需要渗透到人们的深层心理结构中，内化为隐型的道德心态、道德信念和道德美感。况且，任何新道德都不会凭空产生，它需要从历史传统中寻求资源，从现实生活中提炼理想，并且在社会发展过程中将传统美德与现代理想加以有机的综合。传统道德形亡而神在，现代道德形立而神虚，这就必然形成新旧道德的矛盾交叉：一方面传统道德文化和伦理规范体系已经解体，另一方面现代的道德体系和伦理规范体系尚未完整地建构起来；传统伦理已经无力给中国人提供终极的价值意义，现代道德正在形成中，因而也不能给我们提供终极的价值意义。两种道德文化只有通过矛盾斗争，新道德才能日趋成熟，旧道德才会最终被新道德取代和消化吸收。

现代中国人生活在新旧道德的历史嬗变期，承受着新旧道德的冲突，一面被新生活所诱惑，一面又被旧心态所禁忌，陷入了无法回避的道德困境。这种困境主要表现在这样几个方面：

其一，道德价值上的困境。道德价值即道德主体对自身行为合理性、正义性、崇高性的理解，是人们对高尚的道德行为、优秀的道德品质、崇高的道德理想所产生的“敬意”，对卑下的行为、庸俗的品质、低级的趣味所产生的“耻感”。在道德价值整合度较高的文化环境中，人们对何者为荣，何者为辱，何者为善，何者为恶，何者为洁，何者为污，何者为美，何者为丑，何者为高尚，何者为鄙俗等，是一目了然的，或者是约定俗成的。人们能不加思索地做出符合多数人普遍接受和认可的道德准则的判断。而在道德转型的过渡时代，人们受到双重标准或多元标准的影响，似乎无论哪一种标准都有一定的“合法性”，而任何一种标准的背后，又可找到一种反向标准，它同样有存在的合理性。这种情境，使当今道德评价变得模棱两可，流荡失据。人们在道德评价上不再相信有一个适合于一切人的恒定的标准，常常陷入自相矛盾的窘境。

其二，道德选择上的困境。在双重或多元价值标准的社会评价系统下，任何一种活动，一种现象，都会因价值标准不同而得到不同的评价。而评价失范必然导致道德选择的迷惘。任何一种选择，都可获得一种价值观的文化支援，受到一种价值标准的肯定或赞扬，而同时又会受到另一种价值标准的否定和讥评。这种选择的矛盾冲突，今天渗透到社会结构的各个层面，人们常常感到它的存在。例如人们的职业选择、婚姻选择、人际关系选择、行为方式选择、理想人格的选择，总难以找到一种最具充足理由的方向。选择失衡，使人们普遍对自己所承担的社会角色丧失信心或诚心。走“黑道”的人（知识分子）不再安于为人“传道、授业、解惑”的理想，开始羡慕走“黄道”（商人）和走“红道”（官员）的人的钱财和气派。走“黄道”的人不安于“理财之道”，而羡慕学者的清高和官员的威望；走“红道”的人也开始在“黑黄”交叉的十字路口徘徊，权、财、名集于一身岂不更妙。文化和道德选择，仿佛成为钱钟书笔下那座“围城”：里面的想爬出来，外面的想挤进去。

其三，各式各样的非道德主义泛滥。非道德主义是这样一种倾向，即反对任何道德约束，主张放任自流，用虚无主义来对待社会提倡的道德理想和行为规范。非道德主义的实质是一种极端的个人主义和颓废主义的结合体。一般说来，历史上的非道德主义往往出现在社会结构大动荡的时代。例如在罗马帝国晚期，非道德主义和纵欲享乐的人生观盛极一时；在西方文艺复兴时期和资产阶级革命时期，也曾不同程度地出现过非道德主义。我国南北朝时期和明清之际也出现过类似现象。在现代化变迁中，中国人的伦理精神正在发生历史性的嬗变，人们的传统道德意识相对松弛，非道德主义在一定范围内开始抬头和泛滥。社会越轨和失范现象时有发生，这种情况表现在道德生活的许多方面。例如职业道德的削弱和行业不正之风的泛滥，以权谋私、以职图利、收受贿赂、生活腐化，已成为败坏党风政纪的社会公害；商业活动中的见利忘义，以坑、蒙、拐、骗获取暴利的现象时有发生；家庭婚姻方面的“第三者现象”、“性自由”、“形式夫妻”往往受到某种程度的宽容。甚至许多在新中国已经绝迹的丑恶现象又死灰复燃，沉渣泛起，如吸毒、赌博、纳妾、拐卖妇女儿童等，一再给社会生活、个人生活带来严重危害。

其四，社会道德控制机制迟滞低效，道德评价和舆论监督弱化。一个社会要形成稳定的道德秩序，创造良好的社会风尚，保证精神文明的健康发展，必须建立有效的道德控制机制。社会道德的控制一是要有社会舆论监督，一是要有每个社会成员的“良知”自律。舆论监督是指通过大众传播媒介做好道德导向，赞扬有益于社会、有益于精神文明和物质文明发展的道德行为，宣扬具有时代精神和现代文明价值的新人、新事、新观念、新生活方式，批评和谴责不利于社会发展，阻碍现代化建设的非道德行为，批判与时代精神和现代文明价值相背反的封建道德的遗毒，批判腐朽颓废的道德虚无主义和极端个人主义、享乐主义人生观、价值观。良知自律是道德主体的自我监督，它能通过自我反省、自我评价来净化人格心灵，培养良好的道德品质和理想境界，从而调节和控制自己的行为，使之符合社会的需要。然而，由于我们面临着道德价值观上的新旧交替，执行着双重的价值标准，缺乏统一的权威性的道德理想，必然造成社会舆论监督的混乱和道德良心的淡化，使社会道德控制系统无法发挥其职能。人们做了正义性牺牲和奉献，却得不到社会赞美，而做了道德有欠的事，又感觉不到羞辱。这是今日中国人无法解脱的又一道德困境。

其五，道德教育的扭曲变形。道德品质是后天培养的结果，而不是人的先验本质。要使人养成高尚优美的道德人格，离不开有效的道德教育。道德教育是根据社会的道德价值对社会成员进行关于道德观念、道德规范、道德理想等方面的教育，以培养和形成人们高尚的道德品质，影响人们的道德活动。在道德价值整合度极高的传统社会中，家庭教育、社会教育、学校教育以及个人自我教育，在道德目标上是高度一致的，这保证了传统道德教育的成功。现在我们面临的问题是，由于双重价值标准并存，道德教育的内容往往缺乏一致性和稳定性。有时出现把相互对立的东西一起向受教育者灌输的现象，比如现代学校教育，一方面向学生灌输着共产主义理想，一方面又把斤斤计较的市侩习气带给了学生。家庭教育也是一样，对于独生子女，父母一边注意培养他们的独立性格和爱劳动、爱他人的品格，另一方面不知不觉地把自私自利、依赖他人的消极品格带给了孩子。道德教育的理想性与现实生活中非道德性之间的较大反差，社会不良风气的影响，往往使道德教育流于形式，甚至助长受教育者的逆反心理，对道德教育产生排拒和抵触。道德教育缺乏一致性，道德理想与现实生活的矛盾，严重降低了道德教育的水准和影响力。

道德教育最有效的方式是真诚，只有真诚而不是做戏，才能使教育者与受教育者之间形成道德情感和道德信念的共鸣。而现代道德教育最大的误区是受教育者与教育者之间缺乏真诚的交流。一面是振振有词的官话套话（缺乏人格感召），一面是装模作样的“雷厉风行”（缺乏信念投入），双方似乎都是让对方“听”，让对方“看”的，结果，道德教育与道德一样，成为一种外在的价值，而不是圆满自足的内在价值。古人说得好，德者得也，有得于己是谓有德。道德之谓道德，就在于它是一种真诚的自觉的向善，而不是“修其天爵以要人爵”的虚伪的手段。现代道德教育的“说教”式，是导致现代人道德扭曲的又一因素。

现代中国人的道德困境，妨碍着社会主义物质文明和精神文明的有序发展。道德价值新旧交叉，造成现代人的价值紊乱和道德选择上的迷惑。而人生活在社会上又必须做出选择。结果使我们陷入自相矛盾的窘境：在传统与现代化之间，不知如何做人才是理想的。传统的过于保守，而现代的又有些不习惯，一面受着现代的诱惑，一面又受着传统的约束。我们总无法为自己的存在找到圆满的“善”。社会主义物质文明精神文明的建设，离不开具有内在活力的完整的文明主体。他们不仅要有现代知识技能，而且要有现代生活方式、现代道德心态和现代人格理想。这就需要走出自相矛盾的道德困境，重建与现代化目标相一致的新型的道德文明。

重建具有中国特色的现代道德文化体系和体现时代精神的伦理精神，是每一个中国人面临的道德选择的必然趋向。这种选择的根本出发点应是对现代中国所处的社会历史阶段的性质和时代主题的把握。现代中国正处在由传统文化走向现代化的历史过渡时期，这一时期的历史主题是全方位的社会现代化。因此，我们的道德选择，我们的道德文化和伦理精神的重建，就必须始终把握住这一时代主题和历史发展趋势，确立现代化的价值目标。就是说我们要建立的是与现代化价值目标相一致的，适应现代化需要并能促进其发展的道德文化和伦理精神。这种道德文化和伦理精神的基本原则应是：（1）自强不息的敬业精神与团结互助的集体凝聚精神的统一；（2）以民族主义精神与爱国主义精神为核心，以共产主义精神为理想境界；（3）事业上人人竞争，生活上相互理解、支持和宽容；（4）尊重自我，理解他人；个人生活的多样性与社会团体生活的求同性相结合；（5）外在的实用功利性与内在的道义圆满性相一致。这五项原则是与商品经济、民主政治、开放社会以及人的全面发展的现代化目标相一致的，也是与现代中国人渴望走出道德困境的要求相吻合的。

重建现代中国的道德文化和伦理精神，必须牢固把握现代化价值目标，服务于现代化发展的需要。但是，“重建”不同于虚构。现代道德不会凭空产生，它来自于对传统美德的历史继承。建设中国的现代道德文化，必须对传统道德文化中的积极因素、有利于现代化的因素进行认真的清理和批判继承。比如对于传统的“礼”，我们可以抛弃其等级义，借鉴其秩序义；对于传统的“忠”，我们可以废弃其忠君义，将其转换为忠于国、忠于职、忠于事、忠于理等现代义。其他道德规范，也可根据具体情况加以创造性的转换，用古老道德为现代生活服务。只有取传统精华而用之，才能弃传统糟粕而废之。在这方面，日本对中国儒家伦理的借鉴改造是值得我们学习的。他们十分重视对中国传统道德的“礼”与“忠”的改造利用，而对“仁”的精神却不那么重视。① 而实践已经证明，“礼”对秩序的肯定，“忠”对个人责任感的强调，在日本现代化过程中发挥了十分积极的作用。而这两个规范，在我国自五四以来，一直是遭到彻底批判的。在重建现代伦理精神的今天，我们应该把反省传统的着眼点放在继承与弘扬这一方面。在现代价值理想的导引下，让传统美德为现代生活服务，这同样是由传统文化走向现代化必须做出的选择之一。

重建现代中国的道德文化与伦理精神，还需要良好的社会生活环境的建设。人与环

① 参见森岛通夫：《日本成功之路——日本精神和西方技术》第 4—5 页，经济日报出版社 1986 年。

境是相互作用的。人改造和适应着环境，环境也影响和改造着人。人在与环境的相互作用中，改变着自己的生活方式、文化心理、道德风尚和理想选择。因此，我们重建现代中国的道德文化，离不开优化我们的社会环境，使社会经济环境、政治环境和教育环境尽可能成为中国人养成良好的道德风尚的外因。只要商品经济日益繁荣有序，民主法制日益严整完备，社会教育日益发达合理，我们就一定能建立起具有中国特色的现代伦理精神，与此同时，我们将逐步摆脱困惑和迷失，走出道德困境的峡谷。

本章着重探索了传统文化与现代生活矛盾冲突的一面，然而，传统文化的历史积淀与现代文化的发展创新又有兼容承续的一面。20 世纪末叶的哲学和人文科学要真正成为“时代精神的精华”，就必须正视过渡时代的文化冲突，同时自觉研究传统文化与现代文化逆向互补、综合创新的具体途径，从而为中国文化现代化的实践做出正确的理论导向。

第四篇　马克思主义与中国文化复兴之路

我们共产党人，多年以来，不但为中国的政治革命和经济革命而奋斗，而且为中国的文化革命而奋斗；一切这些的目的，在于建设一个中华民族的新社会和新国家。在这个新社会和新国家中，不但有新政治、新经济，而且有新文化。这就是说，我们不但要把一个政治上受压迫、经济上受剥削的中国，变为一个政治上自由和经济上繁荣的中国，而且要把一个被旧文化统治因而愚昧落后的中国，变为一个被新文化统治因而文明先进的中国。

——毛泽东

第十章　马克思主义与中国文化现代化

第一次世界大战后，欧洲文化中心论遭到了破产。此时，中国文化界对西方文明的看法也发生了变化。五四运动前后，辜鸿铭、杜亚泉、梁启超、梁漱溟等东方文化派在这种背景下应运而生。他们对近代以来中国人所热烈追求的西方文化提出的共同疑问是：难道文明的发展就是为了互相残杀？就是为了用人类创造的文明来毁灭人类自身？在思想界率先宣扬“东方文化救世论”的是曾热心宣传西学，鼓吹“新民说”的学界名流梁启超。他在1920年出版的《欧游心影录》中生动地描写了西方的社会危机和文化危机。但他并不了解西方文化危机的真正根源，浮浅地把西方的社会和文化危机归结为科学技术的发展，是“唯物的机械的人生观”造成的人间悲剧。

当东方文化派大喊西方文化破产的时候，李大钊、陈独秀等激进的民主主义者对西方欧美式的资本主义文明也发生了怀疑。然而，他们没有像新传统主义者那样寄希望于“东方文明”或“儒学复兴”，而把眼光投向了刚刚发生历史性巨变的俄罗斯文明，“走十月革命的路”成了他们的自觉选择。中国马克思主义先驱者们一方面把唯物史观引入文化研究，使20年代的文化论争走上了科学研究的道路；另一方面他们把反封建文化启蒙运动与工人运动、农民运动相结合，使新文化运动走上了实践的层面。马克思主义在中国的传播发展，为中国文化的现代化指明了正确的航向，为中国文化与民族精神的重建，提供了科学的世界观和方法论。

一　马克思主义与社会主义道路的认同

近代以来，先进的中国人曾长期向西方学习，他们先“言技”后“言政”，从改良到革命，以为只要走西方的道路，就可以外御列强，内建民国。但是，在帝国主义和封建势力统治下，他们的理想总不能实现。辛亥革命后“民国”的场场闹剧仿佛给中国人造成一种直觉，似乎“西洋之梦”不适于中国。欧战的“血雨腥风”又真实地暴露了西方资本主义文明的矛盾，从而打消了中国人企图润泽于“欧风美雨”之下的渴望，增加了他们对西方资本主义制度的怀疑。此时的一代知识分子发生了分化：一部分人由于苦闷、彷徨而陷入了虚无主义和复古主义，他们是中国走向现代化的大浪中最先被淘汰的那部分人。另一些人依旧固执地在风雨如晦的中国一面劈斩封建文化的荆棘，一面抛开了资产阶级“共和”理想，在新旧交叉的十字路口，上下求索着新的出路，盼望着“于政治、社会、文学、思想、种种方面开辟一条新径路，创造一种新生活”。①

1917 年俄国革命的胜利和世界革命风潮的兴起，使正在谋求出路的中国先进知识分子在黑暗中看到了文明的“新曙光”，在困惑中看到民族解放的新希望。由于帝国主义和军阀的封锁，开始中国人并不了解俄国发生的真实情况，但他们很快从当时的一些片断报道中感到，这次革命完全不同于 18 世纪的法国大革命和以往任何一次革命。1918 年下半年，李大钊相继发表了《法俄革命之比较观》、《庶民的胜利》、《布尔什维主义的胜利》等文章，热情洋溢地歌颂了十月革命。并自觉地将这场革命与马克思列宁主义联系了起来，指出：“他们的主义，就是革命的社会主义；他们的党，就是革命的社会党，他们是奉德国社会主义经济学家马客士为宗主的。”在十月革命的感召下，从 1919 年五四运动开始，马克思主义在中国开始广泛传播。李大钊首先把他主编的《新青年》（6 卷 5 号）编为“马克思研究专号”，并帮助《晨报副刊》创辟“马克思研究”专栏，作为宣传马克思主义的园地。他在《我的马克思主义观》等文章中，着重介绍了马克思的唯物史观、剩余价值理论和科学社会主义学说。与此同时，陈独秀也开始宣传马克思主义，并提出了建立中国共产党的设想，认为要实行俄国式的“劳农革命”，“非有一个强大的共产党来做无产阶级的先锋队与指导者不可”。

在“南陈北李”的积极倡导下，1920 年《新青年》社出版了《共产党宣言》第一个全译本（陈望道译），此后，马克思的《雇佣劳动与资本》、恩格斯《社会主义从空想到科学的发展》、《反杜林论》的部分章节、列宁的《无产阶级专政时代的经济与政治》、《国家与革命》的部分章节也相继传入我国。这些著作如同普罗米修斯“神火”很快照亮了一大批进步青年的人生道路。他们纷纷结社，研究马克思主义和科学社会主义。毛泽东、蔡和森、何叔衡等在湖南组织了“新民学会”，成为湖南宣传马克思主义和领导爱国

① 《李大钊文集》（上）第 539—540 页，人民出版社 1984 年。

民主运动的核心。周恩来、郭隆真、邓颖超在天津发起组织了“觉悟社”，并创办《觉悟》，宣传马克思主义，组织领导进步学生的爱国民主运动。

马克思主义在中国的传播，标志着中国现代知识分子的真正觉醒，从更深广的社会和文化意义上说，它开辟了一条由近代反帝反封的民主革命走向社会主义革命，由半殖民地半封建的近代文化走向新民主主义和社会主义新文化的历史起跑线。

然而，马克思主义正如在它的欧洲故乡是在斗争中发展，在实践中完善的一样，它要在中国这块古老的东方大地上生根、开花、结果，也必然要经过思想斗争的洗礼和社会实践的检验。“岁寒而后知松柏之后凋也”！五四时期胡适的实用主义、梁启超、张君劢的吉尔特社会主义以及区声白、黄凌霜的无政府主义与马克思主义之间展开了三次大论战，不仅没有阻止住马克思主义在中国的传播，相反，它进一步扩大了马克思主义的影响，使一大批人在“启蒙救亡”的道路上实现了对马克思主义科学社会主义理想的价值认同。

马克思主义思潮的崛起，不仅遭到了反动军阀政府的摧残，而且引起了一部分封建遗老、遗少和资产阶级自由主义知识分子的忧虑和反对。他们联合起来共同对付这一在欧洲掀起天翻地覆运动的“过激主义”。率先向马克思主义发起挑战的是资产阶级自由主义者和实用主义信徒胡适。在新文化运动前期，他也曾与陈独秀、李大钊等人一道与封建旧文化对垒，一度成为新文化运动“执牛耳”的人物，然而资产阶级自由主义立场使他与马克思主义格格不入。1919 年 7 月，他在《每周评论》上发表了《多研究些问题，少谈些主义》一文，继之又写了《三论问题与主义》、《四论问题与主义》，批评马克思主义大偏向“阶级自觉心”，在反对“空谈抽象的主义”名义下反对在中国传播马克思主义。李大钊看了胡文后，立即写下《再论问题与主义》一文，批评了胡适“一点一滴”的改良主义，主张用马克思主义阶级斗争原理对中国社会问题“根本解决”。为此，就要使社会上的多数人接受一个“共同趋向的理想主义”。因此，宣传主义与研究问题“这是相互为用的，这是并行不悖的”。“问题与主义”之争，其实质是要不要在中国传播马克思主义，要不要对中国社会进行根本改造。胡适为代表的一部分自由主义知识分子走上了“研究问题，输入学理，整理国故，再造文明”的文化改良主义道路，虽在各自学术领域里取得不少成绩，但终因脱离民众而成为落伍者。而李大钊等马克思主义者坚持“由经济上解释中国近代思想变动的原因”，逐步走上与工农相结合的道路，从而把新文化运动引向了社会实践的正确航道。

十月革命不仅给中国人民送来了马列主义，而且为正在谋求解放的中国人开创了一条走向社会主义的道路。然而“走俄国人的路”有无普遍必然性？中国人能否走这条道路？这是摆在中国马克思主义者面前又一必须解决的重大理论与实践问题。1920年下半年，正当中国共产党酝酿成立之时，张东荪、梁启超等人在他们主办的《时事新报》和《改造月刊》上连续发表文章，反对在中国走社会主义道路。其代表作是张东荪的《现在与将来》和梁启超的《复张东荪论社会主义运动》。梁启超宣称“确信此主义必须进行”，然而认为在当时倡导社会主义无疑为“隔靴搔痒”，因为在中国“有业无业乃为第一问题”，尚谈不上“有产无产”之争。主张“借资本阶级以养成劳动阶级而实行社会主义之准备。”张东荪也同此论调。认为在中国当时之要求“非改良劳动，乃创造劳动”，当务之急不是实行社会主义，而是借资本主义以发展实业。奇怪的是，他们一面反对社会主义，一面又把举办平民事业，消费合作社、提高工人福利、调和劳资矛盾当作社会主义进行鼓吹。其实质是用社会改良主义和假社会主义来取代科学社会主义，早期马克思主义者在《新青年》、《共产党》、《先驱》等刊物上发表了不少论战文章，批判了张梁的资本主义救国论，论述了社会主义在中国发展的历史必然性。马克思主义者李大钊、陈独秀、李达等认为，“增强国力，开发实业”，社会主义并不反对，相反，在半殖民地半封建的中国只有社会主义才是救治贫穷、落后的“对症之方”。

尽管在这次论战中年青的马克思主义者在理论上还有不成熟的地方，如对中国革命分两步走及其具体道路还认识不够，但是他们联系十月革命后世界经济、政治格局的新变化，坚持在中国发展工农运动，发展社会主义运动的基本方向，这种选择无疑是正确的。它标志着鸦片战争后中国人的文化选择克服了盲目性和自发性，实现了真正的理论自觉。此后，千百年来中国人一直向往，但直到康有为依然由于找不到现实道路而不免陷入空想的“大同理想”，不再是一种可望而不可即的空想，而变成了把千百万中国人凝聚在同一个伟大实践中的科学理想。

马克思主义者与张梁论战方酣，黄凌霜、区声白等无政府主义者从另一个侧面又发起了挑战。中国是一个小资产阶级（分散的小农经济）众多的国家，且一向有着自由散漫的传统习惯，无政府主义在这里有着广泛的社会基础。因此，20世纪初当无政府主义在欧洲开始走向衰落的时候，在我国却找到了市场。早在辛亥革命时期，无政府主义便传到我国。1912年刘师复在广州建立了中国第一个无政府主义组织——“心社”，并出版了刊物《晦明录》（后改为《民声》），到1919年五四运动前夕，黄凌霜、区声白、易家钺等又先后在常熟、南京、北京、山西等地建立了“无政府共产主义传播社”、“实社”、“群社”、“平社”等无政府社团。他们虽对不平等的现实愤懑，却反对无产阶级有组织、有纪律的阶级斗争；他们虽然痛恨封建势力和资产阶级国家、法律等“强权”，却又反对无产阶级专政的国家学说；他们虽然沉湎于“各取所需”的幻想，却反对社会主义的“集产主义”。无政府主义虽然是一朵“不结果实的花”，但它那理想主义的招牌却妖美动人，颇能干扰无产阶级社会主义运动。

对无政府主义这种以极端的个人主义为核心的小资产阶级思潮，陈独秀、李达等马克思主义者同样进行了回击。陈独秀在《论政治》一文中针对无政府党反对“一切强权”的独断主义，指出，不同的国家、政治、法律，有不同的阶级实质。剥削阶级的国家、法律“把劳动阶级压在资本势力底下，当作牛马机器还不如”，而要打碎这种“强权”，只有把被压迫阶级造成新势力。像无政府主义那样天天空想自由组织的社会出现，再过一万年，被压迫者也没有翻身的机会。另外，马克思主义者还批判了无政府主义把民主与集中、自由与法制、个人与团体对立起来的极端个人主义观点，并澄清了他们对俄国“劳农专政”和苏维埃政权的丑化和攻击。如果说“关于社会主义”的论战从理论上解决了中国“向何处去?”这一近代以来中国人不断探索的问题，那么马克思主义与无政府主义的论战，则进一步明确了“政权问题”这一社会主义运动的核心问题。

三次大论战促进了马克思主义科学社会主义在中国的传播，但社会主义要从理想变为现实，还需要一个艰难的创造性转换过程。机能主义的文化理论认为，在文化移植中有一个普遍性的规律：当一种文化最初移植到另一种“异质文化区域”，还未与当时当地的文化环境相适应、相结合时，外来文化是无法存在下去或发挥其应有的社会功能的。这里首先需要外来文化根据新的环境对自身结构功能进行调整和改造，以便为当地文化融化吸收。本地文化在吸收融化外来文化因子的同时使自身被改造，从而演化为一种具有优势的文化范型。

马克思主义在中国传播和科学社会主义在中国移植也是这样。当马克思主义在五四时期刚刚传播开来时，它自身的确存在一些与中国传统文化和国情不相协调的因素：唯物史观与传统的“圣人史观”是不合拍的；它那以矛盾斗争为核心的辩证法思想与中国古典哲学的“中庸调和”的方法论也是格格不入的；它那科学精神、民主观念与中国哲学的直觉主义、伦理学中的忠君观念也不大相容；它那以工业无产阶级为主导力量的城市工人武装起义的革命方式，在中国这一落后的半殖民地半封建的农业大国同样是感到陌生的。之所以如此，就是因为马克思主义创始人在创立自己学说时，无论对西方文化传统作过多么激烈的批判，它依然是近代以来西方文化科学主义和人文精神的结晶或最高成就。这种文化特质恰恰是在上千年农业文明和宗法社会中积淀而成的中国文化传统中所缺少的。当然，马克思主义作为人类共同的精神财富，特别是被压迫阶级解放的学说，与中国文化又有某些表面相同的因素，例如它那共产主义理想与中国的“大同理想”，它那反对压迫、反对剥削的主张与中国古代农民“均贫富”、“等贵贱”的朴素要求等，但这种形式上的相似属于两个不同时代、不同历史主体的文化范畴，是不能等价而语的。

以上的比较可以说明，马克思主义在中国知识界的传播，并不等于在中国文化中扎根。要把马克思主义从理论层面的“引进”变为实践层面的嫁接，要把“俄国式”的社会主义理想，变为中国式的社会主义现实运动，并非易举，它需要中国马克思主义者在实践中付出艰辛的努力与求索。问题在于找出马克思主义与中国文化、中国国情的结合点。五四运动之所以伟大，它之所以成为我国文化现代化的真正的开端，就在于它找到了这一中西文化在现代历史时空的结合点，即知识分子与工农相结合，马克思主义与中国革命实践相结合。正是在这两大结合的过程中，为我国当代社会主义运动由理想到现实的创造转换提供了现实的可能性。

然而，马克思主义与中国革命实践相结合，并不是一帆风顺的，而是艰难曲折的，为此，中国的马克思主义者经过极为痛苦的探索，中国革命也付出过高昂的代价。人们不会忘记，中国第一代马克思主义者在传播马列主义，倡导社会主义运动方面的不朽贡献。但毋庸讳言，他们当中一些人在理论上有一个共同的弱点，即不懂得中国的国情和中国革命道路的特殊性。相反，他们盲目照搬“第三国际”的“本本主义”，盲目模仿俄国十月革命的具体形式。无论后来沦为取消主义的陈独秀，还是把马克思主义极端教条化，“对共产国际路线百分之百忠实”的王明，他们之所以犯错误，就是因为他们的“机会主义和冒险主义，都是以主观和客观相分裂，以认识和实践相脱离为特征的”。（毛泽东语）

中国工农运动的一次次失败，使马克思主义者充分认识了“食洋不化”的教条主义的危害性，加速了马克思主义者对中国革命具体道路和特殊规律的探索。在中国革命的艰苦岁月中，毛泽东同志等马克思主义者不断总结经验，逐步摸索出一条中国式的从民主革命到社会主义革命的具体道路，即以农村包围城市，最后夺取城市，武装夺取全国政权的道路，创造性地发展了马克思列宁主义。新中国成立后的社会主义实践，特别是十多年改革开放的社会主义现代化实践，取得了举世公认的成就，以充分的事实雄辩地说明，社会主义具有无比的生命力，它在民主革命时期，作为一种理想目标，曾引导中国人民走出了半殖民地半封建社会的深渊；在今天，它作为一场现实运动，正在而且必将把中国人民引向繁荣、富强、民主、昌盛的未来。

重温历史和反观现实，我们感到，以马克思主义为理论基础的社会主义理想，在长期革命和建设中，它已成为现代中国文化的一部分，而且是最具有时代性、科学性、人民性的一部分。中国文化的现代化，无论是经济的市场化，政治的民主化，思想观念的科学化，都必须坚持社会主义道路，与社会主义理想目标相一致。

二　马克思主义与现代思想史上的文化研究

在中国现代思想史上，第一个自觉地运用唯物史观去研究中国近代以来的社会问题和文化问题的是中国马克思主义的先驱者李大钊。在1919—1920年间，他写了《物质变动与道德变动》、《由经济上解释中国近代思想变动的原因》等重要文章。针对五四运动前后的封建复古主义，从经济基础决定上层建筑这一唯物史观的基本原理出发，批判了以儒家文化为核心的传统文化的落后性，论证了以新道德代替旧伦理的必然性与合理性。

首先，李大钊认为道德随着物质条件的变动而变动。道德是人们之间物质关系的反映，物质既不能复旧，道德断无复旧的道理，“三代圣贤经训格言，断断不是万世不变的法则……拿陈死人的经训抗拒活人类之社会的本能，是绝不可能的事”。① 其次，李大钊指出，孔门伦理的基础是中国的农业经济和大家族制度。它之所以统治中国人达两千年之久，是因为它“是适应中国两千年未曾变动的农业经济组织所反映出来的产物，因它是中国大家族制度上的表层构造，因为经济上有它的基础”。② 中国历史到了近代，西洋时时都在进步的“动的文明”打败了保守的中国的“静的文明”，西洋的工业经济冲击了中国的农业经济，西洋的平权政治动摇了中国的专制政治，于是孔门伦理的基础也就根本动摇了。其三，李大钊指出，旧经济组织产生旧伦理思想；旧伦理思想的消除和新伦理思想的产生，也有赖于新经济组织的建立。随着资本主义的发展与无产阶级的壮大，中国大地上必将出现一种“劳工神圣”的新伦理、新文化。他敬告那些借复古主义钳制新思想、反对新文化的人，“你们若是无可奈何这新经济势力，那么就只有听新思想自由流行，因为新思想是应经济的新状态、社会的新要求发生的，不是几个青年凭空造出来

① 李大钊：《物质变动与道德变动》《李大钊文集》（上），人民出版社1984年。

② 李大钊：《由经济上解释中国近代思想变动的原因》《李大钊文集》（上），人民出版社1984年。

的”。①

李大钊把批评孔子主义与当时的社会经济基础的变动紧密地联系起来，对打破“孔门伦理”给予经济上的解释，从而阐明了只有改变社会基础，对社会作根本解决，才能从根本上清除孔门纲常伦理这一深刻思想。这是我国第一次运用唯物史观对儒学传统的批判。

继李大钊之后，20 年代运用唯物史观研究文化问题并取得较大理论进展的是瞿秋白。他的研究集中体现在 20 年代初所写的一些文章中，其代表作是《东方文化与世界革命》、《现代文明的问题与社会主义》。瞿秋白根据唯物史观的基本原理，对“文化”范畴的内涵与外延作了界定。他指出，“文化是人类的一切‘所作’”。它包括：“一、生产力之状态；二、根据此状态而成的经济关系；三、就此经济关系而形成的社会政治组织；四、以此经济及社会政治组织而定的社会心理，反映此种社会心理的各种思想系统。”②瞿秋白认为，文化的结构层次是客观的，如果人们研究文化问题时撇开社会经济状况，只注意社会的各种思想系统，那就会头足倒置，像“竖蜻蜓”一样被弄得头晕目眩。根据唯物史观，他指出中国式的东方文化由三个基本要素所构成：一、宗法社会的自然经济；二、畸型的封建制度之政治形式；三、殖民地式的国际地位。中国的种种文化现象均可从此三大要素中得到说明。

其次，瞿秋白根据社会发展的一般规律明确界定了东西文化差异的时代意义。他指出：“人类社会的发展，因为天然的条件所限，生产力发展的速度不同，所以应当经过的各种经济阶段的过程虽然一致，而互相比较起来，各国各民族的文化于同一时代乃是呈先后错落的现象。……东方和西方之间亦没有不可思议的屏障。正因为人类社会之发展有共同规律，所以东方文化与西方文化有相异之处；这却是由于彼此共有同样的主要原因，其仅因此等原因之发展程度不同，故有差异的结果，并非各有各的动力，以属于结果不同。此处的异点正足以表示其同点——是时间上的迟速，而非性质上的差异。”③ 这里瞿秋白提出了一个文化研究上的极为重要的问题：人类文化的发展有其共同的原因和规律，文化比较只有从这共同原因和规律入手，被比较的文化类型才具有可比性。换句话说，文化的民族性差异，只有还原为时代性问题时，才可以对被比较文化系统文明程

① 李大钊：《由经济上解释中国近代思想变动的原因》《李大钊文集》（上），人民出版社 1984 年。

② 瞿秋白：《东方文化与世界革命》《瞿秋白选集》，人民出版社 1985 年。

③ 瞿秋白：《东方文化与世界革命》《瞿秋白选集》，人民出版社 1985 年。

度的高低做出科学甄别和价值判断。根据此种认识，瞿秋白认为，西方文化已经发展到了资本主义阶段，而东方文明还停留在宗法社会和封建制度之间。因此，就时代性说，东方文化派所极力提倡的“东方精神文明”，不过是宗法社会和封建社会的文明而已。这种文化由于落后于世界时代，从经济、政治到社会心理和思想系统早就处于崩溃状态了。

当然，瞿秋白站在20世纪世界文化发展的高度，也看到了西方社会和文化的病症。他既不像“西化”论者那样一味推崇西方政治文化，也不像东方文化派那样认为西方文化危机的本质是“科学破产”。瞿秋白认为，科学是不会破产的，破产的是西方资本主义制度和为此种制度服务的文化。他坚信，20世纪“帝国主义沟通了全世界的经济脉络，把所谓东方西方两文化融铸为一”，① 这就为未来的“全人类的文化”，即社会主义文明的诞生创造了条件。而“全人类文化”的实现，要靠全世界无产阶级联合殖民地之受压迫的各民族，以共同进入世界革命。在这里，瞿秋白对社会主义文化路向的揭示，是近代以来东西文化比较研究上取得的最意味深长的结果。

五四运动后，陈独秀也开始运用唯物史观研究文化问题。他在给胡适的信中就指出，唯物史观论者“决不是不重视思想、文化、宗教、道德、教育等心的现象的存在，唯只承认它们都是经济基础上面之建筑物，而非基础本身”。如果把它们与基础“立在同等的地位”，那就是“心物二元论”了。② 他在批评东方文化论者时还指出，人类文化是“整个的”，只有时间上的进行迟速，没有空间上的地域异同。东方“农业文化，家庭思想，道德、教育、礼俗、文学不解放的文化，西方以前也曾经历过，并不是东方所特有的什么好东西，把这些不进化的老古董当特别优异的东西保守起来，岂不是自闭于幽谷”！如此提倡东方文化，真所谓“祸国殃民，亡国灭种”之谈了。③

五四运动以后，运用唯物史观研究文化问题的还有萧楚女、恽代英、李达等早期马克思主义者。他们对马克思主义唯物史观的运用尽管还不够娴熟，但科学方法论的确立使他们的文化研究更富有批判的科学性和建设性。

1927年大革命失败后，一大批革命文化人如鲁迅、郭沫若、李一氓、阳翰笙、茅盾、蒋光慈、夏衍、王学文、冯乃超等，从不同地区、不同方面云集上海，开展革命文艺活动。成立于1930年3月的中国左翼作家联盟（简称“左联”）和稍后成立的中国左

---

① 瞿秋白：《东方文明与世界革命》《瞿秋白选集》，人民出版社1985年。

② 陈独秀：《答适之》，见《科学与人生观》，上海亚东图书馆1928年。

③ 陈独秀：《精神生活，东方文化》，原载《前锋》第3号。

翼文化总同盟（简称“文总”）在中国共产党中央宣传部文化工作委员会（简称“文委”）① 的秘密领导下，坚持文艺和文化为无产阶级解放斗争服务的政治方向，配合红军反击国民党军事“围剿”的主战场，在文化战线上进行着反帝反封反对大资产阶级的思想文化斗争。正如“左联”纲领上明确规定的那样：革命文艺是无产阶级解放斗争的武器，要站在无产阶级解放斗争的战线上，研究和宣传马克思主义，建立反帝反封反资产阶级的无产阶级新文学、新艺术、新文化，同国民党的文化专制主义进行针锋相对的斗争。鲁迅在《对于左翼作家联盟的意见》中总结了革命文艺运动的经验，对“左联”提出了十分重要的几点意见：第一，对于旧社会、旧势力的斗争必须坚决，持久不断，而且注重实力；第二，战线应当扩大，团结一切进步的文化力量；第三，应当造就出大批的新文化战士；最后，联合战线的统一要以共同的目的为条件，即“目的都在工农大众”，而不是为了小团体和个人。鲁迅在“左联”文化运动中，发挥了极为重要的作用。

左翼文化组织成立后，围绕党的政治任务，在文化战线上坚持为无产阶级和广大劳动大众服务的文化方针，同国民党文化专制主义和右翼文化势力展开了斗争。针对国民党任意取缔进步文化团体、通缉进步作家、查禁进步刊物的倒行逆施，左翼文化组织进行过一系列抗议压迫的斗争活动。如因“左联”的柔石、胡也频等五人被杀，他们发表了《中国左翼作家联盟为国民党屠杀大批革命作家宣言》；“九一八”事变，发表《告国际无产阶级及劳动民众的文化组织书》等；为抗议丁玲、潘梓年的被捕，发表《中国左翼作家联盟为丁潘被捕反对国民党白色恐怖宣言》、《文化界为营救丁潘宣言》等。揭露了国民党迫害进步知识分子的罪行。

1930 年 6 月，由国民党上海党部、公安局、警备司令部及特务系统的一批人组织了所谓“先锋社”，发表《民族主义文艺运动宣言》并刊行《前锋周报》、《前锋月刊》，鼓吹“民族中心意识”，攻击无产阶级文艺运动陷入“畸形的病态的发展进程”，是文化的“荒冢”。所谓“民族中心意识”就是要恢复王道，实行“忠孝仁爱信义和平”，其实质是剿灭左翼文化运动，实现国民党对文坛的文化专制。为排除扰嚷，鲁迅、茅盾、瞿秋白等集中写文章予以了回击。鲁迅说，所谓民族主义文艺不过是“沉沉浮浮的流尸”的

① “左联”和“文总”都设有党团，以实现中共的领导。潘汉年、冯乃超、冯雪峰、阳翰笙、丁玲、周扬任过“左联”党团书记；潘汉年、朱镜我、冯雪峰、阳翰笙、周扬也任过“文总”党团书记。“文总”党团书记，也就是中央“文委”的负责人。“文委”成员还有杜国庠、彭康、王学文、夏衍、田汉、钱杏邨、钱亦石等。在组织领导左翼文化运动中，他们都做出过重大贡献。

“堆积”，他们，人是殖民地上帝国主义所养育的流氓，文是沉滓泛起、发臭的流尸。他们“为王前驱”，尽的是宠犬的职分。[①] 瞿秋白也揭露这种民族主义文学是“屠夫文学”。另外，左翼文化组织还对其他非马克思主义文化思潮进行过批评，如对以“纯正的思想”相标榜，攻击无产阶级文学，宣扬资产阶级人性论的“新月派”的批判，对胡秋原等“自由人”和杜衡（即苏汶）“第三种人”超阶级的“艺术至上”的文艺观的批判，等等。捍卫了文学艺术为无产阶级政治服务，为民族革命战争服务，为劳动大众服务的正确方向。它极大地推动了国统区进步文化运动的发展。

马克思主义者对“中国文化本位论”的批判，是30年代文化界的又一事件。1934年，国民党CC系的代表人物发起了所谓的文化建设运动（又名“新生活运动”），并成立了以陈立夫为会长的中国文化建设协会，出版了《文化建设》月刊。宣称以发扬“民族精神”、“科学精神”、“创造精神”为宗旨，其实是大搞封建复古主义，反对马克思主义为主线的进步文化运动。1935年1月10日，在国民党当局的授意下，由王新命、何炳松、武育干、孙寒冰、黄文山、陶希圣、章益、陈高佣、樊仲云、萨孟武等上海十教授联名发表《中国本位的文化建设宣言》（又称“十教授宣言”），公开打出了“本位文化”的旗帜，宣称：“在文化的领域中，我们看不见现在的中国了”，在万象蜷伏的严寒中，没有光，也没有热，“中国在文化的领域中是消失了；中国政治的形态，社会组织和思想的内容与形式，已经失去它的特征。由这没有特征的政治、社会和思想所化育的人民，也渐渐的不能算作中国人”。[②] 尽管“十教授”一再宣称“不守旧”、“不泥古”，对中国文化存其所当存，对西方文化取其所当取，但总的说来，本位文化论的一个根本思想是过分强调“中国空间时间的特殊性”，其抽象的中西调和论在实质上是一种狭隘保守的民族文化本位主义。《宣言》的真实目的是在反对“西化”论的幌子下，站在狭隘的民族主义立场上反对政治民主化、文化现代化的进步文化运动，反对西方文化，特别是反对马克思主义在中国的传播和当代社会主义运动的开展。

十教授“宣言”一出台，立即引起了一场关于“中国本位文化建设”的热烈讨论。它首先受到一部分自由主义知识分子的批评。例如南开大学教授陈序经指出，“本位文化”就是要复活中国的封建文化，这是一种倒退。他在《全盘西化的辩护》、《再谈全盘西化》等文中，批评了各种折衷主义调和论，重申了自己在《中国文化的出路》（1931）

---

① 鲁迅：《民族主义文学的任务和命运》《鲁迅选集》第三卷，人民出版社1991年。

② 《中国本位的文化建设宣言》《文化建设》第1卷，第4期。

一书中的“全盘西化”思想，指出，中国必须全盘西化，因为“全盘西化论在积极的方面，是要使中国文化能够和西洋的文化立于平等的地位……消极方面就是要除去中国文化的惰性。”① 另一位批评“本位文化”论的自由派知识分子是胡适。在十教授发表宣言不久，他写了《试评所谓“中国本位的文化建设”》一文，一针见血地指出：今日中国所焦虑的不是“本位的动摇”，而是中国的政治形态、社会组织、思想内容和形式处处都保持着中国旧有的种种罪孽太多太深。“中国的旧文化实在太可怕……我们肯往前看的人们，应该虚心接受这个科学工艺的世界文化和它背后的精神文明，让那个世界文化充分和我们的老文化自由接触，自由切磋琢磨，借它的朝气锐气来打掉一点我们的老文化的惰性和暮气。”② 随后，他又在《我是赞成陈序经先生的全盘西化论》、《全盘西化与充分的世界化》等文中，反对折衷调和的“空谈”，主张“全盘西化，一心一意地走上世界化的路”③。

那么，在30年代复杂的社会背景下，马克思主义与“中国本位”及“全盘西化”论的关系如何呢？1935年6月15日，由艾思奇、胡绳、夏征农、张仲实等（当时他们已是公认的马克思主义者或革命理论家）联合了老舍、向达、李公朴、吴祖缃、周建人、姚雪垠、柳亚子、郑振铎等148名进步作家以及“太白社”、“译文社”、“读书生活社”等进步学术社团，联名在《生活周刊》上发表了《我们对于文化运动的意见》一文，采取了联合自由主义者共同反对“中国文化本位”论的斗争策略。

《我们对于文化运动的意见》一文在今天看来，其中观点有不少遗漏甚至避讳，但反对封建复古主义的文化立场是旗帜鲜明的。它指出，民族自信心的建立，民族解放运动的成功，“这一切并不是憧憬于过去的光荣就可以成功的。一切破落户捧着废址上的残砖废瓦，以为这就可以重建楼台，谁都知道只是一个愚妄的梦想！”④ 在批判文化守旧论的同时，马克思主义者和进步作家对“西化”论是同情的。他们指出：“我们以为民族的自救，除了向‘维新’的路上去，再没有别的办法了”，那种“不愿受外来影响”，一听到“西化”就神经过敏的人企图用两千年前的旧道德范围现代人，“全都不明白危机的中国需要什么”。进步作家们奉告“本位”论者，不要怕外来文化影响，因为“凡伟大的民

---

① 陈序经：《再谈全盘西化》《独立评论》第147号。

② 胡适：《试评所谓“中国本位的文化建设”》《独立评论》第145号。

③ 胡适：《全盘西化与充分世界化》《大公报》1935年6月23日。

④ 《我们对于文化运动的意见》《生活周刊》第2卷，第21期。

族，差不多都吸收外来文化。罗马帝国是全盘承受了希腊文明的。中国文化到底有几分之几是纯粹的‘国粹’，也是大疑问”。[①] 马克思主义在最初传入中国时，与自由主义、个人主义、无政府主义一样，都是在“西化”大潮中的一个支流，只是到了后来，有的干涸，有的流入歧途，只有马克思主义同中国革命的具体实践相结合，成了中国社会和中国文化现代化的主流。如果作一个比喻，西方文化就如同一个水库，封建文化派总想通过关闭闸门的办法阻止“西水”东流，马克思主义当然也在排斥之列；“西化”论者虽然也反对马克思主义，但他们主张“充分世界化”，在客观上是有利于马克思主义在中国传播发展的。这正是30年代马克思主义者同情西化派的原因。当然，同情并不等于完全赞同，在其他场合马克思主义者对“全盘西化”也作过严肃的批评。马克思主义认为“一种文化的移植，不合本地的土壤，是不会生长的”。[②] 文化引进必须根据本民族的需要来进行。

进入40年代，随着抗日救亡和民主改革的深入发展，马克思主义日益深入人心。此时马克思主义者对东西文化的研究出现了一个新的端倪：由机械地套用马克思主义的一般原理去研究文化问题，开始转向从马克思主义经典作家的原著中寻找打开东西文化堂奥的钥匙，并联系中国革命的具体实践去探求中西文化融通的具体道路。马克思主义思想史家侯外庐与中国共产党的杰出领袖毛泽东是这一时期的两位主要典范。

侯外庐在30年代开始的中国社会性质和社会史问题的史学论战中以其较为熟悉马克思主义经典著作而与吕振羽、郭沫若等人一样，成为文化界引人注目的人物。这次论战持续了八九年之久，其争论的中心问题是“亚细亚生产方式”与中国社会发展史的关系。围绕这一问题当时人们争论的具体内容是：什么是亚细亚生产方式，它是东方一种独立的社会形态，还是相当于希腊的奴隶制阶段；东方与西方的奴隶社会有什么不同；中国封建社会有何特点，为什么长期迟滞。从争论的问题来看，与其说是一次纯史学论战，不如说是深入到社会结构本体论的东西文化论争。40年代初，侯外庐关于亚细亚生产方式与中国社会历史文化的关系的见解逐步趋于成熟。他认为，亚细亚生产方式的特殊性是构成中西社会结构和东西文明差异的根本原因。在他援引的马克思恩格斯关于这一问题的许多话中最为重要的是这样一段：“所有的文明民族的历史初期所看到的不是‘大地主’，而是土地公有的氏族公社和农村公社。从印度到爱尔兰，大面积的地产经营，最初

① 《我们对于文化运动的意见》《生活周刊》第2卷，第21期。

② 张崧年：《五四运动与新启蒙运动》《读书月报》第2号。

正是由这种氏族公社和农村公社来进行的。同时，耕地或者以公社为单位共同耕种，或者分成小块，由公社在一定时期内分配给各个家庭去耕种。”① 侯外庐对这段话作了这样的引申，认为恩格斯在这里所讲的“从印度到爱尔兰”，正是指从东方到西方。东方耕地以公社为单位共同耕种为主；西方则以把土地分成小块由公社在一定时期内分配给各个家庭去耕种为主。据此，他做出这样的推定：亚细亚的文明路径是由公社的维持去从事农耕的分业；西方的文明路径却是由成员间的土地分散来从事分业，两者在不同方式下产生。由此，他用了一个独特的文字表达公式来说明东西古代社会文明的同一性和差异性，即“亚细亚的，古典的——古代”。这个公式表明：发生在东方文明的“亚细亚古代”与发生在西方文明的“古典的古代”是人类文明史上的同一个历史阶段的两种不同路径。东西文明既有时代性上的同一性，又有民族性上的差异性。这就是他心目中的人类文明发展中的“一”和“多”。②

从这种理解出发，侯外庐对古代中国与西方奴隶社会的文化作了多角度的比较：就土地所有制说，“古典的”古代是土地私有，“亚细亚的”古代是土地公有；就劳动力占有制来说，前者是“劳动奴隶制”，后者是“家族奴隶制”；就政治制度来说，前者是纯粹的国家，后者是拿宗礼作为统治原则的“社稷”；就统治那个时代的统治者来说，两者都属于奴隶主的世界，但“古典的”古代奴隶主是国家法制下的“市民”，在“亚细亚”的古代作为统治者的则是宗法制度下的“士君子”。等等。中西文化传统的种种差异均可据此加以说明。

中西文化的比较研究，到了侯外庐这里，在理论模式上具有了新的特点：在时代性与民族性的交叉点上把握中西文化的同中之异和异中之同。用他的文化比较模式，既可以比较人类文化同一时代内容的不同的民族表现形式，又可以根据东西文化民族性的差异去解释中西社会和文化发生时代性落差的原因。

大约与侯外庐同时，毛泽东发表了他的《新民主主义论》。在这篇创造性的著作中，他将文化的民族性与时代性相结合，提出了建构“民族的、科学的、大众的”新民主主义文化的总任务。这一口号的提出并与实践相结合，对中国文化现代化发生了深远的历史影响。

---

① 恩格斯：《反杜林论》《马克思恩格斯选集》第2卷，第83页，人民出版社1973年。

② 参见侯外庐：《中国古代社会史论》第一章，第四节：“东方文明与西方文明起源之差别性”，河北教育出版社2000年。

三 毛泽东中西文化观及其历史发展

马克思主义是深入研究西欧资本主义社会形态并批判继承西方文化优秀成果的理论结晶。马克思在他的晚年，关于社会发展史的研究重点曾一度由西欧转向东方社会。他曾对俄国的村社制度和中国传统社会进行过研究，并写信给《祖国纪事》编辑部，表示希望不要把他“关于西欧资本主义起源的历史概述彻底变成一般发展道路的历史哲学理论，一切民族，不管他们所处的历史环境如何，都注定要走这条道路”。① 他肯定社会和文化的发展是多样性的统一，并预见到在俄国的特殊条件下可以考虑开辟一条独特的走向社会主义的道路。当然，那时未必能料到，他所创造的革命理论会首先在保留着村社制度和东正教影响的俄罗斯帝国结出第一个果实，并在半殖民地半封建的儒教中国引起连锁反应。

从五四运动以后，作为西方文化最高成果的马克思主义传入中国，并同中国革命实践与文化传统相结合而形成毛泽东思想，把近代以来中国社会和文化现代化的运动推向了一个新的历史时期。从这个意义上说，毛泽东是把马克思主义中国化并用之促进中国社会和文化现代化的真正奠基者。

毛泽东比陈独秀和李大钊晚出一辈，新文化运动初起时，他正在湖南第一师范读书。而在这时，由于受业师杨昌济的影响，他已经萌生了在研究国情的基础上融合中西文化，创造新文化，缔造新国民的思想。杨昌济早年留学英国，与章士钊是同窗密友。归国执教后，他颇赞同章士钊晚年将中西文化“熔铸一炉”以造就“吾国新社会研治之基”的主张。杨昌济受维新共和的影响，十分赞成学习西方文化的长处，但在学习方法上强调“一国有一国之民族精神，犹一人有一人之个性也。一国之文明，不能全体移于他国”。学习西方文化必须“审国家特异之情形”而定取舍之宜。② 同时杨又认为，“吾国固有之文明，经史子集义蕴宏深，正如遍地宝藏”，宜用新时代之眼光来研究吾国之“旧学”。③ 在新文化运动的巨潮中，杨昌济算不上独领风骚的人物，但他强调研究国情，融会中西的态度，却蕴含着某些合理性。这一点对尔后风流一代的毛泽东的中西文化观发生了深

① 《马克思恩格斯全集》第 19 卷，第 130 页，人民出版社 1956 年。

② 《杨昌济文集》第 199 页，湖南教育出版社 1983 年。

③ 《杨昌济文集》第 202 页，湖南教育出版社 1983 年。

远的影响。

在湖南一师求学时，毛泽东起初最重视“国学”。1915 年 9 月 6 日给萧子升的信中说：“然尚有其要学者，国学是也，足下所深注意，仆所以言之在后者，夫亦郑重之意云耳。国学则亦广矣，其义甚深，四部之篇，上下半万载之纪述，究年竭智莫殚，几何不向若而叹也。”他博览群籍，涉猎百家。但读得最多的还是儒家经史。顾炎武等人倡导的“经世实学”，对他影响尤深。1914 年他在《讲堂录》中，摘抄了潘耒为《日知录》所写的《序言》一段话：“事关民生国命者，必究源探本，讨论其所以然。足迹半天下，所至交其贤豪长者，考其山川风物，疾苦利病，如指诸掌。”毛泽东不但恭敬笔录，而且还把顾氏的求实精神化为到各地游学调查的实际行动。古为今用，正是毛泽东的独到之处。

五四前后，在新文化运动的熏陶和老师杨昌济的影响下，毛泽东学习的重点转向了“西学”。从他阅读新康德主义者包尔生的《伦理学原理》所写的一万多字的《批语》可见他在这方面下的功夫。同时，他在与黎锦熙论学的书信中，开始将“中外事态，略为比较”，“觉吾国人积弊甚深，思想太旧，道德太坏……二者不洁，遍地皆污”。① 针对比较研究中发现的问题，他提出：“愚以为当今之世，宜有大气量人，从哲学伦理入手，改造哲学，改造伦理学，根本上变换全国之思想，比如大纛一张，万夫走集，雷电一震，阴噎皆闻，则沛夫不可御矣。”② 1918 年，他与蔡和森等创建“新民学会”，其宗旨正是为了“革新学术，砥砺品行，改良人心风俗”。但是青年毛泽东对西方文化并不盲目崇拜，认为西方思想“亦应与东方思想同时改造”。

1918 年暑期毛泽东从一师毕业后，与蔡和森等一道发起新民学会会员和湖南青年赴法勤工俭学活动。他本人没有出国，却与赴法的蔡和森、萧子升、李维汉、罗学瓒等人保持着密切通讯联系。他一方面声称自己是一个主张大留学政策的人，另一方面又认为，“出洋留学两字，在好些人只是一种谜；中国出过洋的不下几万乃至几十万，好的实在很少。多数呢？仍旧是‘糊涂’，仍旧是‘莫名其妙’”。③ 认为，与其糊里糊涂的留洋，不如下功夫弄清中国的国情。他在 1920 年写给周世钊的信中说：“世界文明分东西两流，东方文明在世界文明内，要占半壁的地位。然东方文明可以说就是中国文明。吾人似应

① 毛泽东 1917 年 8 月 23 日给黎锦熙的信。

② 毛泽东 1917 年 8 月 23 日给黎锦熙的信。

③ 《新民学会资料》第 63 页，人民出版社 1980 年。

先研究过吾国古今学说制度之大要，再到西洋留学才有可资比较的东西。”①

上述材料足以说明，从研究中国国情和改造现实出发，批判地对待中西文化，并力求使两者结合起来，古为今用，洋为中用，是毛泽东早期文化观的特色，也是他一生文化现代化理论与实践的出发点。1921 年建党后，毛泽东沿着这一出发点，对中国社会和文化现代化的具体道路作了进一步的研究和探索。

1921 年 7 月，毛泽东以湖南代表的身份出席了中国共产党第一次代表大会。会后，他立即着手创办“湖南自修大学”。他在所拟《湖南自修大学组织大纲》中指出：“本大学鉴于现在教育制度之缺失，采取古代书院与现代学校之长，取自动的方法，研究各种学术，以期发明真理，造就人才，使文化普及于平民，学术因流于社会。由湖南船山学社创设，定名‘湖南自修大学’。”这表明，成为马克思主义者后，毛泽东仍然十分重视包括古代书院制度在内的中国传统文化。

> “自修大学”设在船山学社，这决非一个偶然的枝节问题，恰恰相反，它可以被看作日后在毛泽东领导下所形成的中国革命的象征。因为“自修大学”虽然极其强调新思想尤其是马克思主义，但也非常重视中国的文化传统，其中包括象王夫之这样的批判态度的唯物主义和民族主义思想家。中国共产党许多未来的干部，都是这个学校的学生，毛泽东在参加那里举行的各种讨论会的过程中，继续为“马克思主义的中国化”奠定基础，而“马克思主义中国化”正是他后来理论上和实践上的最大成就。②

然而，毛泽东为马克思主义中国化奠定基础，主要还是大革命失败后的事。20 年代末 30 年代初，在共产国际和我们党内都出现了一种教条主义流行病。教条主义者的根本错误在于理论与实践相脱节，主观与客观相分离。他们不懂得中国历史和中国文化的特殊性，只是凭借背诵马列的词句和挥舞斯大林的“上方宝剑”来指挥一切，号令一切。以毛泽东为代表的中国马克思主义者在异常艰难的条件下，同教条主义作了长期的坚韧的斗争，逐步实现了马克思主义普遍真理与中国革命的具体实践相结合。

1930 年，毛泽东写下《反对本本主义》一文，指出：“马克思主义的‘本本’是要学

① 《新民学会资料》第 63 页，人民出版社 1980 年。

② 施拉姆：《毛泽东》第 46 页，红旗出版社 1987 年。

习的，但必须同我国的实际情况相结合。我们需要‘本本’，但是一定要纠正脱离实际情况的本本主义。”① 这显然是针对在莫斯科召开的中共“六大”后逐步滋长的教条主义而发的。“六大”在斯大林的一手操办下通过了我党的“政治问题”、“政权组织问题”、“土地问题”、“农民问题”、“军事工作”、“民族问题”等十八个方面的决议案，这些决议明确了中国革命的性质和任务，对中国革命运动的发展具有重要的指导意义。但这次会议也有消极作用，就是在党内助长了对共产国际的依赖性，把“苏共”已经形成的教条主义传到了中国，形成我党内部的“本本主义”。对此，毛泽东做出了尖锐的批评。他指出，有的同志认为，“党的第六次全国代表大会的‘本本’保障了永久的胜利，只要遵守既定办法就无往而不胜利。这些想法是完全错误的，完全不是共产党人从斗争中创造新局面的思想路线，完全是一条保守路线”。②

《反对本本主义》的思想提出后，并未在党内得到根本贯彻。1931 年 1 月党的六届四中全会上王明把持了中央的领导权，“左”倾教条主义更加膨胀，给党的革命事业带来了惨重失败。1935 年 1 月长征途中召开的遵义会议，结束了王明“左”倾路线在党中央的统治地位，确立了毛泽东在红军和党中央的领导权，使中国革命转危为安，顺利完成了战略大转移，并在陕北打开了新局面。为了清算本本主义、教条主义的危害，明确马克思主义普遍真理与中国革命具体实践相结合的原则，毛泽东一边指挥着抗日战争，一边在战争间隙组织了著名的延安整风，在党内比较系统地解决了这一问题。同时，他又在 1940 年所写的《新民主主义论》一文中，站在世界政治文化发展的整体格局上，将文化的时代性与民族性相结合，提出建设“民族的、科学的、大众的”新民主主义文化的总任务，并系统地阐述了马克思主义关于中西文化及传统文化与现代化问题的基本观点。

首先，毛泽东同志指出：“一定的文化（当作观念形态的文化）是一定社会的政治和经济的反映，又给予伟大影响于一定社会的政治和经济；而经济是基础，政治则是经济的集中的表现。这是我们对于文化和政治、经济的关系及政治和经济的关系的基本的观点。”③ 毛泽东认为，这是讨论文化问题所必须坚持的基本的观点。我们要革除中华民族的旧文化，建立民族的、科学的、大众的新文化，就必须废除中华民族的旧政治（封建的和官僚买办资产阶级的政治）和旧经济（封建经济和官僚买办的资本主义经济），建立

---

① 《反对本本主义》《毛泽东选集》第 1 卷，人民出版社 1968 年。

② 《反对本本主义》《毛泽东选集》第 1 卷，人民出版社 1968 年。

③ 《新民主主义论》《毛泽东选集》第 2 卷，第 624 页，人民出版社 1968 年。

中华民族的新政治和新经济（新民主主义的政治和经济）。因为“中华民族的旧政治和旧经济，乃是中华民族的旧文化的根据；而中华民族的新政治和新经济，乃是中华民族新文化的根据”。①

其次，在如何对待民族文化与外来文化、古代文化与现代文化的关系问题上，毛泽东提出了引进与排异、批判与继承相结合，“洋为中用”、“古为今用”的方法论原则。毛泽东指出，坚持文化的民族性，并不排除吸收外来的进步文化，相反，“中国应该大量吸收外国的进步文化，作为自己文化食粮的原料，这种工作过去做得很不够。这不但是当前的社会主义文化和新民主主义文化，还有外国的古代文化，例如资本主义国家启蒙时代的文化，凡属我们今天用得着的东西，都应该吸收”。② 但是一切外国的东西，如同我们对于食物一样，必须经过自己的口腔咀嚼和胃肠运动，送进胃液唾液肠液，把它分解为精华和糟粕两部分，然后排泄其糟粕，吸收其精华，才能对我们的身体有益，决不能生吞活剥地毫无批判地吸收。闭关锁国的排外主义、“全盘西化”或食洋不化的观点都是错误的。毛泽东不仅提出了大量吸收外国进步文化的主张，而且在抗战后期同美国外交人员的接触中，还表露了对外开放的具体设想。1944 年 7 月和 1945 年 3 月，美国大使馆二等秘书谢伟思两访延安，毛泽东在同他的多次谈话中明白表示：“中国必须工业化。这在中国只有自由企业和外国资本才能完成。”“美国将发现我们比国民党更合作。我们不会害怕民主主义的美国的影响——我们将欢迎它。”③ 后来由于形势的变化，失去了开放的机会，但这种构想却正是《新民主主义论》提出的基本方针的发挥和印证。

对于中华民族的古代文化，毛泽东提出了尊重历史和批判继承的原则。他指出：“中国的长期封建社会中，创造了灿烂的古代文化。清理古代文化的发展过程，剔除其封建性糟粕，吸收其民主性精华，是发展民族新文化提高民族自信心的必要条件；但是决不能无批判地兼收并蓄。……中国现时的新政治新经济是从古代旧政治旧经济发展而来的，中国现时的新文化也是从古代的旧文化发展而来，因此，我们必须尊重自己的历史，决不能割断历史。但是这种尊重，是给历史以一定的科学的地位，是尊重历史的辩证法的发展，而不是颂古非今，不是赞扬任何封建的毒素。”④ 尊重研究历史和传统文化，不是

① 《新民主主义论》《毛泽东选集》第 2 卷，第 625 页，人民出版社 1968 年。

② 《新民主主义论》《毛泽东选集》第 2 卷，第 667 页，人民出版社 1968 年。

③ 转引自汪澍白：《毛泽东中西文化观的演变》《厦门大学学报》（哲社版）1988 年 4 期。

④ 《新民主主义论》《毛泽东选集》第 2 卷，第 668 页，人民出版社 1968 年。

要引导广大人民向后看，而是引导他们向前看。割断历史的文化虚无主义和厚古非今的复古主义都是违背中国文化现代化历史规律的，因而都是错误的。

再次，《新民主主义论》对五四以来的新文化运动的性质、历史意义和发展过程作了科学的理论总结。毛泽东指出：五四运动是中国近代以来的文化运动的历史转折点，“在‘五四’以前，中国的新文化，是旧民主主义性质的文化，属于世界资产阶级的资本主义的文化革命的一部分；在‘五四’以后，中国的新文化，却是新民主主义性质的文化，属于世界无产阶级的社会主义的文化革命的一部分。”① 五四运动杰出的历史意义，就在于它带着为辛亥革命还不曾有过的姿态，即彻底地、不妥协地反对帝国主义和彻底地、不妥协地反对封建主义。“而鲁迅，就是这个文化新军中最伟大和最英勇的旗手”。“鲁迅是在文化战线上，代表全民族的大多数，向着敌人冲锋陷阵的最正确、最勇敢、最坚决、最忠实、最热忱的空前的民族英雄。鲁迅的方向，就是中华民族新文化的方向”。② 在总结五四新文化运动的基础上，毛泽东站在文化的民族性与时代性交叉点上，提出建立无产阶级领导的人民大众反帝反封的新文化的历史任务。他说：“中国文化应有自己的形式，这就是民族形式。民族的形式，新民主主义的内容，——这就是我们今天的新文化。”③ 中国共产党人在新民主主义革命时期的历史任务就是“不但要把一个政治上受压迫、经济上受剥削的中国，变为一个政治上自由和经济上繁荣的中国，而且要把一个被旧文化统治因而愚昧落后的中国，变为一个被新文化统治因而文明先进的中国”。④

总之，在延安时期，毛泽东曾经在窑洞里集中精力攻读马列著作以及苏联30年代的一批哲学著作，并独立地运用马克思主义基本原理对中国革命具体经验做出理论概括，写出了包括《中国革命战争的战略问题》、《论持久战》、《新民主主义论》、《论联合政府》等在内的一系列光辉著作，在理论上实现了马克思主义中国化的第一次历史性飞跃，因而这一时期被斯图尔特·施拉姆称作毛泽东创造生涯中“一个异乎寻常的时期”。尔后，中国人民在毛泽东思想的光辉照耀下，对传统社会的政治经济结构进行了根本性的改造，从而为中国文化现代化铺平了道路。40年代，解放区进行了土地改革和民主改革，解放区人民的政治文化生活发生了巨大变化，社会新风尚、新道德反过来又成为鼓舞中国人

① 《新民主主义论》《毛泽东选集》第2卷，第658页，人民出版社1968年。
② 《新民主主义论》《毛泽东选集》第2卷，第658页，人民出版社1968年。
③ 《新民主主义论》《毛泽东选集》第2卷，第667页，人民出版社1968年。
④ 《新民主主义论》《毛泽东选集》第2卷，第624页，人民出版社1968年。

民改造旧中国建设新中国的强大精神动力。总的来看，40 年代伴随着政治经济改革的文化建设在中共领导的解放区是成功的。开展以反帝反封和为人民大众服务为直接目标的文化运动，极大地改变着中国人的文化性格和文化心理结构，改变着长期封建社会文化传统和近代半殖民地国际地位给中国人造成的落后积习，为新民主主义文化向社会主义文化的过渡开创了良好的开端。

然而，新中国成立以后，在客观上由于美国发动侵朝战争和帝国主义对我国实行政治经济文化的包围封锁，导致主观上一切照搬苏联模式的“一边倒”，文化领域阶级斗争的扩大化，最终演成一场历时十年的文化浩劫，打乱了中国文化现代化在当代发展的步骤。造成这场现代文化悲剧的原因是非常复杂的，但与毛泽东进入古都北京后文化视野的变化不无关系。

毛泽东文化视野的变化，从他新中国成立后的读书兴趣可以略见一斑。现任中央文献研究室副主任的逄先知同志，从 1950 年冬至 1966 年夏，曾专为毛泽东管理图书报刊。他在《毛泽东的读书生活》一书中写道：

> 进北京后，根据毛泽东对中国古籍的广泛需要，特地买了一部《四部备要》，并陆续添置了其他一些古书。我记得一九五二年，给他添置了一部大字本的《二十四史》，这就是一些人熟知的毛泽东经常阅读并作了大量圈、画和批注的那部《二十四史》。《四部备要》对中国的主要古籍收得比较齐全，据我了解，不说全部，恐怕绝大部分，毛泽东都读过了。除此之外，毛泽东还阅读或者浏览了大量中国古典文学（包括诗、词、曲、赋、小说等）和各类杂书。所说杂书，也都是有知识性和趣味性的书籍，如《智囊》、《笑林广记》之类。毛泽东对中国史书读得最多，四千万字左右的《二十四史》他是通读了的，有的部分不只读过一遍。①

逄先知同志还说，讲毛泽东博览群书，并不是说他广泛涉猎了一切方面的书籍。例如，外国文学作品，除了《茶花女》、《简·爱》、《罗密欧与朱丽叶》等少量的名著外，他读得很少。至于经济管理方面的书，特别是国外有关社会化大生产管理方面的书，读得更少。这种情况不能不使他的思想文化观念受到局限。读书兴趣的变化，从一个侧面反映了毛泽东晚年文化视野的变化。

---

① 龚育之、逄先知：《毛泽东的读书生活》第 198 页，中央文献出版社 2003 年。

1978年党的十一届三中全会宣告了“文革”悲剧的终结和现代化运动的再度崛起。中国人民在共产党的领导下，在邓小平建立中国特色的社会主义理论指导下，十多年来，逐步摆脱了现代迷信，从“左”倾枷锁下解放了出来，正在走出一条以改革开放为两翼，以发展社会主义市场经济为中心的中国式的社会主义现代化之路。思想文化领域，则展开了空前广泛的大讨论，力图总结近现代中西文化论争的历史经验，消除自我封闭的文化心态，弘扬祖国优秀传统，吸取西方文化精华，在社会主义现代化实践基础上，发展马克思主义和重建中华民族的精神文明。为实现中国文化现代化的历史任务，毛泽东文化观中的合理因素仍有其借鉴意义。

四　马克思东方社会理论与中国现代化

马克思从19世纪50年代就开始着手研究东方社会的特点，探索东方社会的发展道路。马克思当时得出的结论是，农村公社、土地国有和专制主义三位一体的社会结构，使亚洲社会长期停滞，没有内在的发展活力，只有西方资本主义的冲击才能动摇它的基础，使亚洲发生真正的革命。

当马克思晚年再次把研究视野投向地域广阔、人口众多的东方世界时，他的观点发生了变化。他反对把西方社会（主要指西欧）的发展道路作为唯一尺度去衡量东方社会的发展道路，主张根据东方社会的具体历史条件，探索东方社会发展的特殊规律。正是在这种思想指导下，他在晚年提出了俄国农村公社会有可能跨越资本主义制度的“卡夫丁峡谷”而直接进入社会主义的设想。马克思晚年虽然没有能从理论上完全解决东方社会发展道路的特殊性问题，但他在一个世纪前提出的“设想”，对于当代发展中国家，其中包括未经资本主义阶段直接由半殖民半封建社会跃入社会主义的中国的现代化实践及其道路的探求，仍然具有理论指导和方法论的启迪意义。

马克思的东方社会理论是其世界历史理论的一个有机组成部分，要搞清他的东方社会理论及其实践意义，就必须历史的考察马克思世界历史理论的发展演进过程。

自1846年《德意志意识形态》首次提出世界历史概念以后，直到19世纪70年代中期，马克思世界历史理论的核心一直是各民族怎样加速走向世界历史。而正是在这个问题上，马克思认为，东方与西方存在着不同的实践层次。对于欧洲来说，绝大多数国家已经走上了资本主义发展道路，跨入了以大工业为纽带的世界历史。今后的问题是怎样进一步深化社会革命，创造条件向共产主义迈进。为此，他不仅领导了1848年欧洲大革命，而且领导了巴黎公社革命。但是对于欧洲以外的东方世界来说，问题就显得更为复杂了。当时东方绝大多数国家都处于前资本主义时代，就其发展程度而言，还没有跨入世界历史。但按历史发展规律而言，这些国家迟早要汇入世界历史的洪流，通过接受资本主义生产方式而缩小与西欧发达国家的距离。这一思想在《共产党宣言》中被表述为："资产阶级，由于一切生产工具的迅速改进，由于交通的极其便利，把一切民族甚至最野蛮的民族都卷入到文明中来了。……它迫使一切民族——如果它们不想灭亡的话——采用资产阶级生产方式……正像它使乡村从属城市一样，它使未开化和半开化的国家从属于文明的国家，使农民的民族从属于资产阶级的民族，使东方从属西方。"马克思认为，这个过程就是世界历史现代化的形成过程，虽然它伴随着火与剑，但无论如何是历史的进步。"不管反动派怎样惋惜，资产阶级还是挖掉了工业脚下的民族基础。"①

到了19世纪50—60年代，马克思的世界历史理论更加清晰，他坚信，"亚细亚的、古代的、封建的和现代资产阶级的生产方式可以看作是社会经济形态演进的几个时代。资产阶级的生产关系是社会生产过程的最后一个对抗形式……因此，人类社会的史前时期就以这种社会形态而告终"。② 正像历史发展中只有出现私有制才能进入文明时代一样，人类社会也只有经过资本主义发展阶段，才能创造条件从人类的"史前时期"进入真正的人的历史。在马克思看来，历史发展的每个进程对一切国家都是必然的，不可避免的。西方早已迈出了第一步，跨入资本主义的历史进程，东方将泯灭自己历史的特殊性，或迟或速地实现西化或资本主义化。1867年马克思在《资本论》第一卷第一版序言中，强调了"资本主义生产的自然规律"，指出"工业较发达的国家向工业较不发达的国家所显示的，只是后者未来的景象"。③ 后来在《资本论》第三卷中，马克思又特别指明，资本主义生产方式将在各个领域得到扩展，一切土地关系都要"转化为适应于资本主义生产方式的土地所有权形式。"④

19世纪五六十年代，马克思不仅从一般意义上论证了一切民族必经资本主义的历史规律性，而且特别对印度和俄国等典型的东方国家进行了具体分析，指出资本主义在世界历史中的普遍必然性。

---

① 《马克思恩格斯选集》第1卷，第254、255页，人民出版社1973年。

② 《马克思恩格斯选集》第2卷，第83页，人民出版社1973年。

③ 《马克思恩格斯选集》第2卷，第206页，人民出版社1973年。

④ 《资本论》第3卷，第1000—1001页，人民出版社1975年。

印度是个长期停滞的落后国家，它保留的村社制度在东方国家中是一个完整的典型。自18世纪中叶起，英国通过东印度公司，在不到一百年间，逐渐把拥有广土众民的印度变为自己的殖民地。英国对印度的侵略和统治是极其野蛮的，对此，马克思谴责说：“他们破坏了本地的公社，摧毁了本地的工业，夷平了本地社会中伟大和突出的一切，从而消灭了印度的文明。英国在印度进行统治的历史，除破坏以外恐怕就没有别的什么内容了。”① 这只是问题的一个方面。马克思认为，“英国在印度要完成双重的使命，一个是破坏性使命，即消灭旧的亚洲式的社会；另一个是建设性的使命，即在亚洲为西方式的社会奠定物质基础”②，最终使印度打碎半文明半野蛮的古代村社组织，走上资本主义近代化的道路。在马克思看来，这个过程虽然充满了屈辱和牺牲，付出了巨大的代价，但它却是印度走向世界历史所难以避免的。因此，马克思富于同情但又非常理智地写道：“从纯粹的人的感情上来说，亲眼看到这些无数勤劳的宗法制的和平的社会组织崩溃、瓦解、被投入苦海，亲眼看到它们的成员既丧失自己的古老形式的文明又丧失祖传的谋生手段，是会感到悲伤的”，但马克思说，“问题不在这里。问题在于，如果亚洲的社会状况没有一个根本的革命，人类能不能完成自己的使命。如果不能，那末，英国不管是干出了多大的罪行，它在造成这个革命的时候毕竟是充当了历史的不自觉的工具。这么说来，无论古老世界崩溃的情景对我们个人的感情是怎样难受，但是从历史观点来看，我们有权同歌德一起高唱：‘既然痛苦是快乐的源泉，那又何必因痛苦而伤心？难道不是有无数的生灵，曾遭到帖木儿的蹂躏？’”③ 在马克思的心目中，一个理想价值在升腾，资本主义制度会给人道带来巨大痛苦，但它在历史上不会白白过去。它用魔法创造的世界市场和现代化生产力，将为无产阶级伟大的共产主义革命提供物质前提。

对俄国未来的发展前景，马克思也持同样的信念。沙皇时期的俄国是个典型的东方国家，土地公有、农村公社、专制制度三位一体的社会组织，构成俄国社会长期停滞和落后的根源。19世纪70年代中叶以前，马克思一直认为俄国只有经过资本主义的冲击，才能摆脱落后的状态，进入世界现代化历史进程。1859年马克思在评论即将开始的农奴制改革时就说，如果俄国发生农民起义，破坏沙皇的专制统治，将为资产阶级革命创造

① 《马克思恩格斯选集》第2卷，第70页，人民出版社1973年。

② 《马克思恩格斯选集》第2卷，第70页，人民出版社1973年。

③ 《马克思恩格斯选集》第2卷，第67、68页，人民出版社1973年。

条件。[1] 马克思的这种认识集中表现在他对俄国民粹派的态度上。自 19 世纪中叶以来，民粹主义思潮在俄国开始兴起。一些民粹派思想家竭力证明，由于村社组织和土地公有制的存在，俄国人民具有先天的优越性，是“天选的社会主义的人民”，俄国农民是“真正的社会主义体现者，天生的共产主义者”。[2] 赫尔岑和车尔尼雪夫斯基是这种思想的有力倡导者。他们认为，俄国的特殊性使它完全可以避免西欧国家所经历的资本主义发展阶段，直接由村社土地公有制过渡到共产主义。19 世纪 70 年代中期以前，马克思对于民粹派掀起的这种俄国特殊论的空想农民社会主义喧嚣一直持否定态度。坚持认为，俄国在世界历史面前无论多么特殊，也只能走资本主义发展道路。1855 年 2 月 13 日，马克思在致恩格斯的信中表示了对赫尔岑的反感：“我不愿意在任何时间和任何场合同赫尔岑一起出面，因为我不赞成这样的意见：似乎旧欧洲要用俄罗斯的血液来更新。”[3] 1870 年 2 月 10 日马克思在给恩格斯的信中再次表明他不同意肆意夸大俄国村社的作用，他说：“对于这种共产主义的黄金国，我从来不抱乐观的看法。”同年 3 月 5 日马克思在致拉法格夫妇的信中仍然批评了弗列罗夫斯基“对‘俄罗斯民族的’无限完善的能力和俄国形式的公社所有制的天意性质还抱有一些幻想”。[4]

上述材料表明，马克思自提出世界历史概念以后，一直在自己的研究中努力贯彻这一思想。直到 19 世纪 70 年代中期，仍然坚持着单线一元的历史观，认为一切民族和国家，即使像印度、俄国这样比较完整地保留着亚细亚生产方式的典型的东方国家，也必须经历西方资本主义发展阶段，进入世界历史的现代化过程。

但是，19 世纪 70 年代中期以后，马克思的世界历史思想发生了重大变化。这集中表现在，马克思在强调西欧资本主义历史发展一般规律的同时，更加关注于东方社会发展道路的特殊性，设想了多线历史发展的可能性。提出了俄国等东方国家可以根据自己的国情和具体历史环境，利用村社公有制，跨越资本主义的“卡夫丁峡谷”，直接过渡到共产主义。马克思这个极大胆的设想，从理论上开辟了一条“非欧化”的现代化世界历史发展道路，对于前资本主义的东方国家选择适合自己历史国情的现代化路径，具有重大的理论意义和实践意义。

---

① 《马克思恩格斯全集》第 12 卷，第 725 页，人民出版社 1973 年。
② 《马克思恩格斯全集》第 18 卷，第 618 页，人民出版社 1973 年。
③ 《马克思恩格斯全集》第 28 卷，第 433 页，人民出版社 1973 年。
④ 《马克思恩格斯全集》第 32 卷，第 421、646 页，人民出版社 1973 年。

19世纪70年代中期以后，世界政治经济形势发生了重大变化。马克思原来预断，随着资本主义开始向帝国主义过渡，生产的集中与资本的垄断必将加剧社会矛盾，导致革命危机。1873年的世界经济危机再次点燃了马克思的希望之火，他认为“这是资产阶级世界的寿命的不祥之兆”。① 但后来事态的发展与马克思的预料出入甚远，不论是垄断的出现还是日益蔓延的经济危机都未能激发起革命。相反，资产阶级通过社会机体的自我调节，缓解了阶级矛盾，西方世界一时出现了经济繁荣和政治稳定的势头。但与此形成鲜明对照的是，东方世界却危机四伏，革命形势风起云涌，显示了深远的潜力和诱人的前景。特别是横跨欧亚的俄国，1861年农奴制改革后，社会阶级矛盾和民族矛盾空前激化。而民粹派所进行的革命斗争，把俄国人民反对沙皇的群众运动提高到了政治斗争的新水平。俄国犹如一座活火山，随时都可能爆发人民革命。这一切引起了马克思的格外关注。

马克思清醒地重新估计了东西方的形势和世界历史的基本走向。一方面是西欧的形势趋于稳定，1873年开始的世界经济危机还会“像以前的各次一样地过去”，② 革命进程有可能被延缓。这使马克思深感遗憾。另一方面，东方尤其是俄国由于1877年4月爆发的俄土战争，加剧了社会矛盾，造成了空前的革命机遇。这又令马克思乐观地估计：“要是老天爷不特别苛待我们，我们该能活到这个胜利的日子吧！”③ 这表明，世界政治经济的发展格局到70年代中期开始发生重大转变：无产阶级革命的重心开始由西向东转移，落后的东方，特别是俄国将取代西方先进国家，破天荒地成为世界革命的突破口。马恩原来认为，世界革命的步骤应是“法国人发出信号，开火，德国人解决战斗”，④ 现在西方革命放慢了步伐，而东方革命却日益提到了日程。于是，俄国革命后走什么道路，是按照原来的世界历史理论，通过资本主义走进世界历史，还是另辟蹊径，走一条跨越资本主义“卡夫丁峡谷”，径直进入世界历史的东方式现代化之路，成为摆在晚年马克思面前急待解决的时代课题。

在历史选择的十字路口，渴望看到科学社会主义美好前景的晚年马克思感到，无论如何不能使俄国重蹈西方资本主义的覆辙，必须以无产阶级世界革命的理想目标为基准，

---

① 《马克思恩格斯全集》第34卷，第139页，人民出版社1973年。

② 《马克思恩格斯全集》第34卷，第346页，人民出版社1973年。

③ 《马克思恩格斯全集》第34卷，第275页，人民出版社1973年。

④ 《马克思恩格斯全集》第39卷，第246页，人民出版社1973年。

给俄国从理论上找到一条直接通往共产主义的捷径。正是在这种背景下，1877 年 11 月，也就是俄土战争刚刚爆发半年，马克思怀着渴望看到俄国革命胜利日子的心境，写了给俄国《祖国纪事》杂志编辑部的信，详细提出并论证了俄国革命后避免资本主义，以改造村社组织为基点走向共产主义的东方社会发展道路。

马克思在这封信中首先从理论上澄清了《资本论》关于资本主义产生历史必然性的论述。指出，它不是泛指全世界，而是特指西欧。因此谁"一定要把我关于西欧资本主义起源的历史概述彻底变成一般发展道路的历史哲学理论，一切民族，不管他们所处的历史环境如何，都注定要走这条道路……但是我要请他原谅，他这样做，会给我过多的荣誉，同时也会给我过多的侮辱"。① 因此，对于东方和俄国来说，并不存在注定要走资本主义道路的理论根据。历史哲学理论的最大弊病就在于它是超历史的，而"使用历史哲学理论这一把万能的钥匙"去把西方与东方及俄国相提并论，"那是永远达不到目的的"。②

其次，马克思指出，俄国之所以要避免资本主义，是因为资本主义实践已经证实，它是一个充满苦难和不幸的深渊；而俄国社会又存在村社土地公有制这一"特有的历史条件"，使它有可能避免遭受资本主义制度所带来的一切不幸和灾难。因此，俄国跨越资本主义"卡夫丁峡谷"不仅是必要的，而且是可能的。要使这种可能性变为现实，关键取决于俄国人民对革命道路的自觉选择。马克思说："我不喜欢留下'一些东西让人去揣测'，我准备直接了当地说……如果俄国继续走它在 1861 年所开始走的道路，那它将失去当时历史条件所能提供给一个民族的最好机会，而遭受资本主义制度所带来的一切极端不幸的灾难。"③ 如果俄国人民举行革命，并利用村社残存下来的公有制形式，把它向高级形式发展，那么俄国就会走上一条不同于西欧的社会发展道路，直接过渡向共产主义。

最后，马克思又从原则上提出了俄国式东方社会主义的标准，认为这种社会主义虽然跨越了资本主义发展阶段，但它是在古老的村社公有制的基础上发展起来的，因此必须把它推进到现代社会主义的水平。跨越"卡夫丁峡谷"，只是指跨越资本主义制度，并不排斥与资本主义相连带的生产技术的"全部成果"。相反，经济落后的农村公社本身创

① 《马克思恩格斯全集》第 19 卷，第 130 页，人民出版社 1956 年。

② 《马克思恩格斯全集》第 19 卷，第 131 页，人民出版社 1956 年。

③ 《马克思恩格斯全集》第 19 卷，第 129 页，人民出版社 1956 年。

造不出发达的生产力，也不可能自动形成现代化大生产，要对这种落后的生产方式加以改造，就必须积极利用与它并存的资本主义所能提供的一切条件，享用资本主义制度一切肯定的成果。只有这样，经济落后的国家才能缩短走上现代化世界历史的道路。这就划清了马克思的东方社会主义与民粹派农业空想社会主义的界限，使它真正成为富有时代精神的科学构想。

马克思对东方社会特别是俄国社会发展道路的论述，虽然是在一个世纪以前提出的，但直到今天，它对于落后国家，其中包括中国这样的直接由半殖民半封建社会进入社会主义的农业大国的现代化道路的选择，仍然有着深刻的指导意义。

首先，科学社会主义有着不同的发展模式。按照马克思主义创始人的设想，它可以在发达资本主义基础上建立起来，而一些落后国家在特定历史条件下也可以跨越资本主义阶段直接进入社会主义。前一种模式至今尚未在实践中出现，而后一种道路已经在中国等国家出现，并正在实践中走向完善。至此，我们可以这么说，那种认为历史阶段不可超越的“补课论”是不符合马克思主义的，已经走上社会主义道路的国家完全可以通过改革开放实现现代化，而没有理由再倒退回去重新走一遍资本主义道路。

其次，每个国家和民族，都应走自己的发展道路。世界上任何国家和民族都有自己的国情和不同于其他国家和民族的历史文化传统。因此，根据本国条件选择适合本国具体历史条件的现代化发展道路，是人类社会发展的必然趋势。在历史上，即使同样走资本主义道路，也有不同的方式。列宁曾把资本主义发展归结为两种方式：一条是普鲁士式道路，即通过自上而下的改良，使封建社会缓慢过渡到资本主义；另一条是美国式道路，即通过资产阶级革命，用暴力手段建立资本主义。同样，在现实中走上社会主义道路的发展中国家，要想少走弯路，顺利赶上发达国家，就必须走一条适合本国国情的发展道路。否则，盲目照搬他国经验，在实践中难免失败。

第三，资本主义制度是可以跨越的，但生产力的发展是循序渐进的。落后国家跨越资本主义直接进入社会主义后，只是社会主义的初级阶段，它必须大力发展生产力，解决落后的社会生产力与先进的社会生产关系和上层建筑之间的矛盾。为此就必须善于学习和借鉴发达资本主义国家的先进的科学技术和管理经验，学习和借鉴其他国家和民族一切可以为我所用的文明成果，取他人之所长，补自己之不足，促进本国政治、经济、文化的现代化。这是后进国家缩短与发达国家之间距离，快速进入现代化的一条捷径。

一个多世纪过去了，历史证实了马克思的预见：在现代人类历史进程中，狭隘的民族历史必将走向广阔的世界历史，“各个相互影响的活动范围在这个发展进程中愈来愈扩大，各民族的原始闭关自守状态则由于日益完善的生产方式、交往以及因此自发地发展起来的各民族之间的分工而消灭得愈来愈彻底，历史也就在愈来愈大的程度上成为全世界的历史”。① 当今世界，生产的发展和科技的进步，极大地加强了世界各民族之间的联系与交往。世界各地区、各民族无不卷入世界一体化的历史潮流中。在走向世界化的过程中，一方面，各民族必须根据自己的国情和历史文化传统选择具有民族特色的发展道路，另一方面又必须加强与世界各国的文化交流。

以邓小平为代表的当代中国马克思主义者，在总结国内外社会主义实践的历史经验，分析当代世界国际政治经济新格局的基础上，提出了以经济建设为中心，坚持对内改革和对外开放的具有中国特色的社会主义理论。这是对马克思主义东方社会发展理论的创造性运用与发展，也是对中国一百多年现代化运动历史经验的科学总结。在这一科学思想的指导下，中国人民必将把一个政治上民主，经济上富强，文化上繁荣的社会主义现代化强国奉献给 21 世纪的世界历史。

---

① 《马克思恩格斯选集》第 1 卷，第 51 页，人民出版社 1973 年。

第十一章　弘扬优秀传统　包容世界文明

——建构中国特色的社会主义新文化

纵观中国近现代文化史，中国社会发生的每一次剧烈变革，总伴随着对中国传统文化的反省与批判。而每一次反省和批判的结果，都促使社会的变革在更深广的层面上展开。进入20世纪80年代，中国文化界、学术界再度展开的关于“传统文化与现代化”、“中国文化与世界”的大讨论，已远远超过了反思传统文化的范畴，它与日趋深化的经济体制、政治体制、文化体制的改革相互交织在一起，共同构成了中国当代改革的大潮。在这个大潮中，改革开放的历史进程，既有对中国传统文化的挑战、冲击和考验，又有对自己文化传统的认同、扬弃和继承，还有对世界各民族文化的选择、吸收和包容。因此，打破传统并不是中国文化现代化的终极目的，现代化的终极目的是建构具有中国民族特色的社会主义新文化。这样一来，对传统文化的反省，对中西文化的比较，对现实文化矛盾的思考，最终便归结为这样一个基本问题：在走向未来的现代化进程中，我们究竟需要什么样的新文化？我们如何建构这种文化？

“全盘西化”已为几十年中国人民的文化实践所否定，而“儒学三期发展”也未必可以担负起中国文化现代化的重任。我们需要一场文化的重建！这场重建既不是“全盘西化”，也不是儒学复兴，而是在马克思主义指导下，弘扬民族精神与包容世界文明相统一的文化的综合与创新。

中国文化现代化综合创新的标准只能是有利于改革开放，有利于生产力的发展，有利于人的思想解放，有利于个人与社会的协调发展。符合这个标准的，不管它是西方文化还是传统文化，都应加以弘扬和继承；反之则加以批判和否定。根据这个标准建构起来的新文化，只能是科学的、民主的、开放的、坚持民族主体精神和社会主义价值理想的现代化精神文明。

这就是我们的结论，这就是我们所追求的文化现代化的总目标。

一　社会主义初级阶段的文化结构整合

我国社会主义初级阶段的文化，既是初级阶段经济、政治的反映，又是中华民族文化传统发展的结果。远而言之，它有对几千年传统文化的批判继承和历史积淀，近而言之，它又是近代以来中西文化冲突融合、特别是五四以来新民主主义文化的延伸和发展。用毛泽东的话讲，新民主主义的文化是民族的、科学的、大众的文化。所谓民族的，即"它是反对帝国主义压迫、主张中华民族的尊严和独立的"。它是我们这个民族的，带有我们民族的特性。所谓科学的，即"它是反对一切封建思想和迷信思想，主张实事求是，主张客观真理，主张理论和实践一致的"文化。所谓大众的，也就是民主的，它"应为全民族中百分之九十以上的工农劳苦民众服务，并逐渐成为他们的文化"。①

社会主义初级阶段的文化是在新民主主义文化的基础上产生和发展而来的。它继承了新民主主义文化的基本内容，并在社会主义建设实践中有所发展和创新。初级阶段文化结构的基本构成是，无产阶级思想和社会主义价值体系占据了主导地位，传统文化与西方文化并存。与社会主义初级阶段经济发展的不平衡性相对应，多种文化因素并存，成为初级阶段文化的基本特征。

以马克思主义为指导的社会主义新文化，是社会主义初级阶段文化的主体。在民主革命时期，马克思主义的世界观、方法论，共产主义的价值理想曾成为把中国人民组织和凝聚起来推翻帝国主义、封建主义和官僚资本主义三座大山的巨大的精神动源。在当代改革开放的社会主义现代化运动中，它仍将发挥科学的指导作用和理想的感召作用。爱祖国、爱人民、爱劳动、爱科学、爱社会主义的高尚情操，奋力开拓、公而忘私、集体主义、勇于奉献的精神，在市场经济大潮中，它不仅不会褪色，相反，将日益成为调适人际关系、鼓励人们向上进取的精神力量。而且，为批判封建文化遗毒，清洗资产阶级腐朽思想的精神污染，更离不开马克思主义的批判精神；在建构社会主义精神文明、实现中国人文化整合的过程中，尤其需要马克思主义重实践、重理想的文化价值观的指导。

中国传统文化的积淀，是社会主义初级阶段文化的又一因素。传统文化，是特定民

---

① 《新民主主义论》《毛泽东选集》第2卷，第666页、667页、668页，人民出版社1968年。

族在历史实践活动中创造和积累的文明成果。它或表现为物态存在，如建筑、文物、生产工具、生活用品；或者表现于语言文字符号系统中，或者潜存在人们的性格、能力、民族心理、思维方式、生活方式、价值观念中。

中国是世界四大文明古国唯一完整地延续下来的国家，这说明了中国传统文化的顽强生命力。从“存在”的意义上来认识传统文化，我们可以看到，它不完全是一个概念的问题，而是已经在千百年社会实践中为中国人涵化了的行为方式和存在方式。它不但积淀在中国人的心理结构中，成为一种“历史的无意识”，而且“物化”在社会主义的经济结构、政治结构、社会结构中。致使我们现在仍然处处感到传统的存在。人们永远无法完全割断自己的文化传统，只能在传统中实现民族文化性格的改造和更新。传统的巨大魔力并不在于它那保守的惯性，而恰恰在于它的流动性和自我更新的再生性。况且，传统并不都是一堆消极的杂质和已经死亡的残骸，人们之所以离不开它，就是因为传统中储存着一个民族在历史长河中千锤百炼而成的生存智慧和文化生命。因此在历史变革的年代，人们有足够的理由去反传统，但没有必要，也没有可能彻底根断了自己的传统。在传统面前泥古不化和虚无主义的态度都是错误的。

中国传统文化是一个多样性的、动态的、涵盖面很广的范畴，对中国文化的基本精神作出准确的概括，是非常困难的。只能抓住它的主导因素或对中华民族文化性格模塑力最大的儒家文化精神加以说明。儒家文化精神大体包括自然与人事不二的“天人合一”的宇宙图式；自强不息，厚德载物，积极入世的人生态度；重义轻利，以理节欲的道德观念；中庸和平，整体和谐的处世原则；重审美直觉、综合证悟，而轻逻辑、轻实证的致思方式；礼让互助，克己自守，向内用力的人格倾向；尊卑有序的社会管理方式等。用今天的眼光来看，上述儒家文化的基本精神既有优点，也有缺点。它的优点和缺点至今都在我们的现实生活中起着作用，成为进行社会主义现代化建设的文化土壤。中国传统文化是一种客观存在。它在当今生活中的价值取决于我们如何对待它。善用之，则是精神财富；不善用之，则是文化包袱。对传统文化唯一的科学态度还是马克思主义的批判继承和古为今用的态度。传统文化是自然经济和农业社会的产物，古为今用和批判继承的关键在于用现代化的工业社会的科学技术，社会化生产力和现代性管理体系和科层组织，改变传统文化赖以存在的社会基础，使它在新的社会存在本体上实现自身的创造性转换和结构功能的分解，成为社会主义现代化文化可以吸收的文化因子。

西方文化，特别是西方近现代文化也是现阶段中国文化多种因素中的一个成分。它与占主导地位的社会主义文化、中国传统文化之间，处于一种相互渗透、冲突和融合的状态。

中华民族和西方文化接触，已有将近四个世纪的历史。在这个过程中，中国人对西方文化的认识也有一个过程。西方近现代资本主义文化，有三大文明源头，即古希腊文化对力量、知识的尊重和对自由理性与普遍法则的肯定；古罗马文化对人性的自觉和对法律政治原则的确定；希伯来文化对绝对超越的“上帝”的信仰。文艺复兴后这三大精神源头逐步合流，演成崇尚民主和科学、崇尚个人主义和功利主义，不断向外追求和征服的“浮士德”精神等近代科学和人文主义传统。

西方文化中有不少人类理性的精华，特别是资本主义上升时期“自由、平等、博爱”的人道主义精神，它曾把西方人从中世纪的神学迷雾中拯救出来，导引他们走进自由创造的新时代。但19世纪中叶以后，资本主义制度内在的文化矛盾日益尖锐化。在生活方式方面，资产阶级遵循以个人为中心，但激烈的生存竞争又使个人成功的前景暗淡，赤裸裸的商品关系和金钱拜物教造成了人际关系的隔离与疏远，形成心理上的苦闷和孤独感。物质富裕与精神的贫困，成为资本主义生活方式上不可克服的矛盾。离婚率、犯罪率、吸毒率、自杀率的急剧提高，暴露了以极端的个人主义为核心的西方文化的历史局限性。

在社会主义初级阶段，西方文化的优点与缺点都会有所反映。在对待西方文化的态度上，我们既不可因噎废食，又不可食洋不化。诚如《中共中央关于社会主义精神文明建设指导方针的决议》所说：“我们坚决摒弃维护剥削和压迫的资本主义思想体系和社会制度，摒弃资本主义的一些丑恶腐朽的东西，但是必须下大决心花大力气，把当代世界各国包括资本主义发达国家的先进的科学技术，具有普遍适用性的经济行政管理经验和其他有益的文化学到手，并且在实践中加以检验和发展。”

整个社会主义初级阶段的文化，就呈现出社会主义新文化与传统文化、西方文化并存的错综复杂的状况。中国文化的现代化，只能是以马列主义为指导，用社会主义的主导文化统摄吸收传统文化与西方文化中的积极因素，使社会主义精神文明与物质文明日趋发达和成熟。用传统文化和西方文化的进步因素为建设社会主义物质文明和精神文明服务，建立完善的社会主义新文化，这就是中国文化现代化的总目标。

要实现这一总目标，首先必须确立“全球意识”与“民族意识”相统一的现代文化意识。

一个民族的文化发展，离不开整个世界文化的发展。从“全球意识”的角度看，当今世界已经进入了高科技的信息时代，各地区各民族的相互关系日益密切，文化的发展日益呈现出“趋同化”，任何一个民族都不可能在闭关自守的境地中关起门来搞现代化。另一方面，与客观大势的趋同化相对应，第二次世界大战以后，民族自觉、民族独立也成为一种不可阻挡的发展趋势。各个民族要求发展自己的民族经济，要求寻找自己的文化认同，“民族意识”在世界文化趋同化过程中空前高涨了起来。这看来是矛盾的，不可思议的，实则是对立统一的，是现代人类历史和文化意识的两个方面。一方面，任何一个民族，如果没有“世界意识”，不能面向世界来审视自己民族文化的发展，即使是发达的国家和民族，也有可能离开人类文化发展的轨道，陷入困境，不发达的地区和国家就更是如此。另一方面，要想赶上世界，各民族又必须根据自己的历史文化传统和国情，扬长避短，选择自己的现代化道路，寻求与世界文化“接轨”的最佳结合点。如果盲目照搬其他国家的经验，只能跟在发达国家背后爬行。合理的态度应该是“立足国情，面向世界”，只有这样，才能走出一条具有民族特色的赶超世界先进文明的现代化之路。中国文化的现代化尤其应当如此。这是因为我们的生产力和综合国力还比较落后，必须借鉴和利用全部人类文明的成果来弥补自己的不足。同时，我们又是一个具有最悠久的历史文化传统的国家，有着丰厚的民族文化资源，如能加以合理利用，它会成为中华民族赶超发达国家的精神动源。

其次，建设中国特色的社会主义新文化，必须坚持马克思主义的理论指导。当今世界的经济、政治、科学和文化诸方面都发生着急剧的变化，现实把许多新问题尖锐地提到了马克思主义面前：诸如怎样看待科技革命背景下的人类文明的发展趋向？怎样分析社会主义实践中产生的许多意义深远的新特点？怎样说明战后国际共产主义运动中发生的一系列重大变化？怎样认识发达的资本主义条件下国家的作用、阶级结构和无产阶级革命的前景？等等。这些新问题既是对马克思主义的挑战，同时也是马克思主义发展自己的契机。这些新问题对社会主义初级阶段文化的发展必然产生非常重要的影响。因此，只有靠发展中的马克思主义的指导，才能保持社会主义新文化发展的正确方向。马克思主义作为一种科学的世界观和方法论，对于社会主义初级阶段的文化建设具有多方面的理论功能：一、科学的预见功能。马克思主义理论的预见性和超前性，来自于它对现实矛盾关系的综合分析和逻辑推论，并根据这种推论判断和预测事物未来的发展趋向。科学预见是实践取得成功的必要条件；二、思想解放功能。马克思主义是一种紧密联系实际、最善于从实践中汲取力量的创造性的学说，在文化建设中，它能够根据具体的历史条件不断打破旧传统的成见，解放人们的思想。三、文化批判功能。马克思主义之所以成为人类一切优秀文化成果的结晶，乃是因为马克思、恩格斯对古希腊以来人类文化优秀遗产的批判继承。这就启示我们，必须正确运用并发挥马克思主义的这种批判功能，实现对人类文化遗产的批判、继承、扬弃与创新。四、理想价值导引功能。马克思主义不仅是一套指导无产阶级和广大人民群众实现自身解放的学说，而且是一套严密的科学的理想价值体系。在市场经济条件下的社会主义精神文明建设中，高扬马克思主义的共产主义价值理想，对于激发人们艰苦奋斗、克己奉公、团结互助、无私奉献的精神，对于提高社会的道德水准、促进党风和社会风气的好转、增强批判和抵制封建主义、资产阶级腐朽思想侵蚀和影响的能力，确立科学的人生观、文明观、善恶观、美丑观，都是十分重要的。

最后，建立中国特色的社会主义新文化，必须以马克思主义为指导，对现存文化矛盾进行研究。十一届三中全会以来，中国社会从各个方面发生了巨大变化，社会的大变革给人们的思想、心理带来了深刻的震荡，人心思变已成为多数社会成员的思想心理倾向。改革开放给人们造成的心理躁动，蕴含着人们心灵深处的矛盾，即传统价值与现代观念的冲突。它突出表现在这样几个方面：即政治本位与经济本位的冲突，统一性与多样性的冲突，真理与价值的冲突，历史评价与道德评价的冲突，总体与个体的冲突，理与欲的冲突，发展科技与遏制科学主义的冲突，意识中的反传统与潜意识的维护传统的冲突，等等。这些矛盾冲突如果得不到解决，就会影响人们的行为控制，造成社会群体的行为失范。因此，运用马克思主义辩证法研究这些具体矛盾，指导人们辩证地处理这些问题，成为今日建设中国特色的社会主义新文化的刻不容缓的任务。这就要求今日的文化研究实现由虚向实的转换。第一，要突破现有的文化理论中就文化论文化的模式，善于从现实经济、政治、文化相互联系的宏观角度，全面审视经济、政治体制改革对文化观念的需要，引导文化观念向有利于改革开放的方向发展。第二，结合社会改革的步骤，面向社会群体意识中的文化“热点”和“焦点”，用调查研究、归纳统计的方法探索国民心理发展的轨迹和观念变革的趋势。第三，在研究文化观念变革中要着重研究社会各阶层文化观念的不同表现及其对社会文化变革的心理承受能力，为社会文化改革提供客观的依据。

总之，只要坚持以马克思主义为指导，坚持民族主体意识与世界意识相结合，正确处理社会主义初级阶段各种文化要素的矛盾，用社会主义新文化因素统摄、包容、同化其他文化要素中的积极成分，就一定能够使中国文化的现代化朝着社会主义的方向健康成长。

二　克服历史虚无主义　振兴民族主体精神

毛泽东同志早在半个世纪以前就曾经指出：“中国长期的封建社会中，创造了灿烂的古代文化，清理古代文化的发展过程，剔除其封建性的糟粕，吸收其民主性精华，是发展民族新文化，提高民族自信心的必要条件。”① 要振兴民族精神，建构社会主义的新文化，就必须批判和克服民族文化虚无主义。

历史虚无主义在从五四时期直到今天不少知识分子的历史文化意识中都有不同程度的表现。尽管他们“虚无”的程度有急有缓，造成虚无主义的原因也不尽相同，但对历史文化的态度是相同的，即无条件地否定传统文化。

五四时期到20—30年代历史虚无主义的典型代表是胡适的“我们百事不如人”说。胡适在五四新文化运动中曾做出过重要贡献，但他同那个时代的不少激进知识分子一样，在对待传统文化的态度上是有偏颇的。胡适常把传统文化完全等同于封建糟粕，认为传统文化中除了“骈文、律诗、八股、小脚、太监、姨太太、五世同居的大家庭、贞节牌坊、地狱活现的监狱、廷杖、板子夹棍的法庭”这些独有的“宝贝”外别无长物。② 这种偏颇使他感到中国文化百事不如人：“不仅物质机械不如人，不但政治制度不如人，并且道德不如人，知识不如人，文学不如人，音乐不如人，艺术不如人，身体不如人。”③ 他的结论是：必须反省祖宗罪孽深重，我们自己也罪孽深重。据此他提出“全盘西化”的文化对策。

如果说胡适对传统文化的苛激批判，是有感于中西文化巨大的时代势差而试图刺激国人在深刻反省的基础上拼命努力在世界之林争一席之地的话，那么20世纪60—70年代在台湾文坛很出风头的柏杨、李敖或许是出于与钱穆、唐君毅、牟宗三等现代新儒家（新传统主义）之间的“门户”之争而极力以嬉、笑、怒、骂的方式来否定传统文化的。

柏杨否定传统文化的代表作是《丑陋的中国人》，李敖的代表作是《独白下的传统》。这两本书与其说是理论反省之作，不如说是讥讽历史和现实世俗文化的漫画集。柏杨认为中国历史文化传统赋予了中国人“窝里斗”、“明哲保身”、“不讲是非”、“愚而诈”、

---

① 《毛泽东选集》第2卷，第667—668页，人民出版社1968年。

② 胡适：《信心与反省》载《独立评论》103号。

③ 胡适：《介绍我的思想》《胡适文选》，中国广播电视出版社1992年。

"圆滑老成"、"用十个错误掩盖一个错误"等劣根性。李敖号称是最了解中国传统的人，他说："中国是个庞然大物还在雾里。中国人不了解中国，中国人了解的只是'中国口号'……要了解中国就不能不弄清传统。"然而李敖笔下"独白下的传统"无非是：一面大讲"直笔"，一面又"为尊者讳"的儒家史统；"动物吃人，人亦吃人"的残忍；"喝也不行，不喝也不行"的虚情客套；人越多越好的家族主义；"牌坊要大，金莲要小"的女性观；"欢喜佛"与中国的性禁忌与性迷狂，云云。由于柏李二氏只把眼睛盯在中国文化的阴暗面上，必然陷入历史和民族文化虚无主义。柏杨在《丑陋的中国人》一书中回忆说，一次他在洛杉矶讲演，有人问："你是否以一个中国人为荣?"他回答说："我不以一个中国人为荣。请你告诉我，中国人的荣耀在哪里?"倘若一个民族虚无到这般地步，又哪里有力量与自信去奋争于世界民族之林?

80年代，我国大陆再次掀起了"传统文化与现代化"的大讨论。在这次文化讨论中，公开的民族虚无主义历史虚无主义已不大有人主张，无论对传统文化持什么态度的人都把"批判地继承"当作自己对待传统文化的真正态度。但民族虚无主义和历史虚无主义的影响并未根除。这主要表现在不少学者，特别是对改革开放怀抱热望、急于求成的青年学者对传统文化的否定或基本否定中。这些同志的观点不尽相同，但基本立场可以概括为一点，即认为传统文化本质上是一种"静态的农业文明"，在以工业文明为标志的现代化过程中它只能被摧毁，只能"被现代化"，而很难起到积极作用。① 《河殇》的观点是这方面的突出代表。它的基本格调是低沉的、悲凉的、历史虚无主义的。因为在《河殇》的主题中，黄河、长城所代表的黄土文明、农业文明，即中国传统的历史文明已经死亡，只有投向海洋文明、工业文明亦即西方文明中才可以获得新生。正如《河殇》解说词所说："龙的传人啊，黄河给予我们的，已经给予了我们的祖先。""旧文明的沉渣已经像淤积在黄河道里的泥沙一样，积淀在我们民族的血管里。它需要一场大洪峰的冲刷"。

历史虚无主义、民族虚无主义在今日社会主义新文化建设中是必须克服的，因为任何一个国家的现代化大厦，都不可能建立在民族历史文化一片废墟的"空场"上。问题在于实事求是地指出导致民族历史文化虚无主义的理论误区。这种误区主要表现在下列四个方面：

第一，缺乏反思传统的全面性与客观性。不可否认，民族自信心和自尊心必须建立

---

① 参见《传统文化研究现状评述》《文史知识》1987年第1期。

在对传统的深刻反省的基础之上，否则就可能陷入狭隘的民族本位主义，问题在于这种反省应是全面的、客观的、毫无成见的、实事求是的。如果我们客观地毫无成见地考察整个中国历史文化，就不难发现它既有创新适变的一面，又有消极保守的一面；既有无神论的传统，又有“畏天命”、“天志”、“明鬼”、“天谴”、“瑞应”的思想；既有反抗压迫、反抗侵略、宁死不屈、不畏强暴的一面，又有等级尊卑、忍辱苟安、逆来顺受、自卑自贱的一面；既有自强不息、刚健有为的“阳刚”之德，又有不求进取、消极无为的“阴柔”之道；既有“不离日用之间”的实用理性，又有思出方外、崇尚玄虚的空谈风气；既有雄汉盛唐主动开放、兼容并包的大国风度，又有明清盲目排外、妄自尊大的狭隘的闭锁意识……如此等等。

这种矛盾的二重性在现实中往往交织在一起，有的方面既是优点，又是缺点。这既为评价历史文化造成了一定的困难，又为反省传统提出了全面性的要求，决不可以偏概全，只见其一，不知其二。历史文化虚无主义对于传统文化恰恰缺乏这种全面性的反省，把眼光死死盯在传统的消极面上，而对其积极面视而不见。

第二，逃避对现实问题的深入研究，把一切不尽如人意的现实存在，都归罪于传统文化。比如，自五四以迄今日的反传统主义者都把中国社会近代化迟滞的原因完全归罪于传统文化。果真如此吗？回答是否定的。

中国近代化历程的迟滞，封建文化意识固然有不可忽视的阻抑作用，但是这种历史文化意识的阻抑作用绝不是造成中国近代社会迟滞的决定因素。谁否认这一点，谁就必然陷入文化意识决定历史进程的“心理归因主义”的荒谬境地。其实，中国近代化进程迟滞是一系列现实原因造成的。比如明末大规模的农民战争和接踵而来的满汉民族战争造成的人口急剧下降，对江南资本主义生产关系萌芽和商品经济的严重摧残；满人入关后推行极端落后的专制的经济、政治、文化政策，加剧了民族矛盾，限制了科技、生产力和社会的发展；到康乾之际政治、经济、文化初见稳定和繁荣，而此时欧洲的几个主要国家已先后完成了产业革命，确立了资本主义制度，开始了世界市场的开拓和殖民扩张。道咸之后，西方列强日深一日地控制了中国，加剧了中西文化和社会发展的反差，等等，这才是中国近代化迟滞的真正原因。

由此可见，把中国近代化迟滞的原因完全归罪于传统文化是不公允的。相反，有人研究证明，儒家积极入世的人生观和淑身淑世的责任感在近代中国一再成为救亡图存的精神动力。[①] 既然如此，反传统主义把全盘否定传统文化视为中国文化现代化的唯一出路的观点是缺乏根据的。

第三，把传统文化与现代化对立起来，对两者作“非此即彼”的思考，是导致民族历史文化虚无主义的又一理论误区。自五四时期到今天的彻底的反传统主义者，他们的理论均建构在这样一种思维模式之上：要么是传统的，要么是现代化的，要走向现代化，就必须抛弃传统，要保留传统就不能进入现代化。结果他们毫不犹豫地选择了与传统彻底决裂的道路。

不可否认，传统作为历史文化的积淀，不可能与现代化要求完全一致，甚至会发生强烈的冲突，这就是人们常说的“传统的惰性”。因此，在人们走向现代化的历史进程中，批判传统是不可避免的。在这一点上反传统主义者是起过重大进步作用的。但这只是问题的一个方面。同样，传统与现代之间又有着不可分割的联系，它潜移默化地渗透在人们的思维方式、行为方式、价值体系、审美意识中，这种文化遗传也是人类文化延续不断的原因之一。因此，一个民族在文化转型之际，想完全否定传统既是不可能的，也是非常有害的。不少事实证明，传统与现代化是无法割绝的，日本、韩国、中国台湾、中国香港、新加坡的现代化都是很好的例证。就是西方的现代化，也与他们的历史文化传统有很深的关系。总之，根深才能叶茂，只有焕发起民族精神，现代化才有内在的动力和创造力。而一个缺乏民族精神的国家，必无力竞存于当代世界。

第四，把现代化简单划一地归结为“西化”是民族虚无主义的又一误区。近代以来，由于特殊的历史原因，中国人一直把向西方寻求真理看作中国社会的唯一出路。直到今天不少人依然把“西化”看作是现代化的唯一形式。因此，当用这一标准去衡量中国传统文化的时候，便自然感到它毫无时代价值了。

其实，这是一种历史性误解。诚然，现代化首先发生在西方，但这并不意味着只有西化才是现代化。把现代化等同于西化，在五四前后的历史条件下是可以理解的，这是因为当时半殖民地的国际地位和当时非常流行的“欧洲文化中心论”限制了中国人对现代化民族形式认识的眼界。现在时过境迁，如果仍把现代化等同于西化，那就十分糊涂了。近几十年来世界各国现代化运动的民族形式和具体道路的多样性已充分展现在人们眼前，无论是资本主义现代化还是社会主义现代化，都有自己的民族依托形式及具体道

① 参见吕实强：《儒家传统与维新》，载《近代思想人物论晚清思想》，（台北）时报文化出版事业有限公司1980年。

路。同是资本主义现代化，西欧不同于北欧，欧洲不同于东亚的日本、韩国、新加坡，原因就在于各国现代化都是立足于本国的国情和历史文化传统之上的。在建设社会主义现代化的今天，既要反对狭隘的民族本位主义，又要克服完全否定自己的文化传统的民族虚无主义。世界各国的现代化历史一再证明，现代化不是对自己文化传统的无情否定，而只能是传统的继承、发展与更新。

振兴民族精神，克服民族虚无主义和历史虚无主义，当然离不开宣传和教育，离不开从理论上克服导致虚无主义的理论误区，但是，从最根本的意义上说要靠发展国力。综合国力的提高，是一个民族振作精神，克服民族虚无主义的物质前提。

振兴国力可以增强民族自信心，消除民族自卑心理。以中国近代史的事实为例：鸦片战争以后，中华民族危机日深，当时先进的中国人无不具有一腔民族热血，无不具有一颗救国、救族、自强保种的赤胆忠心。但是，由于中国国力衰弱不振，迫于外国列强凌厉逼人的经济、政治、军事压力，致使中国人内心深处均有不同程度的民族自卑心理。这种自卑心理妨碍他们在东西文化冲突中做出合情合理的文化选择，国粹派狂傲的民族本位意识是民族自卑心理的曲折的表现；洋务派“中体西用”的文化对策也流露了半殖民地的国民不敢直面世界的怯懦；甚至五四时期激进的反传统主义者虽然大胆地追求着与西方文化的价值认同，然而由于潜在的民族自卑意识作怪，却使他们完全不敢正视一眼自己民族文化的价值。客观地讲，近代中国人不是不想克服民族自卑心理，而是客观条件使他们克服不了这种自卑心理。同样，当代中国，由于改革开放使社会主义制度充满了活力，国力不断强大，今天中国人民族自卑心理明显地减弱了。又如日本，明治维新以前，日本人民族自卑心理也很普遍，他们也瞧不起自己，这是由于当时的日本国力弱小；相反，由于日本勇敢地“遍求新知于世界”，在短短几十年内便后来居上，成为可与“西洋”比肩的“东洋强国”，此时他们的民族自卑心理便逐渐消失了。可见，一个强大的民族，才有民族精神的自尊与自信。民族精神的振兴，首先取决于国力的振兴。

振兴国力又可以增强解剖和认识民族文化传统和国民文化心理结构弱点的勇气，增强民族的自我意识和自知之明。一般说来，一个强盛的民族，一个在经济、文化、科技方面均居于世界领先地位的国家的国民，他们的自尊心和荣誉感早已得到了满足，因而没有过多的顾虑和虚荣去保全自己的“面子”和虚饰自己的传统。相反，越是国力和文化不强盛的民族，越容易掩饰自己的弱点，这已被世界文化史上的不少事例所证实。而一个民族只有有足够的自知之明和清醒的自我意识，才能认清自己的文化在世界文化中的位置，认清自己的优点与不足、美德与陋俗，从而自觉地树立起优美的民族精神和健康的民族性格。

振兴国力对于振兴民族精神的意义还在于：国力的强弱、盛衰直接影响到该民族精神、形象在其他民族心目中的印象和价值，影响到人们评价和审视的心理定势。研究文化和民族性格的人们不难同意这样一种看法：对于一个民族的民族性格的好坏、优劣的评价，往往因时代背景和社会环境的不同而异。有些消极的民族性格，本来是始终存在的，但是往往因为时代背景和社会环境的变迁，人们对它的评价会大相径庭。比如精神胜利法、东方式的嫉妒、保守近视、急功近利，本来与自给自足的小农经济相联系，是我们民族心理中久已形成的消极因素，也是一切以自然经济为基础的民族所共有心理素质。但是，康熙年间的人们对此的评价与光绪年间人们的感受与评价就大不相同。精神胜利法在康熙时代人们根本不会把它单独出来进行批评，因为当时人们根本意识不到它是多么糟的一种心理，而当时的外国传教士或许认识不到，即使意识到了也许会把它当作一种东方式的豁达、幽默、大度等积极品格来理解。因为那时中国还很强大，人们往往用崇敬乃至迷信的眼光看待强者的一切，甚至对其缺点加以美化。到了清末民初就大不相同了，不仅外国人对此不屑一顾，认为“精神胜利法”是一种蠢驴式的智慧，就是先进的中国人也感到滑稽可笑。原因在于清末民初中国积弱积贫已至极境，而人们对弱者的一切往往容易怀疑、挑剔、苛求乃至鄙视。

无独有偶，世界各国对日本民族精神的评价也有过类似的升落浮沉。日本明治维新之前，政治、经济、军事、文化、教育、科技等综合国力十分落后，当时它的“大和精神”和“武士道”，并不受人青睐，以“天朝上国”自居的中国更是把它看作小邦夷道、蛮风野俗。然而日本走上工业化道路之后，特别是到了今天，成为世界屈指可数的经济强国之后，它的文化，它的民族性格，它的民族习俗，均引起了各国的重视，似乎日本民族的一切都带有诱人的魅力。由此可见，一个国家综合国力的提高，对于一个民族的民族精神、民族形象的确立是多么重要。

最后，综合国力的提高，有助于民族形象、民族精神风范的重新塑造。从社会发展史和文化发展史的角度看，社会结构的变化，总是从经济领域开始的。经济发展了，然后引起风俗习惯的变化。美国学者韦克曼在批评葛耳对英国民族性的无原则的恭维时曾这样指出：英国人后来著称于世的彬彬有礼的“绅士”式的民族风范和气质，并非自古如斯，而是从 1850 年以后才突然转变而形成的。在此之前，“它与中世纪的其他欧洲人一样，也是一个好勇斗狠、缺少礼仪的粗野民族”。在分析英国人民族性格突然转变的原因时，韦氏认为，这与英国人在几个世纪中逐渐强盛，从而突然意识到需要改变自己的民族形象有关。事实也正是这样：在英国产业革命前后的三四百年中，英国人靠海盗抢劫、圈地运动、战争和移民野蛮地积累了财富，完成了资本原始积累，率先走上了资本主义工业化道路，成为欧洲综合国力最强盛的国家。此时，这一“暴发户”为巩固资本主义秩序和在殖民世界中宗主国的地位，开始注意自己的民族形象和精神风范的塑造，于是形成了温文尔雅、彬彬有礼的民族形象和风范。

中国人和中华民族在 1949 年前后百余年间民族形象、民族性格的变化，同样证明，一个民族的政治、经济条件的变化必然导致该民族外在形象和内在心理的变化。在 1840—1949 这百余年中，愚昧落后的封建制度和半殖民地的国际地位曾使中国人的民族形象、民族心理受到严重扭曲与损伤，形成了愚昧、守旧、怯懦、盲从、散漫、麻木等消极积习。而新中国成立后，中国人民经过几十年的艰苦奋斗，初步改变了“一穷二白”的落后面貌，政治、经济、文化、科技等方面的综合国力不断提高，中国人民逐步克服了半殖民地半封建社会给中国人造成的消极积习，中华民族开始以崭新的民族形象、精神风貌屹立于世界民族之林。

总之，中国文化现代化离不开民族精神的振兴，而振兴民族精神，克服民族、历史、文化上的虚无主义，首在振兴国力。换言之，只有坚持以经济建设为中心，尽快把中国经济搞上去，才有健康民族精神赖以存在、发展的物质基础。

三　挺起民族的脊梁：启蒙者的传统不可丢

中国社会和文化走出中世纪的思想启蒙，包括明清之际的反理学思想启蒙、近代民主主义思想启蒙和五四运动后的马克思主义思想启蒙，是在中西古今之争的文化激荡中走过的。三个时期的思想启蒙者前承后续，紧扣时代的脉搏，在从封建社会晚期到近现代思想史的文化嬗变时代，一面对古代文化进行着扬弃，一面对世界文化尝试着回应，一代继一代，后浪推前浪，承续着、更新着中华民族的文化生命。在他们的身后，留下了一条闪耀着时代性、民族性光芒的启蒙传统，即自觉追逐时代进步的理性主义传统、科学民主传统和爱国主义传统。这三大传统才是传统文化与现代化，中国文化与世界文化的真正的接合点，它过去是、现在仍然是中国社会和文化现代化的积极的传统资源。我们继承中国文化的优秀传统，首先应是这一活生生的启蒙者的传统。

中国的启蒙传统，首先表现为在解决文化选择中时代良心与阶级私利、世界意识与民族情感、历史的与伦理的、政治的与学术的等一系列矛盾时所坚持的理性主义精神。

这种理性主义精神主要表现在这样几个方面：

第一，高标庄严的时代良心，摒弃狭隘的阶级私利。

明清之际和近代西方文化在中国之所以引起激烈的文化冲突，不完全是文化民族性的原因，而更主要是阶级利益的原因。伴随着西学东渐而起步的中国社会文化走出中世纪的历史进程，直接或间接地会动摇封建社会秩序下的一切特权（皇权、神权、父权、夫权等），在封建社会末期和近代文化变革史上，一切堂而皇之的“卫道”，都与在传统秩序下既得的阶级私利有关。比如，明清之际的封建正统文人之所以攻击西学，主要因为：哥白尼“日心说”使“上下易位，动静倒置”，会导致“离经叛道”（阮元）；西学讲“上帝面前人人平等”，不合乎中国尊卑贵贱的“古训”（张尔岐）。至于鸦片战争后比较完全意义上的西学传入，遭到顽固派的反对，更是因为它使封建特权者感到严重的生存危机。

与狭隘的阶级私利相对立的是时代良心。它是崇高而庄严的民族历史感、使命感和责任感的总和，是基于对时代脉搏的感受、对民族历史的反省而产生的对社会历史必然要求的认识，肯定历史的进步与变革，必然是对现存秩序和传统特权的否定。作为从封建统治阶级中分化出来的启蒙者，其思想的进步性集中表现在，他们高标时代良心的崇高庄严，毫不痛惜阶级私利和自身特权的毁灭与丧失，把民族的、民众的利益放在阶级私利之上。无论是晚明李贽、黄宗羲、顾炎武对封建礼教、封建君权的否定，对“天下兴亡”的感叹，还是近代龚（自珍）、魏（源）、康（有为）、梁（启超）、谭（嗣同）对封建末世的批判，对世界大势的关注，对封建政体改革和变法维新的呼唤，无不以时代良心和民族大义为圭臬。他们为变法改制、思想启蒙而奔走，甚至不惜献出身家性命，无非是出于拯救民族的历史责任感即“天下之治乱，不在一姓之兴亡，而在万民之忧乐”。（黄宗羲）“中国不变法以期振作……可使数百兆黄种之民胥为白种之奴役”。[①] 尽管五四以前的启蒙者的思想在客观上反映着近代资本主义的发展要求，但他们在主观上却是在为普度众生而奋斗。至于五四以后的马克思主义启蒙者，更在全面而深刻地认识社会发展规律的基点上，展示了志在解放全人类的博大胸怀。

第二，将深沉的民族情感融入世界意识，摒除阿Q式的盲目自大。

明清之际，西学东渐，西方教士给中国人带来了另一个世界的文明信息。这次中西文化的交通为清朝统治者的“锁国”政策所打断。致使一个多世纪后，西方文化伴着坚

---

① 蔡尚思、方行编：《谭嗣同全集》第155页，中华书局1981年。

船利炮和烟毒以野蛮的方式再度涌入中国。如何对待西方文化，如何解决文化选择中民族情感与世界意识的矛盾，成为中国人无法回避的问题。

与封建正统派“华夏中心论”的狭隘的排外意识相反，中国启蒙者将深沉的民族情感融入世界意识，充满走向世界的恢弘气度和正确认识世界大势，审时度势的理性主义态度。利玛窦传来的最早的世界地图使中国早期启蒙者发现了世界辽阔的真面目，并开始以世界眼光去观察问题，以诚挚的心态去学习西学，“虚心扬榷，拱受其成”（徐光启）。他们欢呼西学可以“破蜗国之褊衷”（瞿式穀），从而“始知宇宙公理果非一身一家之私物”（李之藻）。这是中国启蒙者初具世界意识的表现。然而，这种世界意识并不是排斥民族情感的，徐光启讲“苟利于国，何论远近”，就体现了民族情感与世界意识的统一。徐光启等人的优秀传统为近代启蒙者所继承，魏源呼唤西学东渐是“天地之气运自西北而东南，将中外一家”，向人们推荐“欧罗巴洲……尤为雄伟，直可扩万古心胸。”①甲午战争后，严复深感“神洲之陆沉”，开始向中国人系统介绍西学。五四时期的启蒙者进一步主张“世界的而非锁国的”人生理想，并由此出发，接受了马克思主义。马克思主义与中国实践相结合，真正将中国人的民族情感与世界意识统一于建设“民族的科学的大众的”新民主主义文化的基础之上。

第三，坚信历史的进步必将带来伦理之进化，摒斥道德上的复古主义。

历史进步与传统道德的冲突是不可避免的。封建正统派为了挽救旧道德的失落，往往指责社会的进步。他们从传统的道德至上论出发，固守着“器变而道不变”的守旧立场。与此相反，中国启蒙者在历史与伦理的冲突面前，坚信历史的进步必将带来伦理之进化，摒斥道德上的复古主义。鸦片战争后，随着对西方文化了解的加深，启蒙者们更多地看到了西方以人道主义为核心的近代道德优于以“三纲五常”为核心的封建道德。魏源讲“去人心之寐患”、“去腐”、“去痈”，王韬反对在道德上“沾沾自大厚己以薄人”，谭嗣同在《仁学》中对“三纲五伦之惨祸烈毒”的批判，严复在《论世变之亟》中对中西道德与中西国民性之比较，梁启超在《新民说》中倡言“道德革命之论”，直到五四前后《新青年》派“打倒旧道德，提倡新道德”的新文化运动，无不说明一个道理：道德不是超时代的，它必将随着历史的进步而更新。对此，李大钊从唯物史观上作了总结：“就物质论，只有开新断无复旧；就道德与物质的关系论，只有适应，断无背驰。……物

① 魏源：《海国图志·后叙》。

质既不复旧，道德断无单独复旧的道理，物既须急于开新，道德亦必跟着开新。”① 40 年代，毛泽东在《新民主主义论》中不仅肯定了历史进步引起道德进步的历史必然性，而且肯定了道德进步对历史进步具大的反作用。

第四，重视学术研究的独立性，以求科学真知，促人道进步为学术的最高目的。

在反封建文化启蒙道路上，西方近代社会变革所展示的学术与政治的关系，启迪了先进的中国学者对于学术独立性的自觉意识，坚信只有尊重学术自身的独立价值，以追求真理的科学态度去从事学术研究，才能使学术发挥出对政治发展、社会进步的先导作用。而学术的独立性，首先要靠知识分子自身主体意识的觉醒。明末清初顾（炎武）黄（宗羲）王（夫之）方（以智）等启蒙志士对宋明理学和专制政治的批判，是这种主体意识的最初觉醒。他们的思想为近代启蒙者所继承。严复公然倡言，“欲新民德，必自宝爱真理始”。② 梁启超敏锐地看到了中国封建时代学术成为政治附庸的弊病，强调“凡一国之进步，必以学术思想为之母，而风俗政治皆其子孙也”。③ 这种学术独立，思想自由的观念，到五四时代蔚然成风，骤起巨澜。他们一方面提倡着道德革命、文学革命，一方面又进行着学术独立的启蒙工作。

然而，所谓学术的独立性，决不意味着象牙之塔内的孤芳自赏，顾影自怜，更不是精神贵族式的自我陶醉与自我满足。学术独立性意味着学者在政治与学术之间保持一定的张力，摆脱世俗权势与实用功利性的干扰，独立地从事创造性探索，以实现学术的圆满性。正如英国哲学家罗素所说：“在时空上保持着某种程度的孤立，是产生伟大作品不可或缺的要素。闭目静思片刻，我们将不难发现，世界上的某些东西其重要性远远超过群众的垂青。事实上，我们所受的痛苦，不在于神学信仰的贬值，而在于孤寂气质的消失。”④ 在社会动荡和民族危亡的时刻，中国启蒙者的文化意识不可能不受到实用功利性之困扰，但他们不畏权势，不囿成见，不计个人得失，对历史发展中提到日程的国事民瘼进行深刻洞察和独立探索的精神，使他们成为社会进步的前导。

对科学和民主的自觉追求，是中国近现代启蒙文化发展的根本趋向，也是中国启蒙者传统的又一方面的内涵，继承这一传统，是中国文化走向现代化的关键。

---

① 李大钊：《物质变动与道德变动》《李大钊文集》（上），人民出版社 1984 年。

② 严复：《群己权界论·序》。

③ 梁启超：《新民说》，收入《饮冰室合集》。

④ 罗素：《真与爱：散文集》第 63 页，上海三联书店 1988 年。

科学与民主，是西方近代文化的精华，也是中国文化走向现代化的不可或缺的两大文明要素。离开了科学和民主的发展，就不可能有真正的现代化。中国启蒙者的传统，之所以在今天仍有其价值，就是因为对科学与民主的追求，构成他们启蒙思想的合理内核。

明中叶以后，随着商品经济的发展，某些地区出现了资本主义经济关系的萌芽，城镇的发展、早期市民阶层的出现，使封建社会内部孕育了新的矛盾。明清之际的民主意识与科学精神的幼芽正是在这样的历史条件下产生的。

从民主思想来看，首先表现为泰州学派的自我意识的觉醒和个性解放的要求。泰州学派的创始人王艮提出“尊身立本”，即要求维护个人的生存权利和人格平等。泰州后学颜山农提出“制欲非体仁”的观点，何心隐主张自由讲学的精神，李贽“穿衣吃饭即是人伦物理”的伦理观，明显地表现了那个时代要求个性解放的潮流。明末以顾宪成、高攀龙为首的东林党人，继承明中叶以来理学自新和以自由讲学为形式的文化革新运动，以东林书院为讲坛，发展成抨击时政的政治运动。他们一堂师友，以“吟风热血洗涤乾坤”的精神，“裁量人物，訾议国政”。[①] 东林党受到镇压后，又有以“复社”为代表的一批青年士子相继起，开展政治反抗运动。方以智、黄宗羲、顾炎武都曾参与复社活动。这些活动虽然又归于失败，但在实践中明清之际的启蒙者们对专制制度的黑暗腐朽有了新的认识，启迪了他们的民主思想。

明清之际，“天崩地解”的社会剧变为思想家深入认识社会提供了历史的机运。这一时期的启蒙者们在总结明亡的历史教训中，看到秦汉后整个专制制度的腐朽，开始寻找社会变革的新出路，提出了早期的民主思想。这一时期的民主思想大体包括：一、“公天下”的观念。“天下者，非一人之天下，天下之天下也。”（傅山）因此，应“循天下之公”治天下，“不以天下私一人”（王夫之）。“公天下”即以人民为主体的“天下”，“私天下”即封建专制帝王一人之天下。所以顾炎武有“亡国”与“亡天下”的区别。二、公仆观念。黄宗羲在《明夷待访录》中讲得非常明白。他提出“天下为主，君为客”，认为人民是天下的主人，而君主只是“为天下兴利除害”的公仆。君如此，臣更是这样。君与臣是“共治天下”的关系，就像在一起共同拖大木头，要前后协力。[②] 三、公是非观念。早期启蒙大师都肯定历史上的清议和学生运动，顾炎武为肯定清议而至于修改孔

---

① 《明史·顾宪成传》。

② 黄宗羲：《明夷待访录》《原君》《原臣》篇。

子遗训。他说："'天下有道则庶人不议'，然则政教风俗苟非尽善，即许庶人议之矣。"①黄宗羲更进一步提出"天子之所是未必是，天子之所非未必非"，反对"天下之是非一出于朝廷"，主张公是非于学校，"政有缺失"，"直言不讳"。② 四、法律平等的观念。吕留良在《四书讲义》中曾批评，秦以下的封建帝王"以诈力取天下，以法术治天下"。黄宗羲则指出，专制君主"所谓法者，一家之法，而非天下之法也"，这种法律是桎梏天下手足的"非法之法"，主张用"天下之法"取代"一家之法"。

明清之际的早期民主思想，随着清朝统治秩序的稳定而被淹灭二百年之久。时至晚清，专制制度日趋腐烂，加之西方民主主义思想的影响，近代民主启蒙思想再呈高潮。严复在《辟韩》等文中最先应用卢梭的天赋人权和民约论思想向专制制度展开批判，谭嗣同在《仁学》中表达了同样的观点，他赞美"法人之改民主"，希望在中国建立一个"中外通"、"上下通"、"男女内外通"和"人我通"的自由、平等、开放的社会。

20世纪初，随着资产阶级民主革命运动的兴起，出现了科学民主思潮的空前高涨。可以说这一时期的科学思潮以达尔文进化论为旗帜，而民主思潮则以卢梭民约论为号角。邹容在《革命军》中热情讴歌"吾幸夫吾同胞之得卢骚《民约论》"。留学日本的吴虞在《秋水集·读卢骚小传有感》中写道："苍茫政学起风涛，东亚初惊热度高。手得一编《民约论》，瓣香从此属卢骚。"《民约论》成了中国资产阶级和小资产阶级革命派的福音书。直到孙中山，把它与中国国情相结合，提出了"三民主义"的建国纲领，并在中国第一次推翻帝制，建立了中华民国。五四以后，"科学与人权并重"的旧民主主义升华为无产阶级领导的人民大众的反帝反封的新民主主义，把民主启蒙引上了与工农相结合、与社会主义相结合健康发展的道路，谱写了民主启蒙运动的新篇章。

在追求民主的同时，中国启蒙者以开放的胸怀对待"西学"，开拓了一条融会西方科学的道路。徐光启"从西洋人利玛窦学天文、历算、火器，尽其术"③，是西学的热烈追求者。但他并不盲从西学，同时注意本国的科学传统。如他负责修历工作，"熔西人之精算，入大统之型模；正朔闰月从中不从西；定气整度，从西不从中"。④ 从实际出发，兼采中西之长，在科学上做出了重大贡献。方以智以"坐集千古之智"的博大襟怀，学习

① 顾炎武：《日知录》卷十九。

② 黄宗羲《明夷待访录》《学校》《原法》篇。

③ 《明史·徐光启传》。

④ 阮元：《畴人传》。

西学，他既看到了西学“详于质测（自然科学），而拙于言通几”（哲学）的不足，又看到传统儒学“守宰理而已”的泛道德主义的缺陷，主张将“质测之学”与“通几之学”即自然科学与哲学结合起来。[①] 王夫之很赞同“质测即藏通几”的认识，据之对传统哲学的“格物致知”论进行了改造，提出了一套以感性与理性相结合、归纳与演绎相统一的思维方法论原则。这些思想构成中国古代哲学、古代自然科学向近代哲学和科学转型的桥梁和逻辑“中介”。沿着这一方向，鸦片战争以后，西方的近代科学技术和科学思想日益被中国启蒙者所广泛接受，从生光化电，到达尔文的科学进化论，再到马克思主义这一科学的世界观和方法论，形成了科学与民主交相辉映的启蒙传统。

强烈的爱国主义，执著的民族精神和“匡时济世”的历史责任感，是中国启蒙者传统的又一方面，在建设具有中国特色的社会主义新文化的运动中，这一传统尤其值得继承。

任何一个民族，都有其文化发展的历史，而贯穿于民族文化发展始终、体现本民族文化发展方向和动力的精髓，即斯宾格勒所说的“文化灵魂”，就是该民族的民族精神。民族精神并非一个民族文化性格的全部存在，而是指一个民族在长期生产和斗争实践中锻炼和培养起来的，为民族成员绝大多数具有或共同追求，并通过积极向上的民族性格、个人品格、道德规范、社会风尚所表现出来的精神风范。它构成民族文化的内核和本质；它是激发民族向上，维系民族凝聚、国家统一的精神支柱。中华民族精神，是炎黄子孙在悠久的历史文化发展中创造的精神文明的结晶，即自强不息、厚德载物的人文主义精神；博大宽容，互助友爱的大同主义精神，天下兴亡，匹夫有责的爱国主义精神等。这种精神正是中华民族历劫不灭，中国文化绵延发展的“文化灵魂”。

爱国主义和“匡时济世”的历史责任感，是中华民族精神的组成部分，它在明清之际和近现代中国启蒙者身上得到了集中的体现。明清之际的启蒙大师，都是热切的爱国者。在那个“天崩地解”、民族矛盾十分尖锐的年代里，王夫之、黄宗羲、方以智、顾炎武等大都曾英勇投身于抗清斗争，表现出不屈不挠的民族精神。“愁看京口三军溃，痛说扬州七日围”，[②] 抗清失败后，亡国之恨始终缠绕在这批坚贞的文士心头。他们或削发为僧（方以智），或孤处穷乡僻壤（王夫之），苦身砥志，为复兴民族著述不辍。在这些启蒙志士的诗文集中，处处洋溢出积极向上的民族精神和沉郁悲凉的爱国主义情怀。“六经

① 方以智：《物理小识·自序》。

② 顾炎武：《亭林诗文集·赠朱监记四辅》。

责我开生面，七尺向天乞活埋”，王夫之的诗句正表达了这种精神和情怀。当然，他们在那特定时代所表现出来的爱国主义和民族意识，难免有“夷夏之防”的传统意识的影子。但是这种旧式的爱国主义和民族主义，在反抗异族侵略、维护本民族的生存权利和文化传统时，自有其正义性。他们的爱国主义和民族主义精神为近代中国启蒙者所继承，赋予了新的时代内容。

近代中国，从鸦片战争到五四运动，是中国沦为半殖民地半封建社会，中华民族灾难深重的时代，同时也是中国人民为独立解放不屈不挠英勇奋争的时代。国难见忠赤。在这社会剧烈动荡、民族矛盾和阶级矛盾空前尖锐、充满血与火的搏斗的岁月里，先进的知识分子集启蒙者、改革者、爱国者于一身，站在时代的风口浪尖上，谱写了一曲曲救亡图存、振兴中华的爱国主义悲歌，充分表现了中华民族自强不息的伟大精神。林则徐虎门烧烟的壮举，魏源瞩目世界的激情，康（有为）梁（启超）为变法维新的呼号，谭嗣同为变法捐躯的精神，陈天华蹈海而死敲响“警世钟”，邹容甘入牢狱，敢为“革命军中马前卒”。章太炎英雄入狱，天地悲秋，孙中山百折不挠，愈挫愈奋……一代接一代，一浪激一浪把爱国主义和民族正气不断推向高峰，直到中国马克思主义的理论先驱，共产主义者李大钊等中国共产党人，把近代爱国主义和中华民族的浩然正气推向了极致。

明清之际到近代的爱国主义的一个显著的特点是，与“匡时济世”的历史责任感紧密相连。中国近代与明清之际社会环境都面临着深刻的民族危机。类似的氛围使两个时期的启蒙者产生一种强烈的忧患意识和匡时济世的责任感。明末东林党人顾宪成所宣称：“士之号为有志者，未有不亟亟于救世者也。”① 近代启蒙者继承了这种以天下为己任的传统，面对着“日之将夕，悲风骤至”的封建衰世和日趋严重的民族危亡，或讥切时政，诋诽专制，“读史鉴，考掌故，慷慨论天下事”② 如龚自珍；或力主“革虚而至实”，批评“民瘼之不求，吏治之不习，国计边防之不问；一旦与人家国，上不足制国用，外不足靖疆圉，下不足苏民困”的空疏的汉宋之学，③ 提倡研究吏治、边防、海防、漕运的经世实学，如魏源；或抛弃典章训诂、名物考据的古文经学，借“微言”以变法，托古圣而改制，通经致用，变法维新，如康有为；或奔走海内外，组革命党，兴革命军，以三民主义改造中国，以民主共和缔造民国，如孙中山。五四以降，马列东渐，与中国革

---

① 顾宪成：《赠风云杨君令峡江序》《泾皋藏稿》卷八。

② 《定庵文集》（世界书局版）卷下，第 23 页。

③ 魏源：《默觚・言治一》《古微堂内集》卷三。

命具体实践相结合，历土地革命，抗战建国，推翻三座大山，奠定人民政权，终于使近代以来启蒙者匡时济世的历史责任得以实现。

回顾历史是为了开拓现实。中国启蒙者的理性主义传统，追求科学与民主的传统和“匡时济世”的历史责任感及其爱国主义传统，既是中华民族精神和中国古代文化优秀传统的延续，又是中西文化撞击融合而形成的文化结晶，它是中国文化与世界文化，传统文化与现代化的真正的结合点。也是中国文化走向未来，走向世界，走向现代化的历史和逻辑的出发点。因此，继承和弘扬中国文化的优秀传统，首先是继承和发展中国启蒙者的传统，这才是中国文化复兴的关键。

四　让世界文化走进中国　让中国文化走向世界

文化交流，是人类社会向前发展的动力之一。怎样认识民族文化与世界文化？两者的关系如何？民族文化发展的方向如何？如能从文化交流的角度加以研究，就更加有助于得到比较符合实际的答案。

人类文化的发生，起初是在完全隔离的环境中进行的。只是随着人类“两种生产”的发展，民族之间、部落之间、部落联盟之间乃至民族之间的文化交流才逐步发展起来。这种交流在古代和中世纪还受着地域和种种人为壁垒的限制，以致许多民族在长时期内处于闭塞落后的状态。只是到了近代，伴随着科技的发展，新航路的开辟，世界市场的形成，文化交流才真正打破各民族之间政治的、文化心理的和地理环境的限制。今日世界，任何一个民族都必须将自己的文化纳入世界文明的发展轨道，任何力量也阻挡不住世界范围内文化交流的大势。之所以如此，就在于文化交流与社会进步之间存在着内在的必然联系：一方面，文化交流是随着社会进步而发展起来的，社会进步为文化交流提供了必要条件，社会愈进步，文化交流就愈发达；另一方面，文化交流的发达又反转过来促进社会的进步，成为社会发展的动力之一。文化交流愈是发达，社会也就愈是开化文明。因此，文化交流的深度与广度成为衡量现代社会进步程度的重要标志。

文化交流的形式是多种多样的。从历史上看，主要有迁徙、贸易、传教、殖民、战争、旅游、留学、外交活动、图书往来，等等。他们往往相互交错在一起，成为各民族文化交流的桥梁。

迁徙，指天灾人祸等原因造成的民族大迁移。例如：公元前二千年左右，居住在中亚、东欧一带的雅利安人，大规模南迁，其中一部分进入印度，开始了印度史上的吠陀时代，从吠陀时代延续下来的印度文化，辉煌灿烂，是雅利安人与当地土著民族的文化交流融合的产物。迁徙一般副作用很大，常常引起战争和民族间的长期不和。而且现代世界，大规模的文化移民已失去存在条件。

战争，在古代曾经对文化交流产生过特殊作用。例如，我国奴隶时代的文化水平，总的说来不及其他一些文明古国，但到春秋战国时，出现了勃发和飞跃，经秦至汉，总的水平已居世界前列，有许多方面超过其他国家和地区数百年乃至千年之久，① 产生这种飞跃的主要原因是通过无数次战争催发的各民族（华夏和夷、蛮、戎、狄）的大融合及其文化交流。终于使中国发展为世界上第一流的文化大国。又如公元前4世纪的马其顿国王亚历山大东征，“把前此以地中海为中心的希腊化文明世界和更大的亚细亚结合起来，为希腊人提供了一幅新的世界图景；在帝国的版图内建立了一百余座城市，向西亚和中亚普及了希腊文明”。② 但是战争对文化交流的促进，是以极其野蛮的方式进行的，它在促进文化发展的同时，时常伴随着对人类文明的巨大破坏。社会发展到今天，战争的破坏力越来越大，它遭到人类的摒弃和反对是理所当然的。

传教，在文化交流史上曾起过巨大作用。这是因为宗教徒往往具有较高的文化，又有传道的热诚和毅力。所以在交通困难的古代，文化交流的重任常落在他们身上。我国汉唐，佛教东渐，其间出现了安世高、鸠摩罗什、真谛等为代表的域外传教者，以及法显、玄奘、义净等一大批中国求法者，给我们带来了风格迥异的印度文化。而“印度文化的输入，浩焉悠邈的黄河文化以它雄伟的气魄兼收并蓄，包容万流，与灿烂的恒河文化交汇融合，泽及西域，远播世界”。③ 此外，中国的佛教与儒学在日本和东亚的传播，对这些地方的文化也发生过重大影响，日本启蒙思想家福泽谕吉极力主张学习西方，但他不否认，把日本“从野蛮世界中拯救出来，而引导到今天这样的文明境界，这不能不归功于佛教和儒学”。④

贸易，是人类文化交流的最恒久的形式。贸易在我国起源极早，在神农时代即“日中为市，致天下之民，聚天下之货，交易而退，各得其所”。⑤ 在漫长的岁月中，我国对外贸易长期处于世界领先地位，通过著名的丝绸之路和海上丝茶之路，与世界各国进行

---

① 潘永祥主编：《自然科学发展简史》第41—42页，北京大学出版社1984年。

② 于有彬：《探险与世界·早期横跨欧亚的人们》第48页，四川人民出版社1984年。

③ 鲁军：《清末西学输入及其历史教训》，见《中国文化研究集刊》第2辑，第99页。

④ 福泽谕吉：《文明论概略》第145页，商务印书馆1982年。

⑤ 《易·系辞传》。

着文化交流。中国的四大发明，在很早的时候，通过阿拉伯商人传到了欧洲，在那里引发了西方科技工艺的巨大进步。在国外，尽管有过罗马帝国的奴隶贸易和殖民时代铁血贸易的污浊与罪恶，但这不是它的主流。现在的世界，从某种意义上说已进入了经济兴国、贸易立国的时代，经过历史的洗礼，国际贸易繁盛而兴旺，充满活力，正在向着平等互利的文明方向发展，已经成为国际关系中文化交流最重要、最广泛、最有发展前景的途径。

留学，是文化交流的最简易、最迅捷的形式。法显于东晋隆安三年（公元 399 年）赴印度学佛，玄奘于唐贞观三年（公元 629 年，一说贞观元年）出长安，经姑藏、敦煌、新疆、中亚等地，辗转到达古印度摩揭陀国王舍城，入当时印度佛教中心那烂陀寺求法，对印度文化在中国的传播起了重大作用。公元 608 年，日本派遣福因、惠明、玄理、大国等四人入隋学习中国文化，这大概是科学意义上的首批留华学生。此后，中国大批接受日本、朝鲜、越南及西域各国的学者在华学习。他们对中国文化，特别是儒家文化在亚洲各地的传播，起了积极的作用。自晚清起，中国大量派遣留学生到欧美、日本学习，对于西方的近代科学技术和社会思潮在中国的传播，成绩卓著，加速了中国走向世界、走向近代化的历史进程。又如，在 1929 年以前，美国的科学研究水平远远落后于欧洲，为加快科技发展，美国政府派出大批青年人到欧洲攻读博士学位，搞科技研究；同时还采取优惠政策吸引外国科学家、学者来美工作，到了 40 年代，美国的科学技术便达到了世界一流水平，充分显示了文化交流对于促进文化发展的巨大活力。

此外，旅游、图书交流、翻译，都是文化交流的重要形式。对于前现代化国家和民族来说，要实现社会和文化的现代化，就必须利用一切有利的文化交流形式，全方位地加快与世界各国的文化交流。

文化交流是现代世界文化发展的必经之路。要真正提高文化交流的自觉性，就必须对文化交流的意义有所认识。在此，我们不妨举个例子，从反面来看看这个问题——倘若人类没有文化交流，人类文明的发展将是一幅什么景象：

1976 年，在菲律宾的棉兰老岛的原始森林里，发现了至今仍处于石器时代的原始人——塔沙代人。后来经过调查，了解到他们一共 24 人，居住在洞穴之中，赤身裸体，没有陶器，更没有铜器和铁器，只有木棒、石斧、火钻，不知农耕，靠原始的采集和渔猎为生，吃植物的根茎、小鱼、小螃蟹等。没有私有观念，没有明确的首领。语言极为简单，没有“稻”、“麦”的概念，也不知道“海”和“船”。他们生活在岛上，不知海和船，正好说明他们与世隔绝，与外界没有任何文化交流。毫无疑问，正是这种封闭状态使他们文化落后，成了 20 世纪原始文化的活化石。

英国著名的生物学家托·亨·赫胥黎在《人类在自然界中的位置》一书中写道："根据我们现在的关于最古的人种的知识，知道他们能够制造和现今最下等的野蛮人所制造的同一样式的石斧、石刀和骨针，我们有各种理由相信，这些野蛮人的心性和生活方式，从猛犸象、披毛犀的时代一直到今天，并没有多少变化。"这个一百多年前的结论，至今仍能成立。任何一个民族和国家的文化发展，一靠自身由少到多、由浅入深、由低级到高级的不断积累和进步；二靠外来文化的不断补充、丰富、启发、刺激与冲击，在与外来文化的交流、竞争、融合中壮大自己。这两者相辅相成，缺一不可。塔沙代人之所以至今停留在石器时代，并非他们天生的"野蛮"，而是由于他们缺乏与外界文化的交流。

文化交流的意义，从根本上说在于促使人类文化的进步与发展，具体说来，它主要表现在三个方面：

首先，文化交流是维系文化发展连续性的纽带。由于各种原因，人类创造的文化常常存在着失传的危险。而"某一个地方创造出来的生产力，特别是发明，在往后的发展中是否失传，取决于交往扩展的情况"。① 人类文化发展史告诉我们，只有进行充分的文化交流，才能维系文化的连续发展，防止中断和失传。大约三千年前，古希腊人开始崛起，他们"通过文化交流，从东方的腓尼基人那里学到了字母文字，从埃及、巴比伦人那里学会了各种先进的生产技术以及天文、数学、几何等。在艺术创作方面，他们也是从学习东方开始的。"② 古希腊文化后来居上，获得极大的繁荣与发展。后来，古希腊被古罗马所灭。古罗马只是部分地继承了古希腊文化，古希腊卓越的学术传统没有得到继承。罗马帝国衰落后，欧洲便进入了漫长的中世纪的文化寒夜。古希腊文化几乎被欧洲人遗忘，大量的古籍也散失殆尽。然而，古希腊的文化、学术之所以没有失传，应归功于阿拉伯人。他们曾大量收集、翻译希腊的学术文献，使其得以保存。十字军东侵，欧洲人重新发现了自己的古代文化。"拜占庭灭亡时抢救出来的手抄本，罗马废墟中发掘出来的古代雕像，在惊讶的西方面前展示了一个新世界——希腊古代；在它的光辉形象面前，中世纪的幽灵消逝了……"③ 当欧洲人发现阿拉伯人是古希腊文化的主要保存者后，于是欧洲掀起了一个学习阿拉伯语的热潮，将译成阿拉伯语的希腊古籍，重新译成拉丁

---

① 《马克思恩格斯选集》第 1 卷，第 60 页，人民出版社 1973 年。

② 朱龙华：《希腊古典雕刻》，载《外国古代文化艺术》（一）第 238 页，商务印书馆 1985 年。

③ 恩格斯：《自然辩证法》《马克思恩格斯选集》第 3 卷，第 444—445 页，人民出版社 1973 年。

文等欧洲文字，重现了古希腊文化的光辉，并使之得以发扬光大，直接推动了文艺复兴和近代文明的到来。

其次，文化交流是促进文化发展的加速器。在人类开化之初，个人有可能单独完成某些简单的发明。但是，随着社会的发展，发明创造完全由个人单独完成的可能性越来越小，因为有了一定的文化积累之后，谁也不能拒绝继承、借鉴前人的经验和向周围的人学习。一些发明创造，通过交流得到继承和发展，从而避免了马克思、恩格斯所说的“每一种发明在每一个地方都必须重新开始”的局面。这就大大加速了文化发展的速度。人类文化发展到现代，越来越冲破了国家和民族的界限，国际交流与合作变得日益频繁而重要。文化交流成为现代文化发展的不可缺少的加速器。二次世界大战期间美国“曼哈顿计划”的成功，典型地说明了这一点。这个代号为“曼哈顿计划”的研制原子弹的工程，是人类有史以来最昂贵的武器研制计划。为此，美国集中了本国以及英国、加拿大等国 15 万人的科技队伍，还有丹麦、意大利等国的科学家，动员了 50 万人的力量，前后花费 22 亿美元，终于在 1945 年研制成功。可以说，第一颗原子弹的诞生，是当时国际文化大交流、科学技术大荟萃的结果。如果没有国际合作与科技交流，不可能这么快研制成功。

文化交流史上还出现过这样的情形：一些国家的古老的智慧，在另一些国家加以创造性地利用，开出灿烂的现代之花，从而加速了文化的发展与进步。《孙子兵法》是中国古代著名的军事著作，在国外被尊为“兵学圣典”，“世界古代第一兵书”。法国拿破仑在战争中经常阅读，德皇威廉第二在第一次世界大战失败后看到《孙子兵法》叹息说：“可惜二十年前没有看到这本书。”① 在日本，《孙子兵法》的影响不限于军事，它已被一些企业家应用于经济领域中，来指导企业的经营管理，取得很大成功。一名叫大桥武夫的企业家还著了一本书叫《用兵法经营》，宣扬用兵法原则去经商的思想。据他说，“这种经营方式比美国企业管理方式更合理、更有效”。他的公司采用了兵法理论后，业务飞跃发展。② 20 世纪来，西方一些著名物理学家到印度、中国、日本巡回演讲，有机会接触到东方文化。他们发现，现代物理学世界观与东方特别是中国传统哲学有惊人的相似之处。F. 卡普拉著的《物理学之道》，详细地论述了这个问题。他用神秘主义来概括东方的各种哲学传统，认为现代科学与神秘主义“两者都是需要的，并且只有相互补充才能

① 郭化若编译：《孙子兵法·孙子兵法介绍》，中华书局 1962 年。

② 李世俊等：《孙子兵法与企业管理》第 17 页，广西人民出版社 1984 年。

更完整地理解世界”。他最后说：“现代物理学所包含的世界观与我们目前的社会是不一致的，这种社会并没有反映出我们在自然界所观察到的协调的相互关系。而要达到这种动态的平衡，就需一种完全不同的社会和经济结构。这是一种真实意义的文化革命。”①倘若真的如此，中国古老的注重天人协调的哲学和生活艺术将对人类文明的发展做出莫大的贡献。

再次，文化交流是调节各国文化平衡发展的无形的杠杆。由于自然地理及各种人为的原因，世界各国各民族的文化发展是不平衡的。这种不平衡性包括文化的风格、气质各异，发展程度的高低不一。这种不平衡是文化交流的动力。文化在交流中渐趋平衡，接着再产生新的不平衡，然后又进行新的交流。就这样，文化交流不断调节各国各民族的文化向前发展。倘若两种文化的发展程度大体相当，它们之间的交流常常是友善的、和平的、互补的。例如中国汉唐时，大度地引进印度文化，经过近一千年的时间，成功地消化、吸收了印度文化，极大地丰富和发展了自己。倘若两种文化发展的程度高低相差悬殊，那么它们的交流很可能是冲突的，敌对的，甚至是流血的。一部西方殖民文化史便充分地证实了这一点。殖民者客观上将落后国家与西方近代文明联系起来，各国人民藉此缩小了自己与现代化国家之间的文化位差，但同时却付出了极为惨重的代价。时代发展到了今天，为了正视过去的历史，文化发达的国家应该真心实意地提携不发达的国家；而文化不发达的国家，也应加强文化交流的自觉性，应时而顺势，有计划有选择地大胆进行文化交流。当然，文化交流对于文化不发达的国家来说，主要是引进其先进的文化，利用“移植优势，”以收人耕我获之效。这样可以大大缩短通往现代化的历程。历史经验告诉我们：哪个国家能够最敏捷、最机智地引进、利用当时最高的文化成果，哪个国家就能较快地进入世界先进行列；反之，闭关自守，结果只能是落后挨打。

近代中国和日本在文化交流的自觉性上形成了鲜明的对照。自明清两朝厉行海禁和锁国起，中西文化格局发生了急剧的变化，中国文化由先进而落后，西方文化由落后而先进。鸦片战起，国门洞开。揭开了中西文化交流的序幕。但是由于种种原因，清政府推行的开放政策，带有很大的被迫性。知识界也意见分歧，互相攻讦。其结果则导致中国长期落后。东邻日本与中国大不相同。在古代，日本文化曾比中国、印度文明远为落后，日本通过学习中国文化而获得惊人进步。1868 年，日本明治维新以后，天皇向国民诏示“遍求新知于世界”，大胆而自觉地学习西方文化，在很短的时间内跃居世界强国之

---

① 转自《现代物理学与东方神秘主义》第 5 页，四川人民出版社 1984 年。

列。第二次大战后，在不到二十五年的时间内，吸收欧美生产技术，普及国民教育，在战争的废墟上奇迹般地成为世界第二经济强国。中日正反两方面的事实表明，文化交流是落后国家走向现代化的一条捷径。

在人类文化的未来发展中，任何一个民族都将合乎规律地走向现代化，正如马克思所说的工业发达国家向工业不发达国家所展示的，只是后者未来的景象。这是世界未来文化发展的统一性，然而，这种统一性并不会使各国文化丧失其民族性上的多样性。

世界文化的统一性与民族文化的多样性是人类未来文化的基本色彩。正如每一滴水在太阳下都闪耀着各色各样的光辉一样，统一的世界文化也将呈现出五彩缤纷的民族特色。每一个民族都以其在各自的生存条件下所形成的特殊生活智慧，为世界文化宝库贡献出一份别具特色的文化杰作。但是，多样性是统一世界中的多样性，即现代化文化的多样性，而不是各民族为了保存自己的文化特色把自己像古董一样闭封在玻璃罩中供外人观赏。如果这样，这个民族即使能够在世界存在，它的活生生的民族创造性也将窒息，而成为“不死的死亡”。相反，各民族只有勇于互相学习，把自己的文化心理素质和文化性格提高到当代世界先进民族的水平，才能使民族性得以保存和发展，使民族精神得以复兴。这在世界文化史上是不乏其例的。比如，当文艺复兴率先在意大利发生的时候，英、法、德各民族的文化还很落后，但正是由于文艺复兴运动的影响和推动，使这些民族开始发展自己的文化教育，以优秀的古典作品和意大利作品来提高本民族的文化素养，结果使本民族的文化得到空前发展，使自己文化的民族性更为生动鲜明。在法国，体现法兰西民族心理特征的文学艺术作品继意大利之后被推崇为欧洲上流社会优雅的典范；在英国，优秀的古典主义作品和意大利文学哺育了具有高度民族性的莎士比亚；而德国文学也正是由于接受了英国式的教育和文学的熏陶，加上古典作品的巨大影响，使莱辛、歌德、席勒能够创作出具有深厚的德意志民族精神和时代特征的文学作品。在18世纪以前，俄国文学从总体上落后于西欧，19世纪后，俄国启蒙者把实证的、历史的法国特点与思辨的、理想的德国风格相结合，创造了具有俄罗斯民族博大气象的世界一流的文学和文学批评理论。这些事实证明，对于落后的民族来说，走向世界化乃是保存和发展文化的民族特色的唯一正确的抉择。

总之，从资本主义制度的建立到当今世界，各民族文化交流范围的由小到大，交流速度的由慢到快，对文化交流的认识由自发到自觉，是现代人类文化发展的根本趋势。顺应这个大趋势，“立足本国，面向世界”，是各民族文化走向现代化的最明智的选择。

缅怀和展望世界文化发展的大趋势，我们不难感到，这种趋势既是对悠久而古老的中国文化的挑战，也同时是中华民族的历史文化走向复兴的机遇。正是基于这种认识，在20世纪80年代中期，中国文化书院的同仁便提出了“让世界文化走向中国，让中国文化走向世界”的口号。让世界文化走向中国，一是要深化文化改革，建立健全的文化接受和消化机制；二要坚持开放，拓宽文化交流的途径，让世界文化与中国文化广泛接触和融合。三要坚持民族文化的主体性，积极主动地寻求和培养中国文化与世界文化的结合点。只有让世界文化走向中国，才能使中国文化走向世界。

让中国文化走向世界，是每一个炎黄子孙对中国文化继承发展的历史责任，也是走向21世纪的中华民族对世界文化发展的历史责任。回顾中国文化从辉煌到失落的曲折坎坷，我们必须反省自戒，勇敢地承担起发展中国文化，振兴民族精神的重担；静观过渡时代的文化矛盾，我们又倍感责任沉重，历史注定了每一个现代中国人的历史命运只能是，坚毅地承受住矛盾冲突的痛苦，在实践中完成文化心灵的现代性整合与重塑；面对着未来，我们又对中国文化的发展前景充满信心。随着21世纪亚太地区经济文化在世界的崛起，中国文化将以崭新的面貌和风姿，在世界文化舞台上演出动人的活剧。而这一美好前景的到来，需要每一个中国人用自己的双手架起传统文化与现代化、中国文化与世界文化之间的桥梁。

自强不息，厚德载物；国虽旧邦，其命维新！这是中国文化和中华民族精神的生命所在，也是每一个现代中国人责无旁贷的历史责任。让我们肩起旧邦新命，走向未来，走向世界，走向现代化的明天。

后　记

在近几年的学习和研究中，笔者阅读了不少中外学者关于中国文化、中国文化史、中国文化与现代化方面的研究成果，特别是近几年来国内外有关中国文化研究的最新成果。前贤们和学界师友们的辛勤耕耘和对祖国文化命运的神圣忧思，给我不少启迪和激励，使我萌发了一个念头，写一本从总体上回顾和阐述中国文化从传统到现代化历史与逻辑进程的书。《文化忧思录》便是总结前人所见，发挥自己见解的实录。

本书在写作过程中，得到了北京大学张岱年先生、河北大学史学研究所漆侠先生及中国现代哲学研究会诸师友的多方指教和鼓励。特别是中哲史界德高望重的岱老，年已高龄，且在百忙中为拙作审阅提纲、部分书稿，并慨然赐序，诚感人之至！对于前辈的关怀和师友们的帮助，笔者只有百倍努力上进以报万一。对于本书的写作与出版，河北大学出版社的胡平分、任文京等有关同志，也提出过不少宝贵意见，并给予了真诚的支持，在此谨表谢忱。

由于个人水平所限，加之所论问题范围较广，书中难免有疏漏和差谬之处，恳望同行先进和读者批评教正。

李振纲

1994 年 9 月于河北大学哲学系